《红十字运动研究》2017年卷

红十字运动研究中心
上海嘉定区红十字会
江苏盐城市盐都区红十字会 编
浙江嘉兴市红十字会

池子华　王国忠　陈海高　傅琦红　主编

合肥工业大学出版社

图书在版编目(CIP)数据

《红十字运动研究》2017年卷／池子华等主编．—合肥：合肥工业大学出版社，
2017.3
　(红十字文化丛书)
　ISBN 978－7－5650－3279－0

　Ⅰ.①红…　Ⅱ.①池…　Ⅲ.①红十字会—研究　Ⅳ.①C913.7

中国版本图书馆CIP数据核字(2017)第031609号

《红十字运动研究》2017年卷

池子华　王国忠　陈海高　傅琦红　主编

责任编辑	章　建　张　燕	
出版发行	合肥工业大学出版社	
地　　址	(230009)合肥市屯溪路193号	
网　　址	www.hfutpress.com.cn	
电　　话	总　编　室:0551—62903038	
	市场营销部:0551—62903198	
开　　本	710毫米×1010毫米　1/16	
印　　张	24.75	
字　　数	396千字	
版　　次	2017年3月第1版	
印　　次	2017年3月第1次印刷	
印　　刷	安徽昶颉包装印务有限责任公司	
书　　号	ISBN 978－7－5650－3279－0	
定　　价	65.00元	

如果有影响阅读的印装质量问题,请与出版社市场营销部联系调换。

卷 首 语

有人说，世界上有三大国际性组织，即联合国、奥委会和红十字会。联合国、奥委会，可谓妇孺皆知；而红十字会，知其详者，恐怕百无一二成。这与研究状况的滞后不无关系。有鉴于此，我们编辑出版《红十字运动研究》年卷，为有志于研究红十字运动的海内外学者、业余爱好者以及各级红会组织、红十字志愿者提供一个相互沟通、交流的平台，并希望通过这一载体推动中国乃至国际红十字运动研究的深入，为弘扬人道主义、构建和谐社会尽绵薄之力。

《红十字运动研究》年卷分：

理论园地： 重在探索红十字运动发展规律、红十字会如何参与社会保障事业以及红十字事业自身发展等重大理论问题。

历史研究： 力求再现不同时期中国红十字运动和国际红十字运动的历史场景，各国红十字运动的历史及其比较研究，为红十字事业的可持续发展提供有益借鉴。

百家争鸣： 不同观点，不同学术流派，相互切磋，百花齐放，百家争鸣，有助于学术研究的繁荣。

工作交流： 为各级红十字组织交流工作经验，使研究工作与现实需要真正对接起来。红十字运动与红十字运动研究相互促进，相得益彰。

观察思考： 介绍国际及各国红十字运动的最新动态，以广见闻。

图书评论： 展示红十字运动研究的最新成果，使读者能够及时了解学术研究动态。对"过期"书刊，也将择要介绍。

文献资料： 选登具有重要参考价值的文献资料，各级红十字会的珍藏史料，为研究提供便利条件。以期资源"共享"。

杂文随笔： 与红十字运动有关的杂文、随笔。

他山之石： 有关研究红十字运动的专论，论域相近或对红十字运动研究有所启发的论文。

竭诚欢迎海内外专家学者、各级红会组织、红十字志愿者踊跃赐稿，我们会根据投稿情况，随时增设新栏目。

池子华

总　序

150 年前，高举人道主义旗帜，旨在促进人类持久和平的红十字运动在欧洲兴起并迅速走向世界。100 多年来，红十字会为世界和平与发展做出的巨大贡献有目共睹，因而日益受到世界各国、各地区的欢迎，已发展成为与联合国、奥委会并称的世界三大国际组织之一。究其原因，乃其所奉行的七项基本原则——也是红十字文化的内核——涵盖了世界上各种不同文化的共同点，能为文化和制度不同的国家所接受，故而具有强大的生命力。

100 年前，红十字运动东渐登陆中国。在其中国化的发展过程中，红十字会不断吸取中国传统文化的精髓，茁壮成长，逐步形成了"人道、博爱、奉献"的文化内涵，并成为中华文化的瑰宝之一。

百余年来，红十字运动在波澜壮阔的实践中积累了丰富的经验，也留下了许多教训。经验与教训需要上升为理论；也只有理论才能更好地指导红十字事业持续、健康发展。学界、业界对此都进行了持续的关注。

2005 年 12 月 7 日，苏州大学社会学院与苏州市红十字会携手合作，成立全国首家红十字运动研究中心，旨在通过学界和业界的联合，推动和加强红十字运动的理论研究，探究红十字运动中国化的过程与特色，凝练红十字文化价值，探求红十字运动在构建国家软实力和促进中华民族伟大复兴中的地位与作用。同年 12 月 9 日，中国红十字会总会也提出，"确定一批研究课题，组织专家学者开展对国际红十字运动及中国红十字运动的深入研究"[①]。由此，学界、业界共同开展了对红十字运动

---

① 中国红十字会总会：《关于加强和改进宣传工作的意见》，红总字〔2005〕19 号。

的学术研究与理论探讨。

多年来，红十字运动研究中心除通过专业网站（http://www.hszyj.net）发布和交流学界、业界动态外，已出版研究成果数十部；帮助一些地方红十字会建立与高校的合作，搭建平台，共同开展研究；举办了首届红十字运动与慈善文化国际学术研讨会；培养了一批专门研究红十字运动的生力军；积累了大量的学术资料。中心主要研究人员还借助在各地讲学的机会，传播重视红十字运动研究的理念。正是在红十字运动研究中心的引领之下，红十字运动研究在中华大地上呈现出生机勃勃的发展态势，并取得了丰硕的成果，"新红学"①呼之欲出。仅以 2011 年为例，各地以纪念辛亥革命 100 周年为契机，纷纷整理、编辑出版了地方红会百年史；有的红会还与高校合作组建相关研究中心，等等。② 这些方式有力地推动了红十字运动研究向更深更广的方向发展。

当今世界正处于大发展大变革大调整时期，多极化、经济全球化深入发展，科学技术日新月异，各种思想文化交流交融交锋更加频繁，文化在综合国力竞争中的地位和作用更加凸显。2011 年 10 月 18 日，党的十七届六中全会通过的《中共中央关于深化文化体制改革推动社会主义文化大发展大繁荣若干重大问题的决定》，提出要推动社会主义文化大发展大繁荣。11 月 7 日，教育部发布了《高等学校哲学社会科学繁荣计划（2011—2020 年）》，大力提升高等学校人才培养、科学研究、社会服务、文化传承创新的能力和水平。12 月 7 日，全国人大常委会副委员长、中国红十字会会长华建敏在中国红十字会九届三次理事会上提出，"要深化理论研究，充分挖掘红十字文化内涵，推进红十字文化中国化，广泛传播人道理念，在全社会推动形成良好的道德风尚"。③ 红十字"文

---

① 在 2009 年 4 月于苏州大学召开的"红十字运动与慈善文化"国际学术研讨会上，红十字运动研究中心主任、江苏红十字运动研究基地负责人、苏州大学教授池子华指出，经过 100 多年波澜壮阔的实践发展和学术界呕心沥血的开拓性研究，在人文社科领域构建一门"新红学"——红十字学，条件已经具备，时机已经成熟。见池子华：《创建"红十字学"刍议》，《中国红十字报》2009 年 4 月 17 日。

② 池子华、郝如一：《2011 年红十字理论研究之回顾》，《中国红十字报》2012 年 1 月 3 日。

③ 《中国红十字会九届三次理事会召开》，《中国红十字报》2011 年 12 月 9 日。

化工程"已然成为红十字会总体建设目标之一①。进一步加强与拓展红十字运动理论研究，尤其是对红十字文化中国化的研究，已成为历史与现实的呼唤。

有鉴于此，红十字运动研究中心继续发挥高等学校与业界合作的优势，汇聚研究队伍，科学选题，出版一套"红十字文化丛书"，弘扬有利于国家富强、民族振兴、人民幸福、社会和谐的思想和精神，凸显红十字文化在中国文化园地中的地位，使红十字文化在神州大地上更加枝繁叶茂，促进中国红十字事业可持续发展，推动红十字文化的国际交流。

"红十字文化丛书"的出版，得到了江苏省红十字会、苏州大学社会学院、上海市嘉定区红十字会等单位的鼎力支持，也得到红十字国际委员会东亚代表处及中国红十字会总会、中国红十字基金会的关心和指导，在此谨致衷心感谢。

池子华

2012 年 6 月于苏州大学

---

① 池子华：《"文化工程"应成为红十字会总体建设目标之一》，《中国红十字报》2009年12月11日。

目　录

【百家争鸣】

【观察思考】

【图书评论】

【珍稀史料】

【他山之石】

"五大发展理念与

红十字事业"研讨会专栏

【编者按】

2016 年 10 月 26 日，"五大发展理念与红十字事业发展"研讨会在江苏省盐城市召开，围绕红十字会如何贯彻落实五大发展理念、新形势下如何推进红十字会事业发展等问题，从理论与实践、历史与现实结合层面进行了研讨。

研讨会由中国红十字会总会报刊社、中国红十字基金会、苏州大学红十字运动研究中心联合主办，盐城市盐都区红十字会承办。红十字国际委员会东亚地区代表处高级政治顾问郭阳，中国红十字会总会报刊社社长金宝杰、总编辑吕进福，中国红十字基金会副理事长刘选国，苏州大学红十字运动研究中心和贵州省分中心及嘉定、嘉兴、盐都三个研究基地研究人员，上海、浙江、山东、贵州、安徽、河南、江苏等地红十字会代表和专家、学者 50 余人出席会议。盐都区红十字会会长武进甲主持开幕式，盐都区委常委、组织部长王铁根和郭阳分别代表承办地和红十字国际委员会东亚地区代表处致辞。

研讨会上，刘选国、盐都区红十字会常务副会长陈海高、上海市嘉定区红十字会常务副会长王国忠、浙江省嘉兴市红十字会副会长傅琦红、贵州省红十字会组织宣传部部长匡传益、山东省红十字会办公室主任张春中、江苏省南通市红十字会秘书长孟纬鸿、安徽大学教授孙语圣、浙江科技学院人文社科部副主任徐国普等学界、业界代表，分别做了专题发言，多层次、多角度、多侧面探讨了贯彻落实"五大发展理念"的思想内涵、方法路径等。研讨会交流环节由吕进福主持。

池子华在总结发言中指出，本次研讨会体现了三个特点：一是学界和业界同人齐集一堂，共谋发展大计，推动红十字研究工作由"体内循环"向"体外循环"发展；二是以研讨会替代以往的座谈会，并为参会代表安排了实地调研环节，具有内容与形式上的创新意义；三是研讨会提出的观点、见解，对各级红十字会贯彻落实"五大发展理念",推进红十字事业发展具有引领和示范意义①。

为展示研讨会的学术成果,本刊开辟专栏,除《中国红十字报》已发文章之外,再精选部分论文发表,以飨读者。

① 《顺应时代潮流 厚植发展优势——"五大发展理念与红十字事业"研讨会在江苏省盐城市召开》,《中国红十字报》2016 年 10 月 28 日。

以五大发展理念为引领
推进红十字事业科学发展

张孚传

党的十八届五中全会鲜明地提出了"创新、协调、绿色、开放、共享"的发展理念，富有创见地升华了党对经济社会发展规律的认识，实现了马克思主义发展观的时代创新和重大升华。中国红十字事业作为中国特色社会主义事业的重要组成部分，必须始终坚持以"五大发展理念"为引领，着力解决红十字事业发展中的创新不足问题、区域不平衡和领域不均衡问题、不可持续问题、社会合作机制不完善问题、社会动员能力不足问题以及惠及面不广问题等，不断推进新时期中国红十字运动蓬勃发展，为实现中华民族伟大复兴做出新贡献。

一、坚持创新发展，推进实践创新和理论创新

创新是社会进步的灵魂。贯彻落实"五大发展理念"，必须倡导创业创新，以打造创新型组织为引擎，不断提升红十字组织的专业化水平，不断提升组织的创造力、竞争力和活力。

（一）要推进业务工作创新，提升硬实力

创新的目的是提升工作整体水平。坚持创新发展，必须在推进业务工作创新上狠下功夫。一要推进筹资方式创新。要积极探索"互联网+公益"，设计搭建淘宝公益网店，借助腾讯公益、支付宝等平台，探索倡导"微公益"、众筹等筹资方式，主动参与互联网筹款的市场竞争。二要推进公益项目创新。要精心策划设计具有红十字特色的人道公益项目，不断提升项目的专业化、规范化、精细化、科学化水平，积极运用项目推介、市场营销等办法，争取社会各界爱心人士的支持和参与。三要推进应急救援工作创新。要着眼新时期灾害救援的实际需求，探索构建救灾指挥系统、后勤保障系统和评估干预系统，努力

实现灾害应急救援从"传统款物发放"的单一模式向"物质救助、现场施救、心理援助相结合"的立体化、多方位模式转型。四要推进救护培训工作创新。要创新救护师资培养和管理模式，建立师资分级分类管理和考核标准，推行师资年度教学绩效评价机制，实行动态管理，不断优化各级红十字应急救护培训师资库。要积极探索"菜单式、分段型、积分制"培训方式，增强培训的针对性，满足不同人群的培训需求。

（二）要探索体制机制创新，提升软实力

创新是红十字事业发展的不竭动力。坚持创新发展，必须在创新体制机制上求突破。一要加快推进选人用人机制创新，着力解决专业水平与事业发展需求不相适应的问题。要通过择优选调、公开选拔、竞争上岗等多种方式，把那些敢担当、能担当、善担当的干部选拔到红十字会领导岗位和管理岗位。要通过政府购买公益岗位、招聘项目工作人员等多种形式，不断充实红十字会工作人员。要积极引进筹资、项目管理、信息化建设、宣传传播等方面的专业人才，不断优化人力资源结构。要鼓励实践创新，积极探索依托大学生实习基地、推行宣传服务外包和培养领袖型志愿者、骨干志愿者等方式，有效缓解和弥补人才紧缺、人力资源不足等问题。二要积极推进组织体制创新，努力化解"倒金字塔形"组织结构与"群众性"这一组织特性的现实冲突。要积极探索"红十字工作者+志愿者+会员"的组织体制，倡导红十字工作者主导、红十字志愿者和会员鼎力参与支持的工作格局。要在重"专"求"精"的基础上，把更多的志愿者和会员团结凝聚在红十字组织周围。要加强会员管理、优化会员服务，破除会员"虚名化"现象，充分发挥会员作用，使红十字会真正成为一个群众性的组织。三要加快推进理论创新，以理论研究的创新成果引领事业发展。要深入研究红十字运动的历史，总结成功经验，汲取失败教训，把握红十字事业发展规律，用以指导红十字会工作的新实践。要深入研究红十字组织的治理结构、体制机制，并把理论研究的新成果转化为政策引领和制度保障，破解制约红十字事业发展的瓶颈。

（三）要推进宣传传播创新，唱响好声音

创新就是走在前列、引领风尚。坚持创新发展，必须推进宣传传播创新，做到"先声夺人"。一要借力"互联网+"。要继续深化红十

字网站、微博、微信等自媒体宣传，及时、全面、真实、准确地向社会发布相关信息，积极回应社会关切，加强舆论引导，讲好红十字好故事，传播社会正能量，营造更加有利于红十字事业发展的良好舆论环境。二要换位思考转方式。要从以往宣传主体一味注重"要说什么"，转换到传播受众的角色，了解掌握传播受众"要听什么""想听什么"。从单向的"灌输—接受"，转换为双向的"发布—沟通—反馈"，使红十字的宣传更加鲜活、生动，更富有亲和力、吸引力和感召力，使社会各界认识红十字会、理解红十字会、支持红十字会。三要打破体内循环。要创新红十字文化传播运行机制，探索以市场化运作的方式，吸引社会力量参与红十字文化传播。要继续建立健全重大活动参与机制、定期沟通交流机制、好新闻采写激励机制，面向社会，发展、培养和巩固一批红十字信息员、传播员、网评员，积极为红十字事业鼓与呼。

二、坚持协调发展，推进区域平衡和领域均衡

协调注重平衡和均衡。贯彻落实"五大发展理念"，必须谋全局、补短板，追求红十字事业发展的区域平衡和领域均衡。

（一）强化统筹，推动红十字事业区域平衡发展

区域发展和城乡发展不平衡，是当前红十字事业发展的现实写照。坚持协调发展，必须着眼全局、强化统筹，积极创造条件，加强农村和贫困地区的红十字会工作，促进东西部协调发展和城乡协调发展。一要推进东西部协调发展。按照中国红十字会总会有关对口支援西部地区工作的总体部署，深化思想认识讲政治，增强行动自觉比担当，加强沟通衔接，密切协调配合，大力支持中西部尤其是西部欠发达地区的红十字会工作。突出民生重点，既要"输血"，更要"造血"，通过开展和实施红十字"博爱送万家"西部行、助学助医项目、爱心物资捐赠项目、智力扶持项目和实施一批硬件建设类项目，积极做好对口支援和帮扶工作，提升欠发达地区红十字会工作水平，助推当地红十字事业又好又快发展。二要推进城乡协调发展。继续实施"红十字博爱家园"等品牌项目和活动，在农村和社区大力开展以健康服务、大病医疗救助、扶贫帮困等为内容的社会救助活动，完善城乡红十字人道服务体系。坚持从实际出发，分类指导，注重实效，集中人力、物力、财力，树立典型，以

点带面，逐步推广，以服务困难群体为核心，以群众满意为标准，积极推进农村红十字工作。

（二）补齐短板，推动红十字事业各领域工作均衡发展

短板是工作发展不均衡的集中体现。坚持协调发展，必须加快补齐薄弱领域短板，推进红十字事业均衡发展。一要直面问题，找准短板。基层基础比较薄弱，"底盘"还不稳，是当前各级红十字会不可忽视的短板。其主要表现有两个方面，对基层指导不够，红十字组织无法扎根群众；基层组织建成后，作用发挥不明显，缺乏活力，在群众中的影响力不大。核心业务不强，品牌影响力不大，是发展壮大红十字事业亟待补齐的短板。其主要表现是，应急救援队伍专业化建设和规范化管理的水平有待进一步提升；筹资工作创新不够，对经常性筹资手段缺少研究和运用，救助实力不强；应急救护师资的培养和使用结合不够紧密，师资队伍建设仍然是制约红十字应急救护培训工作发展的关键因素，培训模式单一，不能满足基层群众需求。二要对症下药，补齐组织建设短板。一方面，要抓好基层组织建设。坚持标准、强化指导、稳步推进，做到"成熟一个，发展一个"，"建成一批，巩固一批"，"以点带面，示范引领"，决不搞一哄而上、大干快上。要抓住重点、紧抓不放，要巩固学校主阵地，继续完善以工作委员会为主导、学校红十字会为基础、红十字青少年为主体的组织工作模式，不断深化学校红十字会工作。要结合实际、注重实效，要按照"大中小学广覆盖，乡镇街道促发展，社区乡村重培育，企业单位求突破，医疗机构强作用，志愿服务展活力"的总体思路，加快推进基层组织建设，逐步形成纵向到底、横向到边、条块结合覆盖城乡的红十字会组织网络。另一方面，要切实发挥基层组织作用。要引导红十字基层组织创新活动载体，以开展党政所急、社会所需、群众所盼、独具红十字特色的活动，参与社会治理，提供公共服务。要通过博爱家园、博爱超市、社区红十字服务站等载体，延伸臂膀、展开触角，充分发挥红十字基层组织在参与基层公共事务、联系群众、服务群众、反映诉求、化解矛盾、凝聚人心、促进和谐等方面的积极作用，做社会成员的"服务器"、社会利益的"调节器"和社会安定的"稳压器"。三要多管齐下，补齐核心业务短板。要以强化备灾救灾规范管理和打造符合实际需求的专业救援队为抓手，提升应急救援能力和整体水平，更好地服务群众。要借力"互联网+"，积极探索筹资新渠道，做大做强红十字博爱公益项目，抓好精准扶贫，以项目为载

体，积极开展人道救助，不断壮大救助实力、扩大救助对象、延伸救助范围、提高救助成效。要狠抓应急救护培训"提质扩面"，重点抓好以课程课件、教学基地、师资队伍等三项内容为主体的教学体系建设，提升培训质量；要拓宽培训渠道，通过公益性普及培训、社会化有偿服务、承接政府购买服务等形式，积极组织救护培训"六进"活动，切实扩大普及面。

三、坚持绿色发展，
推进法治建设和长效机制建设

绿色发展的内在要求是可持续发展。贯彻落实"五大发展理念"，必须倡导可持续发展，以打造法治型组织为基础，构建科学发展的长效机制，不断提升组织的法治化水平和规范化水平。

（一）坚持绿色发展，必须把推进依法建会、依法治会、依法兴会作为核心内容

法治是公民社会的精神内核。坚持绿色发展，必须以法治为导轨，努力推进依法建会、依法治会、依法兴会。一要推进依法建会，打好法治型组织的"桩"。要紧紧扭住依法理顺管理体制这个"牛鼻子"，以贯彻落实国务院《意见》为抓手，以实现有机构、有常务（专职）副会长、有专职工作人员、经费列入财政一级预算、依法独立自主开展工作等"四有一独立"为基本要求，积极争取党委政府重视，咬定青山不放松，铆足干劲"钉钉子"，推进县级以上红十字会全面彻底理顺管理体制。二要推进依法治会，补足法治型组织的"钙"。要不折不扣地执行会员代表大会、理事会、常务理事会等根本制度，做到按期换届、定期报告工作，真正实现依法治会。要牢固树立法人意识，健全以章程为核心的法人治理结构，积极探索成立监事会，监事会由会员代表大会授权，对理事会和执委会形成有效监督。要健全完善民主决策机制，做到科学决策、民主决策、依法决策。三要推进依法兴会，铸就法治型组织的"魂"。要注重优化发展环境，动员凝聚各方力量，在法治的轨道上推动红十字事业欣欣向荣。要积极营造红十字会依法履职尽责、政府职能部门依法保障发展、各方爱心力量依法有序参与、社会公众依法实施监督的良好氛围，让依法兴会成为广大红十字工作者的自觉追求，成为全社会的价值共识，成为时代的必然选择。

（二）坚持绿色发展，必须把强化制度建设和长效机制建设作为重要保障

制度和机制带有根本性、全局性、稳定性和长期性的特点。坚持绿色发展，必须以制度和机制建设为保障，清源头、筑常态、管长远。一要进一步强化制度建设。要深入研究、科学制定红十字会在备灾救灾、募捐筹资、应急救援、组织建设、志愿服务等方面的配套制度，建立健全结构合理、设计完善、规范严谨、便于操作的制度体系，做到着眼基础、保障给力，着眼防范、防微杜渐，着眼长远、引领发展。二要强化制度执行。"徒法不足以自行。"再好的制度，如果不重视执行，也会形同虚设，难以发挥应有的效力。目前，有些地方不是缺少制度，而是执行制度不严、落实不力，严重影响了制度的严肃性和权威性。这就要求既要重视制度的制定，又要抓好制度落实，提高制度的执行力。要建立健全制度执行保障机制，明确责任部门和责任人，明确执行时限和阶段性要求，及时排除工作中的障碍和阻力，为制度执行创造良好环境和条件。要坚决克服今天制定这个制度，明天研究那个机制，总是在点子上兜圈子，很少在落实上下功夫的弊端。三要严肃责任追究。要严肃财经纪律、严格资金管理、严格财务审批，抓干部队伍建设、抓工作落实、抓项目落地。"不严不抓"就要问责追责。追究责任，要动真格、敢碰硬，对执行制度不严、落实责任不到位、推进工作不力的，要本着对公众负责、对组织负责的态度，严肃追究相关当事人的责任。实行问责倒逼机制，改进工作作风，提高工作效率，及时把集结的爱心、募集的善款、整合的资源，高效率地进行配置，供给最有需要的个人或群体，最大限度地满足公众的预期。

四、坚持开放发展，推进社会合作

开放是事业繁荣发展的必由之路。贯彻落实"五大发展理念"，必须强化开放合作和社会动员，以打造枢纽型组织为目标，不断提升组织的"黏合度"，不断提升组织的动员能力、影响力和凝聚力。

（一）要强化国际合作交流，提升话语权

积极开展红十字国际交流与对外合作是国际红十字运动的应有之义，是服务国家外交大局的必然要求，也是中国特色红十字事业的重要组成部分。强化国际交流合作，必须积极参与国际红十字运动事务，依

法履行国际责任和义务；必须主动服务国家"一带一路"建设，不断巩固和拓展双边、多边人道事务合作；必须积极参与国际人道救援救助，不断提升救援能力和水平；必须加强国际交流人才队伍建设，提升国际交流合作专业化水平。通过多方面的努力，红十字组织要不断提升其在国际组织中的影响力和话语权，彰显其作为民间外交重要渠道的不可替代作用。

（二）要强化社会动员，提升影响力

社会动员对于进一步整合社会资源、凝聚社会共识、增强社会活力、促进社会和谐具有重要意义。坚持开放发展，必须强化社会动员。一要增进社会合作。要增强与其他团体和组织的交流与合作，构建"资源共用、信息共享、平台共建"的长效机制，做到优势互补、合作共赢，不搞单打独斗，不搞单兵作战。二要依靠群众、发动群众。要坚持眼睛向下、面向基层，虚心听取群众意见，接受群众批评。组织开展工作和活动要以群众为中心、为主体，让群众当主角、当评委，发动群众积极参与，不能抛开群众，搞自弹自唱、自娱自乐。三要创新社会动员方式。要加快推进信息化建设，在巩固传统社会动员工作优势基础上，充分利用新技术、新媒介开展社会动员工作，尤其是以网格化、信息化建设为手段，探索新形势下社会动员的有效方式方法。要在筹资募捐呼吁、应急响应、志愿服务动员、器官捐献和造血干细胞捐献社会发动等方面，充分借助网络平台和现代通信手段，发挥其"进入门槛低、传播速度快、动员途径多、覆盖范围广、传受一体化"的优势，提升社会动员水平和成效。

（三）要倡导志愿服务，增强感召力

志愿服务是红十字运动的基本原则，也是人们参与融入社会、扩展社会资源和实现自身价值的重要渠道。坚持开放发展，必须大力倡导志愿服务。一要大力倡导志愿服务理念，切实发挥志愿服务在红十字人道工作中的"托盘"作用，还原其在红十字运动起始时的"原色"，让每一位志愿者拥有对红十字事业的认同感、对红十字组织的归属感和对红十字志愿服务的成就感，从而把社会各方力量动员起来、凝聚起来。二要立足自身所能，主动对接社会需求，积极拓展志愿服务主渠道，重点在应急救援、应急救护、健康关怀、心理援助、社区服务、造血干细胞和器官捐献等领域，发展和壮大志愿者队伍。三要建立健全符合实际的

红十字志愿者招募动员、登记注册、教育培训、保障激励等机制，构建"统一规划、分级负责、自主管理"的红十字志愿服务体系，推动志愿服务向品牌化、规范化、专业化、社会化方向发展。

五、坚持共享发展，推进社会公平正义

共享是发展的出发点和落脚点。能否实现发展成果共享，直接关系到红十字事业的兴衰成败。贯彻落实"五大发展理念"，必须倡导共建共享，做到人人参与、人人尽力、人人享有，推进社会公平正义。

（一）让受助者共享红十字事业发展成果

困难群体受助者是红十字会工作的主要对象，能不能真正让困难群众受惠受益是衡量红十字事业成败的首要标准。红十字事业发展的成果，理应由困难群众共享，最大限度地体现社会公平正义。一是要不断提升救助实力，扩大救助惠及面，让困难群众更具获得感。二是要不断提升专业化水平，提高救助有效度，切实帮助困难群众解决实际问题。三是要引导受助者反哺社会，尽己所能积极参与共建共享，不断扩大红十字事业发展的成果。

（二）让爱心人士和捐赠者、捐献者共享红十字事业发展成果

爱心人士和捐赠者、捐献者是红十字事业兴旺发达的社会基础和群众基础。红十字事业发展的成果，理应由爱心人士和捐赠者、捐献者共享，进一步激发他们的人道精神、博爱情怀和奉献善举。一是要强化信息反馈和成果展示，及时公开爱心善款的去向用途、项目实施进展、资金使用绩效等情况，让爱心人士见证他们的善款和义举转化为实实在在的助人救人成效，转化为红十字事业发展成果，增强他们的成就感。二是要提高服务水平，帮助捐赠者筹划捐赠优化方案，落实税收优惠政策，使他们在快乐捐赠的同时，切身体会到党和政府对红十字事业的重视和支持。三是要倡导人文关怀，重视过程服务，依法依规落实捐献者激励保障政策，使他们在帮助他人的同时，真正感受到参与红十字事业带来的光荣感。四是要大力选树典型，积极推荐爱心人士和捐赠者、捐献者参评参选慈善奖、好人榜，宣传弘扬红十字感动人物先进事迹，让他们切身体会到红十字事业发展在全社会所产生的正效应。

（三）让红十字工作者、会员、志愿者共享事业发展成果

红十字工作者、会员、志愿者是红十字事业蓬勃发展的重要依靠力量。红十字事业发展的成果，理应与他们共享，进一步激发他们的热情和激情，积聚成推动红十字会工作的磅礴力量。一是让红十字工作者坚定事业自信，增强自豪感。要引导红十字工作者自觉地把个人职业发展计划与事业发展规划结合起来，实现同向发力、同频共振。要引导红十字工作者增强使命意识和责任意识，鼓励他们为推进事业发展施展才华、建功立业。要以事业发展的成果激励鼓舞广大红十字工作者，使他们在事业发展的进程中实现个人理想和抱负，充分享受到成功的喜悦，充分体会到有付出就有收获，有作为就有地位。二是让广大会员坚定组织认同，增强归属感。要组织会员活动，在活动中向会员充分展示红十字事业发展取得的成果，让他们为所处的组织感到骄傲。要强化会员服务，让广大会员切身体会到组织关爱，让他们在与组织的有效互动中见证红十字事业的发展壮大。三是让红十字志愿者坚定价值信念，增强荣誉感。要大力宣传志愿服务和广大志愿者为红十字事业发展所做出的巨大贡献，让志愿者切身体会到志愿服务精神及其实践对红十字事业发展的重要价值。要大力弘扬志愿服务精神，在重要会议、重大活动等场合表彰奖励优秀红十字志愿者，让广大志愿者感受到强烈的荣誉感。

（作者系浙江省红十字会办公室主任）

"五大发展理念与红十字事业"研讨会专栏

创新发展：引领红十字事业发展的"第一动力"

池子华

党的十八届五中全会强调，实现"十三五"时期发展目标，破解发展难题，厚植发展优势，必须牢固树立创新、协调、绿色、开放、共享的发展理念。这被视为关系中国发展全局的一场深刻变革。

五大发展理念中，创新发展居于首要位置，是"引领发展的第一动力"。如习近平总书记强调的那样，要把创新"摆在国家发展全局的核心位置"。作为党和政府人道领域联系群众的桥梁和纽带，红十字会切实贯彻五大发展理念，以促进事业发展。在贯彻五大发展理念过程中，同样应该把创新发展摆放到"核心位置"。对红十字人而言，牢固树立"创新是引领发展的第一动力"理念，至关重要。

首先，没有创新理念，就没有创新动力。安于现状，故步自封，因循守旧，不思进取，即缺乏创新发展理念，不可能取得事业的新发展。2013年10月21日，习近平在出席欧美同学会成立100周年庆祝大会时指出，"创新是一个民族进步的灵魂，是一个国家兴旺发达的不竭动力"。对一个社会组织来说同样如此，没有创新理念，没有"头脑风暴"，就没有生机与活力。只有树立创新发展理念，才会有创新的"源"动力——动力之源，在"第一动力"引领下实现可持续发展。

其次，没有创新发展理念，就没有创新的自觉行动。创新理念就是打破常规，开拓进取，敢为人先，敢于挑战，追求卓越，谋求发展的思想境界。创新的本质特征在于革故鼎新。没有源自内心的创新驱动，当然不可能有创新的自觉行动，只能原地踏步，甚至倒退。因此，也只有牢固树立"创新是引领发展的第一动力"理念，并把这一理念付诸实践，才能不断激发事业发展活力。

再次，没有创新发展理念，就无法适应时代进步和社会发展的要求。以创新发展为"龙头"的五大发展理念的提出和贯彻，标志着"创新时代"的来临，"让创新贯穿党和国家一切工作，让创新在全社会蔚然成风"。这样的新时代，同样要求红十字会与时俱进。只有顺应时代的潮流，以"第一动力"为引领，才能取得事业的新发展。

又次，没有创新发展理念，就无法在竞争中胜出。随着《慈善法》的实施，社会公益组织势将迎来大发展的繁荣局面，红十字会曾经的"一枝独秀"早已渐行渐远，代之而起的是百花齐放。红十字会面临前所未有的竞争压力——优胜劣汰。要在竞争中不断胜出，也只有以创新理念增强发展动力，不断拓展发展新空间。如习近平所言，"唯创新者进，唯创新者强，唯创新者胜"。毫无疑问，确立"创新是引领发展第一动力"理念，是红十字事业自身发展的现实需要。

创新发展理念带来创新发展方式的转变，落脚点在创新行动上。那么，如何贯彻落实创新发展理念，或者说创新发展的路径在哪里，党的十八届五中全会提出的不断推进理论创新、制度创新、科技创新、文化创新四大创新，标识出我国发展的创新思路、创新方向，对红十字会同样适用。

理论创新是指人们在社会实践活动中，对出现的新情况、新问题，做出新的理性分析和理性解答，对认识对象或实践对象的本质、规律和发展变化的趋势做出新的揭示和预见，对历史经验和现实经验进行新的理性升华。理论指导实践，理论创新是践行创新发展理念的重要途径。在这方面，红十字会做出了可贵的探索，"七项基本原则""两论一动"等，都是具有创新性的理论概括。理论创新属"脑动力"创新，是各类创新活动的思想灵魂和方法来源。理论创新与理论研究密不可分，而恰恰在理论研究方面，我们重视不够，重实践、轻理论的现象至今没有得到根本性改观，导致理论创新能力不强。值得称道的是，总会将"成立中国红十字运动研究会，加强理论研究队伍建设，推动理论研究制度化"，作为"十三五"重点建设项目，纳入《中国红十字事业发展规划（2016—2020年）》之中。倘能达成目标，对提升红十字会理论创新能力，必将产生积极影响。事实证明，红十字人一旦"脑洞大开"，就会有思想火花的闪耀。盐都区红十字会出版的《盐都红十字事业》、嘉定区红十字会与红十字运动研究中心合作出版的《红十字青少年理论与实践》，都是理论探索的结晶，值得全国红十字系统学习借鉴。

制度创新是指在人们现有的生产和生活环境条件下，通过创设新的、更能有效激励人们行为的制度、规范体系来实现社会的持续发展和变革的创新。所有创新活动都有赖于制度创新的积淀和持续激励，通过制度创新得以固化,并以制度化的方式持续发挥着自己的作用,这是制度创新的积极意义所在。2011 年被红十字会确定为"以制度建设为重点的能力建设年",这本身就是创新之举。制度建设是一种能力建设,是制度创新的题中应有之义。"盘点"一下可以发现,近年来我们在制度建设方面取得了一些成果,在基本制度、一般制度、专项制度、岗位制度建设上都有新的突破,但制度是否完善,是否形成覆盖各项工作、各个环节的制度体系,是否适应"创新时代"的新要求,还需要实践来检验。制度创新属"原动力"创新,是持续创新的保障,有利于形成创新发展的体制机制。制度创新在理论上是没有终点的动态过程,制度没有"最好",只有"更好"。追求"更好"的制度,应该说我们还有很长的路要走。

科技创新被视为"主动力"创新,是全面创新的重中之重。科学技术领域,看似距离红十字会较为遥远,其实近在眼前。如何充分利用科技力量,推动红十字会事业发展,成为我们必须面对的时代课题。事实上,红十字会已经尝到科技创新的甜头,如建立院士专项基金,探索科技力量与人道力量的结合,就是一种成功的尝试;捐赠信息平台建设、各类 APP 软件的开发上线,如嘉定区红十字会、盐都区红十字会推出的微信捐赠平台,都显示出科技的能量。在这里,"互联网+"成为汇聚人道力量的重要纽带。打造"智慧型"红十字会,已成大势所趋。这就要求红十字人在科技融入、科技创新上有更大作为。

文化创新本质上是"软实力"创新。文化软实力作为现代社会发展的精神动力、智力支持和思想保证,越来越成为民族凝聚力和创造力的重要源泉,越来越成为综合国力竞争的重要因素。就红十字会而言,强化文化建设,可以增强影响力、感召力、凝聚力,提升"软实力"。文化创新不仅包含红十字精神文化的继承和弘扬,还包含各种规章制度的不断完善、物质文化遗产的保护与开发、"品牌"的打造、理念的创新以及学习能力、研究能力的提高等。应该承认,"软实力"建设一直是困扰红十字事业发展的"短板",重视不够,创新不足。令人欣喜的是,《中国红十字事业发展规划(2016—2020 年)》对提升软实力建设有所加强,不仅有成立中国红十字人道传播学院、建立研究基地的举措,而且将"建设上海、辽宁营口、贵州图云关等红十字文化传播教育基地,普及红十字运动基本知识和红十字人道理念,弘扬红十字精神和文化价值","启动红十字运动文物、文献普查、认定和登记工作,加强历史文化设施保护,开展史志研究,总会及有条件的省份建立红十字文化遗产资料库、博物馆或展示中心",作为重点实施项目加以推进,凡此说明红十字会在文化创新领域已经有所行动。文化是灵魂,是驱动红十字事业发展的永恒主题,应该常抓不懈。

唯有创新才能发展进步,创新发展理念实为引领红十字事业发展的"第一动力"。牢固树立创新发展理念,围绕理论创新、制度创新、科技创新、文化创新,加强创新能力建设,实施创新驱动发展战略,定会开创红十字事业发展的新局面。

(作者系红十字运动研究中心主任,苏州大学社会学院教授、博士生导师)

创新激发组织活力　聚力助推事业发展

——以盐都区红十字会为例

王金海

一、新的历史时期红十字工作面临新的要求

红十字会是当今世界历史最悠久、规模最庞大、影响最广泛的国际性人道组织。各国红十字会（红新月会）按照国际红十字运动"人道、公正、独立、中立、志愿服务、统一、普遍"等七项基本原则开展工作。随着世界政治多极化、经济一体化发展，人类共同面对的问题也使得红十字组织派生出更多的工作空间与要求。

中国红十字会，其宗旨是"保护人的生命和健康，促进文明、和平、进步事业"；其精神是"人道、博爱、奉献"；其工作方针是"扶危济困、救死扶伤、敬老助残、助人为乐"。根据《中国红十字会章程》的规定，红十字会在和平时期履行十四项职责，在战时有 5 项基本职能。而在新的历史时期，做好红十字工作，特别是基层红十字工作，不仅要依法依章程做好业务工作，还必须与地方党政整体工作部署紧密联系在一起，在保护自然生态平衡、稳定伦理道德观念、推进城镇协调发展、服务招商选资、化解干群矛盾、维护社会稳定等方面加大投入，贡献力量。如果不能很好地学习政策、把握关键、突出重点，准确处理好必修课与附加题的关系，创造性开展工作，将很难在新一轮改革发展的大潮中脱颖而出。因为尽管各地红十字会组织发展程度不一，但基本都存在五个方面的不足：

一是救助实力不强。特别是目前全球公益组织都面临的捐赠市场疲软、机构间竞争激烈等情况导致接受爱心捐赠有限，与党和政府的要求、与各阶层人民群众的需求还存在巨大差距。

二是专业化水平不够，缺乏核心竞争力。基层红十字会组织人员偏

少，组织形态千差万别，在群团序列显得边缘化。

三是自主主打品牌不强，对重点部门单位依附过多。如看家本领应急救护培训还需要从教育、卫计等部门选拔人员成为培训师，通过与其他部门的深度联合才能够推进；核心业务造血干细胞捐献和遗体、器官（组织）捐献，对卫计部门依赖过大。

四是缺乏更多的资源动员。相对于繁重的工作任务，人员和资金明显不足，红十字组织分身无术。

五是专业宣传不够。"互联网+宣传"的红十字宣传体系比较薄弱。不少地方对红十字会的了解不够，包括一些官员也有认识不到位的地方。此次盐城阜宁射阳遭受17级龙卷风和冰雹灾害，盐城市红十字会第一时间进入受灾现场搭救灾帐篷、疏散安置灾民，全国各级红十字会也及时伸出援手。但地方政府明确由民政部门和慈善会统一扎口、统一支配。这也从一个侧面说明很多领导不了解中国红十字会组织的性质定位和备灾救灾的特点，也与我们的宣传实力、工作架构及专业宣传人才短缺，不及民政部门有关。

此外，从红十字会担负的人道重任和组织的长远发展来看，由于管理体制还没有完全理顺，这一关键不足，导致各地差异性太大，对于整体协调全面进步造成了巨大困难，在发挥政府人道领域助手职能的进程中，不少地方还在着力依靠政策、尽力加强协调，在理顺体制、建立机制、完善政策、健全制度等方面补课，人才培养、核心业务推进、竞争力的提升、品牌的打造更是任重道远。

但中央群团工作会议的召开、《慈善法》的出台和《红十字会法》的修订，客观上为红十字会创造了科学发展的良好环境，十三五规划的出台，也要求各级红十字会高举人道主义大旗，认真履行法定职责，做好"规定动作"；要求紧密围绕小康社会建设的目标和人民群众的需求，做好"自选动作"，主动作为，积极协助党和政府全力做好"补齐短板"这篇大文章，在"补齐短板"上多用力，发挥红十字组织不可替代的作用。在新的历史时期，必须变被动为主动，以党的十八届五中全会鲜明提出的"创新、协调、绿色、开放、共享"的发展理念为引导。就基层红十字会组织而言，以基层群众为中心，精准把握群众需求，进行面对面、手拉手、心贴心的零距离服务，才能充分发挥好党密切联系人民群众的桥梁和纽带作用。更因为帮扶服务的重点人群在基层，依靠的力量也必须在基层，没有基层组织体系，就难以开展工作；没有一个健全的基层组织体系，开展的就是不健全的工作，所以更加应该在加强基层组织建设、健全组织体系上创新创业创优。基于这样的认识，盐都区红十字会从 2005 年理顺管理体制以来，始终把强势推进基层组织建设作为关键抓手，通过建立基层组织，完善工作网络，健全运行机制，实施精准服务，推动全区红十字会工作向深层次、宽领域拓展，保证了工作连续 11 年位列全市综合考评第一，并先后 5 次获得区委、区政府综合表彰。其主要做法是：围绕人道服务供给侧改革要求，积极适应经济社会结构和社会群体需求变化新情况，着力夯实基层基础，以实施组织覆盖、活动覆盖和工作覆盖为目标，不断探索基层群团组织建设的有效路径，精准化开展特色鲜明的人道活动。

二、盐都区红十字会在 基层组织建设方面创新举措

盐都区红十字会始建于 1915 年，1987 年复会，2005 年理顺管理体制。理顺初期，主要在教育、卫生等系统和少数乡镇有看似庞大、实质单一的组织架构，工作开展相对封闭、活力有限，影响力和科学发展更是遇到了瓶颈。针对这个问题，新一届理事会从盐都经济社会发展的实际出发，深入研究基层群众对红十字会的要求和期盼，把服务群众特别是弱势群体作为主要任务和根本价值取向，工作重心向基层转移，工作方式向服务转型，形成狠抓基层组织建设的鲜明主题。在理清思路，把准目标的基础上，坚持将工作需要与基层建设相结合，创新举措，使红十字工作开展到哪里，基层组织建设就推进到哪里，通过组织向下延伸、队伍向下扎根、工作向下推进的体制机制，强化基层组织造血功能，深化红十字服务工作，实现了组织"量"的扩大和服务"质"的提升。

（一）盐都全区红十字基层组织的现状

盐都区现有红十字基层组织 340 个，团队会员单位 84 个，会员 61428 人，志愿者 5866 人，其中注册志愿者 508 人。具体架构如下：

（1）区红十字会。聘请党政主要负责人为名誉会长，理事会设理事 43 人，常务理事 17 人。会机关现有 8 人，设一室三部二中心，即办公室、事业发展部、志愿服务部、宣传筹资部、备灾救灾中心、卫生救护培训中心。

（2）镇（区、街道）红十字会。20 个镇（区、街道）建立 19 个镇

（区、街道）红十字会，均聘请党委主要负责人为名誉会长。镇（区、街道）红十字会设理事7~25人，3个镇（街道）由行政主要负责人担任会长，其他均由分管负责人担任会长，秘书长由社会事业办公室主任兼任，负责日常工作。

（3）专业工作委员会。现有6个专业工作委员会：学校工作委员会、卫生工作委员会、新闻与传播工作委员会、法律援助工作委员会、工商企业工作委员会、博爱救助金使用管理监督工作委员会。

（4）志愿服务队。现有志愿服务队9支：无偿献血志愿服务队、造血干细胞采样与捐献志愿服务队、募捐筹资志愿服务队、社区红十字服务志愿服务队、月光妈妈志愿服务队、爱心暖巢志愿服务队、抢险救援志愿服务队、应急救护志愿服务队、阳光天使志愿服务队。

（5）行业红十字会。共有7个：教育红十字会、卫生红十字会、城市工业红十字会、商贸红十字会、物流行业红十字会、食品与加工行业红十字会、制鞋机械行业红十字会。

（6）村居红十字组织。共有会员小组113个，志愿服务基地19个，红十字示范村8个。

（二）创新基层组织建设的阶段与职能演变

自2005年理顺管理体制以来，盐都区创新基层组织建设大体分为三个阶段，职能也随之演变。

第一阶段：2006—2009年，为健全体系阶段。

（1）明确基层组织建设的规划和实施计划。2006年年初，新一届常务理事会按照"调查借鉴、试点先行、分类指导、整体推进"的思路，确定红十字组织"进机关、进学校、进街镇、进社区、进企业、进军营"的"六进"目标，并提出了"先大后小、先主后从"的组织建设路线图，优先建立镇（区、街道）一级红十字会，然后向村居、企业发展。

（2）明确建会的步骤。以镇级红十字会为例，明确了七个不可或缺的步骤：①学习《红十字会法》和《中国红十字会章程》；②提出理事会、常务理事会人选；③党委、政府联席会议讨论通过；④以党政办名义向区红十字会提出申请；⑤区红十字会批复；⑥召开成立大会并由区红十字会授旗、授牌、授印、授徽；⑦聘请名誉会长。企业、机关红十字会参照办理。

（3）明确基本要求和基本任务。提出镇（区、街道）红十字会六项基本要求和八大工作任务。六项基本要求即"六个有"：①有固定的工作场所和必要的工作设施；②有相对固定的兼职干部并配备必要的工作人员；③有切合实际的工作制度；④有经费保障（从 2007 年起，由区财政局和区红十字会联合发文，要求镇（区、街道）财政安排红十字会工作经费 2 万~5 万元）；⑤有稳固的志愿者和会员队伍；⑥有会牌、会旗、会徽、会印（区红十字会统一制作）。会牌和制度必须上墙。八大工作任务：①建立健全台账资料；②传播红十字运动知识；③募捐和救助；④组织无偿献血和招募造血干细胞采样志愿者；⑤开展志愿服务；⑥卫生救护培训；⑦发展村居、企业红十字组织；⑧创建工作特色。

与此同时，积极发展村居、企业红十字组织，先后建立村居红十字会 132 个、企业红十字会 87 个；创建 40 个红十字示范村；在发挥好原有学校、卫生工作委员会作用的基础上，组建新闻与传播工作委员会和募捐筹资工作委员会。

第二阶段：2010—2012 年，为发展壮大阶段。以总会《关于加强红十字会基层组织建设工作的指导意见》为指导，主要做了以下几方面工作：

（1）开展基层组织标准化建设。针对基层组织所在镇（区、街道）、行业、系统经济发展水平存在差距、业务掌握程度不同、工作开展不平衡的状况，从 2010 年 1 月起，开展基层组织标准化建设，提出了阵地建设、会务管理、业务工作、基础资料 4 个大项、82 个小项的标准化建设要求，制定了验收标准；设计了 20 种表格、6 种记录簿、15 种资料夹，并明确它们之间的对应关系；为所有基层组织统一配制了资料柜、血压计、轮椅、募捐箱、急救箱、报刊架，并统一重新制作了会牌，使基层组织建设水平有了极大的提升。

（2）加强基层组织运行管理和工作质量监控。提出了"正常工作固态化、会务管理规范化、热点事项程序化、探索工作项目化、分类指导特色化"的要求，强调八项重点工作和质量要求，即"组织建设重运行、应急反应重迅捷、志愿服务重结对、台账资料重归档、救护培训重普及、宣传活动重传播、社会筹资重透明、生命工程重阳光"，并对每项工作出台了具体考核标准，考核结果纳入区政府对镇（区、街道）社会事业考核实绩。

（3）整合村居、企业红十字组织。针对村居和企业红十字会数量较多、相对分散、工作节点不够得力的状况，按照"重在切合实际、重在发挥作用、重在群众认同"的原则，把 132 个村居红十字会、40 个红十字示范村撤并为 113 个会员小组、19 个志愿服务基地、8 个红十字示范村；把 87 个企业红十字会整合为商贸系统、城市工业系统红十字会和物流行业、食品与加工行业、制鞋机械行业红十字会。同时，明确了村居、行业（系统）红十字会的五项基本任务：传播博爱文化、发展会员和志愿者、安全和应急救护知识普及、募捐筹资和救助、发挥特色，使村居、企业红十字组织形态更加合理、定位更加准确、管理更加便利、作用发挥更加有效。

第三阶段：2013 年至今，为全面提升阶段。我们把这个阶段定性为"智慧红会"阶段，或叫"互联网+"阶段。

（1）确定组织建设提升的目标和实现途径。按照"分类指导、严格标准、优化结构、规范运转"的思路，提出了以镇（区、街道）、行业、系统红十字为主体的组织建设"五化"目标，即：办公信息化、资料档案化、运转规范化、救助数字化、发展特色化。目前，盐都区已实现 OA 系统办公、资料纸质档和电子档双重备份、工作运转电子和影像记录、系统内各类组织互联互通；"博爱盐都"微信公众号正式上线；建立了应急救护网上报名、学习、训练、考试系统；正在筹备红十字救助中心网络平台。

（2）开展基层组织能力建设。把提高基层组织"决策、执行、协调、公关"四大能力作为能力建设的核心内容。在决策能力也就是领导能力建设上，要求基层红十字组织围绕履行好"五大员"的职责来进行。即做好"领航员"，把握事业发展和工作开展的方向；做好"指挥员"，组织区域内红十字工作的开展；做好"教练员"，训练区域内红十字工作人员、会员和志愿者，带好团队；做好"裁判员"，制定工作标准，实施工作监督与评价；做好"服务员"，为区域内各级红十字组织、会员、志愿者及社会群体开展红十字工作提供服务和保障。在执行能力建设上，要求承担执行职能的组织和个人准确理解领导的意图和工作要求、全面把握工作开展的基础、选择正确合适的工作方法、采取认真负责的工作态度，保证各项决策和工作执行到位。在协调能力的建设上，要求基层组织在实际工作中要注意聚集四个方面的力量：一是领导与强力部门；二是秉承人道理念的志愿工作者；三是有助于提高红十字公信力的审计监督部门和社会监督员；四是有志于红十字事业发展的成功人士和工商企业。在实际工作中，基层组织可通过这四方面人群的参与和配合，提高协调效果，打造影响力。在公关能力的建设上，要加强危机管理，做好应急公关；加强媒体宣传，做好形象公关；联系强力部门，做好法制公关；发挥组织优势，做好群体公关。

（3）强调依法治会和打造公信力。在推进依法治会上，要求各级各类基层组织坚持以法和章程为依据开展工作，坚持理事会制度，坚持做到工作程序合法、环节合理。同时，成立法律援助志愿者工作委员会，探索在法律框架内和公序良俗的前提下，推进红十字事业发展的有效途径与方法，提高红十字组织在应对危机时采取法律行动的能力，对会员、志愿者提供法律援助和法律保障。在公信力的打造上，一是通过政务信息公开程序和渠道发布募捐、招募、救助程序和标准等信息，并在区红十字会网站和博爱盐都微信平台发布；二是建立与捐款企业和爱心人士的沟通反馈制度，通报捐款用途（含受益人的基本信息）；三是成立以审计、财政、监察为主体，基层红十字会代表、企业家代表和群众代表组成的博爱救助金使用管理监督工作委员会；四是坚持每年请审计部门审计募捐和资金使用情况，并向有关方面通报。

（4）推动特色创新。按照"彰显盐都特色、引领区域发展"的要求，积极探索推动事业发展新的形式和新的渠道。①成立旧衣物接收中心。志愿者将接收的旧衣物进行清洗、整理、熨烫、消毒、分类、包装后，再交于物流行业红十字会送至有需求的困难地区。②建立共享阳光工作站，发挥基层红十字会地区和行业优势，对特定人群实行就医咨询、康复指导、心理疏导、困难帮扶、就业培训等系统服务，大冈镇和精神病防治院成为示范。③建立救护培训的长效机制。在对公务员、工厂安全员、有毒有害从业人员、乡村医生、保健和体育老师实行全员培训的基础上，将高一新生纳入初级救护员培训范围，实行高中生《毕业证书》和《初级救护员证书》双证合格制。同时，将小学五年级、初中一年级学生纳入救护知识普及范围，以总会编写的中、小学生"生命安全"读本为基础教材，纳入正常教学内容。④依托乡镇红十字会推进"红十字博爱超市"建设。全区已建有8家博爱超市，每年循环资助不同类型的困难群众近千人次，真正建立起服务困难群众的长效机制。⑤与红十字运动研究中心协作，设立盐都研究基地，注重吸纳红十字理论的最新成果指导工作，并依托红十字研究的最优团队，总结全区红十字事业发展中的做法经验，反过来指导工作实践。

（三）创新基层组织建设的良好工作成效

通过创新红十字会基层组织建设，盐都区红十字会较好地完成了各项工作任务。其突出表现在：

一是募捐筹资在基层。盐都区"人道万人捐"11年累计筹款2700万元，其中70%通过基层红十字会筹集。

二是人道救助在基层。每年救助人数超过8000人，相关救灾物资、救助款、救助卡的发放，由村（居）红十字会申报，镇（区、街道）、部门、单位红十字会审核，区红十字会会办研究，并张榜公示、审计评价。

三是应急救护培训在基层。"十二五"期间群众性应急救护培训进农村、进社区、进机关、进学校、进企业工作，有80%的工作量通过基层红十字会组织实施。

四是捐献服务在基层。教育和镇（区、街道）等基层红十字会组织开展无偿献血、造血干细胞捐献工作已经成为主力和支撑。

五是志愿服务在基层。红十字会志愿者申请注册、服务活动都是在基层红十字会指导下开展，根据群众实际需求，招募和培育核心志愿者，提供必要保障，落实项目执行人，对重点帮扶对象的情况进行调研，优化志愿服务队伍，完善志愿服务档案，开展丰富多彩的人道活动，打造服务精品，逐步形成"有基地、有队伍、有机制、有行动、有氛围、有保障"的红十字志愿服务体系。

六是人道传播在基层。依托电视、报纸、广播等大众媒介和区红十字会网站、博爱盐都微信公众平台、宣传栏、广告牌，动员基层信息员队伍参与红十字运动知识和活动宣传，形成开放式、透明化的宣传工作格局，广泛传播"人道、博爱、奉献"红十字精神和红十字博爱文化，形成关爱生命、扶危济困、敬老助残、助人为乐的道德风尚，增强群众公益意识，激发民众向善热情，弘扬社会主义核心价值观，推动地方精神文明建设。

三、对于红十字会组织建设创新的几点体会

（1）要认真做好总体规划。①要按照修订好的《红十字会法》和《红十字会章程》的有关规定推进基层组织建设，保证其合法性；②要严格程序和步骤，保证其权威性；③要设置好基层组织与所在系统、区域其他部门、社会组织的关系和相对应的职级，便于其开展工作；④要解决好工作经费问题，保证其正常运转；⑤要从制度上协调好各级各类红十字组织间的关系，做到互联互通互助。

（2）要充分彰显地方特色。①要与地方经济、社会发展相适应；

②要与地方文化传承特征相适应；③要与地方其他部门、社会组织的构成相适应；④要适应并融入地方总体发展规划；⑤要深深扎根群众之中，只有在服务群众的过程中赢得民心，在服务群众的过程中汲取力量，才能不断增强凝聚力和影响力。

（3）要确定基层组织工作的指导原则。具体来说，应该以"五个牢记、五个坚持"为指导原则：①始终牢记红十字运动的宗旨，坚持围绕"文明、和平、进步"这个主题；②始终牢记红十字的工作方针，坚持突出"孤、弱、残、老、困"这个服务主体；③始终牢记博爱文化这个灵魂，坚持以价值认同积蓄发展力量；④始终牢记壮大实力这个核心，坚持发展是硬道理的伟大实践；⑤始终牢记有效的创新才能引领发展这个理念，坚持推动事业发展的手段与方法与时俱进。

历经百年的中国红十字会已从弱小逐步走向强大。在新的历史时期，红十字会将高举人道旗帜，秉承人道精神，切实承担起时代赋予的使命和责任。面对未来，红十字会组织需要主动适应未来人道工作及满足弱势群体的人道需求，科学创新、不断进取，使红十字会各项工作创一流、争上游，彰显红十字会工作的活力，形成推动红十字事业健康协调发展的磅礴大势，在实现中华民族伟大复兴的中国梦进程中贡献更大力量。

（作者系江苏省盐城市盐都区红十字会志愿服务部部长）

贵州红十字会"绿色家园行动"的路径选择与现实维度

罗治雄　戴斌武　匡传益

　　贵州省红十字会作为红十字运动的重要组成部分，是党和政府在人道工作领域的重要助手。贵州省红十字会自 2003 年独立开展工作以来，积极为党和政府分忧解难，广泛动员社会力量解决社会问题，尤其是结合贵州省情实际，在人道领域做了大量卓有成效的工作，"氟砷麻"（氟中毒、砷中毒、麻风病简称）项目、应急救护培训工作始终走在全国红十字会前列。尤其是 2008 年 7 月启动的"绿色家园行动"，既为红十字会积极参与新农村建设、扶贫开发、改善民生、城乡统筹协调发展探索了一条新路子，又为有效解决和化解农村各类问题做了大量的探索和实践。"绿色家园行动"作为贵州省红十字会倾力打造的一项新的公益品牌工程，为社会团体在贫困地区如何有效参与农村和谐发展和社会管理进行了有益探索，具有重要的实践贡献和经验价值。

一、"绿色家园行动"的动因与背景

　　2008 年以来，贵州省红十字会连续遭遇了 2008 年年初百年未遇的低温雨雪冰冻灾害、"5·12"汶川特大地震、"5·26"贵州洪涝灾害等，救灾救助工作经受了前所未有的历练。在应对突如其来的各种灾情后，如何针对贵州"欠开发、欠发达"及自然灾害频发、地方病凸显的省情实际，如何充分发挥红十字会的作用，为党和政府分忧解难；如何广泛动员人道力量参与新农村建设和改善民生，有效开展人道救助工作，大力弘扬传播红十字精神；如何让红十字事业因地制宜，实现科学发展，是新的历史条件下贵州省红十字会必须认真研究思考的问题。

　　在具体工作中，贵州红十字运动主要遇到六个方面的问题：

　　一是红十字会作为一个重要的社会救助团体，其救灾救助工作仅仅依靠被动接受捐助是远远不够的。只有搭建一个长期的、有影响力的救灾救助平台，探索一种常态、高效、迅速的救灾救助方式，才能从容应对突如其来的各种灾情，做好人道救助工作，做到有所为。特别是贵州经济欠发达、财力欠充裕和"无灾不成年"的省情以及喀斯特地貌等自然条件，决定了贵州是人道主义需求最大、最强烈的地区，是群众需要得到支持、帮助最多的地区，但本地区人道资源和社会资源的吸引力和整合力却是最弱的。因此，如何解决好这一对矛盾也使红十字人面临严峻的挑战。

二是贵州生产力发展水平低，经济总量小，农村贫困面大、贫困程度深，需要政府和社会救助的弱势群体人数多，是十分突出的社会问题。在生态脆弱、人口资源环境压力加大的情况下，全省城乡、区域、经济社会发展很不平衡，社会事业发展相对滞后，社会问题多发凸显。面对这些问题，红十字会作为政府人道领域的重要助手，怎样去积极发挥作用，动员社会力量解决问题也是值得深思的。

三是此前日常救灾救助工作只是简单送大米、送衣服、送棉被，但往往是"发点大米吃完了就完了；发点救助金，钱发完了穷依旧"，"年年扶贫年年贫"，反而让受助群众养成了等、要、靠的思想。要帮助他们找到自力更生、发展致富的路子，从而实现人道救助由"输血"式向"造血式"、由"经常扶"向"扶长远"的方向转变。

四是贵州是农业大省，最需要得到人道救助的群体在农村，但农村红十字事业发展最薄弱，怎样加快基层红十字会组织发展，解决有人开展工作、人道救助工作内容和方式单一等问题，实现基层红十字会组织建立良性运转机制，从客观上加强党和政府在基层权力上的巩固，促进红十字事业在农村的发展，必须找到新的工作抓手。

五是要在开展人道救助工作中争取党和政府、各种团体、社会机构及全社会的支持和认可，解决部门、团体之间的社会排他性，通过价值认同、理念导入和品牌力量，增加工作的包容性、兼容性，争取整合更多的人道力量和社会资源。

六是红十字会在履行"弱势群体救助者"的同时，要履行好"人道精神传播者"的职责，动员企业和引导富裕群体积极投身社会捐助事业、培育和增强社会公众的功德意识，营造全社会关心弱势群体的良好氛围，最终实现人道及社会捐助事业成为全社会共同的事业。

为此，针对以上问题，在认真梳理总结历年来的救灾救助工作的基础上，贵州省红十字会于2008年策划推出——"绿色家园行动"。该行动以"弘扬人道精神、传播人道价值"为核心理念，以事件化、活动化、项目化为推广方式，通过搭建平台、整合资源、打造品牌，动员和吸收社会各界关注并参与以"灾后重建、生态文明、励业帮扶、助弱济困"等为重点的绿色家园建设，推动全省救灾救助工作上层次、上台阶，实现人道、慈善、公益事业的社会化、规模化、持久化，为改善民生、构建和谐社会贡献力量。

二、"绿色家园行动"的探索与实践

贵州全省80多个县中有50个是国家扶贫开发重点县，贫困发生率为16.5%，远远高于全国4.6%的平均水平，且"无灾不成年"，是全国扶贫攻坚的主战场。"脱贫致富成了最大的民生问题。"因此，贵州省红十字会在充分调研的基础上，提出了"一个组织的生命力要找到扎根的地方"的工作思路，即"把党的中心工作与红十字自身特点结合起来，把红十字工作与扶贫开发、新农村建设结合起来"，并决定把"绿色家园行动"试点工作放在这个主战场，为探索一种常态、高效、迅速的救灾救助方式，解决好本地区群众人道需求大与吸引、整合人道资源力量小的工作矛盾；建立一种基层红十字会开展工作的良性运行转变机制，实现人道救助由"输血式"向"造血式"，"由经常扶"向"扶长远"转变；传播一种人类共同认同的价值和理念，营造全社会都关心弱势群体的良好氛围，做了大量探索和实践工作。

（一）长顺县试点内容与成效

作为国家扶贫开发重点县，长顺县的发展条件和现状，可以说是贵州"欠开发、欠发达"省情的真实写照之一。全县总面积1565平方公里，自然条件恶劣，喀斯特地貌面积占93.9%，石漠化面积占77.9%，土地贫瘠，耕地破碎，交通区位差，不沿交通主干线。矿产资源较为匮乏，基础设施滞后，产业结构单一，属典型的传统农业县，贫困程度较深。全县17个乡镇有13个是扶贫开发重点乡镇，全县25.83万人，贫困人口有5.62万人，且大多生活在深山区、石山区和石漠化等集中连片地区。

2008年年初，时任中共中央总书记胡锦涛从新华社《国内动态清样》了解到长顺县长寨镇竹子托村的贫困状况后，作了重要批示："要探索因地制宜，开发扶贫的新路子。"贵州省红十字会把"绿色家园行动"试点工作放在总书记重点关注的长顺县，扛起了长顺县扶贫工作和新农村建设的大旗。

1. 援建"健康新村"

以行政村、自然村或社区为单位，着眼于改善贫困群众的基本生产生活条件，按照"选择一个点、建设一条线、示范一大片"的工作思路，结合新农村建设，坚持整合资源、整体规划、整村帮建，组织各级红十字会在贫困农村地区建立人道救助帮扶点，实施"健康新村"项目。"健康新村"建设内容包括：红十字服务站、红十字健康文化广场、红十字书库、红十字宣传栏、博爱卫生院（站）、博爱学校、通村（寨）公路、博爱新居、博爱超市、改炉改灶、改水改厕、以家庭为主的小水利工程等项目。至 2010 年，"绿色家园行动"已募集资金 330 万元在长顺县援建"健康新村"11 个，规划建设了涉及 6 个乡镇的"绿色家园行动——健康新村"示范带，改善了 2 万多人的生产生活条件，取得了较好的示范效果。

种获乡沙子关作为"绿色家园行动"在全省设立的第一个"健康新村"，两年来发生翻天覆地的变化：原来村民住的多是木房子，遇到雨季，经常暴雨。村子里的道路是泥巴路，雨天一身泥，晴天一身灰。2008 年历史罕见的凝冻天气，让当地村民遭受重创。为了帮助沙子关受灾群众开展灾后重建，"绿色家园行动"先后募集资金 15 万元修建博爱新居，10 万元修建串户路，5 万元建博爱卫生站，5 万元建成红十字健康文化广场，15 万元进行励业帮扶，发展"果—猪—沼"立体生态农业，解决了群众居住难、出行难、看病难、发展难等问题。如今，走进种获乡沙子关"健康新村"，使人眼前豁然一亮：蓝瓦、白墙、木窗、漂亮整洁，错落有致；串户路、卫生室、文化活动室、文化广场、养殖场，令人目不暇接。"'绿色家园行动'好啊！给我们带来了大实惠。"村民周心良坐在自家门口，与人聊起他家的变化。"以前，我们一家挤在木瓦房里，现在住进了宽敞明亮的小平房。看病有博爱卫生室，休闲有文化广场。"一年前，他只花了 1 万多元就住进了一幢 5 万多元的新居。

2. 援建"生态新村"

针对自然灾害频发的地区，贵州省红十字会以自然村寨为单位，结合贵州乡村旅游和生态环境保护，实施改善生态环境、村庄整治、环境保护项目和社区备灾减灾项目，不断改善生存和生态环境，增加当地的备灾减灾和自救能力。"绿色家园行动"在长顺县广顺镇石板村投入 60

万元，对当地具有 4000 多年树龄的古银杏树群进行了保护，对常受灾害的 26 户农户实施搬迁建新居和村庄整治措施。该村已成为当地旅游开发的重点，也成为人与自然和谐生存的样板村。

3. 创建"励业帮扶示范基地"

贵州省红十字会着眼于帮助恢复灾后重建和生产，开展励业帮扶项目和培养专业人才，开展再就业技能培训，扶持再就业工作。结合当地实际，围绕提高贫困群众的基本素质，积极创建"励业帮扶示范基地"，针对困难群众广泛开展励业帮扶服务活动，既弘扬"大爱互助"的文化理念，又激发贫困群众"自力更生、自我发展"的致富信心；既为困难群众提供全方位、全时段的脱贫致富信息服务，又组织懂技术的红十字志愿者，定期开展有关适用技术培训活动，使受到帮扶的每一位困难群众都能学到一两项适用技术，帮助提高困难群众发家致富的基本素质和能力。

长顺"绿色家园行动"励业帮扶试点重点放在了典型的石漠化重灾区——长顺县长寨镇竹子托村至中坝乡茅山村、翁拉村一带。其贫困状况，用原长顺县委书记杨永英的话说就是"一方水土养不活一方人"；用当地村民的话说则是"庄稼种了几面坡，收成还不够一锅"。针对这一带地处深山区、石山区，石漠化严重，土地高投入低产出，"绿色家园行动"以创建励业帮扶示范基地为载体，着力推动"两个逐步转变"，即把对贫困群众长期的、单纯的生活救济方式逐步向扶持发展产业转变，推动贫困山区传统的、低效的农业生产模式逐步向立体的、高效的现代农业转变。把"绿色家园行动"励业帮扶、灾后重建、助弱济困项目与石漠化治理及扶贫开发项目有机结合起来，积极发展草地生态畜牧业，共投入励业帮扶资金近 150 万元，购买核桃苗及种羊、种鹅等，对励业帮扶户采取"借种还种、滚动扶持"的方式，积极探索"以短养长，长短结合"的模式。短期扶持农户发展种草养鹅、林下养绿壳蛋鸡，确保当年见效；中期扶持农户发展种草养羊产业，确保 3 年大见成效；长期以草地套种优质核桃为主，确保 5 年大见成效。通过长短结合，群众能够在 3~5 年后有较为稳定的收入，基本走上稳定脱贫致富的道路。

长寨镇竹子托村农户杨佐清，在未受到励业帮扶前，经济收入仅以种植玉米、打临工为主，一家人年均纯收入不足 3000 元。2008 年"绿色家园行动"励业帮扶项目在竹子托村实施以来，杨佐清通过"借种还种"的方式，在镇红十字会借了 8 只母羊和 2 只公羊，同时领取了 60

株核桃苗，种在自己的责任田中，并在种植核桃苗的土地空隙里，种上黑麦草和百三叶，供山羊食用，然后通过"以短养长、长短结合"的方式脱贫致富。杨佐清算了一笔账，每只母羊一次可产2只羔羊，一年产仔2次，8只母羊一年可产羊羔32只，一年内就可以把借的10只羊全部还清，还剩22只羊，每只成年羊可售600元，第一年仅22只羊就可带来收入13200元。2009年得到"绿色家园行动"励业帮扶项目的中坝乡翁拉村村民徐小红感慨道："过去是烧一坡、种一坡，收成不到一背篓，现在养只羊就胜过开荒半匹坡。家里的地全种上了草、核桃和扶手瓜，帮扶给的28只羊已有5只受孕，要不了多久将有10多只羊崽降生，将来的好日子就靠它们了。"全国人大常委会副委员长、中国红十字会会长华建敏同志在长顺调研后总结说："长顺县通过'绿色家园行动'发展三棵植物（核桃、苹果、烤烟）和三种动物（羊、鹅、绿壳蛋鸡）的立体种植方式，是促进农民增收的有效途径。"

试点两年后，依旧在这片土地上，人们看到的却是不一样的景象。在该县"绿色家园行动"励业帮扶产业示范带，到处可见"山地织绿毯，岩石变林园；满坡牛羊壮，遍地鸡鹅肥"的景象。通过"绿色家园行动"励业帮扶项目的帮助，竹子托村、翁拉、茅山等产业带群众人均纯收入从1320元增加到2060元，在安居的同时，实现了乐业。同时，该地区还在残疾人群体中实施"绿色家园行动——残疾人培训项目"，开办了残疾人培训班，通过联系香港爱心基金会，为他们提供制作书包、毛衣的就业机会，由香港慈善机构收购后再将书包、毛衣捐赠给贫困学生或群众，在形成可持续发展的循环救助机制的同时，也让当地残疾人掌握了一技之长。残疾人吴大友感慨道："红十字会让我们残疾人感到，我们能自己生存了，有尊严了！"

贵州省红十字会通过打造这个"绿色家园行动"励业帮扶示范带，已创建励业帮扶实践培训基地5个，残疾人就业培训基地1个，培训人数8000余人次，带动连片种植牧草1600公顷、核桃1133公顷，养鹅3.1万只，羊存栏8.8万只，绿壳蛋鸡20余万羽。

4. 设立"爱心互助金"

贵州省红十字会在实施"健康新村"项目上积极拓宽贫困群众的基本增收路子，设立"爱心互助金"。即以帮扶的行政村或自然村寨为单元，通过"绿色家园行动"平台募集启动资金和动员村民发展成为红十字会会员；受益者自愿捐赠，依托乡村红十字会和工作服务站（点），按照"放得出去、能够发展、收得回来、诚实守信"的基本原则，引导村民自愿参与、自主管理、自我服务，既为部分村民提供无息创业资金，也向部分特困户提供无偿救助，努力创建贵州省农村红十字救助帮扶的新路子。种获村设立"爱心互助金"后，互助基金募集到105000元，发展了红十字会会员211名，资金来源于省红十字会捐款10万元、会员会费、村民捐助、乡政府扶助等，资金由村红十字会互助金执行委员会进行管理，重点是解决群众性生产、生活中遇到的困难和问题，截至2010年，共发放互助金75000元。村民张刘军、朱文华、周小平、蒋良学等25名群众先后得到了帮助。村支书刘帮权动情地说："现在村里有了红十字'爱心互助金'，群众解困救急又多了条救助渠道。"

长寨镇竹子托村部分村民得到"爱心互助金"的帮助后，解了种草养羊、种核桃、扶手瓜等产业在生产管理中临时缺资金的燃眉之急，村民们在道德精神和功德意识上都发生了彻底的改变：原来扶贫队拉着扶贫物资给村民，自己抬回家都要向扶贫队要下车费；现在，知道"爱心互助金"借还后虽然不收利息，但必须凭良心感受"爱心互助金"给自己帮助的大小来捐赠爱心款，让"爱心互助金"不断壮大，以帮助更多需要帮助的人。同时，更让人兴奋的是2010年甘肃舟曲发生特大泥石流灾害后，村红十字会向村民进行募捐，共募捐了735.4元善款。这有力说明了两个问题：一是村民的生产生活发生了变化，原来都吃不饱饭需要救济更不要说捐款了，如今村民的口袋里有积蓄了；二是村民的意识发生了变化，等、要、靠的思想没有了，一种"发展要自力更生、生活要互助互爱、受恩要学会感恩、做人要乐善好施、和谐要合作共处"的良好氛围正在形成。

两年来，贵州省红十字会通过"绿色家园行动"先后向印尼、香港、澳门等慈善机构、中国红十字会总会及各省区红会，募集了近900万元的项目资金投入长顺开展试点探索工作，惠及了长顺县10多万群众。其中，650万元援建了11个健康村，涉及改造博爱新居159户，建博爱卫生院1个、博爱卫生室5个、博爱小学2所、红十字服务站11个、健康文化广场11个、红十字书库27个、通村（组）串户路30公里、饮水工程44个，创建"励业帮扶"实践培训基地5个、残疾人就业培训基地1个，设立村级"爱心互助金"5个，形成了涉及6个乡镇的"励业帮扶产业示范带"1个、涉及5个乡镇"健康新村示范带"1个；为群众送去价值225万元的耕地机、抽水机、拖拉机、大米、食用油等生产生活物质及22万元的学生助学款。

(二) 长顺县试点做法与经验

1. 注重价值理念导入

"绿色家园行动"中"绿色"象征和平、希望、生命;"家园"象征着从物质家园到精神、心灵家园的建设,是人类永恒的主题。"人道、博爱、奉献"的红十字精神等价值理念,首先被长顺党委、政府高度认同,即通过红十字会把"绿色家园行动"的价值理念同扶贫开发、新农村建设、城乡统筹发展、解决"三农"问题、生态文明建设、基层组织建设等重大部署结合起来,并以"绿色家园行动"价值理念为核心,制定了全县的长远发展规划和近期实施目标。"一石激起千层浪",全县上下都对"绿色家园行动"价值理念有了认同,各方项目、资金资源都愿意纳入"绿色家园行动"项目建设中来,形成了以"绿色家园行动"推进农村大发展的实践行动。"绿色家园行动"使当地党委、政府找到了解决发展和社会问题的主导方向,各部门有了合作的渠道和平台,新闻媒体找到了宣传的兴奋点,创造了社会各界爱心公众参与的新"共振带",党和政府的中心工作同广大干部群众产生了共鸣。用"绿色家园行动"的设计师——贵州省红十字会党组书记、常务副会长罗治雄的话来说,就是:"不是谁的钱多就让谁主导,而是要把价值理念引入,才能获得多方认同形成合力,这也才是解决问题的根本。"

2. 发挥项目引子作用

"绿色家园行动"原则上捐助1个"健康新村"40万元:30万元改善当地生产生活条件,10万元设立"爱心互助金"或创建"励业帮扶示范基地",但这些资金只是个"药引子",主要是以此为基础整合其他建设资金,共同打造绿色家园。据长顺县委常委、宣传部长、县红十字会会长郭兴文介绍,"绿色家园行动"在长顺的救助以"最困难、最需要"为准则,但这些救助对象往往是极贫困户,由于救助的资金有限,无法从根本上解决问题,容易形成1+0=0的结果,造成资金注入后"落水不响","钱花光穷依旧"的局面。为避免这种"撒胡椒面"现象,长顺县注重发挥"绿色家园行动"项目的"药引子"作用,充分整合其他项目资金,"同炒一盘菜",发挥资金的聚合效应。

健康新村项目整合了危房改造、雪凝灾害、深圳对口帮扶、一事一议、新农村建设等方面的项目资金;红十字文化广场项目整合了农民文化家园、农村健身场所建设等项目;博爱卫生院建设项目整合了农村卫生室建设等方面的资金;博爱小学建设项目整合了其他社会团体援助的项目；励业帮扶项目加入了扶贫、种草养畜、石漠化治理等项目资金。通过"绿色家园行动"搭建的平台，当地红十字组织整合资源、打造品牌，动员和吸引社会各界关注并参与绿色家园建设，实现了"救济式"扶持与"造血式"扶持的结合，有效实现了"绿色家园行动"捐助项目的效益最大化。

原长顺县委书记杨永英认为，"绿色家园行动"项目资金能在长顺发挥"药引子"的作用，关键在于"绿色家园行动"这项工作与当地党委政府的中心工作相一致，政府各部门才可"同炒一盘菜"，实现了真正的社会化合作。"绿色家园行动的资金是'药引子'，需要方方面面的统一。危房改造、新农村建设、地质灾害是几个县领导分管，需要他们共同配合，有的投资支持买羊、有的种草、有的种树，不分你我，一个点、一条线、一个面的建设，才能有根本的改观，才可最终脱贫致富。"

3. 培育社会公德意识

"绿色家园行动"作为参与扶贫开发、新农村建设、统筹城乡发展和构建和谐社会的重要工作载体和举措，是一个社会系统工程，除了动员社会各方面力量参与和支持外，更要注重提高帮扶、服务对象的精神境界、道德意识和智力素质，增强发展的主动性、热心社会公益事业的自觉性，培育乐于助人、互助互爱的良好习惯。在长顺试点中，一是扶"志"，在提供人道救援的同时，积极培养群众"自尊、自信、自立"的精神和品质，摒弃自甘落后的思想和"等、靠、要"的观念。同时，积极传播助人为乐的传统美德，弘扬"大爱互动"的文化理念。二是扶"智"，通过博爱学校的援建，为贫困山区的儿童创造良好的教育环境。同时，通过励业帮扶项目的实施，抓好适用技术培训，提高贫困群众自我发展的能力。"绿色家园行动"的开展，提高了全社会特别是富裕群体把捐助贫弱作为自己应尽的一份社会责任的认识，引导了富裕群体积极投身社会捐助事业，树立起乐善好施的良好社会形象，以赢得广大社会公众尤其是弱势群体的尊重和理解，化解贫困群体的怨愤情绪和不平衡心理，减少不稳定因素；动员了企业家主动承担社会责任，使其由单纯追求经济利益向热心社会捐助事业转变，把对人的关爱和弱势群体的帮扶与追求企业利润放在同等重要的地位；最终让受捐助的贫弱对象脱贫致富，实现共同富裕并积极参与捐助事业。

4. 激发基层创新精神

"绿色家园行动"在试点中，做到了总结实践经验和完善运行机制的有机结合，建立起由红十字会发起，相关各部门配合参与的工作机构，形成了社会发动、媒体推动、爱心互动，社会各界共同参与的运行机制。一是积极探索项目监管机制。其先后出台了《"绿色家园行动——健康新村"项目管理办法》《"绿色家园行动——爱心互助金"实施管理办法》及各试点的实施管理细则，从项目论证、申报、审批、实施、验收、审计到后期管护，都制定了规范的程序，重点加强对项目资金的管理，确保资金专款专用，发挥效益。二是积极探索长期救助机制。通过设立"爱心互助金"，以村红十字基层组织为依托，以制定村规民约为主要手段，规范和约束村民的行为，实现村规民定、村事民议、村务民管，让基金长期有效解决当地群众生产生活遇到的困难和问题。三是积极探索工作运行机制。各地通过开展"绿色家园行动"，争取各级党委政府关注和支持红十字会的组织建设，配备必要的人员，给予必要的经费支持，逐步实现省、市、县、乡、村红十字会项目工作五级联动；通过项目实施，解决基层红十字会组织的工作活动阵地、红十字文化传播平台问题，发展、吸纳"绿色家园行动"志愿者，成立多种类型的红十字志愿服务组织，开展相应的志愿服务活动，不断发展壮大农村红十字会员和志愿者队伍。四是积极探索动员激励机制。积极倡导城乡对口帮扶、社会单位赞助、企业认捐、设立专项基金、广大群众动手，实行整体联动。利用召开会议、组织参观学习、印制挂历等宣传画、组建慰问文艺队、通过新闻媒体进行专题报道、设置多媒体募捐箱、发放倡议书、建网站、编发简报等形式，在全省范围内、全国各兄弟省区红十字会进行宣传发动；聘请奥运冠军、国际影视明星、著名演员歌手等为"形象大使"，通过他们积极参与并广泛宣传推广"绿色家园行动"；抓好"绿色家园行动"专项基金的筹措，先后接受捐款2000多万元设立了"绿色家园行动——助弱解困致残性骨病专项救助金"和"助医项目"；建立项目信息库，以推介"项目"求援助，以实施项目求拓展，以完成"项目"求实效；同时，建立了信息宣传、表彰奖励等激励机制，把开展"绿色家园行动"作为用科学发展观解决突出问题的重要手段，纳入红十字会参与省直目标考核内容和对市（州、地）红十字会工作考核内容之一。

三、"绿色家园行动"的启示与价值

"绿色家园行动"在长顺县试点成功，得到了国家领导人及社会各界的充分肯定。由此，"绿色家园行动"作为贵州省红十字系统的重点工作在全省范围内开展了推广试点工作，成为全国红十字系统农村与社区的工作亮点，向全国推广，并极大地激发了贵州省红十字会深入开展"绿色家园行动"的信心和决心。"绿色家园行动"对推动社团团体参与新农村建设、动员社会力量解决社会问题参与社会管理，具有重要的启示和借鉴意义。

红十字会作为人道领域的社会救助团体，通过推广组织自身的核心价值，践行宗旨理念，结合本地实际，把符合自身的特色工作同党和政府的中心工作、同社会关注的问题有效结合起来，为党和政府排忧解难，直接参与解决社会问题，特别是将老百姓最盼望的事作为工作的落脚点和出发点，以倡导人人平等和保护人的生命和健康为宗旨使命，在实践工作中取得成功。实践证明，从"三农"问题到巩固党和政府在基层执政地位的需要，从发扬红十字精神到推进农村经济社会的全面发展来看，社会需要红十字会。红十字会是构建社会主义和谐社会的一支重要力量，在参与社会管理上是可以有所作为的。

"绿色家园行动"在长顺试点成功后，贵州省红十字会就于2010年12月召开了全省试点工作现场推进会，决定用两年时间在全省9个市（州、地）20个以上县（市、区）开展"绿色家园行动"试点推广工作，为全省全面实施"绿色家园行动"提供经验。

红十字会作为参与社会管理的一个重要社会团体，要有效动员和整合社会资源来解决社会问题，必须要通过价值理念的导入，增强工作的包容性和兼容性，尊重各方面的利益，最终实现多方社会化合作和共赢。

目前，从"绿色家园行动"价值理念和决策目标来看，其"绿色"象征和平、希望、生命；"家园"象征从物质家园到精神、心灵家园的建设，是人类永恒的主题。"人道、博爱、奉献"的红十字精神等价值理念，已经在长顺试点工作中，在社会目标、经济目标、环境目标上找到了一种平衡和协调。从工作实践和决策行为来看，为当地党和政府、职能部门、新闻媒体、爱心团体及爱心人士、受帮扶的贫弱群众等各个利益群体之间找到了达成某种程度妥协的结合点。随着时间的推移，贵州省红十字会倡导推行的"绿色家园行动"的价值理念一定会被更多的人认同、接受和推动，并使他们积极参与到行动中来。

"绿色家园行动"作为一项新的公益事业，要实现理性、健康、可持续发展，必须着眼于工作的长远发展，完善和健全长效运行机制。机制建设是一个带有根本性、全局性、长期性的问题，是推进"绿色家园行动"的一个"内生变量"。在试点工作中，要注重总结实践经验和完善运行机制的有机结合，充分尊重基层的大胆实践和群众的首创精神，探索、积累一些"能够学、用得上、推得开"的经验和做法，推动工作在创新中不断向前发展。同时，更要着眼于实施"绿色家园行动"服务新农村建设的长期性和艰巨性，进一步挖掘"绿色家园行动"的时代内涵，认真总结前期工作中的成功做法和有益经验，把那些好的做法、好经验用制度的方式固定下来、坚持下去，转化为经常性的工作举措，在组织领导、资源整合、协调服务、管理监督、评价激励等方面建立健全工作机制，推动工作持续健康发展。

（作者：罗治雄，原贵州省红十字会党组书记、常务副会长；戴斌武，历史学博士后，现为贵州省水库和生态移民局水电移民处处长；匡传益，现为贵州省红十字会组织宣传部部长）

"四个更加"助推红十字事业发展

——浅论开放发展与红十字事业

张春中

党的十八届五中全会提出"创新、协调、绿色、开放、共享"的发展理念，牢固树立并切实贯彻这"五大发展理念"，是关系我国发展全局的一场深刻变革，攸关"十三五"乃至更长时期我国的发展思路、发展方式和发展着力点，是我们党认识把握发展规律的再深化和新飞跃。作为党和政府人道领域的助手，红十字会也应以"五大发展理念"为指引，进一步丰富和发展中国特色红十字事业的理论宝库，贯彻落实好"五大发展理念"，推动红十字事业实现可持续发展。下面，笔者以"五大发展理念"之"开放"与红十字事业发展为题，浅论新形势下红十字会如何以开放促发展、以开放求共赢，具体概括为"四个更加"。

一、思想认识上更加开放，保持一个"活"字

思想是行动的先导。在红十字事业发展进程中，思想认识不仅需要更加开放，还要更加灵活。这是与时俱进推动红十字事业发展的现实需求。

（一）要始终与党和政府大局同频共振

在会见中国红十字会第十次全国会员代表大会全体代表时，习近平总书记强调："中国红十字事业是中国特色社会主义事业的重要组成部分，中国红十字会是党和政府在人道领域联系群众的桥梁和纽带。党和国家高度重视这支力量。"在中央党的群团工作会议上，习近平同志再次强调，要切实保持和增强党的群团工作和群团组织的政治性、先进性、群众性。习近平总书记这一系列重要论述表明，中国红十字事业是中国共产党领导下的具有中国特色的红十字事业，是党和政府在人道领

域的重要依靠力量，红十字会要坚持党的领导，红十字人的思想意识要始终与党中央保持高度一致，与党委政府的工作大局同频共振。一要增强政治敏锐性。善于从政治上判断形势、分析问题，在政治问题上保持头脑清醒，善于用马克思主义的政治眼光和对党对人民高度负责的精神，从建设有中国特色社会主义的基本理论和党的路线出发，敏锐洞察和鉴别社会经济、政治和思想文化领域的各种现象，正确看待、分析各种社会现象，特别是在重大原则问题上能够划清是非界限，及时察觉那些起于青萍之末的社会风向，透过现象，抓住本质，正确地确定我们的政治态度和行动。二要加强政治理论学习。特别要及时学习党中央和习近平总书记系列重要讲话精神，学习党和政府有关文件和方针政策，在思想上、理论上保持与时俱进，始终置身于党和政府的工作大局之中，始终做到胸怀大局、把握大势、着眼大事，在理论学习上走前头、做表率，不落伍、不掉队。

（二）要始终瞄准国际红十字运动的前沿

思想认识的开放，要求我们眼睛不能仅仅向内，还要向外、向国际延伸，要始终瞄准国际红十字运动的前沿。一要学习借鉴国际红十字运动的基本经验和运作机制，从国际红十字与红新月运动150多年的厚重历史中去汲取营养，从思想上、眼界上保持做红十字工作的"国际范"。二要学习借鉴各国红十字会的先进理念、成功经验和方法，不妨实行"拿来主义"，做到"古为今用""洋为中用""推陈出新"，形成做红十字工作的"中国范"。三要学习借鉴其他国际组织先进理念，兼容并蓄、海纳百川，善于集百家之长为我所用，保持做红十字工作的"学生范"。

（三）要始终保持开放包容的积极心态

红十字事业的发展不能离开经济社会发展的共同成果，必须与其他机关事业单位、社会组织进行交流，并通过吸收和借鉴其发展的优秀成果，以促进自身的发展和繁荣。当前，各级红十字会都以不同方式融入经济社会发展进程，红十字会与各单位部门、各社会组织的交流与合作不断深入。在多样性的社会格局中，红十字人的思想认识只有在与其他思想认识的碰撞、交流和交融中，才能显示出它区别于其他思想认识的独特魅力，并不断繁荣发展。我们要以开放包容的态度，积极借鉴一切优秀的思想和认识成果，提高红十字人自身的思想和认识水平，具备做红十字工作应具有的世界眼光、国际视野、战略思维、科学理念。

二、理论研究上更加开放，注重一个"借"字

对于理论研究，红十字人不可谓不重视，但遗憾的是收效甚微、成果不多，无论"质"和"量"都有待提高。显然，加强理论研究、繁荣红十字文化，不能自说自话，不能自弹自唱，更不能闭门修炼、体内循环，还要走出红会系统，以开放的姿态借势、借脑、借力，以此打破困局。

（一）要善于借势

借势是指企业及时地抓住广受关注的社会新闻、事件以及人物的明星效应等，结合企业或产品在传播上欲达到之目的而展开的一系列相关活动。这里讲的借势则有所不同，是指借党和政府重大理论、重大方针政策出台之势。当党和政府重大理论和方针政策出台时，红十字人要密切关注和研究事关红十字会的部分和章节，然后把对红十字理论的研究设法植入、嫁接到全党和全社会的理论研究中来，借势而上。譬如，党的十八大报告提出，"在改善民生和创新管理中加强社会建设"。作为党和政府人道工作领域的助手，红十字会是保障和改善民生的重要力量。对于全党和全社会民生建设方面的理论研究，红十字会应该跟进和加入并彰显红会元素，这就是所谓的"借势"。

（二）要善于借脑

借脑就是善于借助那些关注、关心、关爱红十字工作的专家教授、媒体记者、专业作家、网络大 V 之脑，凝聚他们的智慧和力量推进红十字理论研究。毋庸置疑，这些人群由于长期置身于理论、舆论工作的前沿，在理论研究的视角、观点和深度、层次等方面都有着独特优势。借脑的关键归根到底是人家愿不愿意借的问题。一方面，这需要我们矢志不移地推进宣传工作；另一方面，也要看我们耐心细致做思想工作和动员工作的功夫，要走出去、请进来。这股力量如果能够争取好、利用好，将给我们红十字理论研究带来勃勃生机和无穷动力。

（三）要善于借力

研究红十字理论、繁荣红十字文化，仅靠红会自身力量显然远远不够，还要善于借高等院校、权威机构之力，对红十字理论研究进行高点

定位、强力推动。最早由苏州大学社会学院、苏州市红十字会联合发起成立的红十字运动研究中心，自成立以来，已出版几十部著作，受到学术界关注，也得到中国红十字会总会、苏州大学的肯定，这就是一种很好的模式。各地都可以借鉴苏州大学红十字运动研究中心的模式，借助高等院校、权威机构的力量推进红十字理论研究。类似的红十字运动研究中心越多，红十字理论研究成果就会愈加丰硕。

三、舆论宣传上更加开放，讲究一个"融"字

舆论宣传工作非常重要。拿破仑有言："一支笔杆子胜过两千条枪。"曾身陷"水门事件"的尼克松更有体会："三份不友好的报纸比一千把刺刀还可怕。"这都说明了舆论宣传工作的重要性。当前和今后一个时期，红十字会做舆论宣传工作，首要的一条就是围绕中心、服务大局。要讲究一个"融"字，将红会工作巧妙融入到党和政府大的宣传格局之中，因势而谋、应势而动、顺势而为。

（一）要加强重点宣传

奥巴马在第二届总统任期就职仪式上曾讲道："作为美国公民，有义务塑造我们的时代辩题，不仅是通过我们的选票，而且要为捍卫悠久的价值观和持久的理想发声。"作为红会人，我们自然也要为捍卫红会悠久的文化和价值观而发声。这就要求我们要注重加强与主流媒体的合作，借助高端媒体的辐射面和影响力，增强宣传效果和提高知晓度，以起到事半功倍的效果。

（二）要推动典型宣传

榜样的力量是无穷的。推动典型宣传，既是时代要求，也是红会着眼凝聚人道心、共筑中国梦的长远目标。红十字会是精神文明建设的生力军，宣传典型、树立榜样、弘扬真善美、传播正能量，是红会义不容辞的职责。因此，红会必须持续开展系统先进事迹和优秀典型推荐宣传活动，特别要善于借助全国道德模范、感动中国人物、最美中国人、十大杰出青年评选等全国和区域平台，讲好红会故事，唱响红十字好声音，强化宣传效果。

（三）要完善阵地建设

宣传阵地既是红会的"根据地"，也是红会人的"精神家园"。一方

面，我们必须做到守土有责、守土负责、守土尽责，重视并加强阵地建设。另一方面，还要适应现代技术迅速发展的要求，积极推进传统媒体与新兴媒体的融合，拓宽宣传渠道，拓展宣传阵地，让红会的人道理念在全社会深入人心。

（四）要提高快速反应能力

俗话说，"真理还没有穿上鞋子，谣言已经走遍全世界。"这形象地说明了谣言的传播速度之快。网络舆情一旦形成，要在第一时间亮明旗帜、针锋相对、坚决澄清、拨乱反正、还以清白，绝不能等待观望、避重就轻、虚与委蛇，让谣言持续发酵，否则必将处处被动、难以收拾，结果是声誉受损、回天乏力。

（五）要掌握主动

要建立健全与党委政府及宣传、网络、公安等部门的舆情处置工作机制，按照统一领导、分级负责、属地管理的原则，及时启动应急预案，"一把手"牵头负责应对处置舆情。要准确把握国内舆论的结构特点，敢于应对、善于应对，借助各种媒体，用事实说话，澄清不白之冤。必要时可请专家学者出来发表意见，客观公正地讲清道理，把国际通行的规则和惯例告诉社会公众。提高管理和应对虚拟社会的水平，增强主动性、掌握主动权、打好主动仗，帮助网民和群众划清是非界限、澄清模糊认识。

四、工作机制上更加开放，追求一个"聚"字

多年来，中国红十字会致力于打造公开透明的红十字会，取得了一定的成效，但总体来看社会知晓率还不够高。这其中，表面看似是红会系统宣传工作的无力，深层次原因则是红十字会基层组织建设不健全。"基层无腿、底下无人"是红十字会最大的"体制性尴尬"。试想，中国 13 亿人口，农村人口就占了 70%。这么庞大的人群对红十字会和红十字工作一知半解或者不甚了解，必然会使红十字会失去最大的受众群体，红十字宣传和传播工作也终将难以走出"小众化"的格局。

打破这一困局，需要红十字会构建更加灵活的工作机制，凝聚社会各界和各个层面的力量。

（一）要面向红十字理事开放，凝聚发展之策

众所周知，红十字理事来自各有关单位和部门，大多由单位部门负责同志兼任。聘任理事可以看作红十字会以开放包容的姿态，凝聚社会资源、动员社会力量推进人道工作的重要举措。可以肯定地说，如果我们利用好理事这支"红色队伍"，就等于激活了红十字会持续快速健康发展的"源头活水"，就会赢得更多的人才支撑和智力支持。可现实情况是，广大红十字理事的作用远远没有得到充分发挥。一方面，红十字会每年都会通过理事会对理事进行更换、增补，保持了理事队伍的完整性、可持续性。另一方面，许多理事参与红十字工作的热情并未调动起来，绝大部分理事的职责就是每年参加一次理事会或者常务理事会。一些理事对自己担任红十字会理事一职"并不知情"；有的即便知道自己是理事，由于没有明确的职责任务，于是疲于应付，无心履职，对红会工作作壁上观，甚至连常务理事会、理事会都让人替会或者干脆不参加，理事作用的发挥自然无从谈起，理事一职流于形式。

出现这种现象，原因是多方面的。但根本的一条就是红十字会的工作没有做到位，没有建立健全与理事经常性的沟通联系机制。解决这一问题，需要红十字人转变观念和工作方式，积极主动做好与红会理事的日常沟通联系，在研究制定红十字事业发展规划，做出重大决策，组织开展重大活动、重要会议时，要主动邀请理事参加或登门听取理事意见建议，使理事真正成为红会事业发展的参与者、决策者、主人翁，而不是旁观者、接受者、局外人，并使理事能够从不同单位部门、不同思维方式、不同专业角度去思考、推动红十字事业发展，把红会工作当作"分内事""自家事"。

（二）要面向机关事业单位和基层群众开放，凝聚发展动力

多年来，各级红十字会都注重与各部门各单位的合作，红十字工作也不断向基层延伸。但总体来看，红十字会对机关事业单位特别是基层群众开放得还不够、联系得还不多、合作得还不深。

就机关事业单位而言，虽然知道红十字会这个单位，但对红十字会具体是干什么的、有哪些职能却是一知半解、十分模糊，有的把红十字会定位于卫生部门的下属单位，有的将之归于民政部门的下属单位，有的认为红会和慈善总会是"一回事"，甚至有的认为每年一度的"慈心一日捐"捐款都捐给了红会并"颇有微词"。这些"尴尬"的背后都折

射出我们宣传得不够、工作得乏力。因此，红十字会要更加注重加强与机关事业单位的沟通联系，要以更加开放的姿态与他们合作发展、互利共赢，进一步凝聚他们的智慧和力量，实现红会事业的发展繁荣。

对于广大农村群众而言，"红十字会"同样是一个"模棱两可""似是而非"的概念。笔者多次在乡村就"红十字会是干什么的"这一问题向群众进行问询，答案几乎一致："扶贫的!"这个回答让人哑然。借用鲁迅先生的一句话，我们和13亿农民之间其实"隔了一层可悲的厚障壁"。广大农民群众对红十字会的陌生感和疏离感，正是多年来拉低红会社会知晓率的关键因素。

解决这一问题，路径无非两条：一要加强基层组织建设，理顺县级红十字会管理体制，着力构建纵贯国家、省、市、县、乡五级红十字网络。受编制紧缩等原因一时无法理顺的县乡基层，也要明确专门机构、人员做红十字工作，使广大基层有红十字声音在传播、有红十字旗帜在飘扬。二要将红十字工作更多地向基层群众开放和倾斜，把博爱家园和救助救护等生计项目更多地向基层和广大农村投放，把"三救三献"等红十字会核心业务工作宣传关口前移到乡村和街道社区，让广大人民群众成为红会工作的"第一受众"，提高基层群众参与红会工作的比率，以此来一步步提高红十字会社会知晓率和影响力。

（三）要面向国际及地区红十字组织开放，凝聚发展共识

红十字会有"三重赋权"：一是政府赋权，二是国际红十字运动赋权，三是社会公众赋权。国际红十字运动赋权和国际组织特色是红十字会的显要属性。多年来，红十字会虽然一直把开展民间外交活动作为己任，但总体来看，面向国际及地区红十字组织的开放及交流合作程度都远远不够。一是频率不高，大多数红十字会每年对外交流的次数在一两次左右，有的红会可能好几年都不开展国际和地区交流活动，国际组织"徒有虚名"。二是成果太少，大多仅限于业务工作的面上交流，深层次、宽领域的合作并不多见。

解决这些问题要注重把握以下几点：一要进一步扩大对外交流与合作。国外红十字会在社会化运作、志工管理等方面有丰富的经验。我国红十字会要千方百计争取机会，加强与其他国家和地区红十字会的交流，特别要在志愿服务、应急救援、红十字青少年等方面加强交流合作。在交流合作过程中，一方面，要学习借鉴其先进的工作模式和管理经验，借以发展我国的红十字事业；另一方面，只有在深度交流合作过

程中，才能真正发挥红十字会的民间外交作用。二要善于搭国家战略的"便车"。近年来，习近平总书记提出"一带一路"战略构想，倡导建立"丝绸之路经济带"和"21世纪海上丝绸之路"。红十字会要以此为契机依靠我国与有关国家既有的双多边机制，借助既有的、行之有效的区域合作平台，主动地发展与沿线国家及地区红十字组织的合作伙伴关系，共同打造红十字组织的利益共同体、命运共同体和责任共同体，以此丰富国际红十字运动的内涵，彰显红十字会国际组织特色。三要凝聚发展共识。各国各地区红十字组织同属国际红十字运动的大家庭，都有繁荣发展本国及地区红十字事业、加强国际合作应对人道危机的共同任务。我国红十字会要在加强与各国红十字会及地区红十字组织交流合作的过程中，进一步彰显我国红十字会的中国特色和大国红十字会的良好形象，不断扩大我国红十字会在国际红十字会和红十字会与红新月会国际联合会中的影响，从红十字会的角度讲好中国故事，传播好中国声音，在国际层面发挥更大作用，加强国际传播能力，增强国际影响力话语权。

（作者为山东省红十字会办公室主任）

做精神文明建设的生力军

——浅谈红十字会在精神文明建设中的作用

孟纬鸿　陶婷婷

前不久，总会根据中央文明办有关文件精神，正在全国开展红十字会参与精神文明建设的专题调研。其实，红十字运动从理念精神、宗旨目标到核心业务，无不体现社会主义核心价值，与社会文明进步、公民道德建设、社会责任养成有着密切的关联。多年来，南通市红十字会立足人道工作职责，主动融入全市精神文明建设的大格局，按照社会所需、百姓所求、红会所能的原则，积极打造凸显红十字组织特色的品牌，努力在政府主导、社会参与的精神文明建设中发挥生力军作用。

一、红十字博爱典型成为
南通文明城市创建的亮丽名片

南通市红十字会十分注重挖掘、培育、宣传人道博爱典型，充分发挥典型在倡导人道理念、引领城市文明、激发社会爱心方面的积极作用。不少博爱典型成为南通这座全国文明城市具有标志性意义的名片。

（一）博爱典型"磨刀老人"引领全社会微公益行动

由我会发现培育的博爱典型、南通最年长的红十字志愿者"磨刀老人"吴锦泉，2012 年赢得第七届中华慈善奖"最具爱心慈善楷模"。老人以其凡人善举、质朴本色得到李克强总理的特别关注，总理亲切接见并与其三次握手。央视专访宣传，《中国红十字报》、《中国电视报》、江苏红十字网站、《红十字》季刊等相继采访报道，南通各媒体持续跟踪宣传。2014 年，老人还荣获"中国公益良心奖"。2015 年，老人再次登上央视"感动中国"年度人物领奖台。"磨刀老人"一辈子做好事的人道情怀，感动了许许多多的人。老人的故事不仅在南通家喻户晓，而且成为全国有影响的精神文明典型，更是南通创建全国文明城市最亮丽的名片之一。2013年，我会将"磨刀老人"申请注册为全国公益商标，并建立南通市"磨刀老人"微公益基金，旨在以微公益汇聚强大的人道力量。2014—2015年，微公益基金已募集资金213.35万元，其中老人个人捐赠微公益基金超过4万元。2016年，我们将以"学习'磨刀老人'、践行微公益行动"为主题，继续大力倡导力所能及的爱心奉献、举手之劳的文明行动。

"能帮助别人我就开心。"这是老人经常挂在嘴边的一句话。老人每一次捐款，我们总是设法劝说他不捐或少捐一点，留着过好自己的生活。我们在帮助老人实现这份快乐的同时，也从人道组织的职责出发，更多地关心他的生活与健康。市红十字会安排专人正常联系照顾老人，并组织南通大学医学院学生志愿者每月上门为老人服务。逢年过节，市红十字会总要置备适合老人的食品用品，由会领导亲自上门慰问。老人的爱心奉献与社会的反馈关爱，也让博爱精神在这种互动中不断传递、放大与升华。

（二）成功捐献造血干细胞爱心群体讲述最动人故事

成功捐献造血干细胞群体是南通争创全国文明城市的又一张有分量的名片。截至2016年4月，我市已有32名成功捐献造血干细胞的志愿者，这个爱心群体成为"江苏省优秀志愿者"典型，也是南通市文明新风典型、全市道德模范百场宣讲典型。这个群体里的每一位志愿者背后都有一个动人心弦的故事，比如，闾蔺敏老师成功捐髓以及捐髓后延续爱心、长期帮助受捐者的故事，在中央电视台《讲述》栏目播出后，感动了全国亿万观众。2015年，成功捐献造血干细胞志愿者群体还自发组建了宣传传播志愿服务队，用自己的捐献故事和切身体会，向广大市民宣传造血干细胞捐献工作，引导社会爱心参与。

（三）红十字爱心车队坚守初心积极传播人道正能量

南通红十字阳光爱心车队成立于2003年，由150多名热心公益事业的出租车司机自发组成，2012年荣获"第六届中华慈善奖"最具爱心慈善楷模。他们以车为载体，乐于助人、恪守诚信、尽己所能、服务社会，每日行走于南通这座文明城市的大街小巷，一路播撒博爱真情。在2008年汶川地震、2010年玉树地震等灾害赈济中，爱心车队全体队员放弃营运时间，起早贪黑，主动参与红十字会街头募捐，募得善款累计

500 余万元。每年高考三天，他们为交通不便的考生提供免费接送服务。关爱空巢老人、接送陪护孤残老人儿童游园等是他们的固定服务项目。更值得一提的是，他们在 100 多辆出租车上安装红十字募捐箱，在车体上粘贴醒目的红十字志愿者标识，既汇集点滴爱心善款，又传播红十字人道理念，每辆出租车都是一个流动的宣传平台和文明窗口。特别是红十字组织遭受"污名化"炒作的最艰难阶段，他们始终不离不弃，一遍又一遍地向乘客讲述他们所了解的真实的红十字会，传播着红十字精神的正能量。

二、红十字志愿服务发挥
文明志愿服务的排头兵作用

志愿服务几乎是每个文明社会不可缺少的一部分，这其中，红十字志愿服务无疑是历史最悠久、制度最完备、活动最正常的一支队伍。全市范围现有 11 类 32 支专业志愿者队伍计 5.6 万人，其中注册志愿者达3514 名，包括大学生红十字志愿者、救护培训师资志愿者、造血干细胞捐献志愿者、知名医疗专家志愿者、新闻工作志愿者、紧急救援志愿者、癌友康复协会志愿者、爱心车队志愿者及南通市红十字博爱艺术团等队伍。充满生机活力的红十字志愿服务，成为南通市文明志愿行动的排头兵。

（一）立足社区平台开展常态化服务

社区是开展红十字志愿服务的重要阵地。南通主城区崇川区是"全国社区红十字服务示范区"。109 个社区红十字服务站、27 个由各高校和社区共建的红十字服务基地、11 个街道红十字博爱超市成为经常性志愿服务平台。2012 年，由高校、医院、街道社区三方签订的长期志愿服务协议，明确服务项目，制订服务计划，开展考核评比，形成高校、医院、社区"三位一体"的常态化志愿服务模式。由市红十字会与主城区文明办、红十字会联合开展的每月一次的大型志愿服务活动已持续实施4 年。

（二）高校志愿服务发挥主力军作用

南通高校红十字志愿者是一支规模最大、活力最强的队伍，他们志愿服务的身影普及南通城。特别是 2009 年在全省率先设立南通市红十

字会高校联合会以来，数万名大学生红十字志愿者在联合会的组织协调下，用自己的技能和知识为社会提供富有高校特点的志愿服务，也成为南通市红十字会开展业务的得力助手。他们不仅参加社区志愿服务和"5.8"世界红十字日、世界急救日、世界艾滋病日等重大纪念日的志愿服务，而且立足校园，广泛传播红十字运动的基本知识、开展志愿者骨干培训、艾滋病同伴教育以及红十字知识竞赛、文艺表演等；结合社会实践开展符合红十字宗旨的"博爱青春"系列特色服务，如师范生志愿者为外来务工人员子女义务做家教，医学生志愿者定期为老人和残疾儿童进行康复训练、关爱空巢老人等。

（三）特色志愿服务项目不断创新发展

比如，红十字网络志愿者队伍独具匠心的"心视界"助盲助老志愿服务项目得到中央电视台的关注。志愿者通过绘声绘色的描述，让盲人朋友用心"看"到电影，让他们在黑暗里一样感受到精彩的世界，近年来已为盲人朋友讲解电影近百场；每年至少两次组织盲人和空巢老人、孤老、残障者走进城市绿谷，让盲人用心感知美丽的环境，该项目荣获2015年首届全国青年志愿服务项目大赛银奖。再比如，由市癌友康复协会癌友志愿者组建的南通市红十字博爱艺术团，其成员凭着坚强的毅力走出人生困境，凝聚在人道、博爱、奉献的红十字大旗下，力所能及地奉献社会，这本身就是一种正能量的传递。自2009年起，每年举行"博爱之夜"进社区文艺演出10余场，其中"世界急救日"专场更为精彩，深受欢迎。"博爱之夜"以文艺表演、现场互动等群众喜闻乐见的形式，向社会宣传红十字精神、人道博爱典型，传播应急救护知识，每场演出都深深地打动观众。

三、红十字各项人道职责都是
社会文明进步的重要体现

红十字会"三救三献"核心业务，以及红十字运动传播、青少年工作、志愿服务等几乎所有职能，都与公民道德建设、社会文明倡导密不可分，在精神文明建设中，或直接、或间接地发挥着独特作用。

（一）筹资募捐活动引导市民爱心责任

南通市红十字会"项目化筹资、品牌化救助"的思路与实践得到省

红十字会领导的充分肯定。多年来，坚持以项目为抓手，形成了社会主题活动募集、企业社会责任动员、项目开发、事业增值、政府资助、微公益行动等多管齐下的筹资模式。所有募集资金均纳入人道救助金专户管理，与机关行政账户完全物理隔离。自 2007 年起，每年"5.8"世界红十字日前，南通市红十字会都会联合市委宣传部、文明办、机关工委、总工会、团市委、妇联等部门共同倡议开展"博爱在南通 人道万人捐"主题活动，宣传倡导党员干部、爱心企业、社会爱心力量和广大市民从我做起，积极参与奉献社会、践行责任、倡导文明的人道公益行动。而且自 2014 年以来，其将活动主题进一步深化，以"磨刀老人"吴锦泉"凡人善举、微者博大"的人道情怀与精神境界为引领，并运用互联网技术创新筹资工作，线上与线下联动，探索红十字工作"互联网+"模式，有效激发了社会爱心力量参与人人可为的微公益行动。去年开展的以"助力微公益 弘扬真善美"为主题的微信助力活动，阅读人数达 23.56 万人。

此外，在历次灾害赈济救援中，乐善好施的南通市民都十分信任并通过红十字会这个爱心平台施以援手，无论是汶川、玉树、芦山地震，还是其他灾害救助，南通红十字系统募集的款物均名列全省前茅。

（二）人道救助工作弘扬诚信互助友善精神

南通人道救助资金的使用都是依据捐赠者意愿和社会需求调查，设立明确的救助项目，实行项目化运行。目前在手运行项目有 10 多个，总规模达 1000 万元，包括红十字博爱送万家、生命相"髓"、"暖暖农情"、"613"爱心助老、宝缦爱心接力、"关爱最美环卫人""温暖之源"助老、爱心年夜饭、燃眉救急等项目。这样的运作，不仅让爱心款装进了"玻璃鱼缸"，而且做成了"格子铺"，每个项目有相应的资金来源和特定的救助对象，清清楚楚地分类、明明白白地使用，传播着人道诚信的力量、互助友善的精神。项目执行严格按照章程或项目协议书，并邀请捐赠企业参与实施；每年年终分项目向定向捐赠企业提交《执行报告书》，以良好的公信力赢得社会各界的支持。

此外，在市委宣传部、文明办每年组织开展的"三下乡"活动、"红红火火过大年"主题志愿服务等活动中，市红十字会都是重要的参与支持部门，是最有影响的成员单位之一。

（三）应急救护培训提升群众安全感幸福感

南通应急救护培训工作起步较早，特别是 2001 年以来培训总人数累计达到 208 万人，占全市总人数的比例已达 25%，处于全国领先水平。救护培训"南通模式"也成为全国有影响的品牌，得到全国人大常委会副委员长、中国红十字会会长华建敏等领导的充分肯定。2012 年以来，公益性应急救护培训又先后纳入省、市政府为民办实事项目，培训人数超过 52 万人。2013 年，应急救护培训社区志愿服务还被纳入全国文明城市测评内容，南通市文明办与市红十字会联合发文加以推动。这些枯燥的数字不仅说明了众多的普通百姓掌握了关键时刻救人一命的基本救护技能，而且有力地推动了广大市民互帮互助精神的弘扬。

（四）"三献"工作不断超越升华人间大爱

造血干细胞捐献、人体器官与遗体捐献、推动无偿献血也都是红十字会的核心业务。志愿者们用自己的鲜血、骨髓去拯救一个素不相识的生命，身后将器官捐献出去延续他人的生命，将遗体奉献给医学研究，这样的崇高行为是无价的大爱、精神文明的升华。南通在全省率先设立造血干细胞捐献服务中心、红十字眼库，设立"生命相髓"专项基金，有效推动"三献"工作，并被纳入人体器官捐献全国试点城市。

（五）红十字青少年工作有效拓展学生德育教育

一直以来，南通将学校红十字工作定位为一项"德育拓展工程"，并根据大中专和中小学校学生的年龄特点、知识体能、学业轻重等情况，更务实地定位红十字青少年工作。在中小学，红十字工作重在拓展德育教育，介绍运动基本知识和传播人道理念，普及健康与救护常识，组织应急逃生演练，开展力所能及的实践活动，让学生感知博爱精神，懂得关心他人。在大中专院校，红十字工作则更多地强调人道体验、社会实践与社会责任，在普及运动知识、传播人道法的基础上，加大应急救护知识技能的培训和实践，突出红十字志愿服务，深入开展符合红十字宗旨的各种主题实践活动，并鼓励激励探索创新。全市 576 所各级各类学校红十字组织建设做到全覆盖。南通大学、通州职业高级中学成为全国红十字模范学校和南通精神文明建设品牌，得到华建敏同志的充分肯定。

（六）红十字文化是社会主义核心价值的重要构成

《国务院关于促进红十字事业发展的意见》指出：弘扬人道、博爱、奉献的红十字精神，传播红十字文化，是繁荣和发展社会主义文化、加强社会主义核心价值体系建设的重要内容，是提高中华民族思想道德素质、推动社会主义精神文明建设的必然要求。南通市红十字会始终把红十字文化建设摆在重要位置，并从本地实际出发，通过加强红十字理论研究，培育宣传博爱典型，开展特色文化活动，加强媒体宣传等多种途径，大力传播人道理念，成为精神文明建设的得力的践行者。

南通市红十字会一直注重通过宣传传播促进红十字文化的渗透融合，高度重视媒体作为传播者和引导者的作用，加强红十字运动、红十字文化、人道慈善理念传播，倡导社会诚信与公民社会责任；努力发掘红十字文化的内涵和价值，办好网站内刊；借助重要纪念日、大型活动，依托市、县红十字艺术团，深入开展主题鲜明、贴近群众、形式多样、生动活泼的红十字文化传播活动。南通市红十字会在全省较早设立"南通红十字事业发展研究中心"，围绕红十字事业发展的热点难点和前瞻性问题，开展调查研究，加强理论思考，探索对策措施，以理论创新成果推进工作，破解难题，提升层次。对红十字职能定位的研究，红十字会参与社会管理创新、融入政府应急管理体系、机关效能党建研究等都产生重要影响。将红十字业务与中心大局、社会文明建设融合推进的工作思路，有效地提升了南通红十字工作的层次和水平。

四、红十字会纳入精神文明建设体系是根本性制度保障

南通市红十字会一直是全市精神文明建设指导委员会成员单位，市文明委社会志愿服务协调领导小组成员单位。红十字事业纳入了全市精神文明建设整体规划和公共文明指数测评体系，红十字志愿服务纳入市文明委志愿服务整体规划和志愿服务信息平台。所有这些，都从制度层面为红十字会在精神文明建设中更有作为提供了保障，红十字会也因此成为精神文明建设不可或缺的重要力量。将红十字事业全面融入全市精神文明建设的工作体系之后，一方面，可以保证红十字工作更加贴近中心大局，并与精神文明建设全局工作一同部署，整体推进；另一方面，红十字工作的开展也更多地得到党委、政府，宣传部、文明委的关心支持与促进保障，产生相得益彰的积极效应。比如，市委宣传部、文明办已连续10年与市红十字会联合倡导开展"博爱在南通、人道万人捐"主题活动；联合推动红十字基层组织建设，推进应急救护培训志愿服务进社区，联合表彰博爱典型；积极协调本级媒体为红十字工作进行常态

化宣传，提供舆论支持；等等。

　　红十字会的宗旨理念、职能业务及具体行动都与精神文明建设密切联系、相融贯通。南通市红十字会参与精神文明建设的实践与成效也表明，红十字会完全可以在参与精神文明建设过程中大有作为。如何保证各级红十字会真正成为精神文明建设的生力军，我们的体会：一是必须不断加强自身能力建设，拓宽工作思路，创新工作方法，提升专业水平，确保接得住、扛得起更多精神文明建设的重任；二是必须主动融入精神文明建设的整体规划，既紧贴中心大局，又彰显组织特点，真正找准红十字工作与精神文明建设和弘扬社会主义核心价值的结合点，发挥独特作用，才能有为有位，也才可能获得更多的外部支持；三是必须高度重视社会面的宣传，探索开放式宣传模式，善于推销自我，传播红十字正能量，不断提升红十字会的社会影响力和公信力，打造红十字品牌形象。

　　（作者分别为江苏省南通市红十字会秘书长、南通市红十字会专职干部）

让"从业者"兼做"报道者"

——《中国红十字报》运用新媒体延长新闻手臂的实践

吕进福

"人人有麦克风""人人都是记者",意味着人人都能报道新闻,信息传播不再是媒体特权。进入移动互联网时代后,新闻报道的门槛进一步降低,使更多人的"记者梦"得以实现。

既然人人"可以当""能够当"记者,那么,可否让具体的个人就特定内容做一些报道呢?比如,在特定时间让"从业者"做一回"报道者"。

缘此想法,《中国红十字报》近几年在国内重大自然灾害救援和国际救援报道中,动员救灾人员——从业者运用新媒体技术兼做前方报道,探索并取得了一些成功经验。

一、实践情况:从短信到微信

《中国红十字报》是中国红十字会机关报,周二刊。"服务总会中心工作,服务各地红会工作",是我们遵循的基本原则。

中国红十字会是国际红十字运动重要成员,是"中国政府在人道领域的助手","在自然灾害和突发事件中,对伤病人员和其他受害者进行救助";"参加国际人道主义救援工作";"普及卫生救护和防病知识,进行初级卫生救护培训,组织群众参加现场救护"等,是《中华人民共和国红十字会法》赋予中国红十字会的法定职责。俗言"水火无情",红十字会所从事的"三救"(救灾、救援、救助)工作,无论自然灾害还是社会灾害,无论国内灾害还是国际灾害,哪一项都伴随着危险、紧急,都具有时空、对象的不确定性。由于工作性质和特点使然,越是重大灾害发生,我们的记者越面临无法亲临现场的尴尬;而重大灾害的发生及其救援,无一不是社会热点。一对"供需矛盾"由此形成。

为化解此矛盾，从 2010 年青海玉树地震救援报道开始，到 2016 年斯里兰卡洪灾救援报道，《中国红十字报》多次在国内外重大自然灾害救援中，约请前方救援人员利用手机短信、微信等现代通信技术，记录、传播前方工作情况，弥补记者无法进入现场采访、报道的缺憾，取得了良好效果。

（一）国内救援报道：玉树地震，收到从高原发来的短信

2010 年 4 月 14 日，青海省玉树发生 7.1 级地震，中国红十字会当日下午派出由一名副会长带队的救灾工作组紧急赶赴灾区。15 日，随着手机铃声响起，编辑部陆续收到救灾工作组发回的来自"一线"的手机短信。依靠这些仿佛带着救援人员急促喘息声的简短文字，辅之以记者在后方的采访，本报在一版推出以《你们是最快的　你们是好样的》为大标题的集中报道。

其中，4 条手机短信，全面、完整地记录了总会救灾工作组第一天的工作情况，时间、地点、人物、事件等要素完整、清晰，被我们以《短信连线　直击灾区》为题，编发在报眼位置。

4 月 15 日　10 时 30 分

总会赴灾区工作组一行于 14 日晚 12 点抵达西宁。凌晨 1 点，与青海省红十字会进行工作对接。今早 6 点，工作组一行赶到机场。在省红十字会常务副会长尼玛的努力下，工作组在 7：30 坐上第一班运送搜救队的包机，目前已到达灾情最严重的玉树县结古镇。此地海拔 3800 米，呼吸困难，喘不上气。目前县城停电停水，近 70% 的房屋倒塌。

4 月 15 日　10 时 38 分

目前灾区最急需的物资包括棉帐篷、棉衣、棉被、食品、饮用水、药品！运输非常困难！总会从宁夏调拨的 1000 件棉衣、1000 床棉被、500 顶棉帐篷等救灾物资预计今晚可到达灾区。从甘肃调拨的 600 顶棉帐篷，还有上海、北京等地方红十字会的救灾物资，正在运输途中。

4 月 15 日　11 时 00 分

目前，有许多伤员被安置在用塑料布搭的帐篷里。总会赴灾区工作组一行将赶往另一个灾民安置点，并根据灾区需求，制订下一步救助计划。

4 月 15 日　12 时 04 分

工作组在玉树州指挥部对接工作时碰到回良玉副总理，青海省强卫书记、骆省长。回副总理对郝林娜副会长竖起大拇指说："中国红十字

会第一时间的行动我都看到了，你们是最快的，你们是好样的，你们是政府最得力的助手!"闻听此言，我们倍感鼓舞。

4月17日，工作组完成任务返京。在4月20日出版的第二期报纸中，我们在一版以《即时短信　记录救灾》为题，再次刊发救灾工作组发自现场的短信。这一次，我们为每条短信制作了小标题，使其所述事实更加清楚。如：搭帐篷席地而卧、何时有个温暖的家、谁是最可爱的人、参加温总理抗震救灾会议、第一批物资抵达、蓝天救援队成功施救等。

因为灾害发生于高海拔地区，工作组在灾区紧张工作两天后被迫紧急撤回。也就是说，本次关于前线救灾的报道全部依靠前方工作人员的短信完成。换言之，没有这10条短信，就没有我们的"前线报道"。

第一次尝试的成功，让我们对发挥前方救灾人员积极性、将新媒体技术运用于平面媒体报道，有了现实而真切的感受。其后，在2013年鲁甸地震、2014年雅安地震等国内重大自然灾害救援报道中，我们如法炮制，均取得了满意效果，受到了系统内外的肯定和赞许。

2014年8月3日，云南省昭通市鲁甸县发生6.5级地震。8月5日，本报一版以《紧急行动　驰援昭通/三路人马挺进灾区，百名队员参与救援，捐赠款物逾450万元》为主、副题，集中报道了中国红十字会的救灾情况。"消息头"后所列6位报道者，只有一位是本报记者，其余5人中3人是一线救援人员。这篇列有三个小标题的综合消息中，关于云南红会夜间挺进灾区、实施灾情评估、到达灾区后的工作、物资调拨情况等，由总会救灾工作组人员、云南省红会工作人员、志愿者等多人提供的信息综合而成。

当日二版头条，是总会工作组当晚向灾区挺进的见闻记录，以跳跃、急促的短句子，全面再现了震初12小时工作实况。这些记录，是一版所发消息的有力补充与延伸，竟成本报"独家新闻"。

（二）国际救援报道：从单一文字报道到多媒体立体展示

2013年11月8日，超级台风"海燕"重创菲律宾，造成4000多人遇难，世界多国对菲律宾给予了各种援助。风灾过后，中国政府向菲律宾提供了近200万美元的捐款，但西方一些媒体仍宣称这与中国"世界第二经济大国"身份不符，指责中国"小气"，"缺乏大国责任感"，更将动用航母赴菲救灾的美国与中国对比。在此背景下，中国政府派遣应急医疗队、中国红十字会国际救援队和海军"和平方舟"号医院船奔赴菲律宾，执行人道主义救援任务。

赴菲救援，是自 1923 年中国红十字会参与日本东京大地震救援后，第二次走出国门实施国际救援，具有里程碑意义。因为菲律宾阿基诺三世政府实施对中国不友好政策，外交部指示，"这次出征不仅代表中国红十字会，而且代表中国人民，代表中国的民间力量"。

"特殊背景+特定历史+特定内涵"，赋予此次救援不同寻常的意义，《中国红十字报》"应该"对此次救援给予浓墨重彩的报道。但是，由于受出国人数、办理手续等因素限制，我们的记者却无法随队前往。

何以解忧？为了不留历史性遗憾，我们只好再寻他途——让救援队兼做报道。救援队出发前，我们与其郑重约定：救灾之余，写好报道！

国际救援队 20 日出发，26 日（其间隔了一个出报日和周末），第一篇"援菲赈灾日记"在二版头条与读者见面——《在菲律宾灾区的两个日夜》，记录了救援队最初 4 天的工作情况，内容丰富翔实：中国红十字会常务副会长兼红十字会与红新月会国际联合会副主席赵白鸽参加国际联合会和菲律宾红会召开的灾情和救灾行动进展情况通报会，听取国际联合会评估组汇报，拜访 ICRC \ IFRC 当地办公室，探望前方救灾将士，接受菲媒体及中国驻菲媒体联合采访，乘坐仅容 3 人的小飞机前往灾区，看到中国红十字会的帐篷等所见所闻。其结尾这样写道：

这是历史性的一刻。曾几何时，在非洲、在亚洲、在世界各地发生大灾之时，有的只是欧洲国家、美国的帐篷。今天，中国红十字会的帐篷第一次出现（在国际救援现场），出现在全世界目光聚焦的地方！谢谢我们的 30 名勇士，谢谢前方使馆。这一刻，将影响深远！（节选）

一口气读完这篇融合密集信息、深切体会和真情实感于一体的报道，不禁大喜。这样的文字，有事实陈述，有情景描写，带着救灾现场的浓烈硝烟味，直抵读者心灵，极富感染力。

之后几天，我们连续 5 期推出救援队队员撰写的"援菲赈灾日记"，分别是《志愿者让我们走得更远》《从宿务到塔克洛班的艰辛旅程》《扎营塔克洛班》《废墟之上，生命悄然复苏》《无论何时何方，随时准备出征》。

从很多文章标注的时间精确到分、有的时间下面只有一句话，可以看出救援队员争分夺秒"抢时间"的工作状况，这些"日记"也就成了带有硝烟味的"战地报道"。比如，这篇刊于 12 月 3 日的《从宿务到塔克洛班的艰辛旅程》。

11 月 23 日　宿务—塔克洛班

凌晨

经过反复沟通信息，确认凌晨 5：00 开船。由于大批物资需要装载，凌晨 2 时，队员们告别驻地，向码头进发。仔细算一算，大家到宿务后，平均每天只能睡 3 个小时。今天为了等船，在大堂整整坐了一天一夜，更加顾不上休息。但是队员的精神仍然饱满，都在等待着出征那一刻。

清晨 7：02

远山发回短信：先遣队顺利抵达塔克洛班。尽管一再延误，但他们仍然是首批进入重灾区的中国救援队员。此时我们到达宿务已有 32 小时。从使馆得知，中国国家医疗队同样经过漫长等待，现在还在海上航行。救援应该以分秒计，从宿务到莱特岛短短 160 海里，却让时间长久地停滞在这里。

上午 8：20

我们接到了一个让人震惊的通知："对不起！两辆设备卡车太重，上不了船了！"

真是到了让人崩溃的边缘！在宿务漫长的 20 多个小时，我们的所有努力和等待都是为了这批装备，等来的结果还是人货分离！

没有物资，到了灾区如何生存？没有装备，又怎么开展工作？真是心急如焚。但是，我们别无选择，只能勇敢地前行。想想后怕，幸亏我们派出了先遣队在塔克洛班打前站，不然三十几号人，没吃没喝没有住处，将会陷入绝境。

人和装备分离，只能再分出一路队员押送物资专车，乘下一趟轮渡了。新波主动要求留下，应对这一艰难的独立行动。两名蓝天队员随行押运。看着他们一夜未眠通红的眼睛，有一种别样的悲情涌上心头。

据我们后来了解，菲律宾天气多变，轮渡延误是常有的事。灾难发生后，船只运输尤其繁忙，时间变动也属正常。为了能让我们顺利赶往塔克洛班，菲红会的同人已经尽力了。

上午 9：20

经过整整 26 小时的反复变动和艰辛等候，渡轮终于起航了。

上午 10：18

收到赵会长发来的短信："我们在直升机上，看到所有的惨状，有责任啊！"突然一种沉重感袭来。

与菲红会一同评估灾情的赵会长一行，虽然没有与大部队会师，但在塔克洛班见到了我们的先遣队员。这对苦苦等待20多个小时的救援队员来说，多少是一种慰藉。

先遣队在前方的工作相当顺利，联系了当地政府和红会，确定了营地，沟通了救援事项。

远山挂电话时说了一句：他看到了一具遗体，并进行了GPS标记——这应该是中国红十字国际救援队在菲救援的开始。

中午13：25

经过4个小时的海上颠簸，我们终于登陆莱特岛。

一上岛，我们又一次被大自然的破坏力震惊："海燕"的"翅膀"几乎横扫了一切山峦、椰林、村舍、学校、公路和桥梁，连坚固的机场候机厅也被掀翻了屋顶。"海燕"已经"飞"过15天，一切却如同刚刚发生，废墟、断路、倒伏的电线历历在目，街上散发着废墟腐烂的恶臭——灾难的印记几乎没有任何改变。

码头上挤满了到宿务购买食物和水的人群，我们的3辆车从轮渡上刚开下来，即被一辆厢式警车拦住，车上端坐着6名端着冲锋枪、霰弹枪的军警。我们心里不禁一惊，不知又发生了什么。

突然一名警官跳下车，竟然喊出了我的名字："Mr. Sun！Mr. Sun！"——虚惊一场！原来他们是当地红会安排护送我们的军警。

军警全程武装押运，自然安全，但也足见灾区治安之混乱。

考虑到后面的物资车队，我们立即协调警方再给予支持。他们相当配合，决定警车留下等候物资车队，再分出两名警员上我们的车。短暂停留后，车队出发了。

即便有警方押运，车队所到之处，面色枯槁、衣衫脏破、高声索要大米和水的人群仍然拥了上来。一群群儿童不顾疾驰的汽车，拦在车前，拼命地跳着喊："Help！Help！"

看着这些光着上身、赤着脚丫的孩子们，我们的心中有一种说不出的压抑……

傍晚17：50

菲律宾的夜晚来得很早，虽然不到6点，却已是一片漆黑。

车队终于驶入塔克洛班，因为没有电力供应，街道两旁一片死寂，到处布满废墟，一团团垃圾焚烧的火苗在废墟前闪烁。空气中弥漫着烟尘与腐烂的气味，提示我们终于深入被"海燕"吞噬的腹地。

晚19：05

在国际联合会与菲红会共同设立的救灾综合协调中心，我们与先遣队汇合。这是一个遭台风侵袭、废弃的海边度假村,院子很大,许多红十字救援队把营地设在了这里。度假村部分设施还能使用,院外有军警把守。经过与菲红会协商,决定在院内设立大本营。

队员们简单用过晚餐后,挤进被先遣队"抢"来、仅有的 3 个房间休息。房间没电没水,蚊虫挥之不去,又因为装备车未到,大家只能坐等天明。

子夜

指挥部简单碰头后,已经是子夜时分。

我与碧波、远山和小蔡出去勘察营地和物资库选址,先后评估了一个废弃的学校和咖啡馆。因学校在院外不太安全,废墟清理起来工作量又太大,决定以咖啡馆为依托建立指挥部和物资库。

与新波通话,信号断断续续,得知他们的船本来可以在中午 11 点起锚,但又出现故障,一直拖到晚 7 点才出发,现在刚刚靠岸。想到他们还有 4 个小时的夜路奔波,不禁一阵担忧。

塔克洛班是莱特省的省会,被宽广的太平洋包围,景致怡人。每年 11 月,这里都将敞开怀抱,迎接前来度假的人群。没有想到,今年迎来的却是肆虐的"海燕"。频繁的灾难又一次提醒人们,人类的生存境遇如此脆弱和无常,这个世界处处埋藏着风险,只有认真准备、积极应对,才能将生命和生活更好地延续下去……

对于历史性的菲律宾救灾报道,我们先后刊登了 6 篇救援队员发自现场的报道,拼成了一个全面、完整的事实链,以独特的视角、感性的文字,真实、生动地向国内读者及国际社会展示了中国红十字会的卓越工作、超越国家和民族的人道情怀。

除此之外,这期间,报纸一版所发关于前方主要工作的消息,均由救灾人员提供的素材编辑完成。"新闻是历史的草稿",这些被前线救援队员"抢出来"的文字,无论是今天还是将来,都是宝贵的历史记录。作为媒体人,我们为完整地留下这些记录而感到自豪。

二、媒体融合:从报纸到网站、官微、客户端

完成菲律宾救援"处子秀"后,2015 年 4 月、2016 年 4 月和 5 月,中国红十字会"迎来"一个国际救援高潮,一年多时间先后 3 次实施跨国救援:尼泊尔地震救援、厄瓜多尔地震救援、斯里兰卡洪灾救援。

有了菲律宾救援报道的成功实践，接下来的 3 次报道，我们与前方救援队的配合愈加默契，报道更加及时、全面。特别值得称道的是，微信在其后的报道里大放异彩。报道形式，除了文字，有了更多图片，平面媒体做到了图文并茂；传播形态，除了报纸，官微、网站、新闻客户端等新媒体有了更多声音、图像和视频，初步尝试了一把融合报道、立体化报道。

尼泊尔地震救援报道，根据前方发回的信息，第一期报道以《中国红十字救援队在尼泊尔救援/20 名队员分两批抵达，灾区卫生防疫任务日益繁重》为主、副题，介绍了此次救援主要任务、救援队到达后的主要工作；择优在四版发图 5 幅。一则消息+半版图片，第一时间向国内读者展示了救援队到达初期的工作，时效性、权威性俱佳。第二期报纸，以《尼泊尔来了中国红》为题，在四版刊发照片 7 幅。

厄瓜多尔地震救援报道，共出报 3 期，刊发综合消息 2 篇，撰文、摄影全部由救援队员完成。其中，二版刊发救援队员在工作间隙写下的"救灾日记"3 篇（《不是离家而是"回家"》《第一次在国外做大众卫生宣传》《我们是打不倒的团队》）；四版刊发图片 10 幅，文字、图片均由前方救灾人员用手机撰写、拍摄。

5 月份的斯里兰卡洪灾救援，除了救援队出发的消息由本报记者采写外，其他两个图片版十几幅图片、纪实稿《热带岛国搭帐篷》，全部由救援队员在工作间隙拍摄、撰写。

当期报纸内容和无法上报的语音、视频等，我们及时通过社办网站、官微、新闻客户端等电子媒体发布。然后，经各级地方红会自办电子媒体层层转发，实现了更广范围的传播，大大提高了报道的传播力、影响力。

三、认识与体会：发挥"从业者"积极性，有效延长新闻手臂

几次重大国内国际救灾报道，报社未派一兵一卒，却及时、全面记录了相关工作，得到了系统内外高度评价。

实践使我们认识到，没有前方救援人员的真实记录，就不会有这些富有成效的报道。特别是国际救援报道，如果没有救灾主战场"核心事实"的呈现，只凭一些后方的"次要事实"聊充版面，整个报道就是表面的、片面的、不真实的、没有分量的、有严重缺陷的。

几年来，我们因应行业特点实施的让"从业者"兼做"报道者"的做法，较好地解决了"记者无法去现场"的困难，取从业者之"长"补媒体之"短"，延长了新闻的手臂。

（一）发扬从业者之"长"，科学利用媒体外采写力量

所谓从业者之"长"，指前线救灾人员有做好报道的主观意愿和客观条件，媒体可以"放心"地把报道任务交给他们。主观意愿体现在责任感、神圣感和可靠性三方面。对于红十字人来说，每一次国际救援都是一次民间外交行动，每一个参与者都代表了中国、中国红十字会、中国民间救援力量，他们有责任全面记录相关行动。红十字精神"跨越国界、种族、信仰，引领着世界范围内的人道主义活动"（习近平语），得到世界绝大多数国家认同。参与一次具有历史意义的救援，对每一名救援队员都是一次难忘的人生经历。无论是红十字工作者，还是红十字志愿者都把《中国红十字报》当作自己的报纸，面对报社所托，都会全力以赴，努力完成任务。

客观上，出国救援人员皆属精挑细选的精兵良将，不仅具备高超的救援专业能力，而且具备基本写作能力和水平，能够客观、真实地记录相关事实。

（二）克服媒体之"短"，不派记者也能获得"独家新闻"

所谓媒体之"短"，指在相关条件限制下，媒体无法安排记者奔赴现场采访、报道新闻的现实。"救灾、救助、救援"是中国红十字会核心业务，凡与"救"字沾边的工作，行为指向基本是"灾害"或"灾难"二字，都有高危险性和不确定性等特点。救援初期，因为前方情况不明以及交通、费用等限制，救援队或救灾工作组的人员组成、所携设备及物资等，必须高度精简、实用，除了救援人员，不可能"专门"安排记者等"多余"人员随队前往。

另一方面，从新闻价值和受众需求角度看，所有重大自然灾害的发生及其救援皆属重大事件，都会引起国内外特别关注，媒体一般都会倾力报道。于是，有了这对供需间的矛盾：一方面，大灾来临，公众信息需求骤然旺盛；另一方面，"供给侧"的记者却无法"亲临前线"。

我们探索实践的让救援人员兼做报道的做法，有效化解了上述矛盾：既可满足受众的信息需求，又化解了媒体"无米下锅"的窘迫与尴尬，补齐了媒体"短板"，可谓"鱼与熊掌兼得"。

（三）充分发挥了新媒体特点，挖掘并拓宽了新媒体的功能

除 2010 年玉树地震报道用了一次短信外，2013 年之后的报道主要利用了微信。微信是以关系为纽带的私密性社交工具，具有双向性、私密性、非开放性等特点，可以点对点传播，也可以点对面传播，是基于手机通讯录、QQ 等熟人圈的信息分享，传受双方对等交流，具有排他性。微信诞生以来，人们使用较多的是其交流和传播功能，其基本的通讯功能反而被人忽略了。让救援人员兼做记者，正是对其通讯功能的发挥和利用。

手机插上微信的"翅膀"，恰如老虎之生双翼，可谓"一机在手，要啥都有"，写作、拍照、录音样样能做，即使是地球另一端的情况也能被瞬间"发送"国内。

媒体方面，编辑部指定一名编辑与前方救援人员"单线联系"，建立一个临时微信群，将前方救援人员悉数纳入其中，一个小型多媒体传播平台即告建成。该平台既是一个信息集散场所，又是一个思想碰撞、沟通交流的平台，前方救援情况、编辑部想法，皆可集中于此。实践证明，微信的强大功能不仅体现在交流和传播方面，更能为新闻报道提供强大助力。

（四）由"从业者"直接记录、报道所做工作，写出了更多思想与情感

此类报道有更多内心的袒露，文字更柔软、细腻，有更多可以触摸的质感，是记者采访无法得到的真正的"第一手材料"。

救援队员把自己"摆进去"的那些"赈灾日记"，更是打破了新闻报道僵化、刻板的限制，以独特视角、独到观察、新颖叙述，实现了客观事实与内心情感的完美交融，可以更好地引领阅读者走进其内心。编辑对事实的审核、订正等"把关"过程，又帮助其最大限度地保持了事实的"原始味道"。版面上，"新闻+日记"形式的呈现，则为整个报道构建了一道全景新闻、立体新闻景观。

从编辑部收到的反馈意见看，此种文字比所谓"纯新闻"更有可读性，更受欢迎，更抓眼球，更有吸引力，是一种超越表象的真实、更高层次的真实。

（本文是上海红十字运动研究会"新媒体环境下红十字传播工作研究"项目系列成果之一，作者系中国红十字会总会报刊社总编辑）

互联网时代基层红十字
工作信息化建设研究

——以上海嘉定区红十字会为例

王国忠

一、互联网背景下国际国内
红十字会信息化建设现状

（一）发达国家红十字会普遍重视信息化建设

当前，世界各国已经着手将信息化手段引入红十字事业发展之中，普遍采取了两大战略措施：一是将红十字组织信息化建设纳入信息化建设总体规划，建立起智慧人道体系和基于互联网的人道应急移动指挥通信平台，实现了各级红十字会信息互联互通、信号传输快速、指挥高效便捷。二是运用互联网思维，推进红十字会捐赠信用信息平台建设，加强了对募捐账款的统筹和监管，做到资金募集、财务管理、招标采购、分配使用等捐赠信息的公开透明，有力保障了捐赠人和社会公众的知情权、参与权、监督权。

美国红十字会借助信息化技术，建立了完善的培训系统和运作机制；在灾害管理、应急救援方面形成了一套成熟、高效的应急体系；在社会捐赠方面，不但渠道多样、形式灵活，捐赠财物的管理使用也透明规范。民众可以在红十字会网站上捐款，可以从银行账户中每月定额捐助，不论哪种渠道，捐助项目都可自由选择。红十字会随时通过网站公布民众每一笔捐款的来龙去脉，媒体和民众均可以在红十字会的网站上随时查阅每笔捐赠款物的使用情况。

德国红十字会持续推进信息化建设。近年来，各级红十字会积极搭建在线捐赠、手机捐赠等信息化平台，并注重推动应急救援、资源动员等工作的模块化、专业化。特别在应急救援方面，德国红会根据灾难的种类和规模，形成了不同的标准化应急响应模块（ERU），备灾仓库有27 类集装箱式的标准化救援设备和应急物资储备，全部实行科学管理。当灾难发生时，这些设备和物资将组合成专门的应急响应模块，使相应的信息系统、物资调配、人员组织、物流运输等系统同时发挥作用，能够第一时间实施紧急救援。通过信息化建设，德国红会的核心业务职能不断强化，业务工作的专业化、信息化水平也得到了极大的提高。

（二）我国红十字会信息化建设起步较晚，但发展势头较快

我国红十字会信息化建设起步较晚，一直未进行大规模的信息化建设，只是根据业务部门需求做一些较小的信息化系统。2011 年"郭美美网络事件"后，红十字事业开始引起政府和社会的高度关注。2012 年，国务院出台《关于促进红十字事业发展的意见》（国发〔2012〕25 号），要求提升红十字会的科学管理和信息公开水平。由此，"中国红十字会信息化系统"作为红十字会改革的有力抓手，被提到战略地位予以高度重视，信息化系统建设正式进入全面实施阶段，并驶上发展的快车道。2012 年年底，中国红十字会总会外网门户、捐赠发布平台和筹资管理系统上线；2013 年年底，"中国红十字会信息化系统"基本功能上线，并推广到 80% 的省级红十字会；2014 年年底，"中国红十字会信息化系统"的所有功能全面完成，并开始向具备条件的省级、市级和县级红十字会进行推广。目前，各级红十字会对信息化建设也普遍重视起来，纷纷向上级红十字会看齐，有条不紊地推进信息化建设，力图借助信息化打造规范、高效、透明的红十字会。

从各级红会来看，青岛市、杭州市拱墅区等红十字信息化建设步伐较快，发展较好。

青岛市红十字会建立了由业务管理系统、电子监察系统和红十字官方网站"三驾马车"共同构成的信息管理系统。其中，业务管理系统全面依托青岛市电子政务专网平台，将捐款、物资、人员和机构以及各项活动的管理等业务纳入该系统；电子监察系统与青岛市监察局对接，业务监察和行政监察双管齐下；机构网站则实行系统管理，重新设计网站页面，重点建设好新闻、互动和信息公开 3 类栏目，并与青岛市共享网站内容管理平台，网站的可读性和吸引力进一步增强。自建成区、市一体化的信息管理系统以来，青岛市红十字会主要业务均已实现网上流转，告别了纸质办理时代，极大地提高了业务办理速度；电子监察系统的全流程监管，也进一步规范了相关业务，有力地推动了红十字工作的

规范化、精细化、信息化。

杭州市拱墅区采取多项措施，推动红十字工作的信息化。一是制定专门政策予以资金支持，区级财政每年配套 100 余万元，红十字会信息化建设专项经费达 50 余万元，用于全区红十字会工作；二是加强组织建设，在街道、社区、企事业单位、学校等建立红十字基层组织，构建多层级、立体化的基层红十字组织网络；三是促进资源共享，坚持区、街、社区一体化，实现各级红十字会网上办公、互联互通，并与市级有关系统对接，实现数据分级交换和互动共享（例如，拱墅区红十字志愿服务模块，已与杭州市志愿服务系统达成无缝对接）。通过上述措施，拱墅区构建了"三个一"信息架构，即一个"红十字信息化综合管理系统"、一个"拱墅区红十字门户网站"和"一站一柜一箱（造血干细胞血样采集站、AED 多功能柜、智慧募捐箱）终端"，从使用、监督、交流三方面全方位提升了信息化建设水平，有效促进了拱墅区红十字事业的良性发展。

二、嘉定区红十字工作的信息化建设实践

嘉定区红十字会紧跟互联网时代发展趋势，积极推进红十字工作的信息化，按照"对内促进业务规范高效、对外加强信息公开透明"的目标，重点抓住"业务管理、文化传播、信息互动、网络监督"四个方面，持续推进"互联网+红十字工作"，不断探索实践，积极搭建各类信息化平台，力图促进红十字会"工作更加规范、服务更加优化、形象更加良好"。

（一）主要做法

1. 建设综合业务管理平台，推动工作规范高效

根据上海市红十字事业发展要求和嘉定区红十字工作信息化状况，嘉定区对原有的各业务系统进行升级改造，将捐赠系统对接上海市红会捐赠系统，以便实时掌握和监督捐赠款物，灵活调配物资；进一步完善志愿者注册、服务内容和服务时间信息记录和评估系统；加强系统整合，将捐赠财务管理、救助项目管理、救援物资管理、志愿服务管理等系统纳入同一平台，建立区、镇一体的综合性业务管理平台，所有工作人员在一个平台上进行各类业务处理工作，实现了数据共享、业务协同，提升了工作效能。

2. 开通微信公众服务号，拓宽文化宣传渠道

随着信息时代的到来，微信、微博等新媒体日益受到大家的喜爱。嘉定区红十字会紧跟这一趋势，于今年5月8日成功开通了"嘉定红十字"微信公众服务号，集多种功能于一身，红十字文化宣传便是重要功能之一。微信号中的"人道嘉定"板块，链接嘉定红十字微官网，通过首页、红十字会概况的页面展示，让公众进一步了解红十字会；通过微信文章推送、网站页面展示，向公众普及红十字会知识，弘扬人道精神；实时介绍红十字会最新活动、业务，引导公众参加红十字会的公益活动。微信公众号可谓"手机上的红十字"，开辟了红十字会文化宣传推介的新途径，扩大了红十字会的社会影响力。

3. 搭建微信互动平台，促进双向沟通交流

微信公众号里的"博爱奉献"板块，即嘉定红十字会微信互动平台，能够实现红十字会机构和民众的双向交流，兼有业务平台、管理平台和信息公示平台的功能。通过这一平台，民众动动手指，即可实现爱心捐赠、爱心捐献、捐赠查询，了解捐赠款物的到账情况、使用情况和具体去向。民众也可以通过这一平台申请加入红十字会，管理人员可在后台及时处理申请，方便民众参与红十字活动。今年5月8日红十字纪念日活动当天，微信扫一扫互动极大地激发了大家的参与热情，形成了线上线下有机融合的工作新局面。

4. 加强人道资金网络监管，促进信息公开透明

为规范红十字人道救助基金的管理，嘉定区红十字会运用"制度+科技"的手段，在已有的市民大病重病帮扶项目公示平台基础上，进一步加强网络监管平台建设，在区纪检监察网站上建立了"嘉定区红十字会人道救助基金监管项目"，对救灾、助医、帮困、助学、关爱五大类中重大病救助、千万人帮万家、重度失智老人救助等23个项目严格审核把关，每月及时将信息上网公布，主动接受政府监督。网络监管平台建设，进一步完善了嘉定区红十字工作的监管体系，为人道救助资金使用的公平公正、公开透明提供了保障。

下一步，嘉定区将继续加强管理、加大宣传，不断完善数据库各类模块建设，切实提高各类信息平台的利用率，以信息化助推嘉定区红十字事业发展再上新台阶。

（二）"阳光朵朵"项目案例分析

该项目由嘉定区红十字会与区广播电视台联合发起，向社会大众募

集善款，救助本区突发重大疾病、造成高额医疗费用、家庭特别困难，并参加上海市中小学生、婴幼儿住院医疗互助基金的 14 周岁以下儿童。这一项目于 2016 年 5 月 8 日启动，微信线上捐赠平台同步开通，成为上海市首家开展互联网众筹的红十字公益项目。自项目启动到 8 月初的 3 个月来，该项目已募得善款 30 余万元，有两位小朋友得到了救助。"阳光朵朵"公益项目，让救助人和捐助人无缝对接，让更多普通人参与慈善、公益活动，将"人人为我、我为人人"的人道精神植根于社会大众的内心。项目的顺利开展，得益于以下措施：

1. 制定制度确保规范实施

项目要做好，必须制度先行，保证运作规范。嘉定区红十字研究制定了项目实施方案，对救助基金的来源、捐款的期限和捐款目标额、救助对象的条件、救助的内容和标准、募集资金的管理、救助的流程等内容一一明确，确保项目规范运作。

2. 借助微信确保高效运作

积极主动融入新媒体的发展潮流，创新筹资手段，将这一项目嵌入嘉定区红十字微信公众平台，尝试利用微信平台实施公益项目。募集资金、提交申请、资金管理、救助公示等都可以在微信平台进行，高效便捷。

3. 公开信息确保公正透明

严格把关，救助对象要经过街镇和区两级审核，最终确定后，还要进行公示；受捐资金实时公示，资金的管理、使用情况也要定期公示；区电视台同步跟踪报道线上线下的救助活动。资金捐赠、使用情况等信息通过公众微信号及时公开公示，让大家看得清楚明白，提高了公信力。

4. 整合资源确保形成合力

嘉定区红十字会与区广播电视台签订合作协议，借助媒体资源进行宣传与监督；媒体与志愿者组织策划了多项爱心义卖活动。通过整合媒体资源、物资资源、信息网络资源、精神文化资源以及组织能力资源，多方协同发力，项目得以顺畅运行。

三、当前基层红十字工作信息化存在的问题和困难

（一）信息化建设缺乏系统、整体规划

受传统的管理理念和思维方式的制约，基层红十字工作的信息化建

设相对滞后。一方面，信息化建设缺乏总体规划和长远目标，基础设施重复建设、无序建设，并为以后的兼容留下隐患；另一方面，信息管理缺乏系统化，在信息收集、整理、审核、发布管理等方面缺乏相对统一的标准，日常的信息管理也没有形成长效机制，导致运行管理混乱低效。

（二）信息化资金投入少，基础设施薄弱

信息化的发展首先是信息基础设施的完善。但有些基层红十字会的信息基础呈现设施少、旧、废的特点。从全国范围来看，已上线的地方基层红十字会信息化系统较少，大部分除网站外基本没有其他应用系统，网站也难以及时维护、更新，创新更无从谈起，信息化进程跟不上社会发展的步伐。而在纵向上，基层红十字会与省红十字会、中国红十字总会之间，也存在通路不畅、信息脱节的问题，除了在办公自动化方面有一定的公文流转手段外，信息共享方面必要的技术基础尚未建设。

（三）信息共享程度差，使用效率低

信息资源的收集、共享与使用，是信息化建设的根本。但目前各个地方红十字会各自为政，在信息资源建设上缺乏协调和合作，往往成为信息孤岛，信息不能及时互通，影响各项工作决策的科学性；即使是单一的红十字组织内部，也存在着各个平台相互独立的情况，信息的集约化程度较低，基础设施使用及信息管理效率低下，无法实现信息资源的共享，严重影响了信息资源的利用效率。

（四）信息透明度低，难以满足公众要求

自 2008 年以来，公民的捐赠行为越来越普遍，捐赠总量不断攀升，对捐款捐物的来源和去向的信息公开提出了严峻挑战。2011 年"网络事件"后，社会公众对红十字会的信息透明度要求越来越高，时效性要求不断增强。但目前，基层红十字会的信息公开的内容也多局限于捐赠款物的来源，其他诸如财务管理、招标采购、分配使用等情况，公众仍难以知晓，与"两公开两透明"的要求还相距甚远。

四、推进基层红十字工作信息化的对策建议

信息化建设是提高红十字工作效率的重要保障，是推进红十字会

"公开、透明"的重要手段；充分发挥信息化建设的支持和引领作用，是红十字事业发展的迫切需求。嘉定区红十字信息化建设的做法，值得各地学习借鉴。要以优化升级"互联网+红十字事业"为基本思路，从规划完善、平台打造、信息公开以及配套保障等方面着手，加快推进信息化建设，不断提升工作效率，加强民众监督，提高社会公信力，使红十字事业发展真正适应互联网时代和信息化时代的内在要求。

（一）更新思想观念，大力推进信息化建设

要将现代信息技术全面应用于红十字工作中，首先，要转变思想观念，提高对信息化的认识，不断创新工作方式，实现红十字工作从粗放向精细、从条块向综合的转变；其次，要更新发展理念，对信息化工作进行高起点规划、高质量建设、高效能管理，充分发挥信息化对红十字事业的支撑作用，提升红十字工作的科学管理和信息公开水平。

（二）做实做强服务平台，促进信息交互共享

积极打通互联网时代信息化工作的"入口"，开辟更多业务工作模块，促进线上线下联动，不断提高红十字工作的专业化、规范化和科学化水平。一是建立完善的综合业务平台，集捐赠款物管理、人道救助项目管理、红十字志愿服务管理等功能于一身，实现对红十字会内部业务流程的科学再造，提高工作效率；二是推进红十字官网优化升级，以互动性为主线，以体验良好、操作便利、功能完善为原则，开发和运用信息查询平台，公开网上办事流程，逐步实现网上服务，打造透明、高效的智慧红会；三是加强自媒体建设，充分利用"两微一端"应用平台，积极探索新媒体的功能发挥和内容拓展，并通过"加菜单"，链接红十字官网、政府门户网站等平台，多平台无缝对接，多形式、广渠道地加大信息传播和互动。

（三）建设信息发布平台，完善监督体系

红十字事业的健康发展，需要法律、政府、社会和自身"四位一体"的有效监督。要健全和完善信息发布平台，促进红十字工作及时、便捷的信息公开、发布和全过程监督，提高红十字会的公开透明度和社会公信力。一是进一步完善捐赠信息平台建设，规范信息发布，定期向社会公布捐赠款物的来源、数额、去向，确保捐赠款物使用的公开透明。二是搭建网络监管平台，除了在红十字官网公示捐赠款物信息，还

可依托电子政务平台、纪检监察平台，设立监管项目，定期公布项目工作进展，加强政府监督。三是借助"两微一端"，扩大信息覆盖面，及时、全面、真实、准确地向社会发布相关信息，包括红十字会的岗位职责、财务管理、招标采购、项目运转等，及时回应社会关切。

（四）完善配套支持，保障信息化建设

加强红十字会信息化建设，必须有充足的财力和人才作为后盾。面对当前红十字会信息建设经费紧张、信息专业人才缺乏的问题，一是要加大信息化建设资金投入力度，不但要积极争取政府的资金支持，还要探索市场经济条件下社会化、开放式、可持续的长效筹资机制，提升筹资动员专业化水平；二是要充实信息化专业技术人才，创新选人、用人机制，通公开选拔、竞争上岗、招聘项目人员等方式，吸引高素质专业技术人才参与红十字会信息化建设。

（作者系上海市嘉定区红十字会党组书记、常务副会长）

新媒体与红十字会媒介管理

王　萍

在多元化的网络媒体发展时期，任何组织和个人都是网络主体，民众的主体性和社会参与性强，可以更大程度地提高红十字会事业的参与度。但是，在网民媒介素养发展不足的情况下，一个很严峻的问题出现了，一些网络舆论很有可能演变为一场社会危机，随之而来的各种"污名化"和不明事实真相的攻击和诋毁，一浪高过一浪。谁的声音大，谁就被关注，群情激奋的网民簇拥而上，至于事实真相则无人深究，以正义为出发点的网民激情和舆论，转化成网络暴力、舆论暴力，进一步加剧事态激化。"网络风波"（所谓"郭美美事件"）曾把红十字会带入了信息迷雾的泥沼之中，至今无法摆脱负面形象。在信息技术迅猛发展的今天，新媒体给红十字会事业发展带来前所未有的机遇，如何通过媒介管理重塑形象，做好舆论宣传工作，除了依托报纸、杂志、官方网站等传统媒体平台之外，还要拓展渠道，借助多元化的媒介力量来发挥其社会职能。媒介管理能力成为加强红十字组织能力建设的必修课之一。

一、新媒体媒介传播的特点

新媒体的基本概念目前学界无统一认识，它更多的是一个相对概念，就是和传统的传播媒体相异，又具有较强的传播能力的媒介，包括微博、微信、网站等等。当前，新媒体已经渗入社会生活的各个领域，并发挥了独特作用。每个人都是一个传播平台，民众通过互联网连接起来，组成了一个网络云平台。新媒体的传播方式给予民众更多的品牌宣传自主权和创造权，消费者可以和品牌所属的社会组织进行双向沟通，民众对社会组织的信任形成也非朝夕之功，而信任崩塌则是在分秒之间。在红十字会遭遇的负面网络新闻事件中，从最初的网民爆料，到各种媒体传播报道和转载，再到传统媒体和新型媒体的跟踪评论热议，然后再到网络媒体平台的热议，在网络舆论事件的传播过程中，这种新型媒体和传统媒体相互介入又密切互动的集体编撰方式，使得任何一个环节的信息失真都会带来信息的谬误，包括一些有影响力的网络意见领袖，也陷入判断失准、推波助澜的尴尬境地。

2016年9月20日，最高人民法院、最高人民检察院、公安部联合下发《关于办理刑事案件收集提取和审查判断电子数据若干问题的规定》，明确网页、微博、朋友圈、贴吧等网络平台发布的信息属电子数据，司法机关有权向有关单位和个人收集、调取电子数据。初查过程中收集、提取的电子数据，以及通过网络在线提取的电子数据，可以作为证据使用。微博、微信等内容作为举证材料进一步运用到了实际的司法实践中。规定从2016年10月1日起实施。该条例的颁布，从具体法则上细化了电子证据的形式，并确认了电子证据的法律效力。此规定可以说是在新媒体迅速发展时期，遏制网络谣言和舆论暴力的一项重要举措。

二、新媒体媒介管理的现实挑战

新媒体对公益慈善组织媒介管理提出的挑战，主要基于以下两个方面的事实：

（一）公民媒介素养落后，容易出现网络舆论危机的社会现实

在传统社会时期，就有好事不出门，坏事传千里的说法，而在当前纷繁复杂的社会环境下，社会危机事件频发，当事情出现时，各种谣言兴起，越惊悚、越离谱的说法，越吸引眼球，而事实真相则往往被甚嚣尘上的网络舆论掩盖。

新媒体作为一种当前最重要的传播媒介，改变了过往的传播环境。每个人都是一个自媒体，大众本身就组成了大众传媒；每个人都可以利用微信、博客等形式发布信息，同时也可以最广泛地接受信息。这极大地提升了信息传播的速度和范围，使信息传播更为便捷；同时提高了网络谣言和不实信息的传播速度，恶化了网络的舆论场，带来了很严重的社会负面影响。

在传统媒体受到新媒体的强烈冲击的情况下，传统媒介传播方式与新媒体之间构成了错综复杂的媒介关系。在市场导向之下，媒体要去迎合受众，用夸张和劲爆的讯息来吸引眼球，忽略了媒体的社会责任，而

受众的低俗化倾向又加剧了媒体的市场屈服，忘记了自身的社会责任。

（二）大众传播媒介与公民媒介素养

在红十字会遭遇的网络舆论危机中，可以说网络谣言形成的"次生灾害"的危害性远远大于舆论本身，给红十字会乃至于全国的慈善事业带来的重创至今无法平复。尽管后来的证据显示，有些标题惊悚、吸引眼球的新闻事件被证明是谣言，但是人们不禁要问，为何那么多谣言会被网民信以为真，甚至一些"网络先锋""网络大V"也会被误导，究其原因，有一个网民媒介素养的问题。

在20世纪70年代，随着电影作为一种公共传播媒介形式的普及，人们开始意识到一个很重要的问题，那就是人们理解大众传播媒介所传递信息意义的能力是一种公众媒介素养，这也是比较早提出来的一种媒介素养的形式。在90年代之后，随着网络工具的普及，学者开始关注网络媒介素养的重要性。媒介素养作为一项公民基本素养被提出，始于20世纪初期，由于在大众媒介信息传播的过程中，传播者与受众相互影响、相互作用，受众并非作为被动的信息接受者，而是会主动地对信息传播进行介入，不断地对信息进行加工处理，进而影响传播内容与过程。

随着时代的发展，媒介素养逐渐被赋予许多新的含义。大众媒体已成为人们获取信息的重要渠道，同时也是未成年人树立世界观及价值观的重要来源。欧美国家更把媒介素养作为信息时代对人才能力的基本要求，并把媒介素养教育作为青少年的通识教育内容之一。其目的是通过媒介素养教育，提升青少年对于媒体传播的鉴别和判断能力，避免在其成长的过程中被误导。在今天，从已经发生的一系列网络事件中来看，加强媒介素养建设更加紧迫。

三、加强红十字会媒介素养管理能力建设

靠大众传播媒介构建的社会组织文化塑造了人们的行为方式和价值观念。树立新媒体运作理念，加强红十字会组织媒介管理职能建设，在新媒体平台的舆论上重构媒介反应能力，是红十字会组织今后需要长期高度重视的管理问题。红十字人需要从以下方面加强。

（一）网络危机爆发前的干预和预警

在网络危机爆发前，相关媒介要提前向公众提供全面的危机处理信

息，以防止风险的进一步扩大和事态恶化。这种提前告知是一种预警，可以改变人们的注意力的分配，提供更充分的相关信息，提高决策的理性程度。

在危机事件的处理过程中，舆论一方面表达了公众对于危机事件的态度，另一方面也代表了相关部门对于事件处理的理解和态度。对于危机事件及时有效的处理是引导网络舆论向积极方向发展的应对良策。红十字会作为社会组织，要在应急管理中担当舆论导向者的角色，而不是总在被动回应，被舆论牵制。

（二）在网络危机处理过程中加强资源整合

当危机事件爆发的时候，人们会由于个体的心理忧虑和恐慌，通常依赖经验和直觉做简单判断，而网络上各种论调也会迅速无序扩散和弥漫。这种氛围若不能及时有效疏导的话，就会造成集体性的恐慌，诱发更严重的群体心理危机。

在舆论危机爆发的时候，由于社会组织本身的能力有限，在这种情况下，一定要加强和媒介以及政府部门的沟通，借力发力，将自己的处境公之于众，以得到社会的支持。

（三）加强红十字会组织成员的媒介素养建设

媒介是"全球化时代制造同意的艺术"，在进行事件公告的时候，组织的传播者更多的是充当了语言策划师的角色，一方面信息必须是完整而全面的；另一方面也要进行合理的文字处理，使之符合网络传播的形式，并进行信息的发布和沟通。

（四）加强媒介管理的制度化建设

制度建设本身强调的就是社会意义的规则和秩序的设定性。在组织面临危机的状态下，红十字会的媒体管理的方式选择就应是"制度性的"，必须在网络舆论危机管理体制内，依据制度的安排，在尊重公众知情权的基础上，保证信息传播活动有序且有效。红十字会使用新媒介正确引导公众的舆论和行为，可以防止"伪信息"的扩散造成更大的次生灾害。

（五）对危机信息进行动态监测有效引导社会舆论

新媒体在公共危机事件发生的时候，一方面是正常讯息和应急处理方式的快速扩散渠道，另一方面又是各种不良信息或者荒谬信息蔓延的途径，如果不对其加以合理规范和有效控制，会造成更严重的社会恐慌。

社会学领域中有个说法，在社会运行的过程中，那些"正常的东西支撑社会的运作，反常的东西导致社会的变化"。危机事件是社会正常前进中的突发性障碍。不是灾难，也不是拦路虎，因此红十字社会组织要坚守自己的职责，以理性的逻辑和冷静的处理方式面对舆论危机，为维护组织的良性运行保驾护航。

当前，红十字会要加强以报刊、书籍、电视、电影等为渠道的传统大众传播媒介传播，同时更要注重利用以网络为代表的新媒体传播媒介，使二者共生共存。两种渠道的有机统一形成了一个综合性的传播渠道，协同合作。将两者的有机统一视为对红十字会传播活动的全面而综合的呈现，也是在为红十字文化的传播研究寻找一个与时代发展相适应的模式和途径。

（作者系苏州大学社会学院博士生、阜阳师范学院商学院教师）

新形势下国际人道法传播工作研究

袁灿兴

一

国际人道法（International Humanitarian Law）有着 100 多年的发展历程，在 1949 年以前，以关注战争中伤病者的日内瓦法体系和限制杀伤性武器、俘虏人道待遇的海牙法体系为中心。至 1949 年，国际社会将此二体系融合，形成"日内瓦四公约"，并于 1977 年 6 月 8 日形成了两个附加议定书，2005 年 12 月 8 日订立了第三附加议定书，在此基础上形成了完整的国际人道法。

1864 年《日内瓦公约》确立了对战争中的伤兵不分国籍予以救护，并予战地医护人员以保护的原则。此后，基于《日内瓦公约》而成立的各国红十字会，在战地救护中起着重要作用。在 1864 年《日内瓦公约》的基础之上，"日内瓦法体系"（the Geneva Law System）形成了。

1864 年制定《日内瓦公约》时，主要考虑的是在陆战中人道地对待受伤军人。随着时代的发展、技术的进步以及战争的扩大，到了 19 世纪末，《日内瓦公约》已经远远不能适应当时的需要。为弥补日内瓦公约的不足，1899 年经俄国沙皇发起，由荷兰政府邀请，共有 26 国至荷兰海牙参加保和会，就设立国际仲裁法院、在战争中人道地对待俘虏、限制使用杀伤性武器等议题进行商讨。1899 年海牙保和会上形成的系列法律条文，成为"海牙法体系"（the Hague Law System）的基础[①]。

---

① 国际法院在 1977 年指出："海牙法体系"（更准确地说，《陆战法规和惯例章程》）规定交战各方行为的权利与义务，并限制其在国际武装冲突中杀伤敌方人员所使用的手段和方法。除此以外，还有旨在保护作战中的伤、病员和不参加敌对行为的人员，即战争受难者的"日内瓦法体系"（1864 年、1906 年和 1949 年公约）。

到了第二次世界大战后，国际社会决定在"日内瓦法体系"与"海牙法体系"的基础之上，建立起一套完整的法律体系。1949年在日内瓦召开了由各国代表参加的外交会议，会上确立了日内瓦四公约。以1949年日内瓦四公约、1977年两个附加议定书及2005年第三附加议定书为基础，完整的国际人道法体系形成了。

自1904年日俄战争起，至第二次世界大战，在近代一系列国际武装冲突中，中国政府均较好地贯彻了海牙法体系，予俘虏以优待，彰显人道主义，得到了国际社会的普遍认可。而中国红十字会也在各个时期出入于战火，在战争救护、赈济难民、医疗事业等诸多方面起着积极而至关重要的作用。

新中国成立后，1952年，中国承认1949年日内瓦四公约，1956年11月5日，中国批准日内瓦四公约。1983年9月5日，中国又批准了两个附加议定书。作为日内瓦四公约及其附加议定书的缔约国，新中国在传播和实施国际人道法方面享有良好的国际声誉，并一直重视国际人道法的研究、传播。《红十字国际评论》主编葛瑟尔博士曾著文强调："现行的规则必须由国家依照其各自制度规定的程序加以接受，这正是中国政府所做出的。中国是联合国安理会五大常任理事国中在20世纪80年代就承认所有现代国际人道法条约的国家。"

近年来，局部地区的武装冲突频繁发生，人道主义灾难加剧，国际人道法一直受到国际社会的高度重视。2011年利比亚武装冲突中涉及的平民保护问题、雇佣兵问题、战犯问题，2013年叙利亚内战中的化学武器使用问题等，均属于国际人道法的范畴。在美军对塔利班的战争中，也有来自中国的极端分子被抓获，并被囚禁在关塔那摩基地，这同样也涉及国际人道法。当今世界纷争不断、难民潮时常出现，随着中国综合国力的增强，中国越来越多地参与国际事务，与联合国及国际红十字会合作，参与联合国维和行动及国际人道救援事业，这些均使国际人道法的传播成为必需。

2007年12月初，中国国际人道法国家委员会获批成立。该委员会由中国红十字会总会牵头，外交部、司法部、教育部、国家文物局等部门参加。该委员会研究涉及国际人道法的各种问题，促进国际人道法国内传播及实践国际人道法的活动，协调我国参与国际人道法事务的国际交流与合作。中国国际人道法国家委员会的成立，进一步表明了我国对推动国际人道法传播的积极态度。

二

在欧洲近代民族国家出现后，一系列涉及国家之间事务的国际规则被制定。而在欧洲大国争雄的过程中，战争的残酷使得人们去思考，制定出了以限制过度杀伤性武器、保护战地伤病兵、予俘虏人道待遇等为主要内容的国际人道法。国际人道法形成之后不久，就在近代中国得到传播与实践。

除创办中国红十字会、传播《日内瓦公约》之外，清末中国也签署了《海牙公约》，并在国内加以传播。1899 年，经俄国沙皇发起、荷兰政府邀请，26 个国家派出代表到海牙参加保和会（Hague Peace Conference），各国所派文武官绅合计 101 人。应荷兰公使克罗伯之邀，清廷于 1899 年 4 月 15 日，派遣代表团与会。第一次海牙保和会上形成条约 3 个与声明文件 1 个，分别是"和解公断条约、陆地战例条约、推广日来弗原议行之于水战条约、禁用猛力军火声明文件"。中国"除第二股陆地战例条约毋庸画押外，其余各约及声明文件，均一并从众画押"。

晚清对第一次海牙保和会的参与，体现了清政府对国际关系的新认识。在以不平等条约为基本框架的近代中外关系中，国际法所起的作用无疑是有限的。但国际法毕竟为清政府提供了重新认识世界的新的窗口，对清政府处理国际关系不无指导意义。

第一次保和会召开的年之后，1907 年，经美国倡议、俄国响应，定于 1907 年 6 月 15 日在荷兰海牙召开第二次保和会。"与会凡四十五国，其中欧洲二十国，美洲二十国"，亚洲有中国、日本、暹罗、波斯、土耳其等五国参加，总计赴会者有约 260 余人。清外务部即与海军处、陆军部会同，"将该十四约详慎考核，除与我国无甚利益，势难实行条约六件，拟请暂时毋庸画押外，其他各约，均予以签署"。

从 1899 年至 1909 年，清政府先后参与两次海牙保和会，签订系列公约，并完成了加入保和会与国际红十字会。两次保和会的参与，开启了中国参加国际会议、签订国际条约、加入国际组织之先河。

清政府参与 1899 年海牙保和会，引入海牙法体系，其主要考虑还是希望借助参与国际会议、签署国际公约，摆脱外交上的被动局面。而清廷在签署海牙法体系各约时，也有诸多考虑，对一些条约如《海牙陆战规约》就持保守态度。至于海牙法体系，其在国内如何传播、如何实践，此时清政府尚未给予足够重视。就在参与 1899 年海牙保和会的次年，义和团运动中发生了诸多违背国际人道法的事件。与海牙法体系在华传播实践的冷清相比，日内瓦法体系在华的传播、实践则相对热烈。《日内瓦公约》很早就在中国得到传播。1874 年，英国人在上海创办的英文报纸《字林西报》就有对《日内瓦公约》及红十字会在战地救护中作用的介绍，《申报》曾将该文翻译成中文后加以刊登。《字林西报》认为，日本与中国将来必然会爆发战争，而两国均忙于购置军舰、扩充军力，对于战场救护却少有考虑。一旦爆发战争，则战场上无人救护的将士，必将处于极为悲惨的境况。但《字林西报》就《日内瓦公约》与红十字会在战地救护中作用的介绍，在当时影响不大。

红十字会在华沉寂经年之后，直到甲午战争时才被国人重视。甲午战争时，"有中国妇人金氏者，前在美国习医，至此适卒业而归，遂与泰西某女医同立红十字会，更得奥国总领事相助为劝募诸各善士，集得洋银三千元，受伤者遂医药有资，渐渐痊愈"。事后，光绪帝亲书"恒乐慈善"四字，以示褒奖。

同样也是在甲午战争中，日本"赤十字社"出入战火之中，救济伤兵，给当时的中国以深刻印象。日本是东方最早批准《日内瓦公约》并建立红十字机构的国家。甲午战争中，先后有 1449 名清军士兵，被送至日本本土东京、名古屋、丰桥、大阪等处救治。日本赤十字社在战争中的表现打动了中国人。在中国创办红十字会的呼声此起彼伏。1897 年，《译书公会报》对日本红十字事业做了介绍。1898 年，《时务报》对法国红十字会做了详细介绍。同年的《广智报》《岭学报》等，也对西方各国的红十字会事业做了宣传，并呼吁创办中国的红十字会。

1904 年 2 月 8 日，日俄战争爆发。东三省同胞惨遭兵燹。沪上各界绅商，借鉴 1900 年组织救济善会赴京进行难民救济工作的先例，决定集资创设东三省红十字普济善会。在拟定的《东三省红十字普济善会章程》中，已经融入了 1864 年《日内瓦公约》的诸多内容，如向日俄两国领事声明，本会援泰西红十字会例，名东三省红十字会普济善会，专以救济该省被难人民为事，请予以保护，并事先制好红十字会旗，缮写俄日两文。

除了沪上绅商积极行动外，清政府也暗中支持红十字会的成立。早在日俄战争爆发之前，清政府就开始考虑如何在战争中救济难民，但清政府在此次战事中声明中立，不便直接出面救助难民。此时，清政府想到了红十字会，希望创办红十字会，借助其中立地位在日俄战争中从事救济工作，但中国却又一直未曾批准《日内瓦公约》，即使创办了红十字会，一时也难获取交战国认可。无奈之下，只能先以国际合办的方式，以急东北战地救济工作之需。故而清政府授意在上海的商约大臣吕海寰、工部左侍郎盛宣怀、会办电政大臣吴重熹等，"转商寓沪英、法、德、美各官商，合办红十字会"。经沈敦和与英国传教士李提摩太发起，由吕海寰、盛宣怀、吴重熹等约集上海官绅与英、法、德、美等国驻沪机构代表商议，经他们同意之后，由五国合办红十字会。对于红十字会的名称，在简明章程中指出：此会系中、英、法、德、美五中立国联合倡办，由中国政府知照两战国政府，转告战国军队将帅士兵，其名曰"上海万国红十字会"。这样，在 1904 年 3 月 10 日（农历一月二十日），上海万国红十字会成立了。

由 1864 年《日内瓦公约》而开启的红十字人道主义事业，自清末传入中国后，发展壮大于其后中国的历史之中，在战争救护、救济灾荒、赈济难民、社会援助、医疗事业等诸多方面，均起着积极而至关重要的作用。中国红十字会自辛亥革命以后，积极投身于历次战争之中，从事战地救护。中国红十字会还通过各种媒体，广泛传播国际人道法各公约。

到了北京政府时期，虽然政权更迭频繁、军阀混战，但此期间国际人道法却得到了较好的传播与实践。就海牙法体系的实践而言，在一战中，中国先是据国际人道法处理各国经华采购物资，接济在西伯利亚的德奥等国俘虏；又对从西伯利亚出逃至中国的德奥俘虏加以收容，并给予人道待遇。中国红十字会也积极行动，先后参与了德日青岛战事中的战地救护，帮助被困在俄国境内的华侨归国等行动。而由于北京政府对民间团体控制的相对不足，中国红十字会也获得了较大的活动空间，积极利用报纸杂志等各种媒体，广泛传播《日内瓦公约》，获得良好效果。

在南京国民政府建立政权的初期，其执政的主要目标是剿灭红军及其他各路军事力量，对国际人道法的传播与实践并不卖力。至全面抗战开始后，国际人道法方才受到重视。中国红十字会与南京国民政府达成妥协，成立中国红十字会总会救护总队部。救护总队部自组建后，先后三迁，最后扎根于贵阳。在长期抗战中，救护总队培养医护人才，从国际上争取医药援助，组织车队输送物资与伤病兵，派遣救护队奔赴各个战区进行救护，指导前线野战部队卫生防疫，为抗战的胜利做出了巨大贡献。而南京国民政府采用了多种传播手段，面向军民进行"优待俘虏"政策的传播。南京国民政府也给予日俘优待，其设在贵州镇远与陕西宝鸡的两个日俘收容所，获得红十字国际委员会的好评。但南京国民政府在国际人道法执行过程中，稍显矫枉过正，如抗战胜利后，南京国民政府努力保证在华日本俘虏、侨民的粮食供应，而大多数中国民众却仍在饥饿边缘。为了日本俘、侨的集中遣返，南京国民政府竟动用全国的交通力量，以至于影响到经济恢复和发展。

总的说来，虽有挫折，但国际人道法还是在近代中国得到传播、实践，在近代中国的人道主义事业中起着不可替代的重要作用。在 1949 年 8 月 12 日 "日内瓦四公约" 签署之后不久，中华人民共和国成立，国际人道法在中国的传播与实践掀开了新的一页。

三

国际人道法规定，国家在和平时期，负有传播国际人道法的义务，国家应制定相关法律政策，促进国际人道法的传播。《中华人民共和国国防教育法》第五条就规定："中华人民共和国公民都有接受国防教育的权利和义务。普及和加强国防教育是全社会的共同责任。一切国家机关和武装力量、各政党和各社会团体、各企业事业组织以及基层群众性自治组织，都应当根据各自的实际情况组织本地区、本部门、本单位开展国防教育。"国际人道法传播的对象较为广泛，一般可以分为军人、红会、一般民众、青少年群体等。针对不同的传播对象，有着不同的传播要求，需要有所区别。对每类受众，人道法知识传播内容存在一定的异同。聚焦到日内瓦四公约和两部附加议定书中的具体条款，针对各类受众，在人道法传播内容上，各有差异。

（一）红十字会

就红十字会而言，其特殊的身份、承载的使命，使其成为国际人道法传播工作的主要力量。《中华人民共和国红十字法》第十二条明确规定，宣传国际红十字和红新月运动的基本原则和《日内瓦公约》及其附加议定书是中国红十字会的职责之一。正由于红会在传播国际人道法上所承载的重要使命，因此我们更应在其自身内部，加强国际人道法的传播与学习。

针对红十字会，其传播工作的主要内容，可分为三大部分，即战地救护、红会中立地位、禁止擅用红会标识。红十字的中立地位，在系列国际人道法公约中得到确认。如 1864 年《改善战地武装部队伤者境遇的公约》第 1 条规定:"野战医院和军队医院被承认是中立的。只要这类医院内有任何病者和伤者,它们就应受到交战各方的保护和尊重。"1906 年《关于改善战地武装部队伤者境遇的公约》第 2 章第 6 条规定:"流动医疗队和医疗部门的固定医疗所,应受各交战国的尊重和保护。"

　　1864 年《日内瓦公约》相对简略,只在第 7 条中规定了红十字标记的相关内容:医院、野战医院和撤退单位应悬挂显著的统一旗帜,并且必须在一切场合同时也悬挂国旗。中立人员应被准许佩戴臂章,这些物件应由军事当局发给。上述旗帜和臂章应为白底上一个红十字。到了1906 年,随着各国红十字会的广泛建立,各类盗用红十字会标识的现象屡屡出现,为此,1906 年日内瓦《关于改善战地武装部队伤者和病者境遇的公约》明确规定了红十字标记使用问题。其第 6 章第 19 条规定:"在军事主管当局的许可下,上项(红十字会标志)应标明于旗帜、臂章以及在医务部门所属的一切器材上。"第 6 章第 20 条规定:"受保护的人员,应在左臂上佩戴由军事主管当局发给并盖印的白底红十字臂章;随军事医疗队服务的人员未着军服者,应随身携带身份证明书。"第 6 章第 23 规定:"白底红十字标志和'红十字'或'日内瓦十字'字样,不论在平时或战时,只能用以保护或标明本公约所保护的医疗队和医疗所以及其人员和器材。"第 8 章第 27 条规定:"各缔约国如其本国现行法制尚未完备,应采取或建议立法机关采取必要措施,制止除享有本公约以外的个人或团体,使用'红十字'或'日内瓦十字'的标志和名称,特别是为了商业目的而用作商标或商业标记。"第 8 章第 28 规定:"缔约国政府如其军事刑法不完备,也应采取或建议立法机构采取必要措施,并且要对不享有本公约保护的军人或个人滥用红十字旗帜和臂章的行为,以非法使用军事徽记论处。"

(二) 军人

　　就国际人道法而言,其所涉及的内容,主要为战争时期的伤病兵救护、俘虏的人道待遇、平民的保护、限制过度杀伤性武器等。这些内容均涉及军人。故而国际人道法各公约中多有规定,各国应将传播国际人道法纳入军事训练课程之中,在军队中加以传播。如 1949 年《日内瓦公约》规定:"各缔约国,在平时及战时,应在各国内尽量官方传播本公约之约文,尤其在军队;如可能时,在公民教育计划中,包括本公约之学习。俾本公约之原则为全部武装部队及全体人民所周知。"据此,各国应通过军事培训,使武装部队周知国际人道法。自 1991 年以来,中国军队每两年举办一次战争法讲习班，其学员主要是陆海空校级军官；新兵入伍补入连队前，也要进行这方面的系统教育；各军区军委举办了不同层次的战争法讲习班，并先后编写了各种法律战训练教材及读本，取得了较好的传播效果。针对武装部队，主要培训内容是国际人道法的战时适用。国际人道法体系庞杂，专业内容较多，就一般军人而言，只需周知作战的基本准则即可，如不得伤害平民与俘虏、尊重红十字会中立地位、识别红十字标识、知晓俘虏应当享有的待遇等内容。

传播之中，要综合考虑部队实际情况，根据不同级别、不同职责，相应加以区别传播。虽各有区别，但武装部队人员应熟知国际人道法中与战俘相关的内容。《海牙陆战规约》中规定，一旦被俘，则战俘处在敌国政府的权力之下，而不是俘获他们的个人或军队的权力之下。战俘必须得到人道的待遇。属于战俘个人的一切物品，除武器、马匹、军事文件外，仍归他们所有。此外，就战俘在被拘押期间的待遇、食物、衣着、住宿、通讯、劳动、医疗、安全、尊严、宗教信仰等方面，陆战规约也做了详细规定。在 1907 年第二次海牙保和会上，国际社会确立了处理俘虏的四个基本原则：一、处置俘虏是属于敌国政府权力内，而不属于捕获俘虏之军队或个人之权力内者。二、俘虏做工，惟不得令其操作过劳。三、俘虏有奉行宗教仪式之自由权，如有违反纪律者，亦可惩罚；逃而未遂，亦可对之作相当惩戒。四、不得强迫俘虏报告其本国军情。由此，俘虏待遇得到了法律条文的明确规定。此后，此四原则，得到不断补充，1899 年《海牙陆战规约》中关于战俘待遇只有 20 项条款，1929 年《战俘待遇公约》有 97 条，1949 年的日内瓦第三公约则有 143 项条款。1949 年日内瓦第三公约对战俘做了更为精确的界定，并对战俘之拘禁、战俘待遇、战俘宗教与文化活动、战俘纪律、战俘等级、战俘劳动、战俘之经济来源与对外通讯等方面做了详尽规定。

（三）一般平民

虽然国际人道法的主要内容是着眼于战时，但这并不意味着平民就可以远离战争，不需要去学习国际人道法。当前国际局势并不平静，各类局部冲突频发，有些冲突影响到中国的边疆地区。在此种背景下，平民也有必要了解国际人道法的一些基本内容。此外，全球一体化的今日，中国日益走向世界，更多的国人，在动荡地区从事商业、文化等各类活动，这也使传播国际人道法成为必要。

针对一般平民，在传播时，以平民保护的内容为主。国际人道法的一个重要原则，就是区分原则。它要求冲突双方必须区别对待军事目标和平民目标，军事目标可以攻击，而平民目标则受到保护。据此原则，平民、民用建筑、桥梁、医院等，均应不受交战方的攻击。1907 年订立的海牙《陆战法规和惯例公约》将战场与平民居住区，战斗员与非战斗员、设防区和不设防区等做了区分，其目的在于保护平民的生命和基本权利。平民不参加战争行为，平民当受国际人道法的保护，他们应被置于军事攻击之外。"冲突各方必须在任何情况下对平民与战斗员加以区分。只可针对战斗员实施攻击。禁止直接针对平民实施攻击。"

在 1949 年日内瓦会议上形成了《关于战时保护平民的公约》。该公约共 159 项条款，公约主要涉及平民免受某些战争后果的一般保护、对处于冲突方境内外国人的保护、在被占领土上对平民及财产的保护等内容。

在日内瓦四公约之后，1977 年又形成了两个附加议定书。国际社会之所以在 1997 年制定这两个附加议定书，是因为自第二次世界大战之后，虽然局部地区冲突不断，但未曾发生过世界规模的大战，而随着军事技术的进步，一系列先进武器的使用，如生化武器的使用，会导致大规模平民伤亡。以往大规模部队在陆地进行交战的模式已不再，特种作战、游击战、城市战蔓延，使得平民更多地被卷入战争。而以经济目标为打击对象的军事攻击，也使得武装部队与平民之间的界限越来越难界定，战争中平民遭受人道主义灾难的概率超过以往历次战争。

在此背景下，1974—1977 年，各国在日内瓦召开了"关于重申与发展国际人道法外交会议"，于 1977 年通过了两个议定书，作为 1949 年 8 月 12 日日内瓦四公约的补充。通过这两个附加议定书，对平民的保护也扩充进更多的条款，使 1949 年日内瓦第四公约充实了新的内容。

针对一般平民的传播，以日内瓦四公约及两个附加议定书中涉及平民的内容为主。当传播的受众为平民时，因为其未曾接受过国际人道法相关专业知识的学习，是故在传播过程中，涉及条约内容、专业知识时，应尽可能采用通俗化的方式，以适应受众的实际情况。

（四）青少年学生

通过学习国际人道法，学生们了解到战争与和平的关系，了解到在战争中如何以国际人道法的原则保护平民和非战斗人员，如何限制杀伤性武器和战争手段，在头脑中初步树立尊重生命与人格尊严、公民责任与团结等理念，懂得热爱和平，珍惜生命。此外，青少年既是学习知识的主体，更是未来的预备兵员。对青少年学生进行传播，使其了解国际人道法的基本内容，至其入伍参军，已能熟知国际人道法的基本准则。这不但有助于提高其在入伍后乃至战时对国际人道法的执行，更有利于提高全体国民的人道主义素养。

自 1999 年起，由红十字国际委员会向全球发起的针对 13 ~ 18 岁青少年的国际人道法教育项目，中国目前已在天津、上海进行试点，其主题围绕"保护人的生命和尊严"展开。在教育项目中，向广大青少年介绍国际人道法的基本规则，使学生了解在武装冲突期间应该保护人的生命和尊严，激发其参与社区服务和为陷入困境的人提供帮助的积极性，学会在日常生活中运用这些人道规则。战争会带来什么、青少年在生活中该具备什么样的人道精神，这些都是国际人道法传播中的主要内容。中国红十字会举办的"青少年红十字知识网络竞赛"，也涵盖了此类内容，促进了青少年对国际人道法的学习，传播了国际人道法。

四

在当下，经过各地红会的努力，充分运用现代媒体，培养专业队伍，进行传播制度建设，以丰富多样的形式开展活动，将会使国际人道法在中国的传播工作越来越完善。

（一）充分运用新媒体

当下，新媒体层出不穷，其传播效果远非传统的电视、广播、报纸、杂志等可以比拟。新媒体的传播范围更为广泛，传播形式更为生动。在国际人道法的传播过程中，我们更可以运用诸多新媒体。新媒体主要有微信公众号、微博、数字电视等形式。值得注意的是，当代人们的阅读，已从纯文字，转变为文字、图片、影像结合的模式。这就要求我们以更生动的形式传播国际人道法，吸引人们的兴趣与注意力。

与手机紧密结合的微信公众号，为国际人道法的传播提供了广阔的空间。选择国际人道法的相关文字、视频，通过红十字会或者其他机构的公众号传播，吸引人们去关注，可获得更好的传播效果。手机平台之外，家庭电视也经历了技术革命。当下，公交车、高铁等交通工具都安装有数字电视，人们可以随时观看。在户外，在城市的各个街道、街区、广场上，也有诸多的大型 LED 屏幕，滚动播出各种内容。在一遍遍的播放之中，移动数字电视传播效果得到加深。目前移动数字电视平台多播放商业广告，也有进行公益广告播放者。将国际人道法的核心内容，与移动数字电视相结合，持续滚动播出，使大众在不知不觉中接受，可以促进国际人道法在更大范围内传播。微博也是时下最为常用的传播工具之一。目前国内各地的红十字会，均注册有微博号，并定期更新，发布系列国际人道法相关内容。国际红十字会乃至各地红十字会的微博账号，存在的问题是关注者过少，导致转发、阅读量不足。在传播国际人道法相关内容时，编辑需要结合时事，选择贴近时事热点的内容，精心编排后发布，以吸引"粉丝"关注转发。在微博转发时，各个账户应注意与粉丝保持互动。因为转发者不是一转了事，常会加以评论，形成多级多层互动传播。这就需要微博主持者参与互动，造成传播热点。

在运用新媒体的同时，我们也应对传统手段加以创新。就传统媒体而言，其传播模式是"媒体—受众"的单向模式。在此模式中，传播者居于主动地位，受众处于被动地位。在新媒体咄咄逼人的攻势之下，传统传播模式并未消亡，在很长时间之内，将与新媒体共生。在这样的背景下，如何将传统媒体与新媒体结合，发挥国际人道法传播效果，也是当下值得探讨的内容之一。

（二）进行传播队伍建设

在国际人道法传播队伍建设上，有较多可以着力之处。目前，中国红十字会在各地相继开展了国际人道法师资培训班、红十字运动基本知识传播骨干培训班，培养了一批传播人才。

近些年来，全国各级红十字会以加强传播骨干队伍建设为目标，以各项业务工作为载体，在不断拓展传播内容和范围的同时，着力提升传播质量，起到了良好的传播效果。在中国红十字会内部，通过传播红十字运动基本知识、宣传红十字精神和红十字"人道、博爱、奉献"价值理念，每一位红十字会工作人员都成为国际人道法传播的积极分子。但各级红会的工作人员，多工作忙碌，从事国际人道法宣传也非经常性行为，在国际人道法的传播、研究上，尚有诸多可着力之处。

各地红会可以邀请国内外国际人道法专家学者，成立顾问专家组，根据本地实际，进行人才培训培养，同时开展红十字运动理论研究、国际人道法研究，提高传播实效。各地红会充分利用各类社会机构，尤其是教育培训组织，如各地学校、青年活动中心、少年宫，直至社区活动室，将社会人员作为未来潜在的国际人道法传播人员，培养出一大批传播志愿工作者，保证国际人道法传播人才的供给。此外，各地红会更可以广泛动员社会各界，吸引更多的志愿者，投身国际人道法传播工作之中，这也是当下树立中国红十字会的良好形象、加强公信力建设的重要任务。

（三）进行传播机制建设

传播国际人道法是国家的使命，已得到立法支持。但从文本落实到现实，就需要各级、各地政府的大力支持。在当下，要发挥中国国际人道法国家委员会，在国际人道法传播活动中的引领和带动作用。要按照《日内瓦公约》"传播和执行国际人道法"的要求，充分发挥国家委员会的功能，推动国际人道法传播工作更加广泛深入的开展。各地区通过立法形式，使国际人道法走入学校，走入社区，成为经常性的传播课程，而不是偶然性、实验性的课程。由国际人道法国家委员会出面，推动各项规章制度建设，以加强国际人道法在中国的研究和传播，加强学术方面的交流和合作，推动各有关部门传播与实施国际人道法的具体工作，从而提高中国在国际人道主义事业中的声誉，更好地树立中国在国际上负责任大国的形象。

设立国际人道法传播工作领导小组，建立日常性协调推进机构和机制，统筹协调国际人道法传播工作。在国际人道法传播工作之中，要调动各级政府、社会机构、学校等协同参与，细化落实国际人道法传播工作。设立国际人道法传播研究专项基金，既用于国际人道法传播工作，又用于培养相关传播人才。设立国际人道法传播考核机制，建立定期通报和年度评估制度，有计划、分阶段地对各地国际人道法传播工作加以检查督察。在各类传播工具的运用上，如果得到各地政府支持，则将为国际人道法提供一个新的、广阔的平台。各地区可通过传播机制建设，使国际人道法走入各个民间组织，成为其日常培训工作的一部分。

（四）丰富传播形式

当下的国际人道法的传播，运用了较多的传播方式，如通过电视媒体、广播平台，介绍国际人道法；在高校之中开设国际人道法课程，传播国际人道法知识；通过学术沙龙、学术讲座、读书会等形式，进行国际人道法知识的介绍。此外，诸多纸媒，如报纸杂志等，在谈到国际热点时，往往也会涉及国际人道法的内容。虽然得到传播，但国际人道法所得到的关注并不是特别高。其中原因，一则国际人道法与民众日常生活相距较远；二则国际人道法内容相对枯燥，很难吸引民众注意力。因此，我们就更需要丰富其传播形式。

在传播方式上，我们可以采用诸如网络评论、网络对话、理论探讨、专家在线访谈、新闻、动画故事等多种形式，推动国际人道法的传播；在国际人道法知识的传播过程中，应使用通俗易懂的语言，少用宣传套话。不同受众，其所接受的传播形式、传播内容是有区别的。我们应从国际人道法传播的受众角度出发，分析受众的心理，采取丰富多样的传播形式。当下，红十字国际委员会及国内红会，在此方面已有诸多尝试。如针对网络游戏爱好者，国际红十字会近年来积极与游戏开发商合作，使战争类电子竞技游戏符合国际人道法规定；禁止游戏"模拟战争"中出现虐待战俘、射杀平民、使用过度杀伤性武器等情节，使玩家身处战争游戏中时，必须遵守国际人道法。在针对青少年传播时，国际人道法项目中有些内容很专业，可以将其与德育、环保、健康知识、志愿者行动等结合，丰富传播形式。目前国内有学校在进行国际人道法传播工作时，尝试组织小型救护队，走进社区，到"SOS村"献爱心等。一系列主题活动可让学生领会人道、博爱、奉献的精神。红十字国际委员会在中国举办夏令营时，通过多种生动方式，传播国际人道法。如红十字通信是红十字国际委员会和各国红十字会，帮助因冲突或自然灾害而离散的人们重建家庭联系的工具之一。在夏令营中，学生们设想自己是因战争爆发而与家人分离的年轻人，给他们失散的父母写信；学生们围在挂满介绍文字和图片的简易帐篷旁，了解因武装冲突而流离失所、住在帐篷里的人的特殊处境，一起评估并计划，分发哪些救援物资来满足人们的需要。

总体而言，当前中国社会发展的实际情况，对国际人道法传播工作既提出了新的要求，也提供了诸多新的契机。通过各级政府、中国红会、各个社会团体的共同努力，未来国际人道法在华传播工作，将迈上一个新的台阶。

（作者系无锡城市学院副教授、博士）

加强公信力建设
促进红十字事业发展

马红梅

2011年6月，随着"郭美美事件"在网络上引起轩然大波，中国红十字会被推向了舆论的风口浪尖，中国红十字会深陷信任危机，来自社会的捐赠大幅度下降。虽然"郭美美事件"后被证实确属谣言，但因此而引发的红十字会信任危机却愈演愈烈，严重影响了红十字事业的持续发展，同时给红十字会的社会公信力带来了极大的负面影响。

社会公信力是指国家机关或公共服务部门在处理社会公共关系事务中所具备的为社会公众所认同和信任的影响能力，也是公民在社会生活中对社会组织体系、社会政策实施以及其他社会性活动的普遍认同感、信任度和满意程度，是公民对社会组织及其政策的一种评价。

社会公信力是红十字会的立业之本，目前，如何提高新形势下红十字会这个兼具公益慈善性质的人道救助机构的社会公信力，是摆在各级红十字组织面前的紧迫任务。随着社会的进步和发展，红十字会工作领域不断拓宽，人民群众对红十字会的期望值逐渐提高。各级红十字会要适应新形势，创新管理模式，提高管理能力，以良好的道德风尚和服务规范措施取信于民，更好地促进红十字事业的健康发展。

一、提高红十字会社会公信力的重要意义

（一）提高红十字会社会公信力是红十字事业健康发展的根本前提

红十字事业是一项造福人类的崇高事业。红十字会是政府在人道领域、社会建设和社会管理的助手，保障和改善民生的推手，其独特作用和社会地位越来越重要。公信力是红十字会的生命力，是红十字会赖以生存和发展的基础。因此，提高红十字会社会公信力，发挥红十字会的

独特作用，是促进红十字事业健康发展的根本前提。

（二）提高红十字会社会公信力是红十字事业科学发展的有力保障

国务院《关于促进红十字事业发展的意见》（下称《意见》）要求着力打造公开透明的红十字会，要充分认识发展红十字事业的重要意义；市委市政府也号召大家要认真学习《意见》精神。常务副会长王伟在全国红十字会系统廉政工作会议上的讲话中指出：整改创新，迎接挑战，关键是提高公信力；提高公信力，重点在加强红十字系统的党风廉政建设；扎实推进党风廉政建设，为中国特色红十字事业科学发展提供切实有效的公信力保障。

（三）提高红十字会社会公信力是红十字参与社会管理的必要条件

党的十八届三中全会提出了全面深化改革的总目标，即完善和发展中国特色社会主义制度，推进国家治理体系和治理能力现代化。全会把以往"社会管理"的表述提升为"社会治理"，体现了我们党对国家和社会治理规律认识的深化，将对我国未来的发展产生重大影响。推进国家治理体系和治理能力现代化，需要我们推进社会治理创新，促进社会组织发展，注重运用法治方式，实行多元主体共同治理。以中国红十字会为代表的骨干社会组织，可以在创新社会治理中发挥示范引领作用。

二、红十字会社会公信力建设的关键要素

红十字会社会公信力的建设取决于三点：一是要让公众了解情况，所谓知情，不光是把捐赠款物的数量公布，还应该告诉公众为什么要这样做、做了什么、未来要做什么，这样一个过程的管理，都应该做得更深、更细。二是要让公众参与决策，在此过程中，要畅通更多的参与渠道，让公众更好地参与进来。三是必须完善公众监督机制，媒体就是公众监督的一个特别重要的载体和渠道。公信力的建设，监督不可缺位。红十字会的监督体系主要包括法律监督、政府监督、社会监督以及组织的内部监督。在上述四条中，我们要进一步加强的是社会监督这一部分。对红十字会来说，一方面是要进一步加大透明度，让公众进一步了解红会；另一方面，要加强与媒体，包括传统媒体和新媒体的沟通，让社会了解红会的最真实情况。这不完全是资金公开的问题，应该把整个过程公开，让公众来理解、监督，并参与进来，这才是一个公信力的建

设过程。

三、红十字会社会公信力的社会现状

（一）"郭美美事件"使红十字会社会公信力严重下降

根据全民调查网针对"郭美美事件"于 2013 年 4 月 25 日—6 月 3 日开展的"了解'郭美美事件'对中国红十字会社会公信力的影响"调查报告显示，"郭美美事件"对中国红十字会社会公信力带来了极大的影响。"郭美美事件"持续发酵，传闻纷飞，中国红十字会及其多个合作伙伴相继被卷入"无法自证清白"的尴尬境地。经过全民调查可知，"郭美美事件"使大众对红十字会的信任度大大降低，无论红十字会的善款是否真的被相关人士据为己有，但这一事件也让大众对一些慈善组织产生了质疑，尤其是以政府为背景的慈善组织，严重影响了红十字会的社会公信力。社会公信力是慈善组织的灵魂，对于红十字会重建公信力，大多数人表示没有信心，红十字会重建公信力之路任重道远。

（二）群众对红十字会职能的认识存在局限性

对于中国红十字会到底是干什么的？在"郭美美事件"发生之前，大多数人可能对这个组织知之甚少，社会公众对红十字会及其人道使命的认知度较低，常常将其简单地等同于一般慈善机构。另外，公众对红十字会的认识有一些偏误。人道的理念在中国传播得还不够，普通公众往往将它等同于壹基金这样的社会慈善组织。老百姓不知道它究竟从哪里来、向何处去，它究竟是干什么的？社会对红十字会的人道主义精神和人道使命执行的认识存在的局限性直接影响了红十字会的社会公信力。

（三）红十字会官办色彩浓重造成社会公信力弱化

依托于政府财政支持的"半官方"红十字会，政府在组织管理、资金募集、人员组成等方面掌握主导权，容易出现活力不足的机关化弊病，对群众的主动服务意识、服务态度等方面都有一定的影响。

（四）中国红十字会捐赠信息、使用情况透明度不高

总体而言，红十字会对于来自政府和国际的资金使用情况还是比较

好的，但社会捐赠资金方面还应进一步加强。在很多信息未公开时，公众有权质疑；当很多信息公开之后，公众依然有权质疑。大众认为重建红十字会的社会公信力关键在于善款公开的明细化，了解善款的来龙去脉，才能让大众明白他们的善心是真正地在为社会奉献。因此，信息透明、及时公开、真实准确都直接关系到红十字事业公信力的重建。

四、影响红十字会社会公信力提高的因素

中国红十字会通过向社会筹集善款等方式积累资金以开展慈善事业，然而，由于近年来各种关于红十字负面新闻的爆出，红十字会的社会公信力逐渐下降，导致人们对红十字会的信任感下降，影响了红十字会的发展，也降低了人们对慈善事业的关注度与参与度，这在社会上造成了很大的负面影响。

（一）群众知晓度不高

群众对公益活动表现出了一定的热情，认为慈善是每个人生活中的一部分，但他们更多地关注"郭美美事件"，红十字会的负面新闻也严重影响了公众的慈善欲望。另外，由于宣传不到位等方面的原因，群众对红十字工作的了解还不够全面。

（二）社会透明度不够

信息不够透明和信息传递不够清晰，使红十字会社会公信力严重受挫。红十字会项目运作不够透明，导致群众产生一些不必要的误解，未及时处理的误解进而引致公信力的下降；另外，在最令人关心的财务透明问题上，所筹集善款来源及去向没有完全向社会公布，人们对自己所献出的爱心没有知情权。虽然在2013年红十字会曾尝试公开其账目，但知者甚少，据调查，有近九成的人表示，如果红十字会不对其财务披露制度进行完善，建立公众满意的财务公开制度，可能考虑不再通过红十字会进行捐助。这种信息传递和沟通的不畅通，致使很多人对红十字会的信任度骤然下降。

（三）管理机制不够规范

影响红十字会社会公信力的提高，管理机制不够规范也是一个重要的原因。之前，红十字会信息比较封闭，社会捐赠和使用情况透明度不

高，管理机制不够规范，政府过多干预和制度法规不健全等原因，造成了红十字会社会公信力的弱化。另外，红十字会监督不力也造成了社会公信力的弱化。

五、提高红十字会社会公信力的思考与措施

结合当前的公益环境以及红十字会自身的特点，嘉定区红十字会从依法办会、宣传引导、公开透明、督查指导等方面努力提高红十字会的社会公信力，促进红十字事业的健康发展。

（一）坚持依法办会，提高科学性

根据《中国红十字会法》与国务院《关于促进红十字事业发展的意见》（下称《意见》）等法律法规和文件精神，坚持依法办会。

（1）高举人道主义旗帜，大力实施博爱工程。按照红十字事业的发展和要求，坚持以人为本，切实做好人道主义的救助工程。嘉定区红十字会密切关注最易受损害的弱势群体，实施各项为民服务等帮困项目；积极研究探索开展红十字会工作新途径、新方法、新机制，促进红十字事业全面协调发展。

（2）以改善民生为己任，大力实施"三救"工程。"救灾、救助、救护"是红十字会工作的核心。嘉定区红十字会积极做好各种自然灾害的紧急救助，开展经常性的募捐活动，为受灾群众奉献爱心，体现人文关怀；做好群众性救护培训工作，广泛普及救护知识，提高全民自救互救能力；整合社会资源，建立和健全救助机制，积极参与全国文明城区创建工作，认真做好红十字志愿服务工作，多为群众办好事、做实事、解难事，不断提高最易受损人群的生活质量。

（二）坚持宣传引导，提高知晓度

红十字会工作是构建和谐社会、化解社会矛盾的组成部分和重要途径。嘉定区红十字会充分挖掘社会资源，广泛开展各类宣传活动。

（1）利用《中国红十字报》《嘉定报》《嘉定红十字》和人道网、中国红十字网站、嘉定红十字网站、嘉定政务网、嘉定门户网、嘉定广播电视台等新闻媒体广泛宣传红十字工作，宣传弘扬红十字精神，积极倡导扶危济困、助人为乐的良好风尚，努力培育社会和谐精神，努力增强构建和谐社会的凝聚力，提高红十字会的社会知晓度。

（2）组建红十字文艺宣传队、红十字宣讲团等志愿者团队，广泛宣传红十字精神，大力实施和谐工程。红十字文艺宣传队每年定期下基层、进社区开展"送戏上门"文艺宣传活动，广泛传播红十字文化，宣传身边的典型事例。红十字宣讲团围绕宣讲"进街镇、进社区、进机关、进企业"的目标，本着"红十字文化宣传广覆盖"的原则，宣讲团深入社区、学校，走进机关、企业，大力传播红十字文化。

（3）结合每年的"遗体（器官）捐献工作宣传月"集中开展系列主题宣传活动，宣传党的十八届三中全会精神及党中央办公厅、国务院办公厅《关于党员干部带头推动殡葬改革的意见》，进一步扩大宣传力度，让更多的市民了解遗体（器官）捐献工作，凝聚越来越多的市民支持并参与遗体（器官）捐献工作，促进精神文明建设和社会和谐进步。

（三）坚持公开透明，提高信誉度

财务透明状况是影响公益组织社会公信力的重要因素。国务院《关于促进红十字事业发展的意见》明确提出了"着力打造公开透明的红十字会"。它要求各级红十字会按照规定严格执行信息公开制度，做到资金募集、财务管理、招标采购、分配使用等捐赠信息公开透明，切实保障捐赠人和社会公众的知情权、监督权。同时，为贯彻落实党中央、市、区关于加强党风廉政建设的要求和全国红十字系统廉政工作会议精神，进一步加强廉政建设，提高红十字会社会公信力，嘉定区红十字会根据中国红十字总会下发的《关于在全国红十字会系统开展自查自纠工作的通知》和上海市红十字会下发的《关于进一步加强红十字人道救助基金等专项资金管理的通知》精神，全面落实各项工作。

（1）建立了"红十字会网站"信息公开平台，规范捐赠信息公开制度。通过嘉定区红十字会网站，以"爱心榜"的形式每月两次公开爱心企业和爱心人士捐赠款物的信息。完善人道救助项目公开制度，在区红十字会网站上公开救助项目的名称、简介、帮困的对象条件、申请程序等，让捐赠和救助在广大群众的监督下开展，进一步提升红十字会的社会公信力。

（2）坚持多措并举，推进廉政风险预防机制建设。为了使人道救助资金的使用更加公平公正、公开透明，使每一位受助者了解自己的救助情况，也让救助工作在一定范围内得到有效的监督，嘉定区红十字会运用"科技+管理"的手段，规范红十字人道救助基金的管理，在区纪检监察网站上建立了"嘉定区红十字会人道救助基金监管项目"，进一步完善网络监察系统的建设。一是制定《嘉定区红十字会人道救助项目网络监察系统运行规则》。为保障网络监察系统规范、有效、安全运行，发挥监管项目的功能和作用，强化管理行为的有效监管，提高红十字会工作效能，我会根据党风廉政建设责任制工作的有关要求，结合单位实际情况，认真制定运行规则。二是完善市民大病重病帮扶项目网络建设。2010 年建立了市民大病重病帮扶项目，在人大调研的基础上，在纪委、民政局的指导协调下，区红十字会自主操作信息的输入、上报、公开等各环节，保证信息公开的及时准确、责任到人。三是建立红十字人道救助项目监管平台。在市民大病重病帮扶项目的基础上，从 2013 年起，对救灾、助医、帮困、助学、关爱五大类中重大病救助、千万人帮万家、重度失智老人救助等 23 个项目严格审核把关，每月及时将信息上网公布，同时加强日常管理。对申请材料进行整理、编号和汇总，建立服务对象档案和人员电子信息库，做到信息完整准确，资料保存完好。

（3）及时向社会各界公开红十字会的工作情况。红十字会可通过嘉定红十字会、上海红十字会等各级网络平台和《嘉定红十字》《上海红十字》《嘉定报》等报刊及时传递信息，同时借助政府网站、广播电视台等各种媒体，坚持公开透明，不断提升自身的社会公信力和信誉度。

（四）坚持督查指导，提高参与性

有效的监督是红十字事业健康发展的重要保证。《意见》强化了对红十字会的管理和监督，还提到在有条件的地方红十字会开展社会组织改革试点，探索建立"高效、透明、规范"的管理体制和运行机制。为进一步规范红十字人道救助项目的运行，确保项目资金安全到位，根据《关于印发上海市红十字会人道救助基金监督委员会工作规程（暂行）的通知》要求，嘉定区红十字会高度重视网络监管工作，加强领导，落实责任，协调完善和有效发挥监管功能；强化责任意识，运用监管项目，发挥监管作用，不断规范本单位的具体行政和管理行为，推进廉政建设，做到公开、透明。

（1）建立审计通报制度。每年嘉定区红十字会都会请第三方审计机构对人道救助基金及少儿住院基金进行审计，同时在区红十字会理事会上审议通过人道救助基金财务收支情况报告。

（2）注重项目实施过程管理。在人道基金项目实施过程中，嘉定区红十字会认真听取基层干部及受助家庭的意见和建议，做好效果测评，保障项目稳步实施。

（3）深入基层开展专项督查调研。区红十字会每年深入各街镇红十字会就项目经费管理使用情况进行专项督察调研。督察组认真听取各单位项目经费管理情况的汇报，采取现场提问、电话回访和查看签收记录等督察方式，从经费使用情况、项目任务完成情况、救助款物发放情况等方面进行了全面督导检查。从检查情况来看，各街镇红十字会都很重视红十字人道救助工作，能认真执行相关政策，救助项目总体实施情况良好，救助项目资金管理良好，未发现救助款物被侵吞、挪用等情况，都能建立起完好的街（镇）、村（社区）和个人的三级签收制度，并能对救助款5000元以上数额较大的对象逐一电话联系回访，确保款物发放到位。近年来，人道救助项目的开展受到救助对象和家属的普遍好评。区红十字会将以检查调研情况为基础，在加大项目管理力度、完善项目管理制度、定期加强项目督察、规范项目工作流程等方面建立健全长效机制，不断增强红十字人道救助项目的管理服务水平。

对于一个人道公益组织而言，如果说社会公益资源是其生存的基础，那么社会公信力就是其生存的条件。没有社会资源，就无法履行使命；没有社会公信力，就不能获得社会资源。我们嘉定区红十字会将不断努力，更好地传播"人道、博爱、奉献"的红十字精神，共同打造一个廉洁、高效，具有非凡公信力的现代化慈善组织。

（作者单位：上海嘉定区红十字会）

以史为鉴加强红会制度建设

李欣栩

中国共产党第十八届中央委员会第五次全体会议于 2015 年 10 月 26 日—29 日在北京举行。全会强调，实现"十三五"时期发展目标，破解发展难题，必须牢固树立并切实贯彻创新、协调、绿色、开放、共享的发展理念。不可否认，在经济社会大发展的今天，除了享受丰裕的物质和精神生活，我们还面临许多挑战，贫富悬殊、环境污染等问题日益严峻，发展慈善与公益事业迫在眉睫。在此背景下，作为政府在人道领域的得力助手，中国红十字会在建设和谐社会、推动慈善共享中将发挥愈加重要的作用。

对此，笔者认为，在这一全面深化改革旗帜的引领下，红十字会亦应积极推进改革工作，加强制度建设并做好两方面工作。

一、重视红十字会制度史的研究

对于一个社会团体来说，加强制度建设是全面提高红十字事业发展水平的科学举措。众所周知，"郭美美事件"使红十字会的公信力受到重挫，但这只是一个导火线，它所引发的是对红十字会内部多年来所存积弊的反省，如信息交流平台不完善、经费管理不透明、对红十字会工作的宣传力度不够等。对此，有学者从制度主义的角度探讨问题，主张完善制度体系，扩大公众信息量，重塑公信力，而做到这些的关键在于要有完善的监督机制和信息披露平台①。随着红十字会改革号角的吹响，制度建设被视为提升自身能力的关键。因此，对中国红十字会制度建设史的研究，将为当今的红十字会建设提供借鉴。

首先，推动当代中国红十字运动的法制化。由于历史和现实的原

① 赵庆芳：《从制度主义视角探讨"中国红十字会"危机》，《群文天地》2012 年第 4 期。

因，中国红十字会的立法工作一直比较薄弱，红十字会的许多工作因此得不到法律的保障和确认。改革开放以后，在立法方面，中国红十字会组织立法考察团，了解其他国家红十字会法，制定《中华人民共和国红十字会法》。1988 年，红十字会在关于《中国红十字会体制改革设想》中第一次正式提出"红十字会立法问题"，这标志着《中华人民共和国红十字会法》① 立法进程的开始。如今，中国红十字会在党的领导下倡导改革，再次修改《中华人民共和国红十字会法》，这既是红十字会自身制度建设不断完善的过程，也是推动中国红十字运动科学化、规范化、法制化的关键举措。

其次，促进中国红十字运动走向世界。随着世界政治经济一体化进程加快，中国必然要走向世界，在国际竞争中谋求发展。在全球化浪潮下，当代中国的改革与发展始终是以制度变革与创新为主线。因此，制度的创新与发展将更加凸显为中国未来改革的主题，也成为当代中国走向现代化历史进程中的必然选择②。作为国际性组织的红十字会，亦应遵循中国改革与发展的主线，积极融入国际红十字运动，推动中国红十字运动本土化与国际化的融合，向世界展示人道行动的"中国样本"，彰显中国红十字运动的风采。

最后，促进制度文明的发展。尽管制度的作用在当代社会日益凸显，但当代中国社会对制度的认识与社会发展对制度的需求之间还存在较大的差距。社会对制度的认识大多处于模糊的认识阶段，缺乏清晰、系统的认识。为此，在实践基础上开展以制度为主要对象的理论研究，利于在全社会形成一种制度意识。以历史经验为依据，展开对红十字会制度的研究，这既是中国红十字会发展的要求，也是当代中国推进制度建设的具体表现；既可以帮助社会对红十字会制度有更加理性和全面的认识，培养社会的制度意识，也可以促进现代化建设大环境下制度文明的发展。

二、以史为鉴推动当代制度改革

一个有生命力的组织，必然会有一套相对完善、富有自身特色的制度。以制度化推动规范化，是红十字会实现科学管理的基础，也是红十

---

① 中国红十字会总会编：《中国红十字会历史资料选编，1950—2004》，民族出版社 2005 年版，第 190 页。

② 辛鸣：《制度论——关于制度哲学的理论建构》，人民出版社 2005 年版，第 2 页。

字会健康发展的根本保障。中国红十字会制度建设肇始于中国红十字会的成立，民国时期则是其发展和成熟阶段，为中国红十字运动提供了可靠的理论依据和实践准则。

仅从民国时期的中国红十字会制度建设来看，其制度之制定、执行与社会经济、政治、文化发展水平紧密相关。经济上，社会经济凋敝，民不聊生，为维护受难群众的基本生存权，红十字会订定章程以保障其救助行为的开展；反之，制度规章的订立为红十字会的难民管理提供了行为准则，推动以工代赈项目等救助活动的规范进行，既可帮助难民维持基本的生活，还可为其提供再就业机会，为民国经济的复苏与发展创造可能性。政治上，近代以来帝国主义侵略引发的民族矛盾、阶级矛盾致使政权动荡，更迭频繁。在政府无力担负社会救助任务的重压之下，国门洞开的中国人学习西方救助理念，援引欧美及日本的律法内容，由此构建的中国红十字会制度体系，可谓中国内外矛盾交困的产物之一。文化上，无论是儒家的仁爱、大同，道教的"仙道贵生，无量度人"，还是佛家的"慈善为本，普度众生"，都与近代西方基督教文明中的人道主义相呼应，倡导尊重生命。在此基础上，民国初期资产阶级革命派的三民主义以及近代以来的民族主义等思想为红十字会制度的确立和民主管理奠定了理论基础。从红十字运动实践看，制度建设涉及运动中的组织运行、会员管理、财务会计、人道救助、文书档案、标志使用等，形成了相对完整的制度体系，对民国时期中国红十字运动有指导、规范、约束作用。制度建设与红十字运动实践相辅相成：一方面，在遵循统一章程的前提下，中国红十字的制度规章会因时、因地、因事而异，服务于不同地区、不同灾情乃至人们不同的需求；而且，许多具体规章虽是暂时行之，却为红十字会救灾救贫活动提供了保障。另一方面，无论是战争期间各地区有识之士结合当地人道形势成立分会、组织救护队、设立救护学校，还是复员期间设立专职部门发展青少年红十字、服务妇女儿童，其活动的开展均对制度体系完善有积极作用。红十字制度建设借助近代报刊宣传制度内容，报道违法乱纪的恶劣行为，依法电请军队保护等情事，一定程度上保护了红会人员的人身安全，明确了红十字标志的使用权限，维护了红十字会的社会形象，对树立红十字会的权威有积极意义。但同时，它也受到政治、经济、文化发展水平的制约，存在着浮于字面而行为不符之处，成效有限。尤须关注的是，从制度的沿革与执行看，红十字会制度建设与政府关系紧密。红十字会制度因政权变革而更迭频繁，在内容愈加完善的同时，也逐渐显露出官方化趋势，无论是人员选拔还是工作计划的制订，日渐受到政府意志影响，行政色彩浓厚。正所谓"历史的价值并不是使我们回到历史中去，而是为新的历史提供资源"。① 对民国时期中国红十字会的制度建设予以研究，对于当下红十字会改革与制度发展亦是启示良多。

首先，红十字运动需有发达、完备的制度学理论作为支撑，才能构成系统、成熟的制度体系。具体而言，其一，成熟的红十字会制度建设应是在宪法统领下，以公平、公正为原则，融合宪法、法律、行政法规和地方性法规、自治和单行条例、政府和部门规章、国际条约等法案中的相关条令，逐步充实制度体系。从民国时期中国红十字会制度建设看，其体系不仅包括全国会员大会、陆海军等部及立法机关对制度的立法，还包括按照章程条例、结合具体需求和地方实际情形而颁布的条令、简章等，这些规章共同构成红十字会制度的重要内容。其二，应完善制度立法工作，提高立法技术。立法是对社会权力、社会资源及利益关系进行制度性调配的专门活动，不仅包括制度的订立、认可，还包括制度的变动、废止等一系列活动，娴熟的立法技术有助于红十字会制度的实施和规章的遵守。总览民国时期38年的红十字会立法，不难发现北京政府时期的红十字会立法过程和内容均过于简单，而南京国民政府时期的红十字会法律制定又过于多变，让人们难以了解和遵守，法律的权威性不免打折扣。若希望红十字会制度能被政府及群众认可和执行，应严格遵守立法程序和要求，展现法律的权威性。此外，民国时期中国红十字会各种专门性法案的出台，也揭示了立法的适用性原则。在当今红十字会制度建设中，也应根据时代的不同、社会需求的不同，适时制定具体的法案，使红十字会制度更贴合实际需求。

其次，应处理好与政府的关系，营造和谐稳定的社会环境。一方面，政府机关可适当放权，给予红会部分法律自主权。法学研究者认为，"法治的核心是一个自主的法律秩序。在一个法治国中，法律的至上性和权威性不取决于或不完全取决于法律的工具性能力，而是取决于法律的自主性，即法律在什么程度上独立于其他规范性体系"。这就决定了法律规章不能完全来源于政治或宗教等其他规范性体系，由此避免政府、政党、宗教团体或某些个人凌驾于法律之上②。1924年国民党改

---

① ［意］贝奈戴托·克罗齐：《历史学的理论和实际》（傅任敢译），商务印书馆2009年版，第8页。

② 参见李波：《法、法治与宪政》，《开放时代》2003年第5期。

组之后，国民党人由北洋政府"宪政法治"向"党治"时代递嬗，法律的"党化"倾向愈发明显。谢振民曾说："前次以约法或宪法为国家根本大法，一切法律均不得与之抵触。在党治时期，国民政府受党之指导监督，一切以党义党纲为依据。国家所立之法，不得与党义、党纲相抵触，即以前之法律凡与党义、党纲相抵触者，无效。党义、党纲虽无根本法之形式，实有根本法之实质，此外无形式上之国家根本大法。"[①] 红十字会初为民间慈善机构，但民国以来，政府对红十字会的管理加强，红十字会逐渐带有半官方性质，除了相关章程条例的订定须经陆、海、军等部核准备案外，至国民政府时期，分会组织还须向地方党部备案。在倡导民主的社会主义新时期，政府可对红十字会规章管理予以适当放宽。另一方面，政府应担当红十字会法律施行监督者的角色。唯物史观认为，法律是阶级意志的产物，需要一定的国家强制力才能保障其顺利实施。民国时期，国内战事连连、政局不稳、经济不景气，红十字会制度建设缺乏稳定的社会环境。故而，一个强有力的政府是红十字会制度施行的重要推动力。另外，与民国时期红十字会制度建立的历史环境相比，中国当代红十字会发展的环境已发生根本变化。人民民主专政国家的建立、社会主义市场经济的发展以及社会主义和谐社会的建设，为红十字会发展提供了更为广阔的空间。在此环境下，中国红十字会应尽己所能，为和谐社会的发展贡献自己的力量。与此同时，要结合新的人道需求制定新规则，实现制度建设的再发展，进一步扩大制度体系。简言之，当今中国红十字会改革须加紧制度建设，更须推进物质文明、政治文明、精神文明的和谐共进，秉持依法治会理念，为红十字会的长远发展营造良好的社会环境。

再次，我们不仅要参与国际红十字运动，还应颁布规章条例以规范国际行动，树立中国红十字会的国际形象，加强中国与世界其他国家的友好关系。国际红十字条约伴随红十字会运动而输入中国，从西方法律文化角度讲，"在当时的历史条件下，西方资产阶级法律文化是先进的，它注入中国古老落后的封建法律的躯体内，确实使它增添了新的活力"。[②] 当时的中国通过对国际红十字运动条约的引介和贯彻，展示了中国积极走向国际舞台的态度。国力衰弱的民国借助国际红十字条约，打破了"弱国无外交"之说，虽然无法从根本上改变被动的外交局面，但还是能展示中国政府遵循国际惯例的一面，推动中国与国际社会的交流。但

---

① 谢振民编著：《中华民国立法史》（上），中国政法大学出版社 1999 年版，第 193 页。

② 张晋藩：《清朝法制史》，中华书局 1998 年版，第 691 页。

是，相对于"引进来"而言，民国时期中国红十字会的"走出去"意识却略显单薄。1923年日本关东地震，中国红十字会组织救援队负责"派员救护"（伤病灾民）和"资助华侨返国"，充分展现了"恤邻"的品质，展现了红十字运动无分民族与种族的博爱精神，形成了人道主义与民族主义的共鸣①。除了此次救灾，中国红十字会还参与国际会议、国家间红十字会交流。但从整个制度体系看，关于中国红十字会参与国际交流的规章少之又少。抗战期间，也只是出现了为数较少的针对外籍人士的法规，如1939年3月，鉴于外医来华日增，为妥善管理外籍医生在华救助行为，中国红十字会总会在香港举行理监事联席会议，订定《外籍医生服务办法》六条：（一）体格事宜，年龄在四十岁以下者；（二）在政治上同情中国者，并须持有经外交部或中国驻外外交机关证明之必需文件；（三）专科毕业外科医生而由适当当局介绍者；（四）志愿接受国币薪金者（最高额每月国币二百元），其衣食住行系依照中式；（五）遵守及服从《中国红十字会章程》，准备前赴任何地点工作；（六）在华军前线来往，中国红十字会不负料理之责②。从内容看，其主要是对外籍医生在华行为提出要求，而对外籍人士在华的权益则有所忽视。

最后，要重视红十字会文化建设。从文化学角度说，红十字会制度是红十字文化传播的内容之一，红十字会制度建设也是一种红十字文化建设③，促进制度创新与推广须大力发展红十字文化。当今国际红十字运动中，为加深民众对国际人道法的认识，红十字组织会积极策划和组织各种形式的学习活动。为提高青少年对人道法的兴趣，各地组织模拟法庭竞赛活动，部分地区会开展人道法的培训与研讨活动。对此，中国红十字会在文化建设中可借鉴国际经验，开展诸项文化活动，将制度规章融于文化传播中，使人们在红十字文化的潜移默化中了解红十字会制度。

制度建设是民国时期中国红十字运动的组成部分之一。一方面，其实践活动是对红十字会制度建设理论的检验；另一方面，制度内容的修正完善又是对实践经验的总结和提升，为新中国时期红十字会制度的确立奠定了基础，也为当前的红十字会制度建设提供了历史经验。

（作者系苏州大学社会学院博士生）

---

① 参见代华：《1923 年日本关东大地震的中国响应》，苏州大学博士学位论文，2012 年 6 月。
② 《红十字会订定外医服务办法》，《新闻报》1939 年 3 月 22 日。
③ 池子华：《以制度建设推动能力建设》，《中国红十字报》2011 年 4 月 1 日。

理 论 园 地

突出"五有"
推进红十字志愿服务精准化

池子华　　王金海

2016 年 5 月 20 日，中共中央总书记、国家主席、中央军委主席、中央全面深化改革领导小组组长习近平主持召开中央全面深化改革领导小组第二十四次会议并发表重要讲话。会议将支持和发展志愿服务组织，精准开展志愿服务活动作为重要议题进行部署，审议通过了《关于支持和发展志愿服务组织的意见》。这对推进志愿服务工作开展，必将起到巨大的推动作用。

"志愿服务"是红十字运动七项基本原则之一。作为群团组织，中国红十字会是党和政府在人道工作领域的重要助手，联系群众的桥梁和纽带，是广泛汇集社会人道资源、弥补公共服务不足的积极力量，本质也属于志愿服务组织。如何在供给侧结构性改革的大格局中，顺应社会进步和国家治理的新内容、新形式、新要求、新期待，展现组织的特色和形象，更加积极主动开展志愿服务，突出"五有"，十分必要。

第一，有正确的轨道。这是保持红十字组织不偏离方向、活动不违背原则的根本保证。中国红十字事业植根于中华民族传统美德的土壤，风雨如磐不动摇。在灾难深重的旧中国，红十字组织、红十字人，以及在这个组织的精神感召下的志愿者牢记宗旨，赈灾恤难，共赴国难，凡人善举诠释人间大爱，以人道博爱传递着悲悯情怀，谱写了一曲曲人间真情的赞歌；新中国建立以后，尤其是在《中华人民共和国红十字会法》颁布后，红十字组织和红十字人在党委政府的关心和领导下，团结和依靠广大志愿者开展救死扶伤、扶危济困、敬老助残、助人为乐等各项工作，服务中心，服务大局，不仅是在国内，在国外也取得了可圈可点的成绩，得到了国际社会和国内民众的普遍认可，关键在于明确了红十字会是党和政府在人道领域助手的定位，确立了红十字会的法定地位。有了正确的轨道，便于各级红十字组织快捷找准在党委、政府全局工作中的位置，在服务中心、服务大局中谋求有所作为，赢得党委、政府的认可和支持，并不断扩大社会各界的认知和认同。同时，与国际红十字运动宗旨的高度契合，使得红十字组织不论在工作思路上，还是在工作的具体举措上都围绕"人道"这个基准点，把关注与改善民生、改善易受损害人群的境况始终放在红十字组织，特别是志愿服务工作的中心位置和中心环节，从而发挥其应有的作用，体现其存在的价值，并能够顺应潮流创造性地履行红十字会的法定职责，以此来推动红十字事业持续地向前发展。

第二，有主动的意识。这是红十字组织在开展志愿服务工作时应有的觉悟。民为国之本，安居乐业、幸福和谐是美好愿景，但实际生活中，社会还远远达不到理想的境界。幼有所养，老有所靠，贫有所依，难有所助等一系列社会保障机制需要面对的问题，同样需要红十字组织的主动参与和有效作为。不能有"高高在上"的"发号施令"和享政策优势之先的"等待"心理、"评点"心态，而应以"主角"的姿态在参与中体现主动，在主动中体现作为，在作为中体现价值。要积极探索、研究和掌握经济社会广泛深刻变革情况下的各界合理诉求生成、演变规律，社会思想多元多样多变条件下的主流价值引导规律，自媒体时代下草根公益组织发展规律，互联网技术运用到人道领域的规律，主动进行服务理念和行动的创新。要以人气活动、品牌项目为突破口，当重则重，当简则简，形式手法灵活多样。重则集中力量，组织系列化、阵地化的立体服务，出规模、出深度、出声势、出好的效果。简则雁过留声，不劳民伤财，不搞虚空花架。无论重、简都要做到鲜活接地气，富有吸引力与感染力。要破解形式化、同质化的服务内容与方式瓶颈，要以法律许可不许可、人民群众欢迎不欢迎为标准，把更多的评价和话语权交给社会正道和各界困难群众，更多反映民生、民意、民情，主动转型升级，服务供给侧改革需要，策划有分量、有影响、有力度、有持续性的服务项目，并做到事前、事中、事后积极主动，在让人民群众满意上下功夫，使人道服务充满生机与活力。

第三，有鲜明的特色。这是红十字组织打造志愿服务工作优势的关键所在。长期以来，红十字组织致力于备灾救灾、应急救护、社会救助、无偿献血、捐献造血干细胞、遗体器官（组织）捐献、红十字青少年等业务性很强的核心工作，特别是在汶川、玉树抗震救灾、与死神赛跑跨国骨髓捐献等万众瞩目的大型工作和特色活动中，给人以兵团化、高大上的感觉，似乎与普通群众有一段距离，这也是红十字组织专业于业务带来的一个现实问题。而红十字会以"人道、博爱、奉献"为精神，以"改善最易受损害人群境况"为宗旨，以"推进人类文明、和平和进步"为目标，这就需要动员尽可能多的资源、凝聚尽可能大的力量共同参与，才能推动红十字事业尽可能顺利、尽可能快地向前发展。在政府简政放权，大力推进购买服务的新形势下，必须一以贯之地体现组织特色，不断拓展履职空间，不断丰富服务形式，不断创新志愿工作，积极实施人道服务供给侧结构性改革，适应大众参与和需求心态，做到立足基层、贴近社会、贴近群众，用参与的广泛性、形式的多样性与具备令人情感升华的有效性，努力把组织特色优势转化为志愿服务活动的优势。

第四，有高质量的服务。这是红十字组织在开展志愿服务工作的价值体现。不可否认，目前不少红十字组织在开展志愿服务工作的时候，还存在应付式、跟从式、作秀式现象。像一些地方采取拉郎配方式发展志愿者，采取听从上级指令、靠行政推动为主的方式组织发展成员，安排集中服务，有着强烈的行政色彩，缺乏自主性及社会社团（协会）的参与协助，服务效益不高，且不能按志愿服务的类别进行区分，并根据志愿服务的对象和项目进行服务技能培训，导致志愿服务活动条块分割、政出多门、针对性不强。更为突出的是，不少志愿服务内容和安排主要集中在重大节日期间，短期化活动走过场形式容易撞车而且也不利于红十字组织的形象塑造。事实上，志愿服务不仅仅是无偿的服务，更是一场暖心的事业。要以志愿的名义而服务，才能让志愿服务更显单纯，温暖人心，也会更富有凝聚力和号召力。中央全面深化改革领导小组此次会议也意识到志愿服务客观存在的不足，明确要把志愿服务组织的工作重点放在扶贫、济困、扶老、救孤、恤病、助残、救灾、助医、助学方面。这样的方向，与红十字组织的救灾救护救助工作内容吻合，也更加迫切地需要红十字组织和服务唯简、唯实、唯准，既要简明扼要，又要可靠务实，还要精当精准。对组织来讲，这无疑是一场"考试"——围绕大纲，高质量做题，精准应考。

第五，有健全的机制。这是红十字组织有力有序、常态常效开展志愿服务工作的重要保障。目前志愿服务工作仍然存在许多问题和困难，这就需要按照"科学合理、规范有序、简便易行、民主集中"的要求，加快推进志愿服务体系建设，明确志愿服务的重点对象和服务项目，加快建立以"党政领导、群团负责、全员参与、社会支持"为主体的志愿服务组织体系，不断完善志愿者服务的协作、管理、激励、保障等机制，进一步发挥志愿者的整体力量，构建持久化、人性化、效益化、优质化志愿服务新体系。这个过程中，特别要注意志愿者的吸纳与培养。因为红十字志愿者是聚集在红十字旗帜下的、具有人道理念、博爱情怀、奉献精神的群体，有着共同的人道信念和价值取向，其中孕育着推动红十字事业发展的巨大力量。志愿者作用发挥得如何，直接关系到红十字工作开展的程度和红十字事业发展的速度。因此，必须要把选拔和发挥志愿者作用放在重要位置，要制定志愿者自我管理、自我服务、自我发展的相关制度和措施，通过各种形式和措施，以及志愿者自身的努力，来着力提高志愿者队伍素质，加强学习，忠诚服务，充满活力，充满激情，始终坚持正确方向。着力培养过硬作风，更加尽责，上心、操心、尽心地做好志愿服务工作；更加求实，坚持沉下心来，深入下去，把人道服务往心里做，往细里做，往精里做。力戒应付差事、表面文章、官僚作风，坚决清除借志愿者名号占用红十字公共资源和财产为个人谋取功利的人员。要根据《关于支持和发展志愿服务组织的意见》《中国红十字志愿服务管理办法》的规定，调整优化相关专业志愿服务工作队，加强志愿者的联系联谊，争取有关部门的支持，建立并完善志愿者服务考核、评估和激励机制。同时，逐步建立志愿服务成本补偿制度，解决志愿者出人出力又出钱的现象；实施特定志愿者意外伤害保险制度和特殊服务保障制度；加强志愿者培训，尤其是对需要专业技能的服务项目和服务对象，未经专门培训和考核批准，不得安排志愿服务。

习近平主席在会见红十字国际委员会莫雷尔主席时指出，红十字不仅是一种精神，更是一面旗帜。中国的红十字事业有着辉煌的过去，要保持优势实现科学发展、跨越发展、长远发展，需要坚持不懈地强化宗旨意识，狠抓组织、队伍、业务、制度、作风、公信力、基层等一系列接地气的建设，扎扎实实打基础，踏踏实实开展富有成效的志愿服务活动，着力打造组织核心竞争力，从而更好地完成自己所承担的时代重任。

（作者分别为红十字运动研究中心主任，苏州大学教授，博士生导师；江苏省盐城市盐都区红十字会志愿服务部部长）

人道需求与红十字会的创新能力建设

贾二慧

随着国内外人道需求的不断增长，党和政府对中国红十字会给予了厚望，而红十字会的能力建设不断面临新的挑战，因此要不断加强能力建设。创新是一个民族进步的灵魂，是一个国家兴旺发达的不竭动力。中国红十字会要不断满足人道需求和实现可持续发展，就要不断加强创新能力建设。

一、红十字会创新能力建设的必要性

（一）网络时代的日新月异

随着计算机技术日新月异的变化，网络正以惊人的速度深刻地影响着社会进程和人类未来，改变着人们的生活、学习、工作与思维方式，并影响着社会的方方面面。互联网已经深入人们生活的各方面，越来越多的人通过网络这种工具来获取信息、进行交流，以网络为载体进行学习、工作与生活成为大多数人的选择。在互联网时代，对于红十字会来说，传播途径、服务模式和公共关系的维护等应该做出相应的调整。红十字会不能故步自封，要试着接受新鲜事物、利用网络的力量进行改革创新。目前，中国红十字会官网也已经开通了微博、微信平台，然而对于这些平台的管理仍然存在不少问题。如何做到吸引公众的眼球？在这个网络时代里，红会需要做到的就是——创新。今年"网红"是公众都熟知的一个词，而网络人走红的一个重要途径是网络直播的开放。今年年初开始，各大平台推出网络直播，且不论直播内容，至少这种网络形式给了我们启示。直播是很好的宣传方式，红会可以把握这个机遇，进行网络直播，选择形象大使，培养红会自己的"网红"，对红十字会的各种服务项目进行全方位的宣传，相信会取得一定的效果。

(二) 信任危机仍未完全解除

自 2011 年"郭美美事件"以后,红十字会社会感召力下降、美誉度下降、影响力回落,红会一直致力于公信力的重建,然而效果有限。几年来,红会在质疑声中虽也取得了一定的发展,但信任危机仍未完全解除。公信力是红十字会动员社会力量、聚集社会资源、发展红十字事业的根基。公信力"难建设,易损毁"的脆弱性,决定了公信力建设对于红十字组织而言是关系生存和发展的中心话题。在重建公信力的过程中,中国红十字事业也面临许多前所未有的新情况、新问题、新挑战,社会公众越来越习惯于用"放大镜""望远镜""显微镜"来审视红十字会的工作,处在社会"聚光灯"下的红十字会容不得半点差错。因此,我们必须不断改革创新,从而更好地满足公众期待、适应社会发展对我们的要求。

二、红十字会创新能力建设的几点思考

红十字会创新能力建设关乎红十字会的长久发展,我们了解了红十字会创新能力建设的必要性,有了创新意识,就要不断进行"头脑风暴",运用创新思维。在此,我结合各省红十字会创新能力的经验及成就提出了四点中国红十字会创新能力建设可以借鉴的意见:

(一) 创新品牌建设,建立特色的品牌

品牌是公信力的重要体现,公信力是红十字会的生命线,直接关系着红十字会的生存与发展。因此,打造有影响力的特色品牌,是对公信力建设的有力推动。山东省各级红十字会结合各地实际,创新思想打造出了精品工程,取得了良好的反映。多年前,"微尘"作为青岛市红十字会公益品牌被广泛传播,而今青岛依然坚持以"微尘"品牌为引领,发挥品牌聚集效应,通过举办微尘基金公益义演、微尘·爱的交响音乐会等系列筹资活动,不断扩大筹资领域,品牌影响力显著提升。除此之外,各地红会也根据各地的实际情况打造本地特色的品牌项目,如云南省红十字会打造了艾滋病预防与关怀、博爱助学、助困助残和老年人服务等品牌。2008 年以来,云南省红十字会持续开展"红十字博爱送万家"活动,受益困难群众达 30 多万人,品牌影响不断扩大。这些品牌项目在社会上引起了很大的反响,扩大了红会的影响力。

（二）创新动员方式，扩大红会的影响

作为公益组织，红十字会需要群众的高度参与才能更好地发展。红会要不断创新活动载体，引导红十字基层组织开展内容丰富、形式多样、针对性强、群众参与性高的活动，提升红十字会的社会影响力。比如，南京市鼓楼区红十字会在社区建立了红十字生命安全体验馆，体验馆分为7个区域，集体验、自主学习、教学培训为一体，并向市民免费开放。市民通过体验馆掌握急救知识和技能，争取救命的"黄金4分钟"，从而达到"挽救生命，减轻伤残"的目的。这种寓教于乐的模式，吸引了很多市民前往参观和体验，当然，对于这样的体验馆，红十字会也可以组织各地愿意参观的人们统一参观，而不仅仅局限于地区。再如，2015年以来，常州市红十字会为市民免费开设了救护知识大课堂和生命健康讲座，这些都是对人们很有用的知识，得到大家的一致好评；余杭区"亲历者现身说法"——造血干细胞捐献是否有损健康，捐献者陆雪贤，赴高校和大学生分享自己的捐髓经历和感受，当场吸引50余名大学生报名；青岛市红十字会联合媒体跟踪报道捐献造血干细胞的志愿者的典型事例，市民对捐献造血干细胞的认知进一步提高，3.1万人登记捐献造血干细胞，成功实施捐献48例。这些有特色的宣传动员活动，使红十字会的知名度和影响力得到提高，也在一定程度上提高了红十字会的公信力。

（三）创新传播方式，展现红会的理念

要让公众了解和支持红十字会，就要学会讲述红十字会的故事。红十字会在紧急救援、应急救护、人道救助，推动无偿献血、造血干细胞捐献、人体器官捐献，以及参与国际红十字运动、开展国际人道援助和对外交流合作等方面做了大量工作，发挥了重要的、不可替代的作用。但是，这些贡献公众了解到的多少呢？行业内为数不多的几份报刊也只是以业内人自己阅读为主，"两微一端"等线上平台运营效果不是很理想，因此，我们要运用新颖的方式将红会工作的成绩和亮点向公众展现出来，吸引群众的眼球。

首先，我们可以选聘形象大使代表红会在微博、QQ、新闻客户端等网络平台进行专场直播，与网友互动，解答疑问，营造良好的舆论氛围。直播专场内容可以是普通人参与红十字事业的感人故事；可以是红十字会运动知识，讲述红十字会历史，传播红十字人道理念；也可以是

介绍红十字会的历史、宗旨和愿景，让红十字理念深入人心。总之，每个专场直播抓住不同的主题，全面展现红会的理念。关于形象大使的选择，我们可以选择一些长期从事公益事业，具有亲和力和一定知名度的人担任。除了网络直播平台，红会也更要重视已经建立起的微博、微信平台，及时更新内容，不定期展开与网友的互动，听取公众意见，分析公众对红十字会服务的需求，提升人道服务质量。微博方面，红会可以尝试建立与部分微博大V的联系，通过他们提高博文的转发量，提升关注度，吸引更多志愿者和社会达人参与人道公益事业，让人道主义之光普照大地。

其次，制作公益宣传，在各大网络平台以及电视公益广告中不断地播放，让红十字公益理念在公众中入耳入心。借助微博热门话题，让红十字会"走红网络"。借用网络的力量激发最活跃最庞大的网络群众对红十字工作的关注，如南通红十字会从开发官网、QQ平台到开通"两微一端"和支付宝、微信捐赠通道，并通过各种线上线下推广活动，不断用"互联网+"思维推进红十字工作和宣传。各省红会都可根据各地的实际情况巧用网络，相信网络可以为红会的发展做出很大的贡献，当然，网络是把双刃剑，在运用网络的过程中，一定要趋利避害。

（四）创新志愿者队伍及奖励机制

红十字会的发展壮大，离不开志愿者团队。红十字会应该加强志愿者队伍建设，打造志愿者活动品牌，为志愿者公益创新提供平台。同时，我们不能够忽略实施公益的志愿者的心理感受，应当建立合理的奖励机制。青岛市红十字会积极推进志愿服务工作模式创新，坚持红十字志愿者队伍、志愿者服务基地、红十字志愿服务项目建设和表彰"四位一体"的志愿者工作模式，青岛市志愿者队伍不断壮大。各地红会应该积极探索新形势下基层志愿组织的发展模式，重点在街道、社区等处发展红十字志愿服务组织，建立机制融合人道主义工作理念和社区群众需求，创新志愿者队伍建设。在志愿者队伍不断扩大的同时，各地红会可以和当地政府联合出台部分奖励机制。现在网络平台开发出许多投票机制，红会可以让志愿者做出宣传其事迹的短片，公布在官方网络平台，通过微博、微信等网络平台的宣传，让网友对志愿者或志愿者团队进行投票，最终选出"慈善之星"，并适时地举行较大规模的慈善晚会，邀请热爱公益的"大咖"们到场为"慈善之星"颁奖。晚会能够起到很好的宣传作用，同时也可以使各个志愿者通过晚会的契机彼此建立联系，使各地的志愿者组织更像是一个大家庭。青岛市红十字会实施无偿献血以来，成立了6支无偿献血应急志愿服务队，累计超过130万人次参加无偿献血，646名无偿献血者获金奖。这个金奖表达了对献血者的一种敬重和感激之情。类似这样的奖励和鼓舞活动，各地红会都可根据各地情况进行不一样的奖励，奖励包括物质奖励和精神奖励，但目标是一致的，都是为了使红会得到更好的发展，从而使其能更好地服务群众。

三、结 语

创新是无止境的，加强红十字会的创新能力建设，在很多方面都可以尝试。以上四点只是个人一点小小的思考，各地红会也都有各自不同的创新项目，只要我们不断地推陈出新，以需求为导向，深入人心地去服务群众，每个人都有可能成为红会的助力者。而各地红会也要互相借鉴好的模式，不断交流，善用互联网思维，时刻跟随时代的步伐。通过多方面的创新和努力，红会的能力建设会取得显著的进步，以实现红会自身的超越。

（作者单位：苏州大学社会学院）

理论园地

嘉定区红十字会专栏

上海嘉定区红十字干部队伍建设现状与分析

课题组

一、导言

虽然红十字会是从事人道主义工作的社会救助团体，但是长期以来，部分政府把红十字会当成了政府的一个组成部门或者下属单位，对红十字会有很多干预。可见，我国红十字会系统独立性不够。为了建立一只良好的红十字会干部队伍，嘉定区红十字会也做出许多有效尝试。虽然目前嘉定区红十字会的红会干部队伍建设水平处于稳步上升阶段，但是仍有提升空间。目前，嘉定区红十字会干部队伍建设面临的最大问题是找出红十字会干部队伍建设难以取得突破性进展的原因，以及如何采取有效的措施进行干部队伍建设。

二、数据分析

我们此次主要采取问卷调查和访谈两种调查方法：以嘉定区红十字会12个街镇干部为调查对象，共发放27份问卷，有效回收26份，有效回收率为96.30%；此外，还对嘉定区红十字会和十一个街镇红十字会干部进行访谈。

从调查结果来看，嘉定区红十字会干部队伍的平均年龄为40.92岁，中位数为36.50岁。其中25～35岁的干部共13个，占总数的50%。36～45岁的干部共3名，占总数的11.5%。46岁以上的干部共10名，占总数的38.5%。总体上年龄结构较合理，但是36～45岁这个年龄段的干部较少。此外，我们可以看出，从事嘉定区红会工作时间较长的多是45岁以上的红会干部，而年龄在45岁以下的红会干部从事红会工作的平均时间较短，为3.6年，众数为2，标准差为2.8，其中最大值为10，最小值为0。这说明红十字会干部队伍虽然总体上年龄结构较合理，但是缺乏年轻有经验的红会干部。大部分年轻的红会干部从事红会工作不久，而年龄较大的红会干部从事红会工作的时间较长。

表1　专业对口程度的频数分布表

	频率	百分比	有效百分比	累积百分比
关系非常大	1	3.8	3.8	3.8
关系大	1	3.8	3.8	7.7
有效关系较小	9	34.6	34.6	42.3
完全没有关系	15	57.7	57.7	100.0
合　计	26	100.0	100.0	

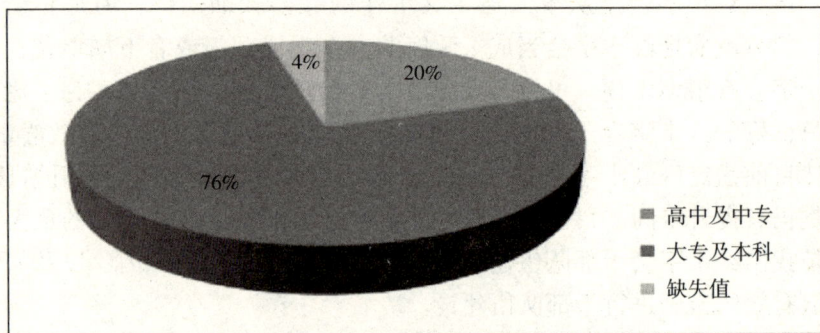

图1　干部文化程度的饼图

　　总体上，红十字会干部队伍的文化水平较高，所有的红会干部的文化水平都是高中及中专以上。年龄较小的红会干部全部是大专及本科文化水平，但是没有硕士及其以上文化水平的红会干部。表1中显示26名红会干部队伍中只有2个人分别表示自己所学的专业与现在从事的工作关系非常大和关系大。分别有9个和15个人表示自己所学的专业与现在从事的工作关系较小和完全没有关系。可见，红十字会干部的专业化水平较低。

　　由图2我们也可以看出，红十字会干部获取职位的途径比较多，公开竞聘、内部民主推荐所占比例较大。通过其他方式获得该职位的干部也较多。据了解，红十字会干部多是兼职干部，红会工作是他们日常工作的一部分，所以他们获得这些工作的途径多是指他们获得行政职位的

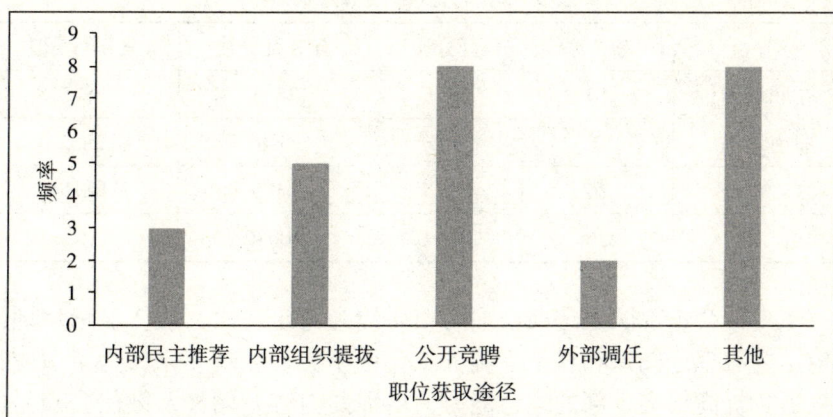

图 2　干部职位获取途径的条形图

途径。而红会工作的获取途径多是上级直接安排。

调查显示，大部分红会干部认为身为红会干部应当具备的条件主要有专业知识、个人品质、表达沟通能力。他们认为作为红会干部应当提升的主要是专业知识能力、表达沟通能力、组织管理能力。红十字会作为一个公益性组织，工作人员最好具备专业知识能力、表达沟通能力、组织管理能力，以及良好的个人品质。目前，红会干部大都拥有较好的个人品质，但是在专业知识及表达沟通能力和管理能力等方面有待进一步提高。

表 2　培训内容的频数分布表

		响　应		个案百分比
		N	百分比	
培训内容 3	理论知识	24	24.7%	92.3%
	应急能力	22	22.7%	84.6%
	思想作风	12	12.4%	46.2%
	沟通能力	12	12.4%	46.2%
	团队合作能力	15	15.5%	57.7%
	组织能力	10	10.3%	38.5%
	其　他	2	2.1%	7.7%
总　　计		97	100.0%	373.1%

表3 培训方式的频数分布表

	频　率	百分比	有效百分比	累积百分比
在职培训	10	38.5	38.5	38.5
职前培训	0	0.0	0.0	38.5
二者都有	16	61.5	61.5	100.0
合　计	26	100.0	100.0	

　　红十字会干部队伍定期培训的频率约为每年一次，表2显示培训的内容主要有理论知识和红十字实务工作两个方面。近年来，为了适应社会发展，提高红会干部的综合能力，培训的内容开始涉及微信公众号的使用、摄像、写作等方面。

　　从表3可以看出，培训方式主要是在职培训，红十字会干部在接受红会工作时接受街镇红十字会的简单培训，目前并没有系统的职前培训。

　　嘉定区12个街镇红十字会干部队伍工作考评制度尚未完善，主要是上级下达工作指标，下级完成工作指标。每年会进行干部队伍工作绩效排名，但是红会干部多是兼职干部，红十字会工作排名并不会纳入红会干部自身的工作考评。因此，红会干部考评制度的约束力并不强。

　　在访谈过程中，我们所接触的多是嘉定区红十字会兼职干部，专职干部数量少。嘉定区红十字会干部对嘉定区红十字会的发展整体上持积极乐观态度。但是，他们也反映了目前嘉定区红十字会存在缺少专职干部、干部队伍专业性水平有待提高、红十字会缺乏灵活性和能动性、红十字会尚未形成完整的管理体系等问题。此外，此次访谈也从侧面反映了嘉定区红十字会干部队伍目前的积极性和能动性有待提高、各街镇红十字会缺乏交流，发展水平不均衡。

三、存在的问题

（一）缺少专职干部

　　2005年9月，嘉定区红十字会正式建制单列，配备3名专职干部。嘉定区红十字会12个街镇的红会干部大多是兼职干部，一方面红会干部专业化水平不足，红会工作难以实现科学化、专业化；另一方面红会工作只是兼职干部所负责条线中的一条，兼职干部工作负担较重，不能全身心地投入红会的日常事务中去。

（二）缺少专业的、固定的红会干部

大部分红十字会干部之前所学的专业与红十字会工作没有关系或关系较小，且红十字会目前并没有职前培训，干部在接受红会工作时是以一个新手的状态直接上岗的。由于兼职干部是由他们所属单位直接任命，因此他们的工作变动性较强，也就是说街镇红会并不是由同一个兼职干部专门负责，负责人时有变动。

（三）尚未形成完善的选人用人、考评、监督机制

目前，嘉定区红十字会以兼职干部为主，红十字会所辖 12 个街镇的红会干部并非由区红十字会任命，而是由红会干部所属单位直接任命。一方面，区红十字会对街镇红会干部的具体情况并不了解，二者没有在红会干部开展红会工作前进行交流；另一方面，红会干部缺乏专业能力，对红会工作认识不足。目前，嘉定红会干部工作考评主要采取排名制。虽然排名制度能够激励干部自觉上进，完成工作指标，提高工作质量，但是对于兼职干部而言，不利于调动工作的积极性。考评制度倾向于形式化考核。因此，红十字会干部考评制度对干部的约束力小，主要依靠干部自觉完成红会工作。就监督机制而言，目前红十字会并没有一整套监督机制，对干部的监督也较少。

（四）干部队伍积极性、能动性有待提高

红十字会干部队伍都能够较好地完成工作指标，但是他们往往只局限于工作指标，没有积极地学习先进、科学的工作方法，主动地向上级反馈当前情况，提出意见。干部很难发挥自己的能动性探索符合当时当地的工作方法。

（五）各街镇红十字会发展不平衡，交流少

嘉定区 12 个街镇红十字会发展不平衡，这与街镇红会干部的工作密切相关。由于街镇红会主要由一到两个干部负责，红会干部对红会工作的重视及规划合理与否很大程度上决定街镇红会工作是否能够有条不紊地开展。此外，各街镇红十字会缺乏交流。虽然区红十字会组织的交流会、培训等能促进干部间的交流，但是这些都是短暂性的交流，干部间缺少自发、主动的交流，这样不利于红会干部及时发现自身问题、优

秀工作经验的传播、各街镇红十字会的合作和协调发展。

四、加强干部队伍建设的对策

红十字会干部队伍建设当前面临的最大问题就是在不完全独立的情况下如何建立一整套具有可行性的制度，使干部队伍不断优化，实施科学化、制度化的人才利用和管理制度。

（一）增强红十字会的独立性

红十字会被界定为具有独立法人资格的社会团体，但实际上又是行政体制内的群众团体机关。地方红十字会既要遵守全国红十字组织统一性的原则，又要接受地方政府的领导，这使得红十字会系统行政化色彩浓，运行效率不高。因此，应该明确红十字会独立法人资格和地位，明确上级红十字会对下级红十字会的管理、监督和领导责任。同时，红十字会作为政府人道工作的重要助手，又代表着政府履行国际义务，不同于一般社会组织，应明确各级政府对于红十字会工作的支持、资助、政策保障和监督责任。

（二）形成网格化的红会干部队伍

目前，红十字会已经大体上形成了以"区红十字会—街镇红十字服务中心—基层服务站"为结构的红十字组织结构，为此应当形成"区红十字会干部—街镇红十字服务中心干部—基层服务站负责人—志愿队伍的干部队伍"的结构与之相对应，充分发挥各部分的作用，推动红十字会的整体发展。

（三）提高红会干部队伍的工作实效

嘉定区红十字会与政府进行交流、协商。首先，红十字干部的任命应当建立在二者平等交流的基础上。健全内部民主推荐、公开竞聘、提拔等选人用人制度，选拔出符合红十字会工作要求的干部。其次，在配备专职干部存在困难的情况下，兼职干部的工作应当有侧重，在分管不同条线的情况下以红十字会工作为主，或者是减少兼职干部分管条线的数量，使兼职干部能够有更多的时间和精力投入红十字会工作。

（四）对干部采用职前培训与在职培训相结合的培训方法

职前培训有利于红会干部加强对红会的了解，掌握红会实务的要领。在职培训有利于干部解决具体问题。此外，还应制订全面的培训计划，丰富培训方式。目前，红十字会干部队伍培训内容主要是红会发展史、红会实务等。培训还应当注重红会干部的全面发展，培养能够独当一面、思想先进端正的红会干部。培训方式很大程度上决定干部是否能够接受培训内容，传统的培训方式多是讲座。要采取多样的培训方式，加强被培训者与培训者之间的交流互动。

（五）建立切实有效的干部考评、监督机制

目前，嘉定区红十字会采用排名制。干部考评依据应当来自上级、同级、下级、公众等多方主体的共同评价。将红十字会干部考核结果纳入干部，尤其是兼职干部的工作考评之中，不断促进红会干部自觉完成并做好红会工作。建立干部监督制度，监督内容包括资金使用情况、权力、工作作风等多个方面。提高红十字会在群众心中的地位，才能确保红会工作从群众中来，到群众中去。

（六）建立激励制度，明确干部职责

目前，嘉定区红十字会尚未形成完善的激励制度，难以调动干部的积极性。因此，应该建立合理的精神、物质、升迁等多种形式相结合的激励制度。将红会兼职干部的红会工作考评结果纳入干部的工作考评，提高红会对兼职干部的约束力，建立赏罚分明的激励机制。此外，要明确干部职责，合理分工，提高干部工作效率，促进干部与上级、同级、志愿者、广大群众之间关系的良性发展。

（七）要加强学习和锻炼

红十字会干部要不断学习优秀的理念，加强自身的思想建设、提高自身能力，保持对红会工作的热情，在实践中发现问题、解决问题。发挥主观能动性，为红十字会健康合理的发展出谋划策。同时，红十字会要注重干部队伍的能力培养，采用多岗转换、上挂锻炼、下派任职、应急磨砺等方式不断提高干部队伍的能力。

（八）加强网络交流平台建设

目前，红十字会干部队伍内部交流不足，交流机会不多、交流滞后，以至于优秀的工作经验难以传播、难以集中全体干部的力量做大事。因此，可以通过网络交流平台突破时间和空间的限制，避免或者在

较大程度上改善以上情况。建立起制度化的网络交流空间，采用不定期与定期交流两种方式相结合的方法，为干部及时反馈当前工作的优势与不足、传播优秀经验或寻求合理的解决方法创造条件。

五、小结

红十字会干部队伍是红十字会的中坚力量，加强红十字会干部队伍建设不仅仅有利于提高红会干部的能力、素养，促进红会干部队伍朝着科学化、专业化、制度化的方向发展。此外，加强红十字会干部队伍建设还有利于提高红十字会工作效率，发挥红十字会作为社会救助团体的作用，推动红十字会整体水平的提高。加强红十字会干部队伍建设不是一蹴而就的，需要红十字会、政府、公众、红十字会干部自身等多方力量的共同努力。与此同时，红十字会干部队伍建设在不同时期有不同的具体内容，因此，红十字干部队伍建设要与所在地的具体情况相结合，顺应当前的红十字发展趋势与现实需求。

（课题组负责人：王国忠、池子华；指导教师：池子华、刘素素、郝珺；成员：程晓雯、刘一欣、裴茜雅、龚叶琳）

上海嘉定红十字会基层建设现状调查

课题组

一、基本现状

嘉定区全区共有 216 个基层红十字会组织，其中嘉定镇有 9 个，马陆镇有 16 个，新成路街道有 11 个，真新街道有 19 个，工业区有 11 个，安亭镇有 18 个，外冈镇有 17 个，华亭镇有 12 个，徐行镇有 12 个，菊园新区有 14 个，江桥镇有 54 个，南翔镇有 23 个。

基层红十字会实行楼组长负责制，即在每个社区的每幢楼中设立一个楼组长，由楼组长负责红十字会组织与当地居民之间的信息沟通。基层红十字会干部的选拔方式一般为领导任命加总负责人安排，即由上级安排所需人员，然后总负责人分配具体工作，选拔过程中注重人员的爱心和责任心。红十字会干部大多从其他工作岗位调任，且大多数属于兼职人员，就职后会有定期的培训工作。

基层红十字会进行宣传的主要方式为张贴布告、口口相传等传统方式，现代化的宣传方式例如网络运用得较少。据了解，目前只有江桥镇红十字会拥有自己的微信公众号并且坚持用于宣传工作，但各个镇红十字会的负责人也大都表示将追随现代信息化的步伐，逐步向更加便利和高效的网络宣传靠拢。

在活动的组织和举办上，基层红十字会组织大多会根据区红十字会的要求，同时结合自身的实际特点举办相应的活动，例如消防演习、急救演练和普及红十字会相关知识的讲座等。频率基本保持在一年 30～50 次。区红会对基层的硬性要求，会有相应的指标来保证执行。而各镇在区的统一规划下也会发展当地的特色活动，如江桥镇的文艺会演活动和新成路街道的"志愿者广场"活动等。活动的资金来源主要为政府拨款、区域统筹，社会募捐占的比例较小，且一般是在举办活动前向区红会提交方案和预算，经批准后，在活动结束后统一向区红会报销。基层红会的财务状况每年会有汇总并提交有关机关审计，但一般不会把详细的汇总情况向社会公开。

在志愿者的选拔和使用上，基层红十字会要求注重精神层面，即是否具有爱心和责任心是最重要的选拔标准。志愿者的选拔流程也较为简单，一般是由候选人填写申请表，经过红十字会基层干部实地走访、收集信息后进行选拔。不过，需要指出的是在组织活动过程中志愿者大多为临时招募，固定志愿者很少，且大多为红会干部。

大多数镇的红十字会的人员编制为 4～5 人，兼职比例普遍高于 50%，学历以大专、本科居多。在对基层红会组织的考核方式上，一般为上级在年初发放细则，各基层红会组织按照细则安排自己的工作，上级可能会有不定期的抽查来检查相关指标的执行情况，在年终会有一次综合考核，对基层红会组织一年来的工作业绩进行总体的评价并排名。不过，这里有必要指出两点，一是上级一般只有针对基层红会组织工作情况的考核而没有针对红会干部个人的考核，二是这种考核的结果并不对应奖惩机制。

以上就是对红十字会整体的运作流程的一个简洁介绍，我们接下来希望能够利用问卷中所包含的信息分析出嘉定区民众对红十字会的整体概念：

本次问卷调查共回收有效问卷 127 份，问卷参与人群中男女比例基本平衡，女性占比略高；在年龄分布上，以 18～65 岁的工作人群为主，老人和儿童占比较小；职业构成上，以企业单位和事业单位为主，其他领域也都占有一定比例；学历构成上，以初高中和本科生为主，基本符合嘉定区人口整体的受教育状况；收入构成上，以 3000～10000 元收入人群居多，低收入者和高收入者都较少。整体来说，本次问卷调查人群性别结构合理，年龄、职业、学历和收入领域覆盖面广且全面。故本次样本选择合理且具有代表性。

本次问卷的问题设置主要偏重两个方面，即当地居民对红十字会基层组织的了解度和参与度，其中第 6～13 题为了解度调查，14～21 题为参与度调查，22～24 题属于居民对红十字会的评价。对问卷进行分析，可以发现：嘉定居民大部分表示对红十字会工作有一定的了解或者不太了解，有少部分表示非常了解，只有极少数表示自己不关心此类活动，这说明红十字会的宣传工作在覆盖面上做得比较好；大多数居民认为红十字会的职能主要在于作为捐款点和帮助辖区困难群众，但其实红十字会的职能是很多的，这两点可能是当地居民感触最深、也与他们的生活最贴近的两点，这说明当地民众对红十字会职能的认识主要来源于自身的经验和经历，而系统的认识相对较少；当地居民普遍认为红十字会的资金应当用于援助当地困难人士和应急救灾，而不太认可红十字会的资金用于投资和宣传工作，这说明民众希望红十字会能够成为一个执行机构、一个"办实事"的机构而非宣传机构，这种想法也不能说全部正确，但确实说明了民众的某种期盼；当地民众认为公益项目的实际执行状况最能影响到红十字会的筹款能力，这说明了民众最在乎的是基层红十字会组织自身的经营管理和运作情况，体现出民众的关注点在于基层红十字会办了多少实事，而不是它的品牌和领导人；当地民众了解红十字会资金运作的形式多种多样，但最重要和最基础的获知方式仍然是通过红十字会自身的宣传公示窗口，这说明基层红十字会组织在信息公示领域做得比较好，也说明在网络化的今天，传统的信息公示窗口仍然是民众获取信息非常重要的途径；大多数民众都表示虽然对红十字会的资金运作有一定的了解，但可能由于信息的不对称、公布的信息量较少、获取信息形式匮乏等因素使不少民众对红十字会资金运作的公开透明度持怀疑态度；大多数民众认为红十字会近几年的信任度下降主要就是由于资金运作的不透明，说明这方面的工作需要加强。

对居民的参与度调查分为对两种人群的调查，一种是曾参与过红十字会活动的居民，另一种是从未参与过红十字会组织的活动的居民。调查显示，大部分民众都曾参与过红十字会的某些活动，绝大多数民众每年参与红十字会服务站活动的次数为 1~3 次，参与 10 次以上的居民也较多，而参与 4~10 次的人群较少，这也说明参加红十字会活动人群的两极分化比较严重；当地居民了解红十字会的渠道比较多，其中有过半居民是通过红十字会的广告和宣传单来了解红十字会举办的活动的，这说明基层红十字会组织在向网络宣传转型的同时，也要提升居民使用网络的意识；绝大多数居民认为红十字会举办的活动是有意义的，这说明红十字会在本职工作方面做了很多努力，这是值得肯定的，这将有利于红十字会保持参加活动的志愿服务人群的稳定性和新鲜血液的流入；绝大多数居民认为红会的活动在某种程度上是可以解决受助人的一些困难的，这说明当地居民还是比较认可红会在做好自身工作方面所做出的努力；大多数居民对红会的服务质量持一般态度，因为有对比才会有对质量的评价，所以这些数据可能说明红会相对一些与它职能相近的政府机构，例如民政局在民事工作方面还有一定的差距，这是基层红会应该正视并努力解决的问题。

二、存在的问题

红十字会作为从事人道主义工作的社会救助团体，是政府在人道工作领域的助手。红十字会组织体系完备、群众基础广泛、运作规范、公信力强，救援经验丰富，一度给中国慈善事业带来曙光。基层红十字会组织通过各种以志愿服务基地为平台的志愿服务组织网络，正在发挥着越来越重要的作用，红十字会的社会影响力与日俱增。但是，在红十字志愿服务工作快速发展的背后，还或多或少存在这样那样的问题，虽然有的问题目前还不是很突出，但如果不引起重视及时解决，将会制约这项崇高事业的可持续发展。通过调研反映出来的实际情况和调查问卷的反馈，我们初步概括为 7 个方面的问题：

（一）形式主义倾向有所显现

由于一些主观和客观上的因素，部分红十字志愿服务组织及成员逐渐将形式化的要素当作主要任务，忽略了服务社会、服务他人的本质。不可否认，嘉定区各地开展的红十字志愿服务活动取得了可喜的成绩，特别是当红十字志愿组织正处于快速发展期，如果没有营造声势、塑造形象，有可能因为受到忽视导致资源缺乏。红十字志愿服务组织的发展、生存和壮大都与宣传、推广能力有很大关系。但我们也必须正视红十字志愿服务组织或部分志愿者注重形式主义的心理。在调研中，我们发现，形式主义倾向主要体现在三个方面：一是活动多、服务少；二是宣传多、实效少；三是数量大、骨干少。

（二）活动经费缺乏

随着志愿服务工作力度逐渐加大，志愿服务工作的成本也开始增加。各地普遍反映，红十字志愿服务工作经费短缺。造成这个问题主要有以下几个原因：政府对于社会志愿服务的投入不足；税收制度限制了工商企业、个人对红十字志愿服务工作的捐赠；各级红十字会实力还不强，对志愿服务投入力度不够；现有红十字志愿组织自身"造血"功能不足等。资金问题的出现，使红十字志愿服务组织不得不将精力放在寻求具有较大社会影响力的服务活动，或吸纳一些有一定知名度的草根组织，不断通过活动及其影响筹集资金。这种运作方式本身如果处理不好，商业化运作或草根组织自主性过大，很可能会引起诚信危机。解决资金缺乏问题的关键，是要建立起志愿服务工作的长效机制，这也是红十字志愿服务工作可持续发展的重要一环。

（三）活动创新不足

各地所开展的红十字志愿服务活动虽然日趋丰富，有了一些品牌项目，但由于宣传推广和力量整合不够，至今没有形成多元化的局面，其活力和社会影响力有限。问卷调查显示，很多市民不了解身边红十字会开展的活动，其原因一部分在于市民本身缺乏对该类活动的关注，另外一部分是红十字会自身活动吸引力和影响力不足。因此，如何实现可持续发展的红十字志愿服务创新，促进红十字志愿服务组织不断壮大，是值得思考的问题。

（四）缺乏激励机制

问卷调查显示，绝大多数嘉定区红十字志愿者都期望制定相应的表彰与奖励制度，因为这些制度的制定对志愿者不仅是一种激励，而且其导向作用也有助于促进红十字志愿服务事业的可持续发展。目前，全国层次的志愿者表彰奖励办法还没有出台，虽然部分地区已经制定了适用于本地区的志愿服务表彰奖励办法，但影响面也仅局限在本地区。这产生两方面的负效应，一是部分地区的志愿者骨干的优秀事迹，难以在全国范围内形成共鸣，无法起到推动和激励作用。二是地区性的局限，浪费了志愿服务社会化资源。

（五）培训措施有待加强

志愿者的培训问题一直是整个红十字志愿服务工作的"瓶颈"问题。在调研中，我们也看到了各地都陆续开展了对志愿者的培训工作，但针对红十字志愿者如何培训，培训哪些内容，如何分层培训等具体内容缺乏指导性意见。此外，红十字会干部的培训也缺乏系统的规范，我们了解到，区红十字会和市级红十字会，会有不定期的组织培训。

（六）慈善监督不足

政府作为包括红十字会在内的所有慈善组织外部监督者，没有发挥应有的监督职能，只是通过登记部门和业务部门的双重身份参与慈善组织的日常管理。这是造成红十字会社会认知度和公信力下降的原因之一。此外，我国的慈善法规层次比较低，法规体系不完善，对于慈善组织的具体运作方面也缺乏详细的法律规范，因此容易导致基层组织内部财务管理出现问题。这是一个普遍性的问题。《慈善法》的实施，有利于扭转这一局面。

（七）宣传方式有待改进

基层红十字会组织虽然目前的宣传形式日趋多样化，也正在逐渐向深度扩展，但传统宣传体系仍占主导地位。有些地区对网络宣传的重要性认识不到位，导致当地民众对红十字会的认识仍然不够深刻，对红十字会的历史和职能认知模糊，这显然不利于红十字会的进一步发展。

三、对策及建议

（一）夯实组织基础，完善组织功能

首先，区红会机关要加强服务基层、服务群众的工作职能，对机关内设机构职能进行优化整合。加强区级红会对全区红十字工作的统筹协调、综合服务和业务指导，加强以红十字服务总站和分站为重点的社区基层组织建设，做大做实核心业务和基础业务。在志愿服务工作上，要重点抓好"四个环节"、做到"三个结合"、实现"五个统一"，即重点抓好招募、培训、管理和激励四个环节，将其与红十字基层组织建设、社区服务创建和红十字会自身业务推进相结合，实现标志、证件、服装、基础培训教材和奖励标准的五个统一。

其次，要强化红十字会基层组织建设。努力规范和扩大街镇、村居委红十字组织，推进街道红十字会服务站规范化、标准化建设，实现红十字会基层组织网络化，并大力拓展医疗机构、学校、企业等领域的红十字组织覆盖面，积极发展个人会员和团体会员，规范会员管理，创新活动形式，进一步提升红十字组织的凝聚力。

最后，要加强对红十字基层组织内部自我管理与自我发展，切实解决志愿服务组织在红十字会平台上进行公益活动与商业活动的矛盾。通过积极引导，严格区分公益活动与商业活动，在坚持公益活动的同时，鼓励其积极拓宽筹资渠道，促进志愿组织内部自我管理，促进志愿组织发展壮大。另外，增强和改进红十字会干部的选拔和管理对夯实组织基础有极大的推动作用。在当前红十字志愿者能力不足与人民群众需求日益增长的矛盾下，要更加重视和加强志愿者和管理人员的能力建设。特

别是对志愿者的分层和阶梯式的培训，逐步划分红十字志愿者基层培训、专业培训和领袖培训等，从而满足不同层次志愿者的需要。开展培训，有利于不断发展和提高志愿者的服务理念、服务技术，提升志愿者的各项能力，形成更大声势和力量推进志愿服务的深入开展。在培训的过程中，要特别注重对本领域优秀志愿者骨干进行重点培养的工作，充分发挥志愿者骨干的组织协调能力。除此之外，要组织开展经常性的红十字志愿服务调查研究，要重视红十字志愿服务理论研究和课题分析，要推动和促进国际国内红十字志愿服务的交流沟通与合作发展。

（二）优化运行机制，建立群众适应的工作模式

第一，嘉定区红十字会要继续坚定不移的发展红十字会基础人道项目，围绕"三救"（应急救援、应急救护、人道救助）、"三献"（无偿献血、造血干细胞捐献、人体器官捐献）、红十字青少年工作、红十字精神和文化传播等基础工作，逐步开展深化"博爱家园"建设、"千万人帮万家"救助和"群众性现场初级救护培训"、自动体外除颤器（AED）普及等一系列红十字品牌项目的建设和发展，探索建立长效机制，有效提高工作覆盖。

第二，各红十字会服务站在认真积极完成区、市红十字会下达任务的同时，要反映居民需求，因地制宜、因人制宜地组织专业志愿服务队，有计划地开展各项服务活动，根据社区实际情况重点开展应急救护知识培训、应急队伍建设、救灾仓库储备、消防演习等活动，做到点面结合、有所侧重。同时，鼓励各个基层组织自主创新，开展真正符合群众需求的特色活动。

第三，要建立健全面向基层、重心下移的工作制度。要不断加强红十字会基层组织建设，扩大红十字会服务站的覆盖范围，提升服务能力。要以街镇红十字服务总站和居村（社区）红十字服务站为平台，加强一站式服务接待窗口的建设力度，使红十字工作更好地面向基层社区、贴近困难群众，更深入地了解社区困难群众的人道需求，提升群众对红十字事业发展的感受度。

（三）健全管理模式，提升社会公信力

信息公开透明是红十字会生存的社会基础。如果善款不能善用，会打击捐款人的慈善热情。只有增加透明度，才能赢得公众的信任，减少问题出现。红十字健康发展需要多方面的努力，首要问题就是信息的公

开。首先，红十字会内部要建立健全管理模式，围绕人道救助项目的资金募集、管理和使用以及各项活动的开展，建立高效的监督体系和审计制度。要强化人道项目实施中的人、财、物的控制管理，实现资金运作的公开透明、人道救助的公正公平、活动开展的合理规范，切实提高人道救助基金运用的科学性和规范性。其次，要建立规范的、统一的、公开的区（县）红十字会人道救助基金信息监督体系。在完善自我监督的基础上，建立社会监督委员会，强化对捐赠款物的管理、使用情况的社会监督，形成由法律监督、政府监督、社会监督和自我监督等构成的综合性监督体系。建立健全红十字会经费审查制度，加强各级红十字组织的工作审计，自觉接受第三方审计机构的定期审计，实行审计结果的公开公示制度。最后，要建立红十字会网络信息平台。在网络信息技术高速发展的今天，红十字会应与时俱进，充分利用信息资源，打造集红十字捐赠款物管理、人道救助项目管理、红十字志愿服务管理等为一体的全区统一的信息化综合业务平台，实现红十字工作及时、便捷的信息公开、发布和全过程监督，切实保障捐赠人和社会公众的知情权、监督权，提高红十字会的公开透明程度和社会公信力。利用信息平台开展信息汇总、工作评价和绩效考核，优化服务流程，提高科学决策水平。同时，运用互联网等新媒介实现红十字志愿者的网络注册、服务的实时记录，推进网上救护学堂、网上捐赠等工作的开展，全面实现嘉定区红十字工作的数字化、信息化。

（四）建立红十字志愿服务宣传体系

红十字会基层组织以红十字会服务站为平台，组织开展各项红十字会志愿服务工作，致力于宣传人道救助精神和红十字会理念。在走访中，我们了解到，嘉定区基层红十字会服务站的宣传方式仍以海报宣传、分发传单、张贴布告等传统宣传方式为主，宣传范围和宣传力度都受到很大的局限。建立红十字志愿服务宣传体系，一要建立社会化的宣传机制。红十字事业是一项需要动员社会、动员广大民众参与、造福人类的伟大事业，其宣传仅靠红十字会本身是远远不够的，必须建立和完善社会化宣传机制，借助社会力量开展全方位的立体宣传。基层红十字会要充分利用红十字品牌这一无形资产，积极主动地吸引社会力量参与红十字事业，借助外力，延伸红十字会宣传工作的手臂。要进一步加强宣传工作的组织领导，聘请党和政府以及宣传部门领导、媒体负责人和知名人士担任宣传委员会委员，吸收热心公益事业的媒体记者参加志愿者委员会，建立一支相对稳定的红十字宣传骨干队伍。要构建红十字大宣传格局。红十字宣传应该是全方位、多层次、多种类、立体化的大宣传。首先，要进一步加强与政府及其有关部门、社会团体，特别是新闻媒体的联系与合作，广泛动员和充分利用各种宣传资源，让更多的爱心人士投入人道救助事业。其次，要把红十字宣传工作贯穿于备灾救灾、卫生救护、社区服务、青少年工作等各项工作的全过程。第三，各级红十字会的工作人员，都要有很强的宣传意识，人人都要成为宣传能手。只有这样，才能真正形成红十字大宣传格局，才能有效提高红十字会的社会认知率、支持率和参与率。

三要创新宣传内容与形式。在创新宣传形式上，可以充分发挥电视、广播、报纸、网络等媒体的作用，强化媒体资源建设，完善红十字会新闻发布机制。根据宣传受众不同的特点，丰富适应性强、感染力大的宣传形式，搞好宣传品的开发、制作，开展创新性宣传，增强宣传效果。此外，还要积极组织广大会员、志愿者在城镇、乡村、学校、社区开展宣传、义诊及各种救灾救助等社会实践活动，发放法律法规及各种业务宣传资料、活动简报，开展各种讲座，创办宣传专刊。在宣传内容上，要遵循"贴近生活、贴近实际、贴近群众"原则，不断提高红十字宣传工作的针对性、时效性和吸引力、感召力。重点宣传红十字会精品工程，加强重大主题活动的宣传，全区上下联动，重拳出击，大大造势，形成气候，以宣传促筹资，壮大人道救助实力，形成充满生机和活力的红十字大宣传格局。在此过程中，要完善以弘扬"人道、博爱、奉献"红十字精神为主线，以特色活动、品牌宣传、红十字运动基本知识传播、重大自然灾害和突发公共事件救助等宣传活动为重点的大宣传格局。此外，要充分发挥新闻媒体的宣传导向作用，及时报道红十字志愿者开展活动的情况，加大对红十字志愿服务活动和志愿者先进典型的宣传力度，提高红十字会的社会知名度、信誉度，扩大红十字会工作影响力，营造红十字事业发展的良好社会环境。在当前红十字志愿服务交流匮乏与信息化社会发展的矛盾下，要加强利用电视或广播、报纸杂志等传统媒体，大力宣传红十字志愿服务；要充分利用网络快捷、高效、灵活的特点，使志愿服务人员受广泛信息启发而更新服务项目、丰富服务内容。这其中包括运用新技术改革传统志愿服务方式，提高服务效益，也包括开辟新的服务领域，满足不同层次民众的服务需求。

（课题组负责人：王国忠、池子华；指导教师：池子华、刘素素、郝珺；成员：韩国蔚、路文方、夏美勤、黄泽茂）

上海嘉定区红十字会遗体器官
捐献激励机制研究

课题组

一、背景

遗体器官捐献是指公民自愿将自己的遗体器官捐献给社会、他人的行为，是我国器官移植的重要来源。在 2012 年之前，由于缺乏公民的自愿捐献，我国 90% 的移植器官来源于死囚捐献；2012 年之后，国家承诺彻底改变过去依靠死囚获得移植器官的畸形方式，因此器官捐献成为唯一合乎伦理的供体来源途径。但是，我国目前器官捐献供体严重短缺，器官来源和途径复杂，甚至出现人体器官买卖。受伦理、传统观念、捐献体系不完善等因素的制约，以及遗体器官捐献的自愿性的无偿性等原因影响，遗体器官捐献陷入困境。为了更多地激发社会遗体器官捐献的活力，改变当前的困难现状，让更多的人参与生命拯救的队伍，需要建立和完善器官捐献激励机制。器官捐献激励机制是指通过构建一套理性化、科学化、法律化的制度，从物质、精神等各个方面给予器官捐献者奖励和支持。之所以要建立这样一套机制，主要基于如下考量：

首先，人体器官买卖是绝对伦理禁忌。买卖器官是不符合伦理道德的，也是不被法律允许的。允许买卖器官的初衷是为了缓解器官供需矛盾，但是这种机制必然会被垄断，成为少数人的特权，导致社会不公，无法从根本上缓解供需矛盾。

其次，器官捐献绝对无偿原则存在弊端。我国《人体器官移植条例》第 7 条规定，人体器官捐献应当遵循自愿、无偿的原则。器官捐献无偿原则以利他主义为核心，建立在人类的身体和身体的部分不应该用来得到经济收益，或者相当的收益的生命伦理的基础上，将器官视为"生命的礼物"，主张捐献器官应自愿、无偿。人体器官只能通过无偿捐献来得到，决定了它的稀缺性，而接受和处理机构收取"合理的费用"

并没有科学的界定，这使得"无偿"的捐献在某些人手里成了"有偿"的利益。

再次，器官捐献激励机制具有优越性。制度化、法律化的弹性激励机制使捐献程序更加科学、高效、便民，使器官分配机制更加公平公正，补偿机制更加合理地配置器官供方和需方的权利义务，维护器官捐献者和受赠者的双方合法权益，既秉承了器官捐献无偿原则，又避免了其因过于僵化出现的各种弊端，坚定人们的捐献决心，有利于器官捐献事业摆脱低迷的状态。

二、红十字会遗体器官捐献激励机制现状

（一）红十字会遗体器官捐献工作现状

根据上海市嘉定区2014—2015年工作报告，嘉定区红十字会全年共办理遗体（角膜）、器官捐献登记171名，其中遗体（角膜）捐献登记者151名，器官捐献登记者20名。遗体捐献实现者31名，器官捐献实现者13名，位于全市前列。嘉定区每年3月会组织开展"遗体捐献工作宣传月"活动，区红十字会宣讲团和文艺宣传队通过召开宣讲会的方式宣传捐献工作。除了传统新闻媒体的报道，近些年由于新媒体的发展，嘉定区红十字会也通过微信公众号平台进行宣传和传播。日常工作中，嘉定区红十字会借助自编的期刊和宣传手册等常规方式进行宣传。

嘉定区遗体器官捐献工作的展开得到众多热心志愿者的支持，这些志愿者除了嘉定区红十字会工作人员，主要包括退休医务工作者以及退休教师等知识分子。嘉定区为加强与遗体捐献志愿者之间的联系与沟通，改善遗体器官捐献工作与志愿者服务，专门组建嘉定区遗体（角膜）捐献登记者联谊会，又称"春蚕之家"联谊会，通过建立联系关爱、住院探望、慰问走访等制度，做好对遗体器官捐献者的抚慰与帮扶工作。具体工作主要为"送健康（60岁以上登记者免费体检）、夏季送清凉（走访80岁以上登记者）、冬季送温暖（慰问实现者家属），送关爱（走访身患大病的登记者）、送祝福（走访骨干志愿者和高龄登记者）、送保障（区镇两级组织联谊活动）"等联谊会"六项"服务机制。嘉定区红十字会依托遗体器官捐献志愿者对捐献登记者给予抚慰与保障工作，间接促进遗体器官捐献工作的开展与拓展。

2002年3月，全国第一座遗体器官捐献纪念碑在上海福寿园落成，

纪念碑上镌刻着所有遗体捐献者的姓名，以供公众瞻仰。同时，捐献者纪念馆、捐献纪念网站的设立以及上海市将3月1日定为上海市遗体捐献纪念日等举措，在精神层面上对遗体器官捐献者表示尊敬与肯定，一定程度上激励了广大民众的参与。

（二）民众对遗体器官捐献工作的态度

在此次调研活动中，除了对当前嘉定区红十字会遗体器官捐献工作进行了内部的访谈与调查，我们还对嘉定区民众进行随机的问卷调查。由于遗体器官捐献在一定程度上属于较敏感的话题，参与问卷录入的有60人，且都为有效问卷。对问卷的数据分析后可以发现，在民众日常接触到的遗体器官捐献途径中，所占比重最大的是媒体宣传，其次为网络，而作为遗体器官捐献工作开展者的红十字会为第三接触途径。显然，红十字会在遗体器官捐献方面所做的宣传与推广需要适当加大力度，将宣传向广度和深度上推进。

对民众接触到遗体器官捐献的频率，约70%的受访者表示较少甚至基本没有接触过遗体器官捐献，仅不到两成受访者表示接触较多。对是否接受到遗体器官捐献的相关激励措施与激励手段，约4成受访者表示未接触过，3成受访者表示接受过。数据从侧面反映出遗体器官捐献工作虽然未形成大流，目前还缺乏一定的社会基础和社会认可度，但是仍有一部分人了解相关信息，社会大环境的改变与推进需要时间。遗体器官捐献激励手段与激励机制也在一定程度上存在并发挥作用，但仍需要进一步完善与推进。

在遗体器官捐献激励机制的物质、精神激励方面，9成以上受访者认可其存在的合理性与激励性，仅少数受访者否定其合理性。其次，两成以上受访者表示考虑过遗体器官捐献的回报性，虽然表示"说不清"的受访者为大多数，约占4成，但似乎从侧面显示了物质与精神激励的作用。由于遗体器官捐献激励机制的影响与效用是需要各方综合出力的，遗体器官捐献工作也是一个综合性和复杂性较高的活动，能否吸引更多人参与遗体器官捐献活动需要体系上的完备和效用。

综合数据分析，在对捐献者以及捐献家属的调查中发现，大部分捐献者对物质奖励与精神奖励并不重视，但是若使得捐献者得到一定的精神鼓励，比如纪念证书等，获得他们更多的认同，他们将会更坚定地参与到捐献事业中。98%的受访者表示听说过遗体器官捐献，但是其中90%的人是通过媒体与网络了解到遗体器官捐献的，较少有从红十字会获得信息的。在接触遗体器官捐献宣传频率方面，90%受访者表示较少甚至没有接触过相关宣传，遗体器官捐献工作的宣传广度与深度显然并不乐观。在对遗体器官捐献激励机制的调查中，50%受访者表示未接受过激励措施，约有三分之一受访者表示不在意此类激励措施。大部分受访者对是否应该给予遗体器官捐献物质奖励与精神奖励的回答比较模糊。若家人参与捐献工作是否给予支持，大部分人也表示视情况而定。且30%的受访者表示若家属参与遗体器官捐献会考虑自身作为家属是否会有物质回报与精神回馈的问题。调查中大部分民众并未完全了解遗体器官捐献工作，这与其宣传与普及程度不高有密切关联。近年来红十字会自身公信力因"网络风波"受到冲击，在推广遗体器官捐献工作上处于尴尬境地。

红十字会遗体器官捐献激励机制作用力不够的原因有：

其一，国家缺乏遗体器官捐献相关法律，自然也缺乏相关激励机制的规定与说明，硬性激励手段尚不明确。

其二，在激励机制中的物质激励方面，由于红十字会属于政府机关下的公益性组织，兼有民间和官方两种属性，红十字会的资金来源大多为民间捐助以及政府部分拨款，在捐助中主要用于患病严重的急救性扶持项目，缺乏资金投入到遗体器官捐献工作中。

其三，在激励机制中的精神激励方面，由于精神激励属于对捐献者及其家属的崇敬和尊重，因此这些措施容易流于形式。在相关的出版物中，对捐献者及其家属仅仅一笔带过，并没有形成强有力的宣传效应，从而达不到预期的精神激励效果。红十字会在落实过程中若处理不当甚至还可能会产生负面效果。

其四，对工作缺乏必要的跟进与监督机制。为了确保器官移植与遗体器官捐献机制的健康发展，在遗体器官捐献和移植中的各个环节须保证透明与合理，这就需要有相应的监督人员和监督体系。

除了以上这些原因，传统观念、伦理思想等的影响也是一个不可忽视的原因。在中国千百年来的传统观念里，人们最讲究身体完整地入土为安，否则就是对死者的不尊重，家属在情感上也难以接受。传统观念的改变和移除尚需时日。

三、完善遗体器官捐献激励机制的可行性措施

（一）推行切实有效的长期性社会宣传

器官捐献与中国传统的思想与伦理道德是有抵触的，民众对捐献行

为的接受需要时间积累和正确引导。必须广泛普及器官捐献的相关知识，扩大宣传，使得捐献意识逐渐深入人心，"软性"地激励器官捐献。比如，德国把每年 6 月的第一个周六设为器官捐赠日，在这一天，德国器官捐赠基金会、联邦卫生宣传教育中心以及许多协会都会利用分发宣传手册、免费咨询等渠道提高居民的捐献意识，这样的宣传方式是值得借鉴的。

（二）加强制度保障

相关部门对于遗体器官捐献激励机制的各个环节都应建立透明的制度，使得物质奖励落实渠道明确具体、精神激励的工作落实到位等，使得可能出现的任何漏洞在未出事之前得以发现，确保激励工作落到实处。

（三）建立科学化制度化器官捐献体系与捐献程序

遗体器官捐献涉及伦理、生命，是一个重大而敏感的话题。坚持捐献原则的正确定义、捐献途径和程序的科学透明、捐献器官使用以及分配的公开公正、宣传捐献的各种具体细节等，以一套科学、有序、完善的捐献体系赢得民众的信任，以促进捐献工作的进步。

（四）加强遗体器官捐献的法律工作

将遗体器官捐献的工作以法律形式确定下来，既可保证遗体器官捐献工作的合法化、规范化开展，又可维护医患双方的合法权益，激励民众积极参与遗体器官捐献，推动捐献工作的开展，有利于治病救人以及医疗事业的进步。

综上所述，我们在对红十字会遗体器官捐献工作的调研中发现存在的问题，结合遗体器官捐献激励机制存在的合理性，提出了加强宣传、加强制度保障、建立科学化制度化器官捐献体系与捐献程序、强化遗体器官捐献的法律保障等应对举措，以破解遗体器官捐献工作难题，保障捐献者合理合法的利益，营造良好的社会救助氛围，促进生命救护和医疗事业的进步。

（课题组负责人：王国忠、池子华；指导教师：池子华、刘素素、郝珺；成员：郑姝娟、张君逸、张颉、熊怡静）

嘉兴市红十字会专栏

以"五大发展理念"为指引
建设有中国特色的新型红十字组织

嘉兴市红十字会

习近平总书记指出,我国红十字事业是中国特色社会主义事业的重要组成部分,中国红十字会是党和政府在人道领域联系群众的桥梁和纽带。在新的历史背景下,要建设能够适应新形势新任务,符合时代内涵和要求,同时使自身得到丰富和发展的有中国特色的新型红十字组织,从而更好地推动红十字事业的大发展大繁荣。这是当前中国红十字人共同的战略任务。

一、基本思路

紧紧围绕"四个全面"战略布局和"五大发展理念",深入贯彻党的十八大和十八届三中、四中、五中全会精神,贯彻落实中央党的群团工作会议、中国红十字会第十次全国会员代表大会,以及浙江省委、省政府《关于加快发展红十字事业的意见》和嘉兴市《关于加快发展红十字事业的实施意见》的精神,按照"夯实基础、发挥优势、补齐短板、再谋新篇"的要求,以"先进性、群众性、透明性"为导向,努力打造创新、协调、绿色、开放、共享的新型红十字组织。

二、功能定位

中国红十字会是党和政府在人道领域联系群众的桥梁和纽带,协助党和政府在人道领域开展《红十字会法》《中国红十字会章程》赋予的法定职责和社会活动,是组织动员社会力量和吸纳社会资源的平台,反映群众诉求和服务社会民众的平台,对接、承接政府购买社会服务的平台,沟通、协调政府部门和其他社会组织的平台。

三、建设目标

一是凝聚力强。管理体制更顺，消除自卑感，使工作人员使命感、归属感更强，奉献者自豪感、荣誉感更强。

二是执行力强。工作运行机制更活，干部人才队伍素质更高、作风更硬。

三是影响力强。动员社会资源和力量更有力，被服务群众获得感更好，其独特作用发挥充分，彰显红十字品牌价值。

四是公信力强。各项制度健全，实现公开、规范、阳光、透明。

四、基本特征

（一）组织网络更健全

在党委、政府重视下，倡导党建带群建。纵向而言，在现有总会、省市县建立红十字会基础上，不断向镇（街道）、村（社区）基层延伸；横向而言，要在现有卫生系统、学校建会基础上，不断探索向企事业单位和社会组织拓展。积极培育和发展会员，做到组织建设与事业发展规划相统一、相衔接。

（二）职能定位更精准

履行法定职责，秉承和弘扬"人道、博爱、奉献"的红十字精神，传播红十字文化，推动社会主义精神文明建设；积极服务经济社会发展大局，致力于动员社会力量，开展"三献三救"，改善最易受损害群体境况，保护人民群众生命与健康；助力社会治理，保障和改善民生，开展人道救助、反映民生诉求、化解社会矛盾。各级、各基层红十字会组织应有相应的工作职能和主要职责。

（三）发挥作用更独特

"快"，在社会遭遇灾害、灾难和重大突发事件时，组织开展应急救援、抢险救灾、应急救护、灾后重建，做救急救难之事；"准"，在进行社会动员时，组织开展人道救助、无偿献血、造血干细胞捐献、遗体和人体器官捐献、国际人道援助，做雪中送炭之事；"优"，在开展志愿服务、回应民众诉求时，帮助群众解决日常工作生活中最关心、最直接、最现实的问题，解决群众最困难、最操心、最忧虑的实际问题，做贴心温馨之事，少做画龙点睛之事。

（四）服务保障更有力

"人"，以干部人才队伍为核心，不仅需要造血干细胞、人体器官捐献方面的专业人才，也要有应急救护培训的专家；不仅需要社会动员能力强的人才；也要有致力于精心组织项目实施的人才；不仅需要有红十字文化传播的人才，也要有理论研究的人才；不仅需要能推动依法建会、治会的人才，还要有各种平台上各类专业人才，打造一支素质优良、业务精良、作风过硬的精干团队。

"财"，争取政府专项工作经费（包括救护培训、宣传传播、志愿服务、红十字青少年）和人道救助专项资金（褒奖政策）的支持。

"物"，应急救护培训基地建设、生命关爱教育基地建设、活动场馆建设、备灾救灾仓库和救援器材装备建设等。

（五）社会口碑良好

红十字组织不仅要有知晓度，而且要有参与度，更要让群众有实实在在的获得感、口口相传的满意度。

五、实现路径

新型红十字组织建设只有新的起点，没有终点，只有更好，没有最好，永远在路上。坚持以"五大发展理念"为指引，以"先进性、群众性、透明性"为导向，努力打造创新、协调、绿色、开放、共享的新型红十字组织。

（一）加强创新，勇谋新篇

创新是引领发展的第一动力。红十字会要保持和增强先进性，打造创新型组织。一方面要进行制度创新，通过顶层设计，从根本上提升红十字组织的发展步伐。比如在 2014 年，我会经前后近一年的反复沟通、磋商、协调，终于促成市委市政府出台《关于加快发展红十字事业的实施意见》（嘉委办发〔2014〕33 号）（下称《实施意见》）。该《实施意见》结合嘉兴实际，在政策引领、新居民人道事业激励、应急救护培训机制、人道救助资金以及对红十字会组织领导等五个方面取得较为重大的突破，这为我市红十字事业健康可持续发展提供了强大的制度支撑。2015 年，为进一步推进红十字核心业务的开展，经多方争取协调，市委将红十字会工作纳入对县市区的评价考核指标体系，明确将"红十字会应急救护培训"纳入民生改善与社会保障中的"常态性指标"，强有力地推动了红十字核心业务的开展。

另一方面是要加强实践创新，要在基层工作中根据形势任务变化，创设红十字特色工作亮点。比如救护培训，我会在重点部门开展工作时，先后根据基层实际，实现全省的"三个率先"。2012 年，我会在全省率先实现在党校中长期干训班必训应急救护，通过党校主体班，让领导干部首先感受急救的重要性；2013 年，我会在全省率先实行救护培训成为高校进行学分管理的选修课程，使大学生在修得学分的同时又拿到了救护员证；其后，我会又在全省率先实现将救护培训纳入中学必修课程，让每个中学生在每学期至少接受 1 课时的急救培训，使中学应急救护培训迈入制度化、规范化的轨道。这三个"全省率先"，大力推进了我市的救护培训工作。这些创新实践，后来也成为不少兄弟地区的借鉴对象。

（二）多向协调，齐心合力

协调，就是要和谐一致、配合得当，就是要正确处理好与外部的各种关系，为实现组织目标创建良好的条件和环境。对红十字组织而言，尤其要多向协调，齐心合力，这样才能使红十字工作得到更广阔的发展空间。一方面是要加强纵向协调，抓好组织建设。组织建设不健全，红十字工作就难以生根、发芽、苗壮成长。为此，我会近年来苦下功夫，大力加强县（市、区）、镇（街道）、村（社区）各级红十字组织建设。目前，7 个县级红十字会管理体制全部理顺，全市已建立镇（街道）红十字会 61 个，建会率 83.6%。另外，全市建立红十字会的学校有 322 所，建会率 97.3%。

另一方面要加强横向协调，促进部门联合。2013 年，我会联合嘉兴学院，共同建设了"无语良师"——嘉兴市遗体器官捐献者纪念碑，并每年在清明时节举行追思纪念活动，让全社会对捐献者的奉献精神有了敬仰之所，为捐献者的亲属提供了寄托哀思的瞻仰之地，从而也使我市的遗体（器官）捐献工作得到进一步的发展。2014 年，我会联合市图书馆，合作成立了公益性培训平台——嘉图红十字学校，从而借助图书馆的广大读者群及乡镇图书分馆的成熟体系，让红十字人道理念得到广泛的传播。近年来，我会通过与电力、公安、教育、消防、体育、旅游等部门广泛联系，积极推进救护培训工作。

（三）营造绿色，提高绩效

绿色是永续发展的必要条件和人民对美好生活追求的重要体现。对国家而言，绿色发展就是要建设资源节约型、环境友好型社会，形成人与自然和谐发展的现代化建设新格局。对一个组织而言，绿色发展就意味着要协调好内部人、事、物诸要素的有机联系，减少内耗，形成高效率运转的组织架构，这样才能真正提高组织的绩效。对当下的红十字组织来说，由于人少事多，构建绿色型的高效组织显得尤为重要。一方面是要厘清职责，明确分工，消除内耗。我会在每年年初将《理事会工作报告》中提出的年度重要工作任务进行梳理，给每项工作确定了责任领导和责任人，通过工作任务的分解落实，有效提升了工作的针对性和目标性。我会还根据红十字事业发展的新形势、新任务、新要求，通过"立改废"工程，及时健全各项规章制度，出台《嘉兴市红十字会机关工作制度汇编》，有效地规范了内部运行机制，提高了工作的规范化、制度化、科学化水平。

另一方面要突出重点，阶段推进，提高效率。在内部分工明确的基础上，我会于2015年制定实施宣传传播、应急救护、生命关爱、红十字青少年等四个工作专案，通过对重点工作的重点推进，提升工作的阶段性绩效。2016年，我会又进一步推出了"1+7"创新工作联创制度、日常工作协作交流制度、重点工作年度报告制度、市红十字会领导联系基层制度等四项崭新的工作制度，力求通过市、县联手，整合优势，来进一步提高全市红十字会系统的工作绩效。

（四）坚持开放，公开透明

开放是国家繁荣发展的必由之路，同样也是红十字会繁荣发展的必由之路。红十字会作为一个公益组织，信息开放，公开透明，是赢得信任的最明智的策略，也是重塑组织公信力的必由之路。对普通的社会大众而言，他们几乎天然地希望能够获取公益组织开展活动的各类信息。一方面要做到捐赠信息的公开透明。为此，我会从2009年起，就将接受的每笔捐赠款物在门户网站实时公布。从2013年起，实施按月晒账本制度，即每月在门户网站公布捐赠款物的使用情况，详细公布每笔款物使用的时间、救助项目、受助对象、使用金额、资金来源（捐赠人）等信息。从 2014 年起，我会又将上一年社会捐赠款物的接受和使用明细制作成小册子，上门或寄送给每一位捐赠者。公开透明的结果是公信力的不断提升，由此使我会近年来的社会捐赠款物稳步增长，特别是个人捐赠已过半壁江山。

另一方面是通过信息宣传提高公众知晓度。通过努力，连续 3 年在市级以上报纸刊出红十字新闻超 100 条，2015 年达 124 条、103467 字，其中图片 35 张、头版 11、整版 9 个。这些信息还进入了各类网站、微平台、电台进行推送。我会还创作了造血干细胞微电影《奔跑》，并在嘉兴市首届微电影大赛中获得提名奖。另外，我会又对门户网站进行全新改版，市县联动，实现市、县两级网站全覆盖。2015 年，我会还开通了微信公众号，定期向社会各界推送红十字信息。

（五）共建共享，多维受惠

共享是中国特色社会主义的本质要求。必须坚持"发展为了人民、发展依靠人民、发展成果由人民共享"的原则。红十字组织的发展，首先就是要让最易受损害的群众共享红十字带来的温暖。"十二五"期间，我市红十字会系统募集资金 1878.27 万元（其中市本级募集 604.31 万元），保证了困难群体得到实实在在的救助。比如，其中的"红十字助成才、爱心代代传"助学项目，自 2010 年 5 月 8 日启动以来，每年新资助 20 名左右贫困大学生，每人资助学费 5000 元至大学毕业，目前共筹集资金 241.04 万元，救助 421 人次。"十二五"期间，我市还培训救护员 4.2 万人次，占户籍人口的 1.2%；全市普及救护知识 28 万人次，占户籍人口的 8%。全市造血干细胞入库 5096 人，成功实现捐献 26 人。全市有 212 名志愿者登记捐献遗体，成功实现捐献 32 人；有 115 名志愿者登记捐献器官，成功实现捐献 12 人。这些工作的开展，无疑都使受助者共享了红十字的人道、博爱。

另一方面，红十字组织的发展让志愿者在奉献中共享快乐。嘉兴市红十字爱心俱乐部是我市较有影响力的红十字志愿服务组织，是于 2009 年 5 月 8 日由一批热爱公益事业、具有良好经济基础和社会背景的爱心女士自发成立。俱乐部志愿者们以女性的温婉和善良，围绕红十字人道救助重点，设立了红十字爱心病房、红十字博爱助学、残疾人救助、红十字爱心书屋等救助项目，并自发为这些项目捐款 190.24 万元。她们用"热心、真心、诚心、爱心"积极开展志愿服务，只求收获奉献的快乐。她们的感人事迹受到郑继伟副省长等领导的充分肯定，俱乐部也获得中国红十字会总会"全国红十字优秀志愿服务队"的荣誉称号。而像这样的事例，在我市的红十字手足情修甲服务队、红十字水上应急救援服务队等志愿者中，也广泛存在。在红十字志愿服务中共享奉献的快乐，这一理念使我市的红十字志愿者队伍逐年壮大，使越来越多的人汇聚到鲜艳的红十字旗下。

红会党建与中立性原则之辨

严明强

国际红十字与红新月运动七项基本原则中有一项"中立"原则："作为一个世界性的人道主义运动，为了得到所有人的信任，要求在冲突双方之间不采取立场，任何时候也不参与带有政治、种族、宗教或意识形态的争论。"为此，有人对在红十字会建立、发展党的组织心存疑虑：红会党建会不会影响红十字会的"中立"？会不会影响红十字会"独立自主"地开展工作？这样的做法能与国际接轨吗？有这些疑虑的人，显然没有弄清红会党建与中立性原则的内在含义。

一、历史与现实

在红十字会中建立党的组织，在党建史上由来已久。抗战时期，上海和南京相继失陷后，中国红十字会于 1937 年冬迁至武汉，1938 年春成立中国红十字会救护总队部，旋迁湖南长沙。同年夏，为加强共产党在救护总队的工作，在徐特立的指示下，中国共产党红十字会秘密支部（红会特支）成立，这是中国红十字会历史上建立的第一个党的组织①。

新中国成立后，中国红十字会进行了改组，李德全、钱信忠、崔月犁、陈敏章、钱正英等历任会长也均为中共党员，其中，新中国成立后的首任会长李德全在任会长期间，于 1958 年 12 月加入中国共产党。

新形势下，党对红十字会的领导得到进一步加强。2015 年 7 月，中共中央印发《关于加强和改进党的群团工作的意见》，对红十字会等群团组织，要求"坚持党对群团工作的统一领导；加强对群团组织的政治领导、思想领导、组织领导，把党的理论和路线方针政策贯彻落实到群

---

① 丁英顺：《鲜为人知的护国往事——抗战时期的中共红会支部》，《中国红十字报》2015 年 7 月 31 日。

团工作各方面、全过程"。

二、分析与讨论

对历史与现实的轨迹进行梳理，我们可以发现，在红十字会中党员和党组织的发展过程是极其明晰的。政党是阶级社会的产物，由此而担忧党组织的发展会不会影响红十字运动的中立性原则，其实只要能正确理解下述三种关系，这种疑虑自当烟消云散。

（一）党的理念与红十字理念的关系

两种理念如果一致，那么就能相得益彰，共同成长；如果不一致，那势必造成冲突。中国共产党的最大理念是"全心全意为人民服务"，"党除了工人阶级和最广大人民群众的利益，没有自己特殊的利益"[1]。而红十字会最大的理念为"人道、博爱、奉献"，"以改善最易受损害群体境况为工作目标"。两相对照，二者理念基本保持一致，党的理念在道德情感上还要更高一层。"全心全意为人民服务""没有自己特殊的利益"显然是最高层次的博爱和奉献。

事实上，以雷锋为代表的优秀中共党员群体，他们"好事做了一火车"式的无私奉献、任劳任怨、舍小我为大家的鲜明形象，正是"人道、博爱、奉献"最生动最传神的诠释和演绎。正因二者理念的高度一致，所以在红十字会中发展党的组织，造就的是红十字会的快速发展。抗战时期，在红会秘密支部的努力和影响下，中国红十字会救护总队先后派遣20余个医疗队去延安及敌后抗日根据地进行医疗救护工作，运送了大批国际国内医疗器械到各抗日根据地去，使红十字战地救护从正面战场扩展到了敌后战场[2]。新中国成立后，红十字会中党组织的发展与红十字核心业务的逐步壮大也是步伐一致的。

国内如此，国际亦然。抗战时期经国际红十字会协会（红十字会与红新月会国际联合会前身）派往中国的国际援华队中，感人至深的红十字志愿者多有各国共产党员的身影。国人耳熟能详的诺尔曼·白求恩，即为加拿大共产党员、加拿大红十字会志愿者，借国际红十字会协会渠

---

① 《中国共产党章程》，人民出版社2012年版，第19页。

② 王丹丹：《红会救护总队特别党支部：白衣天使在抗战一线》，《贵阳日报》2014年9月26日。

道来到中国，实施战场救护，直至以身殉职。这样的情况还有德国籍共产党员贝尔，中文名白尔，率外籍医疗队到中国红十字会救护总队第四大队所在的金城江开展人道救护；保加利亚籍的杨托·卡内蒂（Dr. Ianto Karxeti），中文名甘扬道，于 1939 年带领 12 人的外籍医疗队来到中国，担任救护总队一个中队的队长并兼救护总队顾问，后到滇缅公路沿线开展救护工作，他是医疗队共产党负责人之一①；印度援华医疗队被中国红十字会救护总队编为第 15 救护队，其中最著名的柯棣华于 1942 年加入共产党，后以身殉职。这些共产党员，正因心中共产主义的崇高理想和红十字博爱精神高度契合，所以才谱写出一曲曲感人肺腑的人道高歌。

（二）发展党员与保持中立的关系

有人担心在红十字会中发展中共党员会影响红十字运动的"中立"。这种担心的谬误就在于，把"红十字组织"和"红十字人"这两个概念混淆在一起。红十字运动要求"在冲突双方之间不采取立场，不参与带有政治、种族、宗教或意识形态的争论"，这是就红十字组织的整体而言的，要求红十字组织在冲突双方之间保持中立，取得平衡。这一"中立性"原则在实际操作之时，当然要求每一个红十字人在具体开展工作时，务守人道，在冲突各方间持中立立场。但这并不意味着，只有本身是"中立人"的人才能做到红十字会的"中立"。世界上也不存在这样一种所谓的"中立人"。

马克思在《关于费尔巴哈的提纲》中批判费尔巴哈对人的本质的错误理解时提出："人的本质不是单个人所固有的抽象物，在其现实性上，它是一切社会关系的总和。"② 每一个社会中的人，都有地域、国家、民族、政治、肤色、宗教、语言等等之分。一个婴儿呱呱坠地，即有诸多先天差异。以地域论，有五大洲之分；以国家论，全球有约 200 个国家之分；以肤色论，有黑、黄、棕、白之分；以宗教论，有基督教、伊斯兰教、佛教、犹太教等之分；以民族、政治、语言论，则其中差异更不可胜数。即使一国之内，也有南北东西之分；一地之内，也有姓氏宗族之分；一宗教内，伊斯兰有逊尼派、什叶派之分，基督教有天主教、新

① 中国红十字会编：《图说中国红十字会 110 年》，中华工商联合出版社 2014 年版，第 50—53 页。

② 马克思、恩格斯：《马克思恩格斯选集》第 1 卷，人民出版社 2012 年版，第 135 页。

教等等之分。若以某人是中共党员，即判断其"不中立"而有违红十字运动基本原则，这与在红十字运动中因某人是白人就判其不能在白人与黑人冲突中保持中立、因某人是逊尼派即判其不能在伊斯兰教派冲突中保持中立、因某人是美国共和党员即判其不能在美国选举冲突中保持中立、因某人是俄罗斯人即判其不能在乌克兰俄罗斯冲突中保持中立是一样的谬误。

红十字运动的伟大之处，即在于打破了地域、国家、民族、政治、肤色、宗教、语言等等固有的藩篱与束缚，以红十字人道理念贯穿其中，不以其原有身份属性自我设限，唯求在红十字运动中保持中立，不取立场。不论是白人还是黑人，不论是中共党员还是美国民主党员，不论是逊尼派还是什叶派，只要在红十字旗帜下抛开固有身份的认识，中立公平地对待冲突各方，就是遵守了这项中立原则。也正是因红十字人有这样开放和博大的胸襟，红十字运动才能风靡全球。

（三）党组织的建立与独立自主开展工作的关系

独立自主开展工作，是保持中立的前提。中共党组织的组织性、纪律性举世公认，那在红十字会建立党组织，会影响其独立自主开展工作吗？从法理和现实来看，二者当然是不矛盾的，是并行不悖的。

首先，从法理上看，红十字会独立自主开展工作受法律保障。《中华人民共和国红十字会法》第四条："中国红十字会遵守宪法和法律，遵循国际红十字和红新月运动确立的基本原则，依照中国参加的日内瓦公约及其附加议定书和中国红十字会章程，独立自主地开展工作。"《中国红十字会章程》第四条："中国红十字会遵守国家宪法和法律，遵循国际红十字运动基本原则（人道、公正、中立、独立、志愿服务、统一、普遍），依照日内瓦公约及其附加议定书、《中华人民共和国红十字会法》和本章程，独立自主地开展工作。"《中共中央关于加强和改进党的群团工作的意见》也强调，支持群团组织"坚持依法依章程独立自主开展工作"。

其次，这是由党对群团工作的领导方式所决定的。《中共中央关于加强和改进党的群团工作的意见》指出：党对群团工作的领导，主要是"对群团组织的政治领导、思想领导、组织领导"。政治领导，是党对国家的政治方向、政治路线、政治方针的领导，我国的政治路线写入宪法，遵守法律与独立自主当然不相违背。思想领导，是党通过思想政治教育以统一全党和全国人民的思想，由于党的理念与红十字精神高度契

153

合，所以党的思想领导更有利于红十字运动的开展。组织领导，主要是建立健全党的组织，培养、选拔、使用和监督党员干部，发挥党员先锋模范作用，这显然有利于红十字会干部队伍的建设。而且，党推荐优秀人才为红十字会领导建议人选，仍需通过红十字会理事会选举才能有效，这也正是红十字会独立自主开展工作的体现。可见，党对红十字会的领导，并不是对具体业务的包办，这与红十字会独立自主开展工作完全不相违背。

其三，从党组织的现实运行状况来看，公众对红十字会的独立自主开展工作不必多疑。改革开放之初，外资企业最戒备的就是中共党组织在这些企业的建立和发展，认为这样还能让外企独立自主吗？因而，他们对此十分抵触。但如今，从渣打银行上海分行到普华永道中国，从北京现代到阿尔卡特朗讯上海贝尔，全国各地的外企纷纷建立党组织，沃尔玛甚至用"世界最大的共产党入主世界第一的零售商"这样的标题渲染建立党组织之事①。无独有偶，国内的阿里巴巴、华为、万达、小米、乐视、传化等私营企业也纷纷建立党组织。这不是"资本家"受到了什么压迫的不得已之为，而是发现党组织的建立更加有助于企业发展的主动之举。传化集团提出："党建工作做实了，就是一种生产力。"党组织是优秀人才的集聚地，党员是员工中的先锋和榜样，党组织的建立不仅不影响非公经济的独立自主，还进一步助其发展壮大。红十字会中的党组织建设，也是同样的道理。

三、对策与建议

既然红会党建并不妨碍红十字会的中立和独立，那么，红十字会的党员和党组织，就应该进一步发挥先锋模范作用，让红十字旗和党旗交相辉映。

（一）理直气壮亮明党员身份

曾有一段时间，由于对红会党建与独立性原则的模糊认识，一些红十字会党员对于要不要亮明党员身份心存疑虑，从而处于"潜伏"状态，甚至成了"地下党员"。这种做法对红十字会的发展极为不利。如

---

① 《媒体称我国各地外企建立党组织成潮流》，《中国经济周刊》网址 http：//news. sina. com. cn/c/sd/2012-07-17/002524784918. shtml。

果能正确理解上文所述的三种关系，认识到红会党建与中立性原则并行不悖，那在红十字工作中亮明党员身份又何须顾虑？而且，共产党是当今中国最先进、最有公信力和战斗力的组织，党组织对党员有着极其严格的管理与监督作用，红会的党建形象，显然对提升组织公信力更为有利。自从"八项规定"出台以来，红十字人理直气壮地亮明党员身份，也是对自己的一种激励与鞭策。因为这意味着他们不仅接受一般意义上的法律监督、社会监督、舆论监督，更要自觉接受更加严格的党内监督。当然，在对外交往中，一般以遵循国际上的"对等原则"为宜，即如果国外红十字会不提政党活动，我们也不提；如果提及，我们也提及。

（二）让"两张皮"的党建现象合而为一

目前，党建工作还不同程度地存在着与业务工作相脱离的"两张皮"现象，甚至出现党建工作被虚化的问题①。这既不利于红十字会核心业务的开展，也不利于党对红十字会工作的领导。要让"两张皮"合一，首先要明确红会党建的目的是铸魂，主要是解决好工作的动力问题，也即理想信念问题。要让党员意识、党性原则、党纪党规内化于心外化于行，成为每一个红会党员的思想标准和行为准则，从而发挥党员的先锋模范作用，进而带动整个红会队伍的战斗力和执行力。其次要在结合上下功夫。在基层工作中，一定时期内的"中心工作"往往是党委、政府大政方针的集中体现。要善于围绕中心开展好红十字核心业务，这对红十字组织而言是责无旁贷和义不容辞的，也是"两张皮"合一的契合点，更是红会党建工作最大的载体和亮点。要以辩证唯物主义的立场、观点和方法，站在党委政府和群众长远利益上做战略思考，通过"中心工作"合二为一。

（三）正确理解与界定党组与执委会的权责

《中国红十字会章程》第三十八条："有 3 名以上（含 3 名）专职常务理事的红十字会，需设执行委员会，主持日常工作。"《中国共产党党组工作条例（试行）》第二条："党组是党在中央和地方国家机关、人民团体、经济组织、文化组织、社会组织和其他组织领导机关中设立的领导机构，在本单位发挥领导核心作用。"随着党委、政府对红十字工作

---

① 祝灵君：《防止党建工作与业务工作"两张皮"》，《人民日报》2016 年 4 月 21 日。

的进一步重视，在红十字会既设有执委会又设有党组的情况越来越多，因此，必须正确理解与界定两者之间的权责关系，才能进一步形成合力。为此，《中国共产党党组工作条例（试行）》第三条已经给出了方法："坚持党组发挥领导核心作用与本单位领导班子依法依章程履行职责相统一，把党的主张通过法定、民主程序转化为本单位领导班子的决定。"对于这一方法，一方面要正确理解"党组的领导核心作用"，其核心作用主要体现在"对群团组织的政治领导、思想领导、组织领导"方面，要多做战略性、长远性谋划，而不是事无巨细的包办；另一方面要正确理解"法定、民主程序转化"，也即党组对一些重大事务的决策，宜通过理事会、常务理事会、党政联席会议等程序转化为执委会的决策部署。这样也就实现了《中共中央关于加强和改进党的群团工作的意见》提出的："群团组织中的党组要充分发挥领导核心作用。善于团结党外干部群众，善于把党的主张和任务转化成群团组织的决议和群众的自觉行动。"

（作者系浙江省嘉兴市红十字会秘书长）

溯本求源　追远鉴今

——应急救护的中国渊源

严明强

急救，即应急救护，在卫生系统，则称为院前急救，这些词汇，说的其实是同一个概念。急，即应急，强调的是时间，要用最短的时间、最快的速度；救，即救护，强调的是技术，既要简便易学，又要减轻伤残、挽救生命。

关于急救的起源，国人常常以为源自国外。急救界也流传着"威廉·霍伊斯于1773年发明人工呼吸法""拿破仑的外科医生拉雷爵士发明了急救队"等故事；而一说起心肺复苏，首先想到的是美国心脏学会（AHA），急救人员也往往以能参加美国心血管生命支持课程（ACLS）、拯救心脏课程（Heartsaver）等培训为荣。由此，人们形成这样一种思维定式，即应急救护是从国外传入，国内急救知识的传播靠的是西学东渐，西方的文明成果造福了中华大地。然而，事实上，应急救护在中国古已有之，可谓源远流长。中国是世界上最早创立"急救"这一专业词汇的国家；中国创造了世界上最早的急救原则、检伤分类和心肺复苏方法；中国是世界上最早发明舌下给服硝酸甘油救治急性心肌梗死的国家；中国在1000年前就发明了急救培训模拟人；中国还创造了独门急救绝技——针灸；中国在1600年前就发行了世界上第一部口袋书形式的急救手册；中国的急救知识传播也早已通过东学西渐，造福全球。

一、中国最早创立"急救"这一专业词汇

（一）急救的专业含义

急救（应急救护）是红十字会的看家本领，中国红十字会总会编著的《救护概论与教学法》对此有专业定义："应急救护是指在突发伤病

或灾害事故的现场，在专业人员到达前，为伤病员提供初步、及时、有效的救护措施。"① 这一定义充分体现了急救的三个内在属性：一是应急性，要争取时间，争分夺秒，往往需在发病或事故现场即予开展；二是群众性，强调现场的群众即是第一反应人和现场救护者，避免为等待专业人员而浪费时间；三是专业性，虽然是初级的救护，但仍然要求有效，初级体现了群众性，有效则体现出专业性。总之，应急救护的核心要义就是"急"和"救"两个字。应急救护所要求的时间、地点、人员均体现了"急"的时间要求，及时有效的救护要求则体现了"救"所必需的专业知识。

（二）中国古代朴素的急救理念

在人类对世界的漫长认识过程中，对急救理念的认知也经历了一个由浅入深、起承转合的历史进程。

"急"和"救"二字在我国古已有之，但在秦汉之前二字还是各自使用，尚未合成。对"急"的释义，《说文解字》："褊（本义狭小，意指时间间急，不能从容）也，从心、及声"；《广韵》："疾也"；《增韵》："迫也"。"救"，《说文解字》："止也，从求、攴声"；《广雅》："助也"；《广韵》："护也②"。从字义上追根溯源，即可知我国急救的理念在古时造字时就已蕴涵其中。

我国最早的急救雏形可以追溯到远古的原始社会，考古发现在北京猿人头颅骨上有被器具打击而遗留的伤痕，在山东曲阜发现的新石器时代人骨上，有肱骨骨折后愈合的征象，在江苏邳县发现的新石器时代人骨上，有箭伤导致的骨镞。③ 这些均表明，远古先民在生存抗争中已形成了应对伤害的急救雏形。至周代，则形成了食医、疾医、疡医、兽医四大医科。《周礼·天宫》载："疡医掌肿疡、溃疡、金疡、折疡之祝、药、刮、杀之齐。"可见，当时的疡医已掌握刀伤、骨折等常见急救技能。我国现存最早的医学经典《黄帝内经》之《素问·至真要大论篇》："病有盛衰，治有缓急，方有大小。"④ 其在 2000 多年前就提出了"治病有轻重缓急，方剂有药量差异"的急救观念。在论及救治方法时，《黄帝内经》之《素问》篇有"急食甘以缓之；急食酸以收之；急食苦以泄

① 中国红十字会总会编：《救护概论与教学法》，人民卫生出版社 2015 年版，第 12 页。
② （汉）许慎：《说文解字》，天津古籍出版社 1994 年版，第 68、219 页。
③ 张慰丰：《医药的起源》，《中华医史杂志》2000 年第 1 期，第 48—51 页。
④ 《黄帝内经》，（唐）王冰注，中医古籍出版社 2003 年版。

之；急食辛以润之"等语，《灵枢》篇中则有"急泻之；急补之；急刺之；急治之"等语，一个"急"字，生动传神地强调了急救要快速进行的要义。传为商朝伊尹所著的医学经典《伊尹汤液经》中，也有"身体疼痛，清便自调，急当救表""发热汗多者，急下之"等语①，同样蕴涵着朴素的"急救"理念。

（三）作为正式的专业词汇的出现

至晋代，"急"和"救"二字在我国的医学典籍中合二为一，正式成为固定的医学专业词汇。341年，东晋医学家葛洪所著的《肘后备急方》一书正式刊行，"备急"一词在古汉语中含有"急救"之义，这也是世界公认的我国第一部急救手册。《肘后备急方》又名《肘后救卒方》，两书名合起来即含"急救"一词。该书中已多次出现"急救"一词的专业记载，如"急救性命"，"如此之病，十死一生，急救之"，"急救，七日中宜瘥"，等等②。书中还记录有著名的急救药——"急救稀涎散"方剂，为魏晋时期救治"口角似斜、微有涎出"的中风症状的急救药剂。另外，"咽芦管人工通气""竹夹板骨折固定""倒水法淹溺救治"等急救技术已比前人有了进一步的改进。将"急救"作为专业术语并写入医学专著中，《肘后备急方》远远早于国外，西方"first aid"术语直至1878年才首次出现于英国的有关材料中。

随着"急救"成为医学专业词汇，人们对急救各个层面的研究也在不断进行之中。在对1900年敦煌莫高窟藏经洞发现的已封存800余年的约5万卷"敦煌遗书"的研究中，学者们发现南北朝时期我国对急救的探索已有相当深度。比如，《辅行诀脏腑用药法要》提出了"点眼通肝、吹鼻通肺、着舌通心"等以外治法救急的急救原理，并运用硝石雄黄散舌下给药法急救真心痛（急性心肌梗死），开创了现代舌下黏膜给药法的先河；《备急单验药方卷》收录急救药方108首，是一部患者"依用自取"的急救手册，并对葛洪的某些急救术"鄙耻而不服"，这是对葛洪"备急方"的进一步改进和总结；《备急灸经》等卷中大量关于灸法急救的内容进一步丰富了针灸急救的方法③。这些都充分体现了当时"急救"一词的专业内涵及急救研究走在世界前列的高超水准。

---

① 冯世纶：《解读伊尹汤液经》，学苑出版社2009年版。
② （晋）葛洪：《肘后备急方》，天津科学技术出版社2011年版。
③ 金涛：《敦煌医药文献急救方初探》，《中国中医急症》2010年第5期，总第830—831页。

(四) 专业用语的普遍流行阶段

隋唐以降，历代医家对"急救"多有论述。隋朝巢元方所著《诸病源候论》在论述妇人妊娠病之身体着毒肿候之救治时云："尤宜急救，不尔，子母俱伤也。"唐朝孙思邈《千金翼方》卷十八《杂病篇》云："若不急救，多致于死。"唐朝综合性医书《外台秘要》卷二十四："大须急救之。"宋朝《太平圣惠方》卷第十三治两感伤寒诸方："三部脉微细，宜急救之。"《圣济总录》卷一四九杂疗篇："治自缢心微温者，急救之方。"金元四大医家李东垣的代表作《脾胃论》："行步不正，眼黑欲倒，当急救之。"

此时，直接以"急救"、"救急"或"备急"等为名的医学典籍开始大量出现（根据古汉语语法，"救急"与"急救"意义基本等同，"备急"含有"急救"的含义）。隋朝有许澄《备急单要方》；唐朝有张文仲《救急方》，孙思邈《备急千金要方》（652），王方庆《随身左右百发百中备急方》，元希声《行要备急方》，贾耽《备急单方》，韦宙《玉壶备急方》等；宋朝有葛怀敏《神效备急单方》，李朝正《备急总效方》，丘哲《备急效验方》，《急救仙方》（1278）等；元朝有李辰拱《胎产救急方》（1318）；明朝有赵叔文《救急易方》，熊良佐《新增救急易方》，龚居中《新刻幼科急救推拿奇法》，张时彻《急救良方》（1550），黄吉甫《备急仙方》，熊宗立《备急海上方》，欧阳植《救急疗贫易简奇方》（1603），钱国宾《备急良方》；清朝有胡其重《急救危症简便验方》（1673），朱本中《急救须知》（1676），魏祖清《村居急救方》（1730），叶廷荐《救急备用经验汇方》（1801），程鹏程《急救广生集》（1803），沈保铭《救急成方》（1842），文晟《急救便方》（1850），华岳《急救霍乱方》（1857），黄翼升《救急良方》（1871），费山寿《急救应验良方》（1873），马文植《急救百病济世回生良方》（1893）等等①。这些急救医书，不仅数量繁多，而且急救的类别也渐趋细化，说明对急救的研究已非常深入。如明朝龚居中的《新刻幼科急救推拿奇法》以推拿之法行急救之事，简便易学，利于推广。明朝欧阳植《救急疗贫易简奇方》，急救之法以"简、便、廉"为特色，为解贫病之难，特别强调用药便廉，往往就地取材，而且以"神""简妙"等注明

---

① 严世芸主编：《中国医籍通考》，上海中医学院出版社 1990 年版。

疗效，使此书流传甚广①。清朝魏祖清《村居急救方》，分外感、内伤、杂症、妇人、小儿、外科、五绝 7 门，分证著方，以其方多便于村乡居户急救之用，故名。

如雨后春笋般出现的急救专业用书，使急救的理念和技术逐步走入寻常百姓之家。至明朝，"急救"不仅在医学典籍中十分普及，在一般的文学作品中也已很常见，"四大名著""三言二拍"中均有较多的急救描述。如《三国演义》，"急救"一词直接出现即达 20 次，第一回《宴桃园豪杰三结义　斩黄巾英雄首立功》："帝惊倒，左右急救入宫，百官俱奔避。"② 一开篇即出现了"急救"场景。可见，其时"急救"理念已不仅仅停留在医学界，在普通民众之中也已深入人心。

二、中国急救技术的多项首创和革新

我国不仅最早创立"急救"这一专业词汇，而且在急救的技术上更是有多项首创和不断的革新，甚至有冠绝全球的独门急救神技。

（一）最早的急救原则：上工救其萌芽下工救其已成；急则治其标缓则治其本

道家经典《鹖冠子》中有个扁鹊论医的故事，魏文侯问扁鹊："子昆弟三人，其孰为善？"扁鹊曰："长兄最善，中兄次之，扁鹊最为下。"魏文侯曰："可得闻邪？"扁鹊曰："长兄于病视神，未有形而除之，故名不出于家。中兄治病，其在毫毛，故名不出于闾。若扁鹊者，镵血脉，投毒药，副肌肤间，而名出闻于诸侯。"③ 对扁鹊关于医家救病治人的优劣评价，我国现存最早的医学经典《黄帝内经》之《素问·八正神明论》有更经典的论述："上工救其萌芽，下工救其已成。"意指高明的医生能及时发现病症并给予早期治疗，将急症扑灭于萌芽状态，故谓上工；而平庸的医生在急症表现得很明显了才着手救治，容易延误救治良机，故谓下工。"上工救其萌芽，下工救其已成"充分说明了"早发现、早救治"的重要意义，这是医学文献中可查的迄今为止最早、最简明的急救原则。这与现代急救要求尽早、尽快地开展，强调黄金 10 分钟的急救时间窗观念完全吻合。

---

① 万芳：《中医急证方书〈救急疗贫易简奇方〉》，《中国中医药报》2003 年 9 月 22 日。
② 罗贯中：《三国演义》，华夏出版社 1994 年版。
③ 黄怀信：《鹖冠子校注》，中华书局 2014 年版。

我国传统医学中有"标本缓急"的理论，《黄帝内经》之《素问·标本病传论》："急则治其标，缓则治其本。"这是最早见于文献的"标本缓急"理论，并被历代奉为圭臬，意指当症状紧急或危及生命时，先治其标以救其急，待病情相对稳定后，再考虑根治①。这一论述与当今急救的"应急性"原则完全一致。现代急救强调首要任务就是救急，即在第一时间提供初级、初步的救护，通过止血、包扎等治"标"之术，以减轻伤患痛苦、伤残和死亡，待转送专业医院后再行进一步的治"本"的治疗，这也正是急救被称为院前急救的原因。

（二）最早的急救检伤分类：《李陵传》《练兵实纪》

在重大事故现场大批伤病员等待救援时，要按照国际救护优先原则即检伤分类法救护伤病员②。急救人员通过检伤分类区分伤病员病情的轻重缓急，按伤病紧急程度进行救护。当前国际上最流行最简明的方法一般是采用红黄绿黑四色标志卡予以标示。

在中国古代，检伤分类也很早就被采用并实施。《汉书》卷五十四《李陵传》载：天汉二年（前99），李陵引兵五千与单于战于浚稽山，单于召八万余骑攻陵，"陵且战且引，南行数日，抵山谷中。连战，士卒中矢伤，三创者载辇，两创者将车，一创者持兵战"③。这是文献记载中最早的"检伤分类"："三创者"受伤最重，故"载辇"，辇是人抬的担架，震动较小，有利于减轻伤员伤痛；"两创者"受伤次之，故"将车"，即驾驶和乘坐战车；"一创者持兵战"，仍然持武器坚持作战，轻伤不下火线。这一记载表明了汉朝战场救护已有检伤分类和伤员转运的明确规则。至明朝，战地检伤分类有了更进一步的细化和规范。戚继光《练兵实纪》卷八载："凡弓箭伤系致命处为一等，虽重不开超等。被中三箭以上，虽轻亦开一等。中二箭者虽轻不开三等，凡射在手足间者为二等，箭入不深再轻者为三等，再轻者为四等止。其刀伤当面者为超等，伤手足重者为一等，轻者为二等，三等止。凡箭、刀伤俱在背后者，不准亦不给医药。"④ 检伤分类的进一步细化规范，有利于战场急救的具体操作，也为战后伤残军人的等级评定提供了初步依据。

---

① 张宁一、倪卫东：《浅议"急则治其标，缓则治其本"》，《山东中医药大学学报》2009年第4期，第292—293页。

② 中国红十字会总会编：《救护概论与教学法》，人民卫生出版社2015年版，第22页。

③ （汉）班固：《汉书》，中华书局2007年版。

④ （明）戚继光：《练兵实纪》，中华书局2001年版。

（三）最早的心肺复苏：张仲景《金匮要略》

心肺复苏是现代急救的核心内容。对于心肺复苏技术的起源，欧美学者从古埃及、古希腊的神话传说中去寻求依据，甚至在《圣经》中进行探寻。美国心脏学会（AHA）对心肺复苏史的描述，认为直到19世纪末才首次对患者实施了心肺按压[1]。而在我国，东汉末年张仲景《金匮要略》这一医学典籍即已明确记载了心肺复苏术，这比西方早2000多年。

该书第二十三卷《杂疗方》载："救自缢死……徐徐抱解，不得截绳，上下安被卧之。一人以脚踏其两肩，手少挽其发，常弦弦勿纵之；一人以手按据胸上，数动之；一人摩捋臂胫，屈伸之。若已僵，但渐渐强屈之，并按其腹。如此一炊顷，气从口出，呼吸眼开，而犹引按莫置，亦勿苦劳之。须臾可少与桂汤及粥清，含与之，令濡喉，渐渐能咽，及稍止。兼令两人以管吹其两耳，弥好。此法最善，无不活也。"[2]这段记载中表明东汉时古人已掌握心肺复苏的核心技术：一是平卧体位，"徐徐抱解，上下安被卧之"，要求轻放，取仰卧位；二是开放气道，"一人挽其发，常弦弦勿纵之"，通过挽住头发使头仰起，开放气道，"常弦弦未纵之"，是要求急救时始终保持这样的姿势；三是心脏按压，"手按据胸上，数动之"，生动形象地描述了胸外心脏按压的动作；四是辅助技术，"摩捋臂胫，屈伸之……并按其腹"，通过手臂的屈伸和腹部的按压，带动胸腔负压的变化，以助呼吸；五是多人配合，一人"踏肩挽发"，一人"按据胸上"，一人"捋臂按腹"，以增加成功率；六是急救时间，强调心肺复苏需"一炊顷"，即烧一锅饭的时间，约半小时，直至"气从口出，呼吸眼开"，仍然要求"犹引按莫置"，不轻言放弃，这与现代心肺复苏的急救时间要求已相差不多；七是复苏善后，"少于桂汤及粥清"的汤剂濡喉，"以管吹其两耳"，刺激内耳以获得辅助功效。

心肺复苏术在我国历代又不断被改进，隋朝巢元方《诸病源候论》从经络学说论述了心肺复苏的急救原理[3]；唐朝孙思邈《备急千金要方》

---

[1] 陈晓松、沈洪：《古今心肺复苏"指南"的溯源》，《中国急救医学》2011年第12期，总第1130页。

[2] （汉）张仲景：《金匮要略》，人民卫生出版社2005年版。

[3] 陈晓松、王楷容、钟兴美：《中国心肺复苏术的历史进程》，《中华急诊医学杂志》2007年第1期，第106页。

将张仲景"以管吹两耳"改为"竹筒内口中，使两人痛吹之，塞口傍无令气得出"[1]，使人工呼吸与现代更加接近；至清代，心肺复苏的技术细节更加完善，顾世澄《疡科大全》中详细论述了捻圆气管（揉其项痕捻圆气管）、开放气道（手挽其发，常令扯急，不可使头低下）、胸外按压（摩按胸腹）、人工呼吸（口对口吹气）、针灸刺激（针刺鼻下人中穴，以艾灸脚心涌泉穴）、汤丸促苏（以浓姜汤灌之，以姜汤化苏合丸灌之）等等[2]，对心肺复苏的各项技术要领及操作流程，都有了详细、准确而完备的记述，这与现代意义上的心肺复苏已相去无几。

（四）急救技术上的独门绝技：针灸

在现实生活或影视剧中，我们常能看到当有人突然晕倒时，现场往往有人施以手掐人中的方法使其苏醒的场景。这一急救技术即是我国的独特创举——针灸。针灸疗法是我国特有的一种民族医疗方法，具有鲜明的汉民族文化与地域特征，是基于汉民族文化和科学传统产生的宝贵遗产。

针灸起源于中国，相传伏羲"尝百药而制九针"，发明了针灸。在医学典籍中，针灸疗法最早见于《黄帝内经》："藏寒生满病，其治宜灸。"便是指灸术，并详细描述了九针形制和针灸的理论与技术。其后，战国神医扁鹊《难经》对针灸学说进行了补充和完善。《史记》卷一百五《扁鹊仓公列传》曾生动地描述了扁鹊用针灸技术对"尸厥"的虢太子进行急救的过程："扁鹊乃使弟子阳厉针砥石，以取外三阳五会。有间，太子苏。乃使子豹为五分之熨，以八减之齐和煮之，以更熨两胁下。太子起坐。更适阴阳，但服汤；二旬而复故。"[3] 扁鹊通过针灸使"暴病而亡"的虢太子"起死回生"，这是针灸急救最早的成功案例。

由于针灸操作简便，易于施行，故针灸技术成为我国急救史上的核心措施之一。对此，历代多有记载和进一步的发展。东汉名医华佗以精通针灸和外科手术闻名，《三国志》卷二十九《华佗传》多处记载华佗以针灸进行急救："若当灸，不过一两处，每处不过七八壮，病亦应除。""若当针，亦不过一两处，下针言当引某许，若至，语人。病者言已到，应便拔针，病亦行差。"[4] 华佗用针灸进行急救，往往只取一二穴

---

[1] （唐）孙思邈：《千金要方》，人民卫生出版社1994年版，第446页。
[2] （清）顾世澄：《疡医大全》，人民卫生出版社1997年版，第1425—1433页。
[3] （汉）司马迁：《史记》，岳麓书社2011年版。
[4] （晋）陈寿：《三国志》，岳麓书社2005年版。

位，即针到病除，针灸技术十分精湛。至晋代，皇甫谧撰成《针灸甲乙经》，全面论述了脏腑经络学说，确定穴位349个，并总结了用针灸术对各类病症进行急救的施治法。至明代，针灸界名医辈出，出现了《针灸大全》《针灸聚英》《针灸四书》等大量针灸专著，使针灸急救进一步深入人心。在当代，针灸技术仍然在急救中占有重要地位。2007年，我国的《心肺复苏与中西医结合急救指南（草案）》就将针灸列为现场急救措施之一①。美军于2001年研究"战场针灸"，即是中国传统耳朵针灸的简化版，借以减轻伤兵痛苦，并于2009年将针灸正式作为战场和前线医院的急救措施。此后，通过针灸进行战场急救，代替麻醉药物为伤兵止痛的效果得到充分肯定，在伊拉克、阿富汗战场得到大量使用，针灸中的耳针甚至被美军军医视为秘密武器②。

即便当代急救的核心技术CPR，与针灸急救理论也正相暗合。心肺复苏按压点经过几十年来反复研究的"技术定位"，目前全球急救界的共识是：两乳头连线与胸骨交叉处。这一点位，恰是中医针灸学说的"膻中穴"。膻中穴为任脉要穴，《黄帝内经·灵枢》："膻中者，为气之海。"③膻中穴属心包募穴（心包经经气聚集之处），是气会穴（宗气聚会之处），气会膻中。刺灸膻中穴能宽心理气，通畅上焦之气机，通达经络，理气散瘀，一切气病皆可选用，意即刺激膻中穴可改善人体呼吸、心跳等功能。现代医学研究证明，刺激该穴可通过调节神经功能，松弛平滑肌，扩张冠状血管，能有效治疗哮喘、胸闷、心悸、呼吸困难、心烦、心绞痛等各种"气病"。可见，急救人员在心肺复苏过程中进行心脏按压，也是在对任脉膻中穴进行按压刺激，这对恢复心肺功能显然是有利的。现代心肺复苏与传统针灸经络学说的"殊途同归"，充分证明了中医针灸急救术的强大生命力。

（五）急救药品上的创新：1500年前的"硝酸甘油"，急救三宝和三针

急救药品是急救中的关键用品，在当代，碘酒、硝酸甘油、速效救心丸等急救药成为千家万户的常备之物，而类似的急救药品在我国古已

---

① 奚肇庆、邱海波、芮庆林等：《心肺复苏与中西医结合急救指南（草案）》，《中国中医急症》2007年第1期，第1—6页。

② 瑞典魏巍医生：《当美军拥抱中医针灸的时候》，http：//mt. sohu. com/20160517/n449893890. shtml。

③ 《黄帝内经》，（唐）王冰注，中医古籍出版社2003年版。

有之。《史记》卷一百七《灌夫传》记载，汉将军灌夫在与吴军作战中，"夫身中大创十余，适有万金良药，故得无死"①。《三国志》卷五十五《凌统传》记述凌统血战逍遥津："统创甚，权遂留统于舟，尽易其衣服。其创赖得卓氏良药，故得不死。"② 万金良药、卓氏良药就是急救用药，从文献记载可见，这些药在当时军中已是常备，并且已经有了"万金""卓氏"的品牌。军中急救用药和前文的李陵军队的检伤分类，也从一个侧面表明急救与战地救护的紧密关系。

敦煌遗书《辅行诀脏腑用药法要》记载有开窍救卒死方5首，其中"着舌而通心气"方："治中恶，急心痛，手足逆冷者，顷刻可杀人，看其人唇舌青紫者及指甲青冷者是。硝石五钱匕，雄黄一钱匕，上二味，共为极细末，启病者舌，着散一匕于舌下，少时即定，若有涎出，令病者随涎咽下必愈。"③ 敦煌遗书不仅在1000年前就提出急性心肌梗死的判断标准"急心痛""手足逆冷""唇舌青紫""指甲青冷"，还给出了"舌下含服硝石、雄黄"的急救药及给药法，这是世界上最早的"舌下黏膜给药硝酸甘油"急救心肌梗死的急救用药记载。

我国历代的各类急救药品一直在创新发展之中。唐朝孙思邈《备急千金要方》记载救治"卒死"时，先外用"仓公散"开窍，该药由矾石、皂荚、雄黄、藜芦组成；内服"还魂散"，该药由麻黄、桂心、甘草、杏仁四药加工而成；并详细论述了"仓公散""还魂散"的给药方法，通过散剂、汤剂并用，口服、鼻饲、外用多管齐下，提高急救的成功率④。宋朝宋慈的法医学专著《洗冤集录》也有救死的急救药用记载，解砒霜中毒："砒霜服下未久者，取鸡蛋一二十个，打入碗内搅匀，入明矾三钱灌之。吐则再灌，吐后便愈。"⑤ 此中选用的急救用药取材于民间常用物品，使急救易于施行，充分表明了当时急救研究具备很高的造诣⑥。而宋人所撰的《急救仙方》，在面对当时常见的背疽、疔疮急救时，记载了追疔夺命汤、化毒消肿托里散等内服急救药12方，外用急

① （汉）司马迁：《史记》，岳麓书社2011年版。
② （晋）陈寿：《三国志》，岳麓书社2005年版。
③ 张永文、沈思钰、蔡辉：《敦煌遗书〈辅行诀脏腑用药法要〉急症治疗方剂浅析》，《中国中医急症》2007年第5期，总第589—591页。
④ 吴剑浩、许建阳：《浅谈中医急症医学的继承与创新》，《贵阳中医学院学报》2008年第6期，第1—2页。
⑤ 周保国：《中医古代急救医学初探》，《内蒙古中医药》2003年第6期，第32—33页。
⑥ 许建阳、吴剑浩：《中医心肺复苏急救浅论》，《中国急救复苏与灾害医学杂志》2008年第8期，总第452—454页。

救药 13 方，至今仍多有借鉴之处①。

不少古时急救良药历经千年而不衰，至今在急救上仍有使用，比如历代医家对救治"温病"的"急救三宝"：安宫牛黄丸、紫雪丹、至宝丹②。安宫牛黄丸清代即有，对高烧不退、神志昏迷不清之症有特效。"非典"时期很多病人高烧昏迷，安宫牛黄丸的现代制剂"清开灵"救了不少人的性命。紫雪丹历史最悠久，源于唐代，外观如霜雪、紫色而得名，药性大寒，适用于惊厥、烦躁、手脚抽搐、常发出响声的病患。至宝丹宋代即有记载，对昏迷伴发热、神志不清但不声不响的患者更为适用。

古代急救中药中还有不少成为现代急救的常用静脉注射药物，其中，参附注射液、醒脑静注射液、生脉注射液最为常用，故被称为"现代中药的急救三针"③。参附注射液最早见于 1253 年刊行的《济生方》，之后的《本草纲目》亦有承继。参附注射液现为国家医保甲类药品，对休克及心血管疾病的急救有效。醒脑静注射液从安宫牛黄丸减味后存留四味中药精制而成，对颅脑外伤、各类脑炎的救治效果甚佳。生脉注射液源于金朝张元素所创"生脉散"，最早载于《医学启源》（1186），现由华西医科大学制药厂研制生产，对保护心肌、调节血压、抑制病毒等功效明显。

2015 年 10 月，屠呦呦因发现青蒿素治疗疟疾的新疗法获诺贝尔生理学或医学奖。而究其渊源，这一发现源自我国第一本急救手册东晋葛洪的《肘后备急方》，该书"治寒热诸疟第十六"中对青蒿治疟就做了明确而详细的记载。④ 由此可见，我国古代急救用药和技术的影响深远且蕴含巨大潜力。

三、中国在急救知识传播上的创新

急救是一项群众性的事业，掌握急救知识的人多多益善，因此，急救知识的传播更显现出其意义之非凡。在这方面，我国古代也早有实践并有诸多创新和成就。

① 樊建开、仇菲：《〈急救仙方〉痈科方辨析》，《上海中医药杂志》2011 年第 6 期，第 16—18 页。

② 汪天湛：《慢郎中也有"急救三宝"》，《大众医学》2010 年第 9 期，第 77 页。

③ 陈晓松、沈洪：《古代方药在当今急救临床的变新应用》，《中国急救医学》2011 年第 8 期，总第 760—762 页。

④ 傅维康：《从屠呦呦获诺贝尔奖谈〈肘后备急方〉》，《中医药文化》2016 年第 6 期。

（一）急救书籍的发行

在应急救护培训还不能大规模开展的古代，发行急救书籍是最基本的急救知识传播手段。东汉蔡伦发明造纸术，但其时一方面纸张产量有限，另一方面急救知识也散见于各医学典籍，故尚未能向大众大量发行急救书籍，但在当时的皇家和贵族阶层已多有流传。1972—1974年出土的湖南长沙马王堆三座汉代墓葬中，除千年女尸在国际上引起了巨大轰动外，在出土的3000余件精美文物中有医书14种，其中《阴阳十一脉灸经》等经络学说和《五十二病方》《杂疗方》等医书中包含了大量的急救知识①。

魏晋南北朝是纸写本的繁荣时代，手抄本盛行，书籍产量大增，促进了急救知识的传播，《黄帝内经》《伤寒杂病论》等医学典籍得以进一步流传。东晋医学家葛洪所著的《肘后备急方》也是在这一时期刊行的。作为我国第一部急救手册，《肘后备急方》的发行也是别具一格。书名中有"肘后"一词，意即此书便于携带，可置肘下衣袖中随时翻阅，以备急用。可见，这部急救书还是一本便于携行的"口袋书"。1600余年前，我国就出版了急救口袋书，委实让今人对古人在急救知识传播上的匠心独运深表敬意。急救口袋书的传播手法也为后世所效仿，唐朝王方庆《随身左右百发百中备急方》，不仅强调可"随身左右"，还配上了"百发百中"这样的广告用语，以吸引读者关注。

至唐宋，急救知识随着"官颁医书"的大规模出现而进一步传播。"太平盛世"之际，衣食温饱的大众对健康知识的需求高涨。帝王为统治之需，令御医主持并组织众多医家集体校订、修正、编撰"官颁医书"，通过官方行政渠道向下逐层配发，直至郡县、乡邑。唐朝修订颁布了《新修本草》。宋朝设"校正医书局"，官颁医书达到更高水平。宋太宗赵光义将其收藏的医方编成方书100卷，赐名《太平圣惠方》并作序②，又编《神医普救方》1000卷；宋徽宗以个人名义编写颁行《圣济经》并作序。北宋年间，出版官颁医书的大规模活动有10次之多③。这些官颁医书，内含大量急救知识，直达乡邑的传播手段大大促进了急救

---

① 邓请溪、何清湖、刘朝圣：《马王堆医学传播方式的思考》，《中医院导报》2016年第6期，第10—14页。

② （元）脱脱等：《宋史》第四百六十一卷，中华书局1977年版。

③ 郑金生：《宋代政府对医药学发展所起的作用》，《中华医史杂志》1988年第4期，第200页。

技术的传播。

至明清，不仅有官颁医书，民间医书也多有刻行。明朝张时彻《急救良方》成于嘉靖二十九年（1550），《四库全书总目》赞该书"专为荒村僻壤之中不谙医术者而设，故药取易求，方皆简易，不甚推究脉证也"①。这说明该书十分强调急救技术的通俗、简易、实用，编著者发行此书的目的就在于对急救知识的推广和普及。清朝时，地方官吏也多有主动刻印、发行急救书籍的。同治十一年（1872），安徽按察使孙衣言因"皖省风气强悍，无知愚民动因口角细故斗殴酿命，乡僻处所又无医药，其受伤较轻者往往置之不治，正犯既须拟抵，乡邻亦被株连，殊堪悯恻"，特命刊行江苏震泽费山寿的《急救应验良方》，并饬令各府州刊印分给，推广运用。此后数十年间，《急救应验良方》数十次增补增订，重刊重印，风行一时，遍布全国。直至1940年，国内仍有刊行。这也说明此书对伤者的急救之法确实有效。

明清之时，《普济方》（明朝官颁医书，1406），黄吉甫《备急仙方》，熊宗立《备急海上方》，欧阳植《救急疗贫易简奇方》（1603），钱国宾《备急良方》；清朝胡其重《急救危症简便验方》（1673），顾世澄《疡医大全》（1760），叶廷荐《救急备用经验汇方》（1801），程鹏程《急救广生集》（1803），文晟《急救便方》（1850）等急救著作发行呈井喷之势，使急救知识的传播更加广泛而深入。

（二）急救传播手段的丰富多样

除通过急救书籍进行传播的基本手段之外，我国古时还通过各种载体采用丰富多样的传播手段来宣传急救知识，以提高知识覆盖面。

许仙与白娘子的故事是我国四大民间传说之一，在民间广为流传。其中有"端午节白蛇现身"的精彩剧情，说的是白娘子在喝了雄黄酒之后现出了蛇身原形。这一场景在民间可谓妇孺皆知，从急救普及上看，其实质则是借此传播了"雄黄驱蛇"的急救常识。科学研究表明，雄黄的主要成分为二硫化二砷（As_2S_2），有刺激性气味，蛇对此气味和药性敏感，所以雄黄有驱蛇之效②。借助民间故事、谚语、俗语、顺口溜等来传播急救知识，是我国古代常用方法之一。如前文所述中医急救"温病"的"急救三宝"，为了让普通民众能够准确使用这些急救药品，方

① 余瀛鳌、李经纬：《中医文献辞典》，北京科技出版社 2000 年版，第 543 页。
② 陈修源：《端午说雄黄》，《家庭中医药》2008 年第 6 期，第 60—61 页。

家创作出了"乒乒乓乓紫雪丹，不声不响至宝丹，稀里糊涂牛黄丸"这样的顺口溜，十分生动形象地表述了这三种急救药所对应的不同急症表征，以指导人们在急救时对症用药，避免忙中出错。

通过时代流行艺术进行急救知识传播，是我国古时的一大创举。兴起于唐宋时期的说话艺术，至明朝达到高潮，酒楼茶肆、庙会集市，极为盛行，成为当时最潮最炫酷的流行艺术，完全可以媲美今天的影视艺术。"三言二拍"等拟话本大量出现。"三言"之一《醒世恒言》第二十卷有个《张廷秀逃生救父》的故事，讲到玉姐因被棒打鸳鸯而上吊自杀被抢救的情景①：

(徐氏)心肠迸裂，放声大哭。到底男子汉有些见识，王员外忍住了哭泣，赶向前将手在身上一摸，遍体火热，喉间厮琅琅痰响，叫道："妈妈莫要哭，还可救得！"便双手抱住，叫丫鬟拿起杌子上去解放……将汗巾割断，抱向床上，轻轻放开喉间死结。叫徐氏嘴对嘴打气，连连打了十数口气，只见咽喉气转，手足展施。又灌了几口滚汤，渐渐苏醒，还呜呜而哭。

这样的急救情节，从伤情判断、人工呼吸到善后处置，通过说书艺人绘声绘色的表演，必然在市民中产生极佳的传播效果，简直就是古代版的"嵌入式广告"。也正是有了这样的急救普及，才有了近400年前的市井小民熟练掌握"口对口人工呼吸"的急救流程，不由得令人赞叹。

借助名人效应，也是古时急救传播手段之一。北宋乌台诗案后，苏轼谪居黄州，恰逢当地瘟疫流行，得知眉山奇人巢谷家传秘方"圣散子"对瘟疫有奇效后，苏轼就反复劝说巢谷将药方传授，于是苏轼得以照方熬药济民，活人无数。之后，苏轼任杭州知州时，又用此方治愈了苏杭一带的春季流行瘟疫，民众"得此药全活者不可胜数"。此后，苏轼又将此方传给了名医庞安常，庞氏在其著作《伤寒总病论》中附了此方，"圣散子"借苏东坡的显赫名声得以广为流传②，使这味急救用药得到普及。后人又将苏轼、沈括二人在医药上的著述汇编为《苏沈良方》。类似的情况还有刘禹锡、柳宗元合著的《传信方》，蒲松龄的《草木传》

---

① （明）冯梦龙：《醒世恒言》，岳麓书社2012年版。
② 刘果、宋乃光：《苏东坡与圣散子方》，《北京中医药》2006年第6期，总第363—364页。

《药崇书》等①，都是急救知识借名人效应广泛传播的范例。

中国古时的急救传播还渗透到各类传媒之中。比如官方告示，每当灾疫之时，官方往往在交通要道、闹市街口张贴告示，训导民众防疫驱病急救之方。北宋弘治癸丑年（1493 年），吴中大疫，县令"孙磐令医人修合圣散子，遍施街衢，并以其方刊行"②。清军入关之初，由于水土不服，至天花流行，顺治下旨京师"凡民间出痘者，即令驱逐城外四十里"，并广为张贴，成为当时疫情防控隔离急救的主要信息传播方式③。又比如洞窟石刻这一古代重要的媒介场所，也渗透进了很多急救知识予以传播。"敦煌遗书"中《备急单验药方卷》是一部患者"依用自取"的急救手册，在序文中，作者就表示想把这 108 首急救药方刊刻于岩石上，便于往来过客"录之备急"④。龙门石窟是唐代的重要文化媒体，其西山南段的一座大型石窟被称为"龙门药方洞"，该洞壁镌刻的药方被历代称为"龙门药方"。据专家考证，龙门药方约刻于初唐，迄今已有1500 年历史。龙门药方共涉及疾病 40 种，其中药物方剂 117 个，针灸方法 23 个，总计 140 方，而且每病不止一方，大多为三方或四方；每方又大多由一味或两味药物组成，方便、价廉、易得，如黄瓜根治疗消渴病，黑豆治疗遍身浮肿等⑤。这些急救药方和急救方法，由于简便易行，又通过龙门石窟得以广泛传播。

（三）中国急救培训史上划时代的创举：1000 年前的急救培训模拟人——针灸铜人

我国古代对普通民众的急救培训主要还处于初级的急救宣传上，尚难组织一般民众进行现代意义上的规定场所、内容、课时、考核的专业培训。专业化的急救培训，主要存在于医学教育之中。中国古代的医学教育主要有师承教育、学校教育、自学转型和书院讲学几种方式，以前两种为主要方式⑥。相对于师承教育，官方的学校教育更加注重系统化训练，对急救技能的掌握也更加全面。中国官方的医学学校教育，萌芽

① 张自力：《论我国古代的健康传播》，《新闻与传播研究》2011 年第 2 期，第 72 页。

② 原所贤、暴连英：《苏轼笔记杂著中的医药学史料探析》，《中医文献杂志》2004 年第 2 期，第 21—22 页。

③ 张喆：《清代前期疫灾救助研究》，《兰台世界》2015 年第 12 期，第 29—30 页。

④ 王淑民：《敦煌〈备急单验药方卷〉首次缀辑》，《中华医史杂志》2001 年第 1 期，第 48—49 页。

⑤ 邵殿文：《药方洞石刻药方考》，《中华医史杂志》1993 年第 4 期，总第 242—249 页。

⑥ 张宝云：《古代医学教育对现代医学教育的借鉴作用》，《中医药管理杂志》2015 年第 12 期，第 5—6 页。

于春秋战国；至南北朝，正式出现政府创办的医学教育机构；至隋唐，官办医学学校——太医署正式建立，这是一个集医政、医疗和医学教育为一体的机构，也是世界上最早的大型医科专业学校；至宋朝，分设翰林医官院和太医局，使医事行政和医学教育分工更加细化①。

鉴于针灸急救术操作上的简便易行，其历代为官方医学院校所注重，这是针灸急救术不断得以传承和创新的重要原因。至宋朝，官方医学院校在研究和教学针灸急救术的过程中，发展出中国急救培训史上划时代的创举——针灸铜人，这是 1000 年前的急救培训模拟人。

宋朝针灸盛行，为指导临床急救，减少差错，北宋翰林院医官王惟一奉旨编绘规范的针灸图谱，并铸造标有十二经循行路线及穴位的铜人，终于在公元 1027 年铸成了两座针灸铜人。铜人体形高度与常人相近，四肢躯壳可拼拆，胸腹腔内有五脏六腑。铜人体表标十二经脉及三百五十四个穴位，穴外封蜡，穴内灌水，针刺时如中穴则针入而水出，未中穴则针不能刺入。铜人铸成后作为国家教授针灸的珍贵实用模型，一具存放在翰林医官院，一具存放在开封大相国寺仁济殿，长期保存以备观摩教学使用。同时，王惟一又编绘《铜人腧穴针灸图经》，既统一针灸诸家之说，又成为针灸铜人教学的理论教材。宋天圣八年（1030），王惟一负责将《铜人腧穴针灸图经》一书全部内容刻石四块为壁，在开封大相国寺内建成"针灸图石壁堂"，以保存针灸文献资料使之得以流传久远，这是中国历史上最早而又完整的针灸文献刻石②。王惟一的针灸铜人和针灸刻石，是我国医学教学上的创举，更是急救培训史上划时代的创举。

（四）对外传播：造福周边及世界各国

我国先进、独特的急救理念与急救技术，除在国内传播之外，在历史上也一直在向国外传播，造福周边及世界各国。

秦汉时期，急救对外传播尚处于萌芽状态，多限于某些药物的赠送。至魏晋南北朝，载有大量急救理念和技术的医药文献开始对外传播。我国第一部急救手册《肘后备急方》随僧侣、使臣等传入新罗、日本等周边国家。

---

① 姜小华：《古代中医官方教育的史学研究》，南京中医药大学 2007 年博士学位论文。

② 袁占盈、李成文：《略论王惟一学术成就及其影响》，《中医研究》1989 年第 1 期，第 10—11 页。

至唐宋，随着遣唐使、留学人员、僧侣往来以及商贸活动的繁荣，我国急救技术向周边国家的传播变得更加广泛。公元8世纪，朝鲜进一步扩大引进中国医书的规模，《伤寒杂病论》《备急千金要方》等诸多大型理论、方书以及医疗急救手册传入朝鲜①。高僧鉴真东渡日本，带去药材千余斤和医书无数，并亲撰《鉴上人秘方》，传播中国医学和急救知识，被日本医僧尊为"医祖"。北宋真宗曾两次召见高丽使节，赠《太平圣惠方》100卷。984年，日本现存最早的"医典"《医心方》出版，这是由日本著名医学家丹波康赖收集我国隋唐以前医籍内容加以整理汇编而成的医著。书中卷十四《救自缢方》中的文字内容除丹波仅附加有"按语"外，全部直接引用自《肘后备急方》《备急千金要方》等中国医书里对自缢进行急救的有关章节②。

明清时期的中国急救技术传播，一方面是在东亚、南亚等周边地区更加深入。《朝鲜王朝实录》记载，1415年，太宗命刊印《针灸铜人图》；1454年，端宗命刊印《拯急遗方》；1456年，世宗命翻刻《铜人腧穴针灸图经》。可见，朝鲜已主动发行从我国传入的急救书籍。日本著名汉医学家丹波元简，则于1801年写成《救急选方》这一急救专著。书中完整引用了清代顾世澄《疡医大全》等我国医籍里对自缢等进行急救的相关内容。这充分表明我国的急救技术完全被邻国所接受并推广使用③。另一方面，我国的急救技术逐步向西方和欧洲进行了有效的传播。随着"大航海时代"的到来，通过郑和下西洋以及东西方贸易和文化交流的繁荣，大量中国医学被介绍到西方。在此过程中，欧洲人主动地把中国特有的急救术——针灸引进了回去。荷兰东印度公司驻雅加达的一位牧师患痛风，经针灸治疗后，疼痛奇迹般地消失了。由此，针灸被系统地介绍到荷兰、法国、英国、德国、意大利等欧洲国家，并很快传播到了美国、澳大利亚和俄罗斯等国④。

在当代，中国古老的传统中医急救药和急救术仍然在向世界各国继续传播并造福人类。特别是中国急救史上的独门绝技——针灸，在当代得到了更快速、更广泛的全球传播。1971年7月26日，《纽约时报》副

---

① 孔卓瑶、张宗明：《中国古代医药文献对外传播及其影响》，《医学史研究》2015年第1期，第86—89页。

② 陈晓松、工楷容、钟兴美：《中国心肺复苏术的历史进程》，《中华急诊医学杂志》2007第1期，第106—107页。

③ ［日］丹波元简：《救急选方》，人民卫生出版社1983年版，第3—12页。

④ 白兴华：《中国针灸交流通鉴》，西安交通大学出版社2012年版，第1—3页。

社长兼专栏记者赖斯顿在该报介绍他在北京做阑尾炎手术后接受针灸治疗的神奇疗效；1972 年，美国总统尼克松访华时观看了针刺麻醉手术，使针灸急救术在美国名声大振。此后，国际上逐步形成了一股世界性的"针灸热"。2009 年，针灸已经成为美国军队战场和前线医院的急救措施。从 1971 年至今仅 40 余年，针灸急救术就已经传播到 140 多个国家和地区，约占全世界三分之二的国家和地区，遍及五大洲①。受世界卫生组织委托，中国政府在北京、上海和南京建立了国际针灸培训中心，为许多国家培养了大批针灸人才，他们也成为所在国发展针灸急救术的栋梁。从公元 6 世纪针灸传入朝鲜和日本起，针灸急救术的全球化之旅已达 1500 年之久，这一传播之势至今仍极为强劲，其传播的时间之久和地域之广在人类急救传播史上是十分罕见的。

总之，在应急救护上，不论是概念还是内涵，不论是急救技术的研发还是急救知识的传播，中国都早早地走在了世界的前列。明确这一点，有助于进一步增强国人的文化自信和民族自豪感。当然，这并不是为了否定西方在急救现代化上对人类做出的卓越贡献。我们反对的是言必称西方，一切以西方为圭臬的自卑心态。也唯有挺直腰杆，才能在东西方文化交流中碰撞出更绚丽的人道火花。

（作者系浙江省嘉兴市红十字会秘书长）

---

① 贺霆：《文化遗产辩：西传的针灸及其人类学意义》，载《文化遗产研究》第 3 辑，巴蜀书社 2014 年版。

历 史 研 究

《周礼》灾害救助思想略论

张文慧

先秦时期的灾害，主要有水灾、旱灾、虫灾、火灾、震灾、疫灾、风霜雪雹灾、饥荒等类型，饥荒是众多自然灾害带来的次生灾害，因此是先秦时期最为普遍的一种灾害。先秦时期的灾害救助思想，比较集中地反映在《周礼》一书中。《周礼·地官》所载的"荒政十二策"，可以称得上是先秦时期荒年救助的纲领性文件，对我们今天的灾害救助仍有一定的借鉴意义，故本文试图对《周礼》中的灾害救助思想做一简单探讨。

一、《周礼》灾害救助的职官架构

《周礼》又名《周官》，学术界一般认为其成书于战国时期，是人们通过官制来表达治国方案的著作。先秦时期灾害频发，据王星光先生初步统计，史书中的各种灾害多达 189 次[1]。在灾害面前，统治者要调动力量投入救灾，以维护社会安定，这在《周礼》的职官体系中有着显著的表现。

《周礼》包括天官、地官、春官、夏官、秋官、冬官等六个职官体系。古人云："国之大事，在祀与戎。"[2] 可见，祭祀在先秦社会中占据着非常重要的地位，《周礼》中的春官体系主要负责祭祀之事。如《春官·司巫》："掌群巫之政令。若国大旱，则帅巫而舞雩。国有大灾，则帅巫而造巫恒。"[3] 所谓"舞雩"，《公羊传》桓公五年何注曰："雩，旱

---

[1] 王星光：《春秋战国时期国家间的灾害救助》，《史学月刊》2010 年第 12 期。

[2] 杨伯峻：《春秋左传注》，中华书局 2009 年版，第 861 页。

[3] 《周礼·春官·司巫》，孙诒让：《周礼正义》，中华书局 1987 年版，第 2065—2066 页。

请雨祭名。使童男女各八人，舞而呼'雩'，故谓之雩。"① 其指在发生旱灾时，司巫率领群巫起舞而进行雩祭，以期缓解旱情。《春官》中还记载了"保章氏"一职，"掌天星，以志星辰日月之变动，以观天下之迁，辨其吉凶"②，"以五云之物，辨吉凶、水旱降、丰荒之祲象"③。保章氏负责观测日月星辰和云色的变化，预测水旱灾害的发生和年成的丰歉。春官体系官员的活动，在周代的救灾中非常普遍，但对禳灾并没有产生有效的作用，故前人将他们的活动称为非理性活动或者消极活动④。

在地官体系中，司关负责在灾荒、瘟疫发生后，免除关税；司市负责免除市场税，多铸造钱币；贾师则负责维护价格稳定。这三种官员的职责都是负责经济调控，保证市场稳定，避免出现哄抬物价的现象，使百姓生活安定。自然灾害破坏了百姓正常的生产生活，使饥荒成为灾后最严重的问题。为了应对这一问题，专门设官员负责粮食的储存和发放。据《地官·廪人》载，廪人掌管谷米数，以备发放俸禄、救济民众等，"以岁之上下数邦用，以知足否，以诏谷用，以治年之凶丰"⑤。廪人依据年成的好坏计算王国的开支，据此制定适于丰年或荒年的用谷标准，而据《地官·仓人》载，仓人掌管所收入谷物的储藏，在丰收之年，将谷物储藏起来，以备荒年使用。据《地官·遗人》载，遗人掌管王国的"委积"，用县都的"委积"防备灾荒。陈采勤先生认为，这三种官职既有联系又有区别，廪人在荒年制定相应的救济措施，仓人是国家粮仓的保管者，管理储粮以备凶荒之年使用。地方政府在粮食收获后，除了交归廪人、仓人掌管以外，其余部分则归遗人掌管，用于救济孤老、救灾恤患等活动⑥。据此，我们可以看到，廪人、仓人、遗人各有分工，形成了从制定救济政策，到储备粮食，再到分发这样一个完整的链条。除此之外，地官体系中也有官员负责基层民众的救灾活动，即"令五家为比，使之相保；五比为闾，使之相受；五闾为族，使之相葬；五族为党，使之相救；五党为州，使之相赒；五州为乡，使之相宾"⑦。

① 阮元校刻：《十三经注疏·春秋公羊传注疏》，中华书局 1980 年版，第 2216 页
② 《周礼·春官·保章氏》，孙诒让：《周礼正义》，中华书局 1987 年版，第 2114 页。
③ 《周礼·春官·保章氏》，孙诒让：《周礼正义》，中华书局 1987 年版，第 2124 页。
④ 参见邓云特：《中国救荒史》，上海书店 1984 年版；卫崇文：《先秦时期应对灾异方式中的非理性因素研究》，陕西师范大学 2011 年博士毕业论文等。
⑤ 《周礼·地官·廪人》，孙诒让：《周礼正义》，中华书局 1987 年版，第 1224—1225 页。
⑥ 陈采勤：《试论〈周礼〉的荒政制度》，《学术月刊》1998 年第 2 期，第 64 页。
⑦ 《周礼·地官·大司徒》，孙诒让：《周礼正义》，中华书局 1987 年版，第 751 页。

基层组织的长官乡大夫、州长、党正等官员，在灾害发生时，成为救灾的领导者，带领百姓积极自救，极大地增强了百姓抵御灾害的能力。除春官、地官体系之外，天官、秋官中也有官员参与救灾活动，但人数较少。如秋官司寇的属官士师在国家发生大灾荒的时候，除了命令灾区移民、运输财务救灾外，还要加强纠察守备以防盗贼，减缓刑罚，维护社会治安；朝士是在国家有大灾荒、瘟疫或军事行动的时候，命令诸侯国、采邑、公邑考虑减缓刑罚和经费开支；天官体系中的疾医则是负责治疗百姓的疾病。

据上，我们可以看到，春官、秋官、地官、天官等体系中的众多官员都参与了救灾活动，但真正起到关键作用的是地官体系，天官、秋官体系的部分官员起到辅助的作用，而负责祭祀的春官体系，以现今的科学认知来看，其救灾活动并不会产生禳灾效果。

二、《周礼》的灾害救助思想与周代社会实践

"荒政十二策"集中体现了《周礼》灾害救助的思想，它的主要内容有："一曰散利，二曰薄征，三曰缓刑，四曰弛力，五曰舍禁，六曰去几，七曰眚礼，八曰杀哀，九曰蕃乐，十曰多昏，十有一曰索鬼神，十有二曰除盗贼。"①"荒政十二策"涉及灾害发生后的政治、经济等方面的救灾措施。政治方面，主要有"缓刑""除盗贼"，这两个措施的主要目的是维护社会安定，缓解社会矛盾。经济方面则有"散利""薄征""弛力""舍禁""去几"等，所谓"散利"是指把种子与粮食借贷给灾民，帮助百姓恢复生产；"薄征""弛力"是减轻赋税与免除力役方面的规定，在灾害发生后使百姓休养生息，可减轻民怨；"舍禁""去几"则是放松关市山泽的禁令，免除关市之税，保证物资供应。"眚礼""杀哀""蕃乐""多昏"等措施，则是统治者简化礼仪、削减娱乐活动的表现，起到节用和稳定人心的作用。"索鬼神"，是指对鬼神进行祭祀，寻求鬼神庇佑。"荒政十二策"体现了《周礼》的借贷、减免赋税、节用、祭祀等救灾思想。除此之外，王文涛先生还提到了移民移粟、移粟就民的救灾思想，并认为这是一种消极的荒政思想②。再结合上文提到的职官分工，可以看出，这些措施与他们的职责是相吻合的。

① 《周礼·地官·大司徒》，孙诒让：《周礼正义》，中华书局1987年版，第741页。
② 王文涛：《〈周礼〉荒政思想试论》，《齐鲁学刊》，2005年第3期。

历史研究

"荒政十二策"反映了统治者较为积极的应对态度，表现了周人保民、重民的思想，如《尚书·梓材》记载的周公告诫康叔之语："惟曰：'欲至于万年，惟王子子孙孙永保民。'"[①] 又如《尚书·无逸》回忆周文王之时的情景言："徽柔懿恭，怀保小民，惠鲜鳏寡。自朝至于日中昃，不遑暇食，用咸和万民。"[②]《周礼》的灾害救助思想在周代社会现实中也有表现，据《国语·周语下》单穆公所回忆的西周先王之制的记载，使我们看到了西周时期灾害救助的一个片段："古者，天降灾戾，于是乎量资币，权轻重，以振救民。"[③] 这里指出了在发生如水旱、蝗螟之类灾害之后，可以通过"量资币，权轻重"的经济手段赈济灾民。《周礼》中也涉及这种思想，即司市所掌的"作布"，所谓作布，郑注曰："因物贵，大铸钱以饶民。"[④] 意思就是铸造钱币，减轻物价上升带给百姓的危害。《孟子》记载了梁惠王与孟子之间的一段对话："寡人之于国也，尽心焉耳矣。河内凶，则移其民于河东，移其粟于河内。河东凶亦然。"[⑤] 据此可知，移民移粟在战国时期依然是灾害发生时的救助措施，但同时也蕴含着标榜个人功绩的意味。

"荒政十二策"是国家的救助行为，需要在周天子的领导下完成，而在春秋时期，逐渐形成了国家救助、国家之间援救、宗族自救三位一体的救灾体系。据《左传·昭公十八年》载，宋、卫、陈、郑等国皆发生大火，其中郑国救灾活动最为有条不紊且卓有成效。此次救灾可分为三个步骤，首先，"司马、司寇，列居火道，行火所焮"，让司马、司寇站列在火道上，到处救火，防止火势蔓延，最大限度地降低火灾带来的损失；其次，"禳火于玄冥、回禄，祈于四鄘"，据杜预注解，玄冥、回禄分别指水神、火神，即向火神、水神祈祷，希求禳灾。最后，"书焚室而宽其征，与之材"[⑥]，即登记被烧的房屋，减免赋税，发给建筑材料，让百姓灾后重建。郑国的灾情受到其他诸侯国的关注，即"晋君、大夫不敢宁居，卜筮走望，不爱牲玉。郑之有灾，寡君之忧也"[⑦]。郑国的救灾活动以子产为总指挥，其他各级官员相互配合，各司其职，共同

① 孔安国、孔颖达：《尚书正义》，上海古籍出版社 2007 年版，第 567 页。
② 孔安国、孔颖达：《尚书正义》，上海古籍出版社 2007 年版，第 634 页。
③ 徐元诰：《国语集解》，中华书局 2002 年版，第 105 页。
④ 《周礼·地官·司市》，孙诒让：《周礼正义》，中华书局 1987 年版，第 1070 页。
⑤ 杨伯峻：《孟子译注》，中华书局 2010 年版，第 4 页。
⑥ 杨伯峻：《春秋左传注》，中华书局 2009 年版，第 1396 页。
⑦ 杨伯峻：《春秋左传注》，中华书局 2009 年版，第 1399 页。

完成救灾活动。郑国发生火灾时，晋国国君向郑国表达慰问之情，这种国家间的灾害救助活动，不仅体现在慰问上，还有物资上的救助。如《左传·僖公十三年》载，秦国为了救济晋国的饥荒，使浩浩荡荡的"泛舟之役"留存于史册。在秦国是否要救济晋国的问题上，秦国内部意见并不统一，主张救济的百里奚认为："天灾流行，国家代有，救灾、恤邻，道也。行道，有福。"① 救助邻国是道义的，按照道义行事会有福分，这种"国家代有"的内心惶恐也为国家间的救助活动提供了动力。在春秋时期国家间的救助活动中，几乎看不到周天子的干预，这也表明这一时期周王室势力的不断衰微。诚然，这种救助行为带有功利色彩，是霸主政治下收敛人心的手段，但对救灾确实起到了积极作用。

与此同时，周代是一个宗法社会，在春秋时期的救灾活动中，宗族是不可或缺的一环。《左传·文公十六年》载："宋公子鲍礼于国人，宋饥，竭其粟而贷之，年自七十以上，无不馈诒也，时加羞珍异，无日不数于六卿之门。国之材人，无不事也；亲自桓以下，无不恤也。"② 宋国发生饥荒，公子鲍把自己的粮食拿出来借贷给国人，抚恤宗族之人。公子鲍的救助属于个人行为，但其救助对象包括宋桓公、襄公、成公三代的公族成员，是为了得到国人的支持③。《周礼》中的基层官员领导救灾活动，实际上是由于地域相近而形成的救灾活动，与春秋时期以血缘关系为纽带的救灾活动略有不同。这也表明在《周礼》成书的战国时期，宗族对人们的控制已不如西周和春秋时期。

三、结语

在先秦时期，重大灾害发生时，必然会得到整个社会的关注。《周礼》中的春官、地官、夏官、秋官等众多官员都参与到救助活动中，但真正产生有效作用的主要是地官体系。在这个有效的救助体系中，司关、司市、贾师等官员在经济上起到调控的作用，免除税收，维持市场稳定，廪人、仓人、遗人等负责粮食的储存与发放，解决灾害发生后百姓的口粮问题，以及尽快恢复农业生产。这些官员各司其职，对缓解灾

① 杨伯峻：《春秋左传注》，中华书局 2009 年版，第 345 页。
② 杨伯峻：《春秋左传注》，中华书局 2009 年版，第 620 页。
③ 可参王青：《说"收族"——兼论周代社会保障体系的一个特色》，《苏州大学学报》（哲学社会科学版）2014 年第 6 期。

情起到了积极的作用。

"荒政十二策"体现了《周礼》救灾的主要措施，反映了借贷、减免赋税、节用、祭祀等救灾思想，直接对灾民进行经济救助，帮助百姓恢复生产，减轻百姓的负担，休养生息；并为百姓的救灾活动营造较为安定的社会环境，对后世产生了较为深远的影响。

（作者单位：苏州大学社会学院）

《晏子春秋》社会救助思想略论

伍广庆

　　先秦时期是中国传统社会救助思想的萌芽和初步形成时期，《周礼》中便有"以荒政十二救万民""以保息六养万民"的救助内容。《晏子春秋》记载了春秋时期齐相晏子为了实践富国安民的抱负，时常劝谏齐景公救助因天灾人祸而饥寒交迫的民众，除了动用国家力量，晏子也会身体力行去救助他们。该书记载了许多国家作为救助主体的救济措施，因而此书是研究先秦时期社会救助思想的重要资料。《晏子春秋》非晏子所作，成书年代、作者与所属学派等尚无定论。高亨先生在《晏子春秋的写作年代》一文中认为此书成于战国时期，众多学者认同此观点，本文亦在此基础上发论。

一、救助的背景

（一）重民观念的流行

　　春秋时期的"重民"思想已经形成了一股有影响的社会思潮①，这在《晏子春秋》中有多处体现。《内篇·问上》第十七提及齐景公向晏子询问贤君治国之道，晏子这样回答："其政任贤，其行爱民。其取下节，其自养俭……上无朽蠹之藏，下无冻馁之民。"晏子认为治国重中之重便是任贤爱民，要求国君尽量做到藏富于民，减少受冻挨饿民众的数量。如果国君能厚施于人民，那么民众家给人足，国治又有何难。又，《内篇·问上》第二十六有齐景公意欲"和臣亲下"，晏子建议道："知其贫富，勿使冻馁，则民亲矣。"毫无疑问，民众的地位逐步上升，不使人民冻饿致死是国家的重要任务之一，只有人民亲近支持君主，国

　　① 晁福林：《从"民本"到"君本"——试论先秦时期专制王权观念的形成》，《中国史研究》2013 年第 4 期，第 37 页。

家才能长治久安。正是这种"重民"思想的普及和意识的提高，一旦发生祸灾导致民人困厄，国家会自觉地、主动地去救助他们，这是维护统治的要求和必然举措。

（二）天灾的频繁发生

邓云特《中国救荒史》中统计在两周 800 多年间"最显著的灾害有八十九次"，这还不包括一些局部的、影响较小的自然灾害在内[①]，足见春秋战国时期自然灾害频发。同样，《晏子春秋》所载救助情况大部分也是由天灾造成的，这些天灾包括霖雨、大旱、严寒和异象等。天灾发生后，晏子总会借机劝谏景公赈灾救济。《内篇·谏上》第五描写景公时期"霖雨十有七日"，《左传》有"凡雨自三日已往为霖"。大雨连下十七日，导致"坏室乡有数十，饥氓里有数家"，百姓没有褐衣以御寒。《内篇·谏上》第十五记载"齐大旱逾时"，长时间不下雨，农作物不能收获，百姓饱受饥饿之苦。《内篇·谏上》第二十写道"雨雪三日而不霁"，大雪下了三天尚未停歇，齐景公穿着狐裘衣问晏子为什么雪下三天还不冷，晏子讽刺景公不知民众之饥寒。同篇第二十一有"荧惑守于虚，期年不去"，景公感到怪异，于是问晏子，晏子建议通过"赈孤寡而敬老人"来禳灾。

二、救助的措施

为了保障人民拥有一个最基本的生存条件，国家和社会必须提供必要的救助。甄尽忠分析，这一方面是为了保存民力，避免人口的大量死亡或流离他国，以保证统治者的赋役剥削和兵役来源；另一方面，更重要的是为维护统治阶级自身的利益[②]。《晏子春秋》中针对不同的灾祸，国家相应地采取不同的救助措施。这是当时救助思想在实际救助中的反映。

（一）赈济灾民

赈济灾民的灾后救助思想在我国由来已久，《内篇·谏上》第五"霖雨十七日"之后，晏子请求开仓放粟，"三请不见许"，于是将自家的粮食拿出来分给百姓们，并在道路上放置可以负载的器皿便于他们取

① 邓云特：《中国救荒史》，商务印书馆 2011 年版，第 63 页。
② 甄尽忠：《先秦时期社会救助思想研究》，郑州大学 2006 年博士学位论文，第 57 页。

粮。他又向景公言及具体的受灾情况。景公承诺让晏子来实施分发府库的粟米财货。晏子制定了"家有布缕之本而绝食者，使有终月之委；绝本之家，使有期年之食；无委积之氓，与之薪樵，足以毕霖雨"的具体救助措施。这不仅保证了不同层次受灾民众的需求，而且使救济物资的利用率尽可能达到最大化。除此之外，对于受大雨冲刷而受损的房屋进行修葺，这就类似于如今的灾后重建工作了。

《内篇·谏上》第十九载，景公出游路遇冻死之人，晏子说当初齐桓公"睹饥者与之食，睹疾者与之财"，景公幡然悔悟，于是"敛死骴，发粟于民"。同篇第二十"雨雪三日而不霁"，景公令"出裘发粟，以与饥寒者"，并且要求"士既事者兼月，疾者兼岁"。后一项规定则是因人制宜，对于已有职业在身的给一个月粟米，没有职业的贫苦百姓则发给一年的粟米。由上可见，天灾发生后，百姓家中因无余粮而挨饿，粟米等粮食往往在救济过程中扮演着重要角色。除了粮食，他还会发放诸如器皿、薪樵等日常用品来纾难。这一点先秦诸子多有论及，墨子说"仓无备粟，不可以待凶饥"[1]，荀子也说"实仓廪，便备用"[2]。在他们看来，粮食对于灾荒的救助意义重大，应该提前储备。

（二）止役

古代社会民众有为国家无偿提供力役的义务，一般情况下政府是在农闲时期征召夫役，但过多的徭役则会让民众苦不堪言。书中的齐景公追求宫室车马、盘游无度，为此多次征召百姓修建华丽宫室，以致怨声载道。经晏子劝谏后，景公采取即刻停止力役的办法减轻民众的苦楚。《内篇·谏下》第五载，景公"冬起大台之役"后，晏子转述百姓的歌谣："冻水洗我，若之何？太上靡散我，若之何？"景公随即"出令趣罢役"，派人叫停了大台的工事，百姓"车驰而人趋"，皆欣喜不已。同篇第六载，"景公为长庲"，晏子借宴请之际进谏，景公悔悟，于是"废酒罢役，不果成长庲"。《管子》一书就曾提到"舟车饰、台榭广，则赋敛厚矣；轻用众、使民劳，则民力竭矣"[3]，主张应该爱惜民力，节财省用。

① 孙诒让：《墨子间诂》，中华书局2014年版，第235页。
② 王先谦：《荀子集解》，中华书局2013年版，第330页。
③ 黎翔凤：《管子校注》，中华书局2013年版，第247页。

历史研究

（三）轻税

赋税在古代可以说是加在百姓身上最重的一把枷锁。儒家认为，减轻赋役负担是使人民富足，发展生产和社会进步，实现王道之治的必要条件。《晏子春秋》早就注意到了这一点，多处涉及减免赋税。《内篇·问上》第二十一载，景公问晏子古代的明君是怎样治理国家的，晏子回答"薄于身而厚于民"，主张少从百姓那里攫取，"其取财也，权有无，均贫富，不以养嗜欲"，构想取财于富有者，以调剂贫乏者。景公按晏子所说，下令宫室不再追求华丽的装饰，已有的力役全部停止，"止役轻税"，减少税收，藏富于民，故而百姓得以相亲。内篇中，景公出游遇死骴，于是"公三月不出游"。盘游逸乐需要耗费大量物力财力，而这些乃是征敛百姓所得，三月不游也是为了减少人们额外的赋税支出。内篇叙述景公放弃"邹之长途"之役时也强调"余财勿收"，明令禁止不得再以长途之役的名义去征敛赋税。先秦很多有识之士均主张藏富于民、减轻赋税，《论语·颜渊》中便记载鲁哀公询问有若财用不足应该怎么办，有若建议实行"彻（即十取一）"的征税制度，认为："百姓足，君孰与不足；百姓不足，君孰与足？"[1]

（四）"游豫"救助

古时君主多喜盘游，齐景公亦然。晏子对景公的出游不以为然，认为会导致"贫者不补，劳者不息"，流连忘返，不知所以。他举例古时圣明之主出游是为了"春省耕而补不足，秋省食而助不给"，前者称为"游"，后者称为"豫"。民谚有"吾君不游，我曷以休；吾君不豫，我曷以助"。由此看来，"游豫"的救助方式很早就已存在。实际上，景公并不像晏子所说的出游只是耗费了财力，他在出游时也多次进行这种救助。比如，出游寒途遇死骴，景公便"敛死骴，发粟于民"；游寿宫，见年老负薪者，便采取行动救助，最终"老弱有养，鳏寡有室"；于路上见有乞讨食物的孩子，便差人抚养其长大。

先秦时期，我国的政治家和思想家们结合当时的生产方式和生活方式，提出了一系列有关社会救助的思想和主张，也实践了一些社会救助方面的政策。《晏子春秋》中所提及的"赈济灾民""止役""轻税"等灾害救助措施正是这些救助思想和主张的反映。

---

① 杨伯峻：《论语译注》，中华书局 2014 年版，第 169 页。

三、救助的特点

细读《晏子春秋》中记载的救助之事，可以发现其鲜明的特点：

其一，救助面广。首先救助的范围很广，既包括霖雨、大旱、严寒、异象等自然灾害，同时也有大台之役、长庲之役、邹之长途、铸钟等过度的徭役。此外，还有如《内篇·谏下》第十九中逢于何的母亲去世，但父亲的坟地却被景公建路寝时埋在了下面，没有办法"合骨"。无奈只得去找晏子请求景公，景公认为这很荒唐，晏子说景公为了建宫室，使生者忧愁不能葬母，使死者不能合骨，不是仁君所为，"不顾细民，非存之道也"，而后景公不得不同意让其父母合骨。救助对象除了因天灾人祸而流离失所的民众群体外，也包括特殊个体。《内篇·杂上》第八载，景公出游寿宫，看到一个负薪的老人面有饥色，景公感到很悲伤，于是"令吏养之"。同篇第十载，景公遇见有婴儿在道路上乞讨，也是让吏养之。同篇第十一描写一位刖跪阻止景公的不德行为，景公接受晏子的劝谏，令刖跪"倍资无征"。

其二，因时制宜、因地制宜。因时制宜便是对不同的自然灾害进行有针对性的救助，比如霖雨发薪橑、大旱伐粟、严寒发裘等。有时会指定救助的对象，比如内篇中把"老弱之不养，鳏寡之无室者"单列出来进行救助。因地制宜则是对不同地域有区别地去救助，比如《内篇·谏上》第十九载，景公出游遇死胔之事，景公的救助措施是免除附近四十里地的民众一年的劳役，而没有同时也免除其他地方的。

其三，救助流程完备。《内篇·谏上》第五记载了救助雨灾的一整套流程。雨灾发生后，景公给予晏子全权处置救灾物资的特权，晏子先是让名叫禀的人去巡查，全面了解受灾民众的情况，然后制定具体的救助政策，同时又令名叫柏的人检查房屋受损情况，对无力修缮的人"予之金"。以上措施实行之后，又"巡求氓寡，用财乏者，死"，对救灾物资发放的情况进行核查。"三日而毕，后者若不用令之罪"，限期三日之内必须完成，对于玩忽职守不能按时完成的官员将治以抗命不遵的罪刑。三日期限过后，各负责的官吏救助的具体情况、所用数额一一呈上。春秋齐国并未有负责灾害救助督查任务的专门人员，此处应当是临时设置。此篇详细记载了救助的前后过程，可以想见救助已成体系。

总之,《晏子春秋》是研究春秋战国时期社会救助的重要资料。尽管有些救助可能是出于编著者的臆想而并非实录,但对于我们探究这一时期的救助思想依然有很大的裨益。我们可以看到《晏子春秋》中国家救助扮演了重要的角色,而春秋时主要的救助方式——宗族救助仅占极少部分,这个变化应当是值得我们注意的。

　　　　　　　　　　　　　　（作者单位：苏州大学社会学院）

游侠：中国古代慈善意识之滥觞

李　金

传统观点认为，东汉以前，中国慈善意识自儒家"仁爱"观念发展而来[①]，也因儒家"亲亲"原则而受到抑制[②]。但是，这一观点仍有可待商榷之处，因为儒家的"仁爱"本身就以"亲亲"为核心，如果"亲亲"本身就对慈善意识起着抑制作用，那么"亲亲"外延的"仁爱"怎么会成为慈善意识的来源？在先秦诸子中，与慈善意识最为接近的其实是主张"兼相爱"和"交相利"的墨家学说，但是这二者都是用来反对"自爱"和"自利"，乃至是为抨击儒家以血缘亲疏划分的等级之爱而提出的，本身并不具有实际内容。墨子也并非平等主义的鼓吹者，而是君主专制主义的拥护者[③]。实际上，中国古代的慈善意识最早萌芽于秦汉之际，见于《史记·游侠列传》中的游侠群体，司马迁对于游侠的定义和褒贬虽不完全符合现代意义上的慈善标准，但却首次体现出朴素的慈善意识以及慈善元素。司马迁所述游侠是遵循道德标准、有特定行为特征的群体，而非刺客、武侠之流。因而，要论证慈善意识最早滥觞于游侠，必须论述游侠的本来面貌和行为特征，以及其中与慈善意识的内涵相契合之处，最后探讨游侠行为中体现的朴素而又处于朦胧状态的慈善意识。

一、游侠的来源简述

关于游侠来源问题，历来存有争议：一是游侠来源于先秦的"士"

① 单玉华：《慈善意识相对弱化及其伦理成因》，《郑州大学学报》（哲学社会科学版）2007 年第 6 期。

② 熊小红、刘斌：《论我国慈善意识淡薄的原因及其对策》，《中国市场》2006 年第 9 期。

③ 刘泽华：《先秦政治思想史》，南开大学出版社 1984 年版，第 594—596 页。

阶层说，近代学者如吕思勉、顾颉刚、冯友兰等，多主此说①；二是游侠来源于墨家学说，梁启超、鲁迅持此说，侯外庐更把游侠称为墨侠，白寿彝著《中国通史》亦认为"侠义之士实为墨家后学"②；三是郭沫若认为的游侠源于商贾说，所谓任侠之士，大抵是出身于商贾，商贾而唯利是图的便成为市侩奸猾之人，商贾而富有正义感的便成为任侠③；四是游侠来源于儒家说，章太炎《訄书·儒侠》认为，游侠包含于儒，由儒家信义发展而来，季次、原宪都是孔门弟子，不苟合于当世，坚持践履自己的道德原则，被太史公视为游侠精神的渊源④。

本文持游侠来源于先秦"士"群体说，不被土地束缚拥有相对人身自由的士阶层，是游侠群体的直接来源，是与诸子游说之士并列而无承接关系的群体；但"游侠"并非由士阶层的文武进分化而出，而且对于儒墨对立基础上进行"游侠"出自墨家之任、还是儒家之义的分歧持保留意见，"游侠"自身是没有群体表征和群体意识的，而仅以行为特征和道义标准为群体归属依据，因而游侠并非出自儒家或墨家。"游侠"并非由儒墨发展而来，而很有可能与显学群体交融并存，即一个"游侠"既可能是儒生，又可能是墨者，甚至自身并无学术流派，没有身份限定和思想倾向，而是司马迁因其道德信义和行为特征划分的群体。

二、游侠的定义简析

那么，如何界定游侠，游侠与后世演变的劫富济贫、伸张正义的武侠有何区别？学界对于游侠身份和定义的研究成果丰富，这里仅列以下五种：

游侠并非特定身份而是以行为定义，侠是不畏国家法律而为人排忧解难之人⑤；游侠不是一种专门职业，构不成一个稳定的社会集团或者社会界别，与其说他们是一个特殊的社会集团，不如说是一个具有特殊

① 牟发松：《侠儒论：党锢名士的渊源与流变》，《文史哲》2011年第4期。
② 薛柏成：《墨家思想对中国"侠义"精神的影响》，《东北师范大学学报》（哲学社会科学版）2005年第5期。
③ 田蔚：《〈史记·游侠列传〉的侠情特质论》，《华南师范大学学报》（社会科学版）2014年第5期。
④ 杨颖：《〈后汉书·独行列传〉与正史中的〈游侠列传〉传统》，《西南大学学报》（社会科学版）2011年第2期。
⑤ 张光全：《司马迁、班固游侠思想比较》，《史学月刊》2003年第6期。

气质的社会人群①；游侠是广结宾客、不顾个人利害地拯其困厄，并由此获得广泛社会影响和强大力量的人②；游侠是豪强的一种，游侠不是"私剑"和刺客，而是养"私剑"和食客、门客、刺客者③；钱穆先生指出，游侠的基本特征在于养客，以"养客"概括游侠的基本特征，并由此将游侠与刺客区别开来，"游侠"不是一类以身份、职业等为标准来划分的相对固定的社会群体，而首先是一种社会行为。一个人只要具备这种社会行为，毋论其是何身份，来自哪个社会阶层，皆可以侠称④。

汉初游侠，见于记载的主要有三类人：少年、六国旧贵、闾里豪杰。历史上《韩非子》之"私剑"、《史记》之"道义"、《汉书》之"豪强"三种不同游侠模式并行交织发展，而尤以《史记》之"道义"为游侠定型过程及文化积淀中最基本的模式⑤。司马迁提出"布衣之侠""乡曲之侠""闾巷之侠""匹夫之侠""卿相之侠"等几个不同概念，对游侠进行类别划分，以明确其外延⑥。而之后的人则只注重司马迁关于游侠的信义赞述，对于游侠群体本身的界定已经淡化，才会出现游侠与刺客一体化，游侠与武侠交融同化，侠变成了身具信义和品德的个人英雄，关于游侠与后来文学加工演变的"侠"文化之间的区别，钱穆先生已有客观论述。他在《释侠》一文谓："史公特指孟尝、春申、平原、信陵为侠。至其所养，则转不获侠称。故曰'匹夫之侠，湮灭不见。'则侠乃养私剑者，而以私剑见养者非侠。……至于任侠之所养，在当时则均目为客，或称宾客、门客、食客。而客之中有刺客。而盛养此辈门客、食客、刺客者则侠也。"⑦

① 方泽：《游侠研究的重要收获——评汪涌豪博士新著〈中国游侠史〉》，《复旦学报》（社会科学版）1995 年第 5 期。

② 章培恒：《从游侠到武侠——中国侠文化的历史考察》，《复旦学报》（社会科学版）1994 年第 3 期。

③ 陈广宏：《关于中国早期历史上游侠身份的重新检讨》，《复旦学报》（社会科学版）2001 年第 6 期。

④ 卿磊：《儒侠与汉末清议——论游侠之风对汉末清议运动的影响》，《中华文化论坛》2011 年第 2 期。

⑤ 韩云波：《〈史记〉与西汉前期游侠》，《西南师范大学学报》（哲学社会科学版）1996 年第 3 期。

⑥ 刘飞滨：《论司马迁的游侠观》，《四川师范大学学报》（社会科学版）2008 年第 6 期。

⑦ 钱穆：《中国学术思想史论丛（第 2 卷）》，安徽教育出版社 2004 年版，第 117 页。

三、游侠朴素的慈善意识

慈善属于伦理道德范畴，既指人与人之间相互关心、爱护和帮助的行为和关系，又指对他人的同情、怜悯等心态，还指与之有关的社会事业①。慈善意识是一种"捐款捐物给需要的人"的自觉的心理反应，而这种反应是出自"对人类的普遍的爱"②。一般意义上的慈善意识是指社会公众对困难群体的帮扶意愿和通过捐赠款物等方式采取的帮扶措施，体现了公众的社会责任心和慈悲、善心等社会良知③，就是个体在面对需要帮助的人或事时，所表现出来的社会思想、理论、情感、意志、知觉等各种观念形态的总和④，具有"道德性、资源性、无偿性、人格平等性"等特征⑤。综合观之，慈善意识是非政府团体组织或个人基于普遍性、平等性、无偿性原则，通过捐赠或帮扶等手段对困难群体进行援助的行为动机和情感意志的集合。现代慈善事业则是指社会公众建立在自愿基础上，对于社会困难群体进行无偿救助行为的总和⑥。

如上所述，司马迁在《史记·游侠列传》中一以贯之的游侠行为标准是："其言必信，其行必果，已诺必诚，不爱其躯，赴士之厄困，既已存亡死生矣，而不矜其能，羞伐其德。"表明游侠具有"赴士之厄困"即对于困难群体援助的主动意愿和行为动机，"存亡死生"则体现出游侠的慈善意义，"不矜其能，羞伐其德"更是无偿性和平等性的慈善原则的体现。司马迁所论述的游侠信义标准的另一方面便是原始慈善意识的系统表达，"故士穷窘而得委命，此岂非人之所谓贤豪间者邪"。而对于这种朴素的原始慈善意识，虽未能表述于文辞笔墨，但是却彰显于游侠群体的典型代表朱家和郭解的列传之中："鲁朱家者，与高祖同时。……然终不伐其能，

---

① 单玉华：《慈善意识相对弱化及其伦理成因》，《郑州大学学报》（哲学社会科学版）2007 年第 6 期。

② 罗竖元、李萍：《论慈善意识的培育与慈善事业的发展》，《湖北社会科学》2009 年第 2 期。

③ 郑远长：《社会捐赠的着力点培育和提高现代慈善意识》，《社会福利》2008 年第 10 期。

④ 罗竖元、李萍：《目前我国公众慈善意识淡薄的社会学分析》，《理论导刊》2010 年第 2 期。

⑤ 陈东利：《论当下公民慈善意识弱化的成因》，《山西师大学报》（社会科学版）2012 年第 4 期。

⑥ 姚俭建：《慈善伦理现代性的构建与路径选择——兼析中国红十字会的系列困境》，《上海财经大学学报》2013 年第 4 期。

歆其德，诸所尝施，唯恐见之。振人不赡，先从贫贱始。……专趋人之急，甚己之私。……（郭解）既已振人之命，不矜其功。"①

朱家对于困难群体施以援助不求回报，援助的同时还避免被受援助者看见，具有"平等性"和"无偿性"的特征。扶助对象优先以贫贱程度排次。郭解振恤贫困也"不矜其功"，这类非政府主导的"振人不赡""趋人之急""不矜其功"的游侠行为，是古代慈善意识的原始形态和朴素萌芽，尽管援助对象和援助动机与现代慈善定义有所出入，但其蕴含的慈善意识是一脉相承的。

四、结语

中国古代的原始慈善意识滥觞于游侠群体，慈善事业可见于游侠信义之行，但因君主政权与儒家伦理的制度打击和文化抑制，导致朴素的慈善意识未能进一步发展成为普及和渗透社会全体的现代慈善意识。不过，游侠因信义和救济活动凸显出慈善行为而获得民间广泛认可，具有相当大的社会影响力，但其本身"不轨于正义""时扞当世之文罔""以匹夫之细，窃杀生之权，其罪已不容于诛矣"等游离政权控制和法治之外的特征，使其成为君主无法认可甚至大力打击的对象。一方面，游侠凭其地位和影响，与君争民，不利于君主政权的基层控制；另一方面，对苍生的恩泽理应只来源于神威天子的皇帝和以皇帝为首的朝廷，个人和民间团体在慈善事业上的崭露头角反而会成为政府"无作为"的一种印证②。但是，政权主导的社会援助和救济并不是慈善事业，也不符合慈善意识及特征，"救济穷困是政府的当然责任，不能把政府的社会救助政策与'慈善'混为一谈，前者是责任的体现，后者是'爱'的体现，两者有着本质的区别"③，即原始慈善主体被抑制而无替代群体和力量出现。因而，现代慈善事业所急需弥补和发展的，便是政府保障和官方慈善之外的非政府组织的应有作用和地位，从而突破传统政治定式的桎梏，实现慈善事业的创新和现代化。

（作者单位：苏州大学社会学院）

① 司马迁：《史记》卷一百二十四《游侠列传》第六十四，中华书局1959年版，第3184—3185页。
② 欧阳光明、张婷：《论慈善意识的培养》，《思想理论教育》2012年第6期。
③ 李鹏：《儒家慈善意识与现代慈善理念》，《四川大学学报》（哲学社会科学版）2012年第5期。

清代山西潞安府慈善事业

张 健

清代是我国传统慈善事业发展的鼎盛时期，大体来说，这一时期的慈善机构性质普遍由官方主持下放到民间社会。此种缘由，一方面由于官办慈善机构自身难以克服的官府做派，另一方面当然也与地方乡绅为了维持基层稳定采取的慈善措施，以维持传统的伦理秩序有关。潞安府始于明嘉靖八年（1529），升潞州为潞安府，设潞安兵备，分巡冀南道，治潞安。清代沿用明制，潞安府治今长治城。以往学界关于慈善事业整体研究的论著已有很多，如梁其姿的《施善与教化：明清的慈善组织》、游之安的《劝化金箴：清代善书研究》，以及日本学者夫马进的《中国善会善堂史研究》等。另外，关于区域性的明清慈善活动的研究，学术界也有很多论文发表①，但多偏重于江南地区，对于山西潞安府的慈善事业研究很少涉及。本文拟结合笔者发现的相关资料，就清代山西潞安府的慈善事业予以初步探讨。

一、清代官方民间设立的仓储机构

历代王朝都很重视仓储在赈灾中的作用，仓储制度也很早就得已确立。从汉朝的常平仓，魏晋隋唐出现的义仓、社仓等，都在灾荒赈济中发挥了积极作用。清代以来潞安地区自然灾害频繁，开仓赈济成了重要的救荒措施，其中官府设立的常平仓及民间自发设立的义仓和社仓等，发挥了重要作用。

---

① 范金民：《清代徽州商帮的慈善设施——以江南为中心》，《中国史研究》1999 年第 4 期；熊秋良：《清代湖南的慈善事业》，《史学月刊》2002 年第 12 期；王卫平：《清代苏州的慈善事业》，《中国史研究》1997 年第 3 期。

（一）潞安府常平仓

清代《潞安府志》中关于仓储制度最常见的就是常平仓了，《潞安府志》记载"潞安府永丰仓实贮谷一万两千三百三十一石一斗有奇售，有常平仓归永丰仓"，"预备仓在县治西北"。此外，各个所属县城也有完备的常平仓制度。如"长治县常平仓原额贮谷一万六千八百石，乾隆二十七年奉文增买谷八千石广实仓即常平仓"；"襄垣县常平仓定额贮谷一万三千石，现贮谷一万三千五百六十三石零"；"潞城县常平仓实贮谷一万一千九百三十一石零又归并平顺常平仓实贮谷一万两百四十九石有奇"①。比较遗憾的是，常平仓的具体运作方式并没有详细的记载，《壶关县志》对于常平仓有大概的描述，"以壶关县为例，常平仓谷贵时存七粜三，价平存七借三加一收息，遇七分以下年岁免息，八分年岁加息，现贮谷一万八千一百九十二石零"②。由此可见，常平仓的主要作用就是调节粮价的高低，稳定市场秩序，并在荒年发挥重要的调剂作用。

（二）潞安府的义仓和社仓

义仓，是封建社会时期仓储制度民办粮仓的一种，一般为官督绅办，是通过建立公共粮仓储备以备荒年赈灾而设立的粮仓。社仓也是民办粮仓的一种，由朱熹首创，社仓一般没有专门的仓库，而是在祠堂庙宇储藏粮食。关于社仓和义仓，潞安府地方志里面记载不详细，但是基本每个下属县都可以看到，《潞安府志》记载潞安府社仓有四，一在城内，一在鲍店，一在璩村，一在石砦。义仓三处：安城镇东火村石炭峪共贮谷五千九百九十九石九斗零；长治县"社仓十九处关村高河镇信义村原家庄北，董镇东门外西门外"③；壶关县"社仓四处，每岁存五借五，俱系仓长仓副经理。无饭食。现贮谷三千九百九十九石零"，"义仓七处，每岁存五借五，俱系仓长仓副经理。有饭食。现贮谷三千一百一是一石零"④。由以上记载大致可以看出，潞安府及下属各县都建立了比较完备的仓储制度，总体来说常平仓就规模而言要大于社仓和义仓，而社仓、义仓在分布上要多于常平仓。这恰好说明了彼此之间服务的范围不同，常平仓主要服务县城，而分散于各地的社仓和义仓正是适应了农村人口

① 乾隆《潞安府志》卷九《仓储》，中国数字方志库电子影像版。
② 乾隆《壶关县志》卷四《仓储》，中国数字方志库电子影像版。
③ 乾隆《潞安府志》卷九《仓储》，中国数字方志库电子影像版。
④ 乾隆《壶关县志》卷四《仓储》，中国数字方志库电子影像版。

历史研究

分散的特点，是为了方便赈济而设立的，彰显了因地制宜的智慧。

二、清代官方和民间设立的善堂

清代《潞安府志》关于善堂的记载相对较少，即使有所记载，也大多是养济院、普济堂、育婴堂之类，很少出现江南地区同善会、放生会、救生局、清节堂之类的善堂善会。这应该源于潞安地区出现的社会问题相对没有那么严重，还未出现专门解决某一社会问题的善堂，综合性的善堂已经部分承担了解决相应社会问题的职责。《长治县志》记载："养济院在县后东比隅，有门有亭有舍。康熙初年知县于公允修葺后新建一十八间。随后加增今房五十间，养孤贫三十六名，每名按日给米一仓升冬衣。"[1]《平顺县志》里面也有养济院的记载，出现在康熙年间，大致也是收养孤苦贫病者按月给粮给衣，鳏寡孤独各遂其生。从记载中可以看出，养济院主要由官府兴办，经费也多由官府出资，但是养济院所能收养的贫病之人少之又少，渐渐地已经不能适应贫困之人众多的局面，而且日益加重了政府的财政负担，也出现了经营腐败的现象。在此背景下，清朝中后期，由民间兴办、官方支持的慈善机构如育婴堂、普济堂，作为养济院的补充手段逐渐兴起，并且在慈善事业中发挥着重要的作用。《沁水县志》记载："普济堂在东门外，东西六间，后建南房三间作育婴堂。"[2] 笔者翻阅康熙、嘉庆、光绪三朝《沁水县志》，只有嘉庆时的县志中才出现育婴堂，可见清朝中后期民间慈善组织才在此地兴起，也正是与养济院的衰落时期不谋而合。《长治县志》关于普济堂的记载更为详细，"普济堂及育婴堂旧址在县署西，乾隆十八年知县丁琰捐建大门一间，房屋二十间，原捐买地一百亩，三分四厘收租谷七十九石六斗零，捐本谷一百六十一石，又捐本银三百两发当行生息。收养无依贫民三十名，按名给粮，后郡守刘详定规条，每名日给米一仓升，买菜钱二文，冬给棉衣一身，自立冬日起，至立春日止，每名日给煤炭钱二文，每岁修理锅盆炕席药饵棺木随时发给，除收租谷利银支销外，如有不敷，俱系本县捐俸给发。乾隆二十五年，知县吴九龄将本谷变卖增置地四十四亩零，连前共地一百四十四亩零，收租谷九十一石六斗五升零，除买地用银共存本银四百六十一两一钱五分，发当行按月一份五厘

---

① 乾隆《长治县志》卷十一《公署》，中国数字方志库电子影像版。
② 光绪《沁水县志》卷三《公署》，中国数字方志库电子影像版。

行息，又增收贫民十名，通计收养共四十名，遵奉规条按名给发，贫民颇有所依"①。可见，普济堂大多是由官府支持，地方士绅共同出资兴办，资金来源已经不仅仅局限于捐赠，而且有了近代资本主义地租作为资金的补充。普济堂服务的对象也主要是贫困无依者，基本涵盖了日常衣食住行、生老病死等方面，但是毕竟收养的人数过少，而且对于广大的贫民只是停留在基本温饱问题的救助上。长治县还出现了一种收养流民的机构——留养局，类似于江南地区出现的栖流所。《长治县志》记载："留养局四处，一在城三峻庙，一在漳泽村，一在韩店镇，一在西火镇。吴志知县田樟奉宪设立。每年隆冬收养老幼无依贫病流民五十至七八十名不等。每名按日给发仓升米八合，煤炭钱五文，内有单寒就食者，各给棉衣俱系本县捐俸给发，俟春日融和，自行谋（生）。"② 留养局不同于普济堂的是其可收养外来人口，之所以在长治县出现这种机构，可能是因为长治县的经济活动相比别的县较为发达，不少外县人前往谋生，难免有生存不下来成为流民的。为了缓解社会危机、稳定社会秩序，留养局应运而生，但种种迹象表明，留养局也仅仅是维持流民的基本温饱，待到天气暖和，可以谋生了，自然也就不再收养，具有临时收养的性质。

三、灾荒时期的民间慈善活动

清代地方士绅在地方基层权力体系中扮演着重要的角色，地方士绅广泛参与灾荒救济、水利兴修、地方教育、仓储建设等地方公共事务。而灾荒往往造成流民遍野，成为社会动乱的源头，故无论是中央政府还是士绅都极为重视救荒，从事救荒尽管有着复杂的动机，其中之一就是为了得到社会的尊敬，但由于施善行为具有较高的道德价值，士绅也往往会因此得到中央和地方政府的表彰和奖励。地方志中常常记录其救灾善举，《潞安地方志》中有着大量潞安及其下属县民间士绅采取捐资、捐粮、煮粥等措施参与地方救荒的记载。

当然，慈善往往与灾荒密切相关，因此有必要于此简单介绍一下清代潞安地区的灾害情况。据统计，"在清王朝统治的 270 年里，全省一次受灾面积在 10 州县以上的较大旱灾共有 16 次，前期 200 年间 8 次，

---

① 乾隆《长治县志》卷十一《公署》，中国数字方志库电子影像版。
② 光绪《长治县志》卷三《公署》，中国数字方志库电子影像版。

后期70年间8次"①。清高宗乾隆二十二年（1757），"陵川大灾荒三年，民多食树皮草实，饿死流亡甚众"②。严重的自然灾害不仅破坏了正常的农业生产，还引发了饥馑，造成了人员大量地死亡。清高宗乾隆二十年（1755），"七月十四日大风到十五日止"，禾将熟，皆磨，岁歉③。尤其是晚晴时期的丁戊奇荒，山西更是首当其冲。据统计，"丁戊奇荒"前后，晋省人口从16433000人减少到10658000人，总计减少近600万人之多④。以上地方志中记载的史实，只是冰山一角，事实上还有很多的自然灾害并未记录在内，毕竟自然灾害所造成的负面影响在专制的集权统治下，统治者不可能揭自己的短，但通过简单的例子，依然可以看出清代潞安地区多灾多难的事实。

每到灾荒之际，地方士绅往往扮演着救济灾民的重要角色。如庚抢秀，字子伟，长治附监，慷慨仗义，甲申岁大饥，出粟千余石以济穷，邻里多所全活，村中建立义塾延。潞城人武全才，捐职州同，康熙庚子辛丑连值岁歉，贫民多欲逃亡，全才出粟谷高粱各数百石以济贫困里人，咸德之。长治人王皁成，游学京师，康熙甲申岁大饥，债尸逋欠计四千余，悉焚之，凡乡里宗族有贫乏者量为周给，于村外设义冢，每遇冬月施衣设粥至老无。间年七十卒葬之时，感其德，祭于路者百有余人⑤。通过简单的史实梳理，我们可以发现几个基本特点：一是大多数士绅往往是地方上的儒生，地方上的中下层儒生扮演了更为重要的救灾角色，这种趋势按照梁其姿先生的说法就是"儒生化"。二是救济的对象基本是宗族乡里的老弱孤贫，解决了他们基本的温饱问题，反映了地方绅士狭隘的慈善观和宗族观，进行救灾更重要的目的是要维持其在本宗族内部的社会地位。这些慈善行为得到了宗族内部的尊敬，有着明显的道德教化功能。尽管如此，民间个人的慈善活动相对比较灵活、实效。灾荒时期的民间慈善活动有效地弥补了清代国家和地方政府救荒的不足，对维系民生和保障社会稳定有着重要意义。

（作者单位：苏州大学社会学院）

---

① 刘建生、刘鹏生：《山西近代经济史》，山西经济出版社1997年版，第204、213、214页。
② 雍正《泽州府志》卷五十《祥异》，中国数字方志库电子影像版。
③ 乾隆《潞安府志》卷十一《纪事·祥异》，中国数字方志库电子影像版。
④ 邓云特：《中国救荒史》，生活·读书·新知三联书店出版社1958年版，第103页。
⑤ 乾隆《潞安府志》卷二十三《人物五·孝义》，中国数字方志库电子影像版。

河东总督王士俊与清代山东慈善事业

——以普济堂为例

李宁宁

　　鸦片战争后，西学东渐进程加快，清政府在慈善方面的政策倾向引导了近代慈善事业的兴起，慈善机构的种类和数量都有所增加。清代山东地区也是如此，出现了众多的善会和善堂等慈善机构。其中，普济堂等慈善机构就是在当时河东总督王士俊的推动下建立和发展起来的，这对山东地区社会稳定、经济发展发挥了重要的作用。本文就此问题进行考察。

一

　　"普济堂最初是由民间社会自发创立的，以救助鳏寡孤独贫病之人为主的民间慈善机构。它的产生与流行是与官营慈善机构养济院的衰败密切相关的。"[1] 普济堂是为了弥补养济院的不足而建立的，这种观点在乾隆以后几乎成为公论。普济堂与养济院最大的区别在于：养济院只收养本地户籍的鳏寡孤独贫病之人，而普济堂则不分本籍或外来，一概收养。这样一来，就大大扩大了救助对象的范围，也使其救助作用得到有效发挥，从而使其成为养济院衰落之后迅速发展兴盛起来的慈善机构之一。

　　从目前发掘的资料看，清代最早建立的普济堂在江西袁州，康熙五年（1666）已经创建[2]。而影响最为深远的普济堂是在康熙四十五年（1706）捐资修建于广宁门外的京师普济堂[3]。该堂主要收养外地来京的孤贫残疾者，冬施粥，夏施茶[4]。由于得到朝廷的支持和褒奖，京师普济堂的影响逐渐扩大。康熙四十九年（1710），苏州士人陈明智、顾如

---

① 王卫平：《普济的理想与实践——清代普济堂的经营实态》，《江海学刊》2000 年第 1 期。
② 梁其姿：《施善与教化——明清的慈善组织》，河北教育出版社 2001 年版。
③ 林堂、沈台芬：《雍正大传》，凤凰出版社 2012 年版，第 122 页。
④ （清）潘荣陛：《帝京岁时纪胜》，北京古籍出版社 1983 年版。

龙等募资在虎丘建立普济堂，"以收养病民，供给衣食药饵，略如京师善堂之制"①。但普济堂真正在全国得以推广是在雍正二年（1724），主要得益于朝廷倡导在各地建立普济堂的诏谕。雍正二年（1724），雍正皇帝下旨在全国各地兴办"普济堂"，收养鳏寡老人，为他们提供住所和食物，并且每月还会从国库拨款作为维持普济堂的经费。雍正皇帝的这项举措其实早在康熙年间就实施过。据史料记载："康熙皇帝于康熙四十五年（1706）御书匾额'膏泽回春'，复御制碑文，以记其事。"②雍正皇帝指出："孔子讲大道之行也，人不独亲其亲，不独子其子。"也就是说，雍正皇帝是十分崇尚孔孟之道并且立志将其进行实践的君王。这项主张则是呼吁其子民对那些无人照顾的鳏寡孤独贫病之人，尽自己所能，施以援手，进行救助。可以说，兴办"普济堂"既是一项慈善事业，也是一项福利事业。

正是在雍正皇帝的认可和支持下，修建普济堂的活动极为盛行。据史料记载："为了响应雍正皇帝的号召，一些地方官、士绅、大商人纷纷效仿，建设各种善堂。如江西新城知县邵鸿元建成普济堂；山东淄川知县也设置了普济堂；江苏苏州府创建锡类堂，为贫弱死者收尸；松江府南汇县绅士朱日成等兴办育婴堂。一些绅商和地主还捐资修建寺庙、书院、考棚、道路、桥梁、义仓等等。"③ 而山东、河南两省普济堂、育婴堂等慈善机构的迅速建立则得益于当时的河东总督王士俊。

二

王士俊，字灼三，贵州平越（今福泉）人④，为清代名臣，与同时的李卫、田文镜齐名，于雍正十一年（1733）赴任河东总督，总督河南、山东两省事务。雍正十二年（1734），他向下辖的山东、河南两省发布命令，依照北京普济堂的模式在各州县建立普济堂。在王士俊的强力推行下，到雍正十二年（1734）年底，两省各州县普济堂建设均已竣工，并置有义产。在雍正十二年（1734）十二月十七日向雍正帝呈交的奏折中，王士俊报告说："现在两省各州县，俱建堂告竣。"⑤ 如同王士

---

① （清）顾禄：《铜桥倚棹录》，上海古籍出版社 1980 年版。
② 林堂、沈台芬：《雍正大传》，凤凰出版社 2012 年版，第 122 页。
③ 林堂、沈台芬：《雍正大传》，凤凰出版社 2012 年版，第 123 页。
④ 《清史稿》（下），中国文史出版社 2003 年版，第 1620 页。
⑤ 《河东从政录》卷七《报东省普济育婴二堂捐项疏》（雍正十三年），转引自［日］夫马进：《中国善会善堂史研究》（伍跃、杨文信、张学锋译），商务印书馆 2005 年版，第 692 页。

俊在雍正十三年（1735）八月撰写的《（馆陶县）普济堂碑》中所说的那样，普济堂"几遍两省"①。可见，在王士俊的推动下，普济堂已在两省广泛建立。王士俊这一积极贯彻雍正二年（1724）"上谕精神"，大规模修建普济堂的举动，促进了山东地区以普济堂、养济堂为核心的慈善事业的发展。

河东总督位在山东巡抚与河南巡抚之上，总督两省事务。王士俊于雍正十一年（1733）春赴任，雍正十二年（1734）的夏天，下令两省仿北京普济堂之制在各州县设置普济堂，命令河南"每一州县必由境内建立普济堂一所，多置义田，以浦皇恩，以恤茕独。限文到一月内，先将修工日期报查，再广置义产，续详查核"②。据《报东省普济育婴二堂捐项疏》（雍正十三年），山东省治下的110个州县卫所共建有普济堂131所，收容3991名③。河南、山东两省的普济堂都达到了一州县一所以上。在王士俊的积极推动下，当地官员迅速在各州县广建普济堂，以致数百所普济堂在一月内迅速建立。他这种一味迎合雍正帝上谕，急功近利的办法，确实使普济、育婴两堂在山东、河南拔地而起，促进了两地慈善结构的改善，但是慈善机构的运行机制仍有待商榷，比如其资金来源。据雍正十二年（1734）十二月十七日的奏折，王士俊首先"臣率同官属等，首倡公捐，并或拨动闲款应用"，然后与之相应，"两省士民闻知，欣然慕义，咸愿捐输"。王士俊表示，现在各州县普济堂的建设已经基本竣工，为了维持今后普济堂的正常运转，都利用捐款设立了公共资产（义产），"纤毫不需公项"④。与一些地方利用行政手段建立的普济堂不同，山东、河南两省普济院的建立，完全不需要国家拨公款，全部靠民间力量捐献。其效果如何，有待进一步探究。

三

在河东总督王士俊的推动下，山东地区以普济堂为主的慈善组织相

---

① ［日］夫马进：《中国善会善堂史研究》（伍跃、杨文信、张学锋译），商务印书馆2005年版，第692页。

② ［日］夫马进：《中国善会善堂史研究》（伍跃、杨文信、张学锋译），商务印书馆2005年版，第527页。

③ 《河东从政录》卷七《报东省普济育婴二堂捐项疏》（雍正十三年），转引自［日］夫马进：《中国善会善堂史研究》（伍跃、杨文信、张学锋译），商务印书馆2005年版，第425页。

④ 《宫中档雍正朝朱批奏折》（第二十三辑，第890页），转引自［日］夫马进：《中国善会善堂史研究》（伍跃、杨文信、张学锋译），商务印书馆2005年版，第425页。

继建立，这对于维护山东地区政局稳定、经济增长和社会和谐有着不可忽视的作用。但是，其建立普济堂的方式是有待商榷的。比如说，他主要借助行政手段，下强制命令在山东、河南境内都必须设普济堂一所，这种方式虽然及时有效但是容易使当地官员负担加重，这就不可避免的加重当地百姓的生活负担。而所谓的"欣然募义，咸愿捐输"无非都是冠冕堂皇的说法而已，其背后应该是"官捐"，即带有半强制性质的"捐输"①。王士俊为何要在奏折中强调"纤毫不需公项"呢？其原因还是出自雍正皇帝，有资料显示，雍正帝在命令普及普济堂和育婴堂时，强调两堂的建设资金和运作资金均应由捐助来筹集②。在封建专制统治下，既然君主有这样的明确规定，下面的大小官员自然会唯命是从。这就是王士俊积极响应雍正帝的号召，强调普济堂的建立及普及"纤毫不需公项"的原因。

普济堂的建立原本是为了弥补养济院的收容对象不足而设，当时养济院虽然衰落，但它还在发挥作用，就是说普济堂和养济院是相互影响的，并不是单线发展的。普济堂原本就是由民间力量建立的慈善组织，但自雍正二年（1724）上谕颁布之后，各地官员、士绅为了响应雍正皇帝的号召，纷纷捐资建立普济堂，这就使得普济堂官方色彩日益浓厚。其主要经营方式一般是官督民办或官民合办，而且其经营方式也不是一成不变的，有时官方主导，有时地方绅商主导。与经济发达的南方省份相比，山东地区以绅权为主的公共空间比较狭小，在慈善组织的发展中始终处于从属地位。在国家政局稳定的情况下，在议叙、捐纳制度的诱导下，为了提高其社会声誉，他们会积极投入慈善事业之中，但是，一旦遇到社会动荡的年份，则把所有的精力投放到对自己有利害关系的团练上。这在晚清时期表现得更加明显，且办团练的绅士比例要远远超过其他省份。山东地区大多数乡绅对团练投入了大量资金，这便使得像普济堂之类的民间慈善组织缺乏相应的资金来源，同时这也是山东地区以普济堂为主的民间慈善组织难以维持的重要原因。

（作者单位：苏州大学社会学院）

---

① ［日］夫马进：《中国善会善堂史研究》（伍跃、杨文信、张学锋译），商务印书馆 2005 年版，第 503—505 页。

② ［日］夫马进：《中国善会善堂史研究》（伍跃、杨文信、张学锋译），商务印书馆 2005 年版，第 435 页。

晚清山阳慈善事业发展原因概论

袁海洋

我国慈善活动发轫于先秦，自汉唐以来，庚续相承，其间虽有盛衰起落，却从未中辍停歇。明清时期，慈善事业达到鼎盛，各种慈善机构纷纷建立。目前，学界关于江南地区慈善事业的研究成果非常丰富①，而关于苏北慈善事业则较少涉及。本文拟对晚清时期苏北山阳县②慈善事业发展情况进行梳理，并探讨其原因。

一

为了解晚清山阳县慈善事业发展的具体情况，笔者首先根据光绪《淮安府志》、同治《重修山阳县志》和民国《续纂山阳县志》，将晚清山阳县的慈善机构统计列表如下。

表1　晚清山阳慈善机构情况表③

名　称	创办时间及发起人	地　点	经费来源	主要功能
养济院	明洪武六年，知县凌泽	城区西南三府坊	县拨款	分发孤贫口粮
栖流所	乾隆七年，知县金秉祚	不　详	官员捐奉和绅商捐	收养流民

---

① 王卫平：《清代苏州的慈善事业》，《中国史研究》1997年第3期；王卫平：《明清时期江南地区的民间慈善事业》，《社会学研究》1998年第1期；等等。详参黄鸿山：《中国近代慈善事业研究——以晚清江南为中心》，天津古籍出版社2011年版，第10—11页。

② 山阳县，今江苏省淮安市淮安区。

③ 同治《重修山阳县志》卷二《建置篇》，同治十二年（1873）刻本，第36—38页；光绪《淮安府志》卷三《城池篇·善堂》，光绪十年（1884）刻本，第38页；民国《续纂山阳县志》卷二《建置篇·善堂》，1921年刻本，第321页。

名　称	创办时间及发起人	地　点	经费来源	主要功能
普济堂	乾隆七年，安徽歙县人程钟	西门外	田租、存典生息钱、百姓捐银、盐政公费、同善堂拨款	收养孤贫病者
育婴堂	雍正十一年，漕运总督魏廷珍	北门内	起初由盐商岁捐，后有田铺租钱、存典生息钱、漕督拨款	收养弃婴
慈幼堂	不　详	城内红版桥	不　详	不　详
养幼堂	咸丰七年，知府顾思尧	河下镇三元宫内	城内铺户按日捐钱、田租钱	收养被弃幼孩
公善堂	咸丰初年，里人自发	男女各一所，俱在河下镇，男堂在状元楼侧，女堂在白酒巷	里人筹集资金，漕运总督冬季拨款	向饥民无依者提供食宿
文通寺	咸丰十年后，士民自建	城　北	士民集醵资设公所，漕督拨钱，田租钱、存典生息钱	每年冬季，发钱施药
煦仁堂	同治九年，里人创建	城西菜市口南首	里人集资、漕运总督拨发公款	收养无依老妇
利济局	同治四年，漕运总督署拨钱发起	城内二郎庙	漕运总督署、好义士民捐款，存典生息	按日发贫人钱
继济堂粥厂	同治十一年，里人何其傑等捐建	城西普济堂侧	当地人集资和漕运总督拨钱买田收租	暑施药、寒施粥
清节堂	邑人何其傑等捐	南门内	当地人集资和漕运总督拨钱买田收租	收养无依孀妇
绵泽堂	不　详	城北地藏寺内	田　捐	收供无祀木主
量济堂	同治十一年，张良元等倡建	河下玉皇殿	民　捐	施棺、埋葬
普济堂义地	不　详	河　西	不　详	义　地
漏泽园	不　详	旧城南门外辛甸南、板闸河南赵家庄、清江浦	不　详	义　地

名　称	创办时间及发起人	地　点	经费来源	主要功能
瘗骨会	道光二十五年	不　详	田租钱	义　地
济稚局	同治十年，镇江张良元等	河下镇彤华宫	拨同善局款存典生息	给贫困男女婴孩及未满三岁孩童之母每月发钱
济济堂药局（一）	不　详	西门内三仙楼	民捐、田租钱	为贫困不能就医者看病施药
济济堂药局（二）	道光八年	城东吕祖社	民捐、田租钱、（田）存典生息钱	延医施药
文通寺（药局）	不　详	城　北	不　详	不　详

由上表可见，山阳县的慈善事业有如下特点：一是大多数慈善机构建立于晚清时期。就有明确确立时间的机构来看，建立于 1840 年之前的有 5 所，9 所建立于 1840 年之后。二是慈善机构的种类比较齐全。从救济对象看，有收养遗弃孩童的育婴堂、慈幼堂，有收养无依老妇的煦仁堂，有抚恤节妇的清节堂，有收容流民的栖流所等等。从救济内容看，有对患者的施医给药，有对死者的施棺代葬，有对贫民的施粥给衣等等。即与之前相比，晚清时期山阳县的慈善事业涉及范围比较宽广，功能相对齐备。

二

晚清以来，山阳县慈善机构迅速发展的原因主要有两个方面。

（一）客观原因

晚清以来，苏北地区天灾人祸不断。就天灾而言，晚清时期气候异常，自然灾害频繁，且山阳临近大运河、洪泽湖和淮河，经常发生水灾。如道光四年冬，湖水决十三堡，十一年夏运河决马棚湾，二十八年运河决清水潭。咸丰二年，"由于大雨连绵，五河平原变成了一片汪洋，庄稼都被水淹没了"①，"雷电交作，雨雹大如鸡卵，小如弹丸"，"毁屋压人甚多"②。同治五年，运河决清水潭，十三年连下五月大雨，发生大水灾。光绪二十三年夏，淫雨伤稼，三十二年淫雨累月，运河水溢。除了水灾，还有旱灾、蝗灾。道光五年大旱，十三年庄稼颗粒无收。咸丰二年大旱，诸河皆干。同治十二年蝗灾，田禾皆莠。光绪二年，发生旱灾和蝗灾；十七年旱灾；十八年夏旱蝗。

就人祸而言，晚清苏北地区饱受兵灾匪患蹂躏。咸丰十年"二月初一日，皖贼陷清河，郡城严守卫；初三日，贼骑四出焚掠，河下及西北乡皆遭残破"③。同治元年正月，捻军李成部进逼清江浦，"山阳城门戒严，城门尽闭，扳闸居人尽逃"，此役"焚杀不可胜计"。④ 光绪九年，山东匪徒王古佛煽动侵扰清河、山阳；二十六年七月，崔河匪首刘必高聚众三百人进犯车桥；等等。

天灾人祸造成了严重后果。民众为了逃避灾祸，往往被迫颠沛流离，导致难民和流民人数激增。由于缺少食物、药品等生活必需品，难民流民要么沦为盗贼，要么转填沟壑，严重影响了社会安宁。如光绪二年，"淮、徐、海、沭大饥，官赈勿给，而民气刚劲，饥则掠人食，旅行者往往失踪，相戒裹足"⑤。这些情况的出现，客观上呼唤着慈善事业的兴起。

（二）主观原因

从慈善机构的创办人和经费来源可见，慈善机构的创办人主要有官员和民众两大类，官员包括当时驻山阳的漕运总督、淮安知府和山阳知县，民众包括本地的士绅商民。慈善机构的经费来源主要有政府拨款和民众捐款。这些经费或用来购置房屋、田地，或放入典当行，所得的田租、房租以及存典生息皆用于机构运作。

由上表可见，在明确记载经费来源的机构中，官府出钱资助的机构就有 10 个，其中漕运总督拨款资助的有育婴堂、公善堂、文通寺、煦仁堂、利济局、继济堂粥厂、清节堂，共有 7 个。政府出钱设立或资助

---

① （法）史式徽：《江南传教史》第 1 卷，上海译文出版社 1983 年版，第 171 页。
② 民国《续纂山阳县志》卷十五《杂记》，第 453 页。
③ 同治《重修山阳县志》卷二十一《杂记一》，第 303 页。
④ 民国《续纂山阳县志》卷十五《杂记》，第 453 页。
⑤ 钱基博：《李金镛传》，闵尔昌编：《碑传集补》卷 19，沈云龙主编：《近代中国史料丛刊》第 1 编第 100 辑，第 994 册，（台北）文海出版社 1973 年版，第 1116 页。

的慈善机构经费，可以看成是地方政府维持地方秩序、促进社会安定的举措。1840年以后，山阳县里人、邑人、好义者等民间力量自发创办的民间性慈善机构开始增多，如公善堂、文通寺、煦仁堂、继济堂粥厂、清节堂均由里人醵资创建，栖流所、普济堂、利济局、养幼堂、量济堂、济济堂药局也得到民众捐款。晚清山阳民众积极创办慈善机构的原因有二，一是漕运总督衙门当时设在山阳，主管漕运事宜，山阳成为漕运、盐运的重要集散地，这一特殊地位在一定程度上促进了当地商业的繁荣，推动了经济的发展。当地富人众多，有能力参与慈善事业。二是晚清以来，西方传教士大量入华，在中国开展教会慈善事业。这种行为引起了中国人的警惕，遂有善人创建慈善组织，与教会慈善事业展开竞争。如咸丰初年，法国设天主教教堂于山阳小高皮巷①。而当地民众认为"中国古代慈善思想'历世相传，上行下效，虽在一乡一邑，罔不有乐善好施之人，而不必托于宗教，以行其惠也'"②。从这句话可以看出，民众对于西方在社会救助方面的慈善行为，带有一种"抗拒"心理。因不想依靠外国的慈善救助，故而自发创办。

（作者单位：苏州大学社会学院）

历史研究

---

①　民国《续纂山阳县志》卷十五《杂记》，第453页。
②　民国《泗阳县志》卷十三《建置篇·慈善》，1926年铅印本，第337页。

辛亥革命与中国红十字事业的现代化

贾　浩

　　1911 年，震惊中外的辛亥革命爆发，它不仅推翻了清王朝，颠覆了 2000 多年的封建帝制，在政治、经济、文化等多个方面使中国的面貌焕然一新，推动着中国现代化的进程，而且对于红十字事业的发展亦功不可没。尽管在辛亥革命爆发之前，红十字事业在中国发展已历七载有余，但其真正的发展及踏上现代化之路当为辛亥革命之功。

一、"现代化" 概念的阐释

　　"现代化" 一词实为舶来品，于 18 世纪 70 年代出现于欧美，它是指 "一种由传统社会向现代化社会转型的，经济、文化、社会协调发展与经济文化一体化发展为标志的，以工业化、智能化、城市化等为主要内容的社会变迁过程……是过程与目标的统一，它具有整体性、综合性、时代性、广域性和动态性"[1]。在各领域其表现不同，于经济而言，"现代化" 是以工业化、专业化、规模化为主要特征；于政治而言，它是以实现政治民主化、法制化、科层化为目标的；于社会而言，它表现为城市化、福利化、流动化、信息传播。它于 20 世纪初登陆中国[2]。自从清末洋务运动开始以后，在中国怎样进行现代化被提上日程，因中国复杂的国内外形势，这一问题的解决刻不容缓。诚然，那时没有明确的 "现代化" 的提法，使用诸如 "西化" "欧化" 等称呼。据有关研究证实，"现代化" 一词为胡适于 1929 年首次提出[3]。本文所论及的红十字事业的 "现代化" 是自然科学革命以来人类社会高速发展的过程，是社

---

　　[1]　路日亮主编：《现代化理论与中国现代化》，宁夏人民出版社 2007 年版，第 7 页。

　　[2]　路日亮主编：《现代化理论与中国现代化》，宁夏人民出版社 2007 年版，第 2 页。

　　[3]　何爱国：《中国现代化思想史论：1912—1949》，世界图书广东出版公司 2014 年版，第 206 页。

会各单元对于新环境和变化的适应和调整的过程①，也即辛亥革命的爆发给中国红十字事业之后的发展，包括红会组织建设、会费征集、会员征募等带来的影响。

事实上，红十字会在日俄战争中"发轫"②，辛亥革命爆发前，中国红十字会成立已七载有余。在这一阶段，中国红十字会逐渐从上海万国红十字会中"蜕化"出来，1907年，中国红十字会开始走上独立发展的道路；1910年，吕海寰上奏试办《中国红十字会章程》，"合办"形式烟消云散，彻底终结。1910年6月，中国红十字会流变为"大清红十字会"，红十字会抹上了浓重的官办色彩。红会内部曾因中国红十字会的易名而引发极大的争议，其管理体制正待理顺之际，改变中国命运的辛亥革命爆发了。

二、辛亥革命中的红会"现代化"进程

1911年10月10日，"九省通衢"的武昌爆发起义，辛亥革命由此拉开帷幕。战火蔓延至南方诸省，兵连祸结，百姓处于水深火热之中，伤亡与日俱增。战火与血腥呼唤红十字的人道关怀。然而，当时红十字会正处于低迷时期，盛宣怀的"易名"之举及军谘处的"官办"之请，致使红会内部出现裂痕，红会会长盛宣怀仕途危机重重。尽管如此，以人道主义为宗旨的中国红十字会仍想方设法，义不容辞地担负起战争救护的任务。

（一）成立中国红十字会万国董事会——红十字事业现代化的支点

10月23日，汉阳某国兵轮发来无线电报："以两军死伤过多，请即亲率红十字会中西医队迅速前来战地，普救同胞。"③事不宜迟，沈敦和以此为契机，当机立断抛弃官味甚浓的"大清红十字会"，组织中国红十字会万国董事会。借助外力以弥补救护力量之不足，这是沈敦和创建中国红十字会万国董事会的缘由，如他所述："武汉事起仓猝，响应甚速，不数日间，战祸已蔓延各省。彼时若仅恃本会救护人员，断断不敷调遣，欲求部署神速，机关完备，而经费又可节省者，惟有借助各国教会西医，及各该处原有之教会医院，以为本会临时救护机关，庶几朝发

---

① 罗荣渠：《现代化理论与历史研究》，《历史研究》1986年第3期，第25页。
② 池子华：《红十字与近代中国》，安徽人民出版社2004年版，第1页。
③ 《红十字会医队定期起行》，《申报》1911年10月24日。

一电，夕已成立，可收事半功倍之效。然欲联合教会，又非借助西董不为功，此本会万国董事会所由设也。"① 救伤如救火，刻不容缓。24 日，沈敦和即召开特别大会，宣布正式成立"中国红十字会万国董事会"。

中国红十字会万国董事会与 1904 年成立的万国红十字会相比，可谓"青出于蓝而胜于蓝"。万国董事会虽继承了万国红十字会的组织形式，但前者与后者又有着天壤之别，万国董事会虽打着"万国"的金字招牌，然为中国独有，万国红十字会则为五国合办②。可见，中国红十字会万国董事会为中国红十字事业步入现代化的一个重要支点。尽管中国红十字会万国董事会（"沪会"）的成立似乎与中国红十字会（"京会"）分道扬镳，造成中国红十字会分裂的形式，但"分久必合"，此亦正是红十字会走上统一的必经之路。

（二）战争救护中组织建设、踏上现代化征程

在红十字万国董事会的领导组织下，各种救护组织纷纷成立并奔赴战场实施人道救助。中国红十字会万国董事会成立的第二天，其组织甲、乙、丙三支医队驰赴战场，30 日到达汉口，"即有人上船欢迎，随即与来人乘坐渡船登岸至大智门相近俄国租界，先经有人代备俄商新建三层楼大洋房一所作为战地本会事务所并养病院"③。事实上，这三层楼洋房"为万国医院所建，落成后，诸未完备，一切事物统由本会创置，煞费周章。且该院地邻战场，且在炮声中从事救济，危象环生"④。红十字会的到来可谓众望所归，随着战火蔓延，伤亡日益加重，为保障救护行动的顺利进行，万国董事会草拟两项措施。一是以理事总长沈敦和的名义刊登劝捐广告⑤。日俄战争时，万国红十字会也曾利用《申报》登刊劝募广告，但次数极少。辛亥革命时，以这次募捐广告为始，之后相继出现一些募捐广告和谨谢广告，次数较多。二是征募会员扩大救护力量。会员为红会生命所在，各国红会组织概莫能外。辛亥战事骤起，而红会经费捉襟见肘，为此红会首开征集会员之端，以尽人道天职。11 月

① 中国红十字会总会编：《中国红十字会历史资料选编，1904—1949》，南京大学出版社 1993 年版，第 58 页。

② 池子华：《红十字与近代中国》，安徽人民出版社 2004 年版，第 90 页。

③ 《红十字会医队战地来书》，《申报》1911 年 11 月 5 日。

④ 中国红十字会总会编：《中国红十字会历史资料选编，1904—1949》，南京大学出版社 1993 年版，第 288 页。

⑤ 《敬募红十字会捐款》，《申报》1911 年 10 月 29 日。

1日，总理事长沈敦和在《申报》上刊登《红十字会征集会员广告》，决定"援照红十字会万国条例得征集名誉会员、特别会员、正会员三项"，且"纳会费二百元以上作为特别会员，二十五元以上作为正会员"，会费一次交足，方可获得会员资格①。这项措施的实施，不仅促成人数的一次攀升，同时充实红会救护经费，可谓一举两得。

武汉救伤持续月余，红会救护人员奋不顾身，综计汉口治愈病兵576名，伤兵415名，病民31名，医治无效而死者34名；武昌治愈病兵860名，伤兵562名，病民18名，伤民116名，医治无效而死者25名；汉阳治愈病兵571名，伤兵120名②。

在武昌首义的渲染下，南京、上海、镇江、杭州、滁州等地相继拉开帷幕，红会发展呈现出一种新态势。武汉首义之后，宁战在即，中国红十字会组织救护医队赴宁，南京开战后，中国红十字会与美国红十字会江安等分会联手，救治伤兵病民，同时派出"红十字医车数辆"③。南京大战期间，中国红十字会首次使用的救护医车，发挥了巨大作用，据《辛亥革命时中国红十字会暨各分会活动成绩》的记载："大战之时，每日医车约收容伤兵百余，镇江医院尚不敷住，则运至上海，分送沪宁铁路医院及本会总、分医院。由医车医治伤兵共约五百余人。"④ 南京战场上红十字会救护医队、掩埋队，救伤葬亡，各尽其职。战火硝烟、滚滚弥漫，上海、镇江、杭州等地战事迭起。沪城分会、镇江分会、杭州分会等相继成立。与此同时，大清红十字会"正名"为中国红十字会，吕海寰为第二任会长⑤。

辛亥革命是中国近代史上开天辟地、改朝换代的重大历史变革，中国红十字会也出现了蓬勃发展的可喜局面。据池子华先生考证，辛亥革命期间，"计有57处分会得到确认，分布于17个省市，其中1904年设立、1911年重建的分会有6处，新设分会51处。有待确认者26处"⑥，

————————

　① 《红十字会征集会员广告》，《申报》1911年11月1日。
　② 中国红十字会总会编：《中国红十字会历史资料选编，1904—1949》，南京大学出版社1993年版，第289页。
　③ 《急募红十字会捐款启》，《申报》1911年11月25日。
　④ 中国红十字会总会编：《中国红十字会历史资料选编，1904—1949》，南京大学出版社1993年版，第290页。
　⑤ 池子华、郝如一主编：《中国红十字会历史编年（1904—2004）》，安徽人民出版社2005年版，第16—17页。
　⑥ 池子华：《辛亥革命期间中国红十字会新建分会数量考》，《苏州科技学院学报》2011年第3期，第25页。

设立"分会医院30余所"①。同时，地方红十字组织在辛亥革命的风云激荡中取得长足发展，涌现出广东红十字会、中华红十字会、粤东红十字会、济群红十字会、大汉红十字会等"不下数十处"，红会"会务发达，遂有一日千里之势"②。这是红十字会登陆中国以来取得的前所未有的良好成绩，真不愧"发轫于俄日之战，而大彰于武汉之师"的说法③。

三、辛亥革命对红会"现代化"的影响

辛亥革命之后，中国红十字会真正踏上了现代化的进程。

（一）加盟国际红十字会

中国红十字会在战争中将红十字的人道主义精神彰显得淋漓尽致，其会员奋不顾身、舍生忘死的行为得到了世界的认可。1912年1月12日，瑞士日内瓦国际红会联合会会长阿铎尔致函中国红十字会万国董事会董事部长沈敦和，告知中国红十字会已得到了国际红十字会的正式认可，函称："俱征贵大臣善与人同，友谊克敦，遵即分会寰球入会各国，皆已一律承认，合电奉告。"中国红十字会正式成为红十字国际联合大家庭的一员④。值得一提的是，中国红十字会踏上国际道路，与日本赤十字社息息相关，中国红十字会在辛亥战事期间得到日本赤十字社的鼎力相助。1911年12月26日，日本赤十字社社长致函国际红会联合会会长，介绍中国红会加盟，函称："中国红十字会已开办，设总会于上海地方。该会组织完全，办理合法，愿具保结，请即知照万国承认，以利进行。"⑤ 中国红十字会踏上国际之路不久，便参加了第九届国际红十字大会，中国红十字会以"自我"的身份第一次登上了国际舞台，这是中国红十字会新征程的起点，也是对8年来红十字会在人道救助领域所取得辉煌成绩的嘉勉，为中国红十字会步入现代化轨道打开通畅大道。

---

① 池子华：《红十字与近代中国》，安徽人民出版社2004年版，第103页。
② 池子华、郝如一主编：《中国红十字会历史编年，1904—2004》，安徽人民出版社2005年版，第16—17页。
③ 沈敦和：《弁言》，《中国红十字会杂志》1913年第1号，扉页。
④ 池子华、郝如一主编：《中国红十字会历史编年，1904—2004》，安徽人民出版社2005年版，第19页。
⑤ 《中国红十字会特别广告》，《申报》，1912年2月7日。

（二）实现京、沪两会统一

现代化的开启离不开统一团结的力量，"京会""沪会"长期存在的矛盾在辛亥革命之后得到了彻底的解决。自从盛宣怀将中国红十字会易名为"大清红十字会"以来，作为中国红十字会"桥头堡"的上海红会没有得到应有的重视，沈敦和等人不满，中国红十字会万国董事会的创办将京、沪两会的矛盾激化。为实施人道救助，辛亥革命时，二者积极投身于战争救护而并无冲突；战事结束后，在派代表参加第九届国际红十字会的问题上，则将矛盾公开化。无奈之下，双方各派代表参加。首届会员大会召开之际，红会统一成为当务之急。事实上，第九届红十字会国际大会曾通过一项决议："传闻有人私社一会，名为万国红十字会，另定入会章程。今由本会决定，无论何国内所有联合体及团体，均不得称万国红十字会。凡本会所承认者，均系各该政府按照日来弗条约已经承认之会。"① 这个决议是否针对中国，尚且不知，但中国红十字会万国理事会作为应急而设的临时机构，使命完成之后理应解散。到 1912 年 7 月 16 日，万国董事会正式解散。9 月 29 日，中国红十字会第一次会员代表大会在上海召开，此次会员大会的中心议题便是推举议员，选出新一届红会领导。10 月 19 日，"大总统令"："派吕海寰充中国红十字会正会长、沈敦和充中国红十字会副会长。"② 这次大会的召开可谓举足轻重、承前启后，结束了万国董事会解散后红会无正副会长的"散漫"状态；通过了《京沪合并章程》，化解了京、沪两会之间的隔阂，为"统一"铺平了道路。

10 月 30 日，中国红十字会统一大会召开。统一大会，不言而喻，旨在"统一"，大会通过了《中国红十字会章程》，使中国红十字会事业的发展步入正轨。统一大会的成功召开使中国红十字会的"唯一"地位得到了真正的确立③，"实奠中国红十字会万年不拔之基"。④

由此可见，辛亥革命在中国红十字事业的现代化进程中意义非凡。

历史研究

213

---

① 《万国红十字会在美京华盛顿第九次联合大会中国红十字会特派驻美公使张荫棠参赞荣揆留美学生监督暨本会顾问福开森诸君为代表赴会事毕报告》，中国红十字会总会编：《中国红十字会历史资料选编，1904—1949》，南京大学出版社 1993 年版，第 391 页。

② 《临时大总统令》，《政府公报》1912 年第 171 期，第 2—4 页。

③ 孙柏秋主编，池子华、杨国堂等著：《百年红十字》，安徽人民出版社 2003 年版，第 77 页。

④ 《统一大会记》，中国红十字会总会编：《中国红十字会历史资料选编，1904—1949》，南京大学出版社 1993 年版，第 259 页。

革命中，万国董事会的建立，战争中的救护，分会数量的日增，会员数量的攀升实为红会发展奠定了基础。辛亥革命后，加盟国际红十字会，参加第九届国际红十字会大会登上国际舞台，实现京沪两会合并，完成了中国红十字会的统一。其间种种，辛亥革命功不可没，可见中国红十字会"善功所及，非特鄂省一役而已"①。

（作者单位：中国人民大学历史学院）

---

① 《武昌黎副总统转孙大总统致总会的电文》，中国红十字会总会编：《中国红十字会历史资料选编，1904—1949》，南京大学出版社 1993 年版，第 57 页。

试析张孝若发起成立南通
红十字会的缘起

朱佳丽

张孝若，近代著名实业家、教育家张謇之子，1898 年生于江苏南通，1917 年赴美国留学，1922 年被北洋政府任命为考察欧美日十国实业专使，多次赴欧美等国考察。1925 年，张孝若任大生纺织公司董事会董事长；1935 年 10 月 17 日，于上海遭仆人暗杀身亡。1927 年 2 月，张孝若在家乡南通成立了中国红十字会南通分会，成为南通红十字分会的创始人。南通红十字会的成立和发展离不开张孝若的努力。本文将从思想动机和外部条件等方面分析张孝若发起成立南通红十字会的原因。

一、西方文化的浸润

张孝若很早就受到西方文化的浸润，接受西方人道主义思想的影响，思想较为开明。父亲张謇很早就为其安排了专门的外籍教师，六七岁时是来自日本的保姆森田政子，后来是美国人雅大摩。为了将来出洋留学，父亲特别重视张孝若的外文学习，希望他能尽早熟悉外国文化。1915 年，张謇将其子送到德国人在山东青岛开办的学校读书，后因为该校重视德文少有英文，所以又把张孝若送到了上海震旦大学。1917 年，张孝若赴美留学，但求学生涯仅仅持续了一年多时间。考虑到父亲日渐年老，家族事业繁忙，思乡心切的张孝若在亲友的劝告下匆忙回国，协助父亲张謇从事实业教育等活动。

1922 年，总统黎元洪、总理颜惠庆安排张孝若出任中国考察英、美等九国实业专使。对此任命，张孝若自认为"年少才轻，识疏学浅"，而张謇则喜忧参半，担心儿子经验浅、交际疏，稍有不慎会陷入政治漩涡，但考虑到这是一个学习的机会最终还是接受了任命①。1923 年 9 月 17 日，考察团从上海启程，1924 年 4 月 19 日回到上海，共考察了法国、美国、奥地利等 10 个国家。考察过程中，张孝若广泛接触、随时记录，一方面对外宣传了中国的文化和社会进步状况，促进了这些国家对中国的了解；另一方面认识到了各国在实业方面各有短长，将各国煤铁出产情形、纺织业、航运业的情况做了比较，并提出了我国应该借鉴的地方。此外，他还呼吁国内人士要关注各国的华侨、华工、留学生的状况，认识到了留学生对中国实业前途的重要作用。张孝若的实业考察既非常全面，涉及工业、农业、商业和市政建设等各个方面，包括矿井、钢铁、机械、汽车制造、军工、电力、水利、交通、纺织、航运、金融、电影业等各领域，同时又不失重点，主要围绕着中国的实业需要而集中在纺织和航运等项目上。张孝若在考察中与其他国家政商界进行了广泛的接触，不卑不亢，充分展示了外交才能。他在国际讲坛上对于中国关税自主等问题的呼吁，对中国收回关税自主权的斗争有积极的影响。他又鉴于当时中国的工人运动和世界的社会主义运动，在考察中注意到了劳工问题的重要性并考虑劳资关系的协调，这表明他力图使中国的工商业适应社会潮流。他对华侨、华工和留学生的分析和由此提出的一些政策建议也相当中肯。张孝若的考察报告表明，他具有全球视野，其提出的政策建议对解决国内问题具有极强的针对性。

张孝若从小就受到了多元文化的熏陶，加上多年来在国内外的学习和考察经历，使他见多识广，易于接受新鲜事物，与其父亲张謇相比，视野更为开阔，思想更为开明。其女张柔武就曾在回忆父亲时提到，虽身处封建家庭，但父亲张孝若却没有受到封建思想的束缚，对儿女一视同仁，不重男轻女，还曾计划安排其几个女儿出国留学。在专业选择方面上，他也能尊重子女的意见和兴趣爱好，从不把自己的意愿强加在儿女的身上，比如他同意张柔武学习音乐，而不是屈从其母之意让女儿去学师范②。显然，受到西方文化的浸润，思想开明是张孝若发起成立南通红十字会的重要思想条件。

二、家庭的熏陶

张孝若之父张謇热心慈善，慈善事业覆盖南通社会各个弱势阶层。

---

① 《张謇父子对调查实业之表示》，《申报》1922 年 7 月 18 日。
② 张柔武：《怀念父亲张孝若》，《钟山风雨》2007 年第 5 期，第 27 页。

张謇在为救济难民募捐的启事中就以儒家"己饥己溺"等主张相号召:"呜呼,视天下之饥犹己饥,视天下之溺犹己溺,为得位之圣人言之也;己欲立而立人,己欲达而达人,为凡人之欲为仁者言之也。昔儒谓立达者,施乞丐一钱、教村童一字皆是,可谓得孔子近而取譬之旨矣。……孟子曰:'恻隐之心,仁之端也',又曰'无恻隐之心,非人也'。此儒者之训也。"① 张謇把慈善活动看作"仁"的具体表现,把儒家的仁爱思想作为其行为指南,并告诫张孝若时刻铭记"泛爱众而亲仁"。

张謇曾对其好友刘厚生谈起自己办盐垦公司的目的,说:"我们儒家,有一句扼要而不可动摇的名言'天地之大德曰生'。这句话的解释,就是说,一切政治及学问最低的期望,要使得大多数的百姓,都能得到最低水平线上的生活……没有饭吃的人,要他有饭吃;生活困苦的,使他能够逐渐提高。"他将自己的纱厂取名为大生纱厂即有此意:"我以'大生'两字命名,就是'天地之大德曰生'的涵义。"② 体现了张謇对贫苦百姓的同情与关怀,可见,传统儒家伦理的核心——"仁"学思想成为张謇兴办各项事业的重要思想基础。

张謇还提出了实业、教育和慈善三位一体的认识,他"以为举事必先智,启民智必由教育;而教育非空言所能达,乃先实业。实业教育既相资有成,乃及慈善,乃及公益"③。实业、教育、慈善三者在社会发展中的不同作用决定了其举办次序的先后,即先实业后教育再慈善公益,循序渐进,次第举办。这种救济思想的优点在于使实业有了长久发展的环境,教育有了长足发展的动力,慈善有了长期发展的保障。

张謇强烈的爱国情怀和民族意识贯穿于他的一生。即使步入晚年,他仍然坚持:"仆老矣!坐视国事蜩螗,人心大死,既不能逃于空虚,蜷曲一隅,尽我生人应负之气,辛苦艰难,求几自治。"④ 为此,他把"士大夫有口当述苦人之苦,有手当救穷人之穷"作为言行的准则,关心百姓疾苦。这种社会责任感便是源于张謇强烈的爱国救国之心。他

① 张謇研究中心,南通市图书馆:《张謇全集》,江苏古籍出版社 1996 年版,第 363—364 页。
② 刘厚生:《张謇传记》,中华书局 1931 年版,第 251—252 页。
③ 张謇研究中心,南通市图书馆:《张謇全集》,江苏古籍出版社 1996 年版,第 468 页。
④ 张謇研究中心:《张謇全集》(第四卷),江苏古籍出版社 1994 年版,第 238 页。

说："人莫哀于心死，国莫哀于民亡。"① 救民于水火是国家存在的第一要义。失教失养之民，如果任其散漫无为，则"为地方自治之缺憾者小，为国家政治之隐忧者大也"②。

为创办和维持南通地区的慈善事业，张謇四处奔波筹钱，可谓呕心沥血。后来，因摊子太大，负担过重，财力难以支撑，仍痴心不改，除拿出自己的薪金和花红，让大生系统企业常年赞助，多次向亲朋和社会募捐外，他甚至拖着羸老之躯，登报卖字。张孝若之母吴氏也热心慈善。张孝若曾回忆说："我母生平周济了很多穷苦的人，世俗妇女的习惯，她丝毫没有，虽然信佛诵经，也和祖母一样不佞。"③ 由此可见，家庭的熏染以及对慈善公益事业的热爱是张孝若参与红十字事业的重要前提。

三、红十字文化的广泛传播

19 世纪 80 年代开始，中国的报纸杂志就开始刊登宣传介绍红十字会的文章，报道西方人在中国的红十字活动。甲午战争后，各大报刊特别是《申报》《大公报》《中外日报》等不时刊发文章，大力宣传红十字精神，赞美红十字事业，从各个角度宣传红十字的利益，使得红十字在中国逐渐深入人心。在这场启蒙运动中，《申报》的宣传鼓动最具有感染力的，可谓早期红十字文化传播的主力军。《申报》作为当时比较有社会影响力的商业报刊，报道对象涉及国计民生的大小事务，对与中国红十字会相关的各种问题都有所关注，刊载的大量文章不仅对中国红十字会的发展起到较强的舆论功效，更为中国红十字会研究保存了大量珍贵史料。从 1898 年 5 月到 1899 年 4 月间，《申报》先后发表《创兴红十字会说》《红十字会历史节译》《红十字会说》《中国亟宜创兴红十字会说》等一系列文章，普及红十字的知识，介绍红十字会的性质、宗旨、任务，并从民族国家、战争士气、野蛮与文明及灾害救济等角度说明了中国"亟宜创兴红十字会"的理由。此后，《申报》常常刊登跟红十字运动有关的文章。上海作为"西学东渐"的桥头堡，是近代中国传播西方文化的中心，而上海的几大报纸又是宣传红十字的主要舆论阵

① 杨立强、沈渭滨、夏林根、管霞起、黄稚松：《张謇存稿》，上海人民出版社 1987 年版，第 88 页。

② 张謇研究中心：《张謇全集》（第四卷），江苏古籍出版社 1994 年版，第 406 页。

③ 张孝若：《张季直先生传记》，中华书局 1930 年版，第 485 页。

地。天时、地利、人和等多种因素的合力交叉互动，使中国红十字会首先在上海诞生。南通与上海仅一江之隔，交通便利、交流广泛，受上海的辐射和影响巨大，何况上海还是大生企业集团对外联系的"总办事处"。因此，在《申报》等的动员与影响下，关注并参与红十字运动对张孝若来说应该也是顺理成章的事情。

1911 年辛亥革命爆发，中国历史迎来了民主共和的新纪元，对红十字文化传播也产生了积极影响。辛亥革命的爆发促使红十字会运作机制发生转变，加速了红十字会的"正名"进程，"向规范化、制度化迈出了重要一步"①。在这一时期，中国红十字会开始注重红十字文化的宣传工作，通过多种多样的形式加大对红十字人道主义的宣传，出版了《人道指南》《中国红十字会杂志》等一系列红十字报刊书籍，以宣传红十字文化为宗旨，所刊文章和所设各种专栏都紧紧围绕这个宗旨，将普及红会知识、动员国人参与和支持红十字事业放在首位，具有鲜明的针对性。为迎合读者心理，适应读者的阅读习惯，红十字刊物所载文章写作方式灵活多变，雅俗共赏。这对进一步广泛传播红十字文化、增强人们对红十字会宗旨和业务活动的了解，从而激发民众对红十字事业的参与热情起了重要的推动作用。红十字文化的广泛传播，也是张孝若关注并参与红十字运动的重要原因之一。

四、结论

1927 年初，国民革命军北伐，战争推进至长江流域，直逼苏沪一带，直鲁联军节节败退，战云笼罩，在南通建立以战场救护为特色的红十字分会刻不容缓。张謇在南通创办了包括实业、教育、慈善在内的众多事业，对南通经济和教育的发展、社会的和谐稳定起了不可替代的重要推动作用，提升了南通早期近代化的水平。加上张謇个人高尚的人格魅力，为张家在南通树立了良好的口碑。虽然大生系统企业在 1921 年后陷入了困境，张謇又于 1926 年辞世，但张家在南通的地位难以动摇，张家的威望和势力是保障红十字事业在南通发展的有利条件。因此，张孝若出任红十字会南通分会首任会长也是大势所趋、众望所归。1927 年 2 月，张孝若在南通县成立中国红十字会南通分会。1932 年 4 月，红会分会重建，由于避免引起政府的忌讳，加之维持大生事业发展和个人健

历史研究

219

---

① 郝如一、池子华主编：《苏州红十字会志》，安徽人民出版社 2008 年版，第 4 页。

康原因，张孝若未在会中任职，但至少在抗战之前，张謇的门生、故旧、子侄辈仍在南通地方事务中发挥着举足轻重的作用。红十字运动在南通的存在和发展都离不开张家的支持。受到家庭熏染而热心慈善公益事业，受到西方文化的浸润及《申报》等媒体宣传红十字文化的影响，接受西方人道主义的思想，思想比较开明，是张孝若参与红十字运动的主要原因。

（作者单位：苏州大学社会学院）

全面抗战时期贝克参与
中国红十字会人道救济事业考述

阎智海

　　1937 年全面抗战开始后，中国红十字会积极筹备战时救护工作。在从事战时救护工作的过程中，中国红十字会成为国际力量援华的重要纽带，而在国际援华力量的队伍中，涌现出一批广为人知的国际友人，其中表现突出的有"西班牙大夫"、加美援华医疗队、印度援华医疗队，等等。抗战爆发以来，他们积极参与对中国的伤兵救护和难民救济，为战时中国的人道救济事业做出巨大贡献。需指出的是，国际友人对华援助很多时候是在红十字的旗帜下展开的，中国红十字会战时救护工作的持续推进与其援助密切相关，但是，对于这段历史却鲜有文章论及，而部分国际友人也因种种原因并不为人所知。贝克旅华时间久，在近代中国慈善领域有着广泛的影响力。抗战期间，贝克身兼数职，与中美国家红十字会均有着密切联系。笔者拟通过对贝克参与中国红十字会战时救护工作史实的梳理，以窥国际友人对中国抗战救护工作贡献之一斑。

一、全面抗战爆发前贝克在华慈善实践

　　约翰·厄尔·贝克（Dr. John Earl Baker）（1880—1957）[①]，美国人，1880 年 8 月 23 日生于威斯康星州伊格，毕业于威斯康星大学，1957 年 7 月 27 日在加州米尔谷逝世[②]。贝克系铁道运输专家，著有《铁路公路与国防》《中国的运输》《中国述论》（*Explaining China*）等，另

有《与中国的饥荒作战》（*Fighting China's Famines*）未刊手稿。贝克于 1916 年 11 月来华，在华 30 余年，历任中国政府交通部、铁道部、财政部及中央信托局顾问，历时 10 余年。旅华期间，贝克因长期参与近代中国的慈善事业，被誉为办赈专家。

从现有的史料看，早在 1920 年中国北五省旱灾的时候，贝克就已经参与中国的慈善事业，并与中国红十字会有过密切的接触。其时，中国因灾情严重，受灾范围广，被灾民众多，引起国际社会的普遍关注。美国红十字会特捐赠巨款，并推举贝克办理救济事宜，贝克通过以工代赈的方式修筑公路 850 英里。9 月 4 日，驻华美使署致电华盛顿美红会总部，为灾民争取人道援助而呼吁。9 月 9 日，美驻华公使克兰约集旅京美国人在其住宅会商救助灾民办法，到会者有美使署参赞丁家立、美国协会兼美红会在华负责人贝克、协会医学校顾临、北京美商会会长发克生、青年会艾德华、中美通信社协理柏尔①。会议决议于 9 月 14 日由克兰召集全体旅京美国人组织董事会，由董事会代表与其他国家在华之董事会接洽，筹备组织国际董事会，以便协同推进救济事宜。迟至 10 月中旬，美红会已筹集 50 万元汇交中国，用于救济华北灾民。此外，美红会还将价值 5 万美金之医药材料分赠中国红十字会及各医院。

与此同时，中国红十字会也积极筹募捐款，为赈济旱灾做准备，中国红十字会总会成为各善团的活动基地。9 月 11 日，北京各慈善家会集熊希龄宅商议救济旱灾办法，并决定筹设北五省灾区协济会，协济会会所为北京中国红十字会总会。10 月 1 日，中外慈善组织开会决议，议定由"华洋两方各设一总会，再由两总会联合组一国际救济总会"②，以期提高救济效率。10 月 3 日，在中国红十字会会长汪大燮的召集下，中国的 16 家慈善团体正式筹组北方救灾总会，作为华方的统一联络机构。在中外人士协同救助北五省旱灾的过程中，中国的民间善团由分散走向联合。1921 年 11 月，中国华洋义赈救灾总会在上海正式成立。总会设于北京，下设工程、农利、稽核、总务四股，并于山西、山东、江西、河南、湖北、湖南、山西、甘肃、云南、贵州、四川、绥远等地设立分会，另外在安庆、南昌两地设立驻皖、驻赣两处事务所，在上海设立了统筹苏浙皖三省赈务的扬子赈务顾问委员会。国民政府定都南京以来，

---

① 《关于救济灾民之两会议》，《申报》1920 年 9 月 11 日。

② 《北京通信——各救灾会之联合与救灾近状》，《申报》1920 年 10 月 6 日。

又先后成立了驻沪、驻京两处事务所，添置了征募股，附设于驻沪事务所内①。

华洋义赈会成立后，贝克担任该会委员多年，并承担了许多具体的赈务工作，积累了丰富的办赈经验。如：1930 年 2 月 11 日，贝克赴北平襄助华洋义赈会办理西北一带赈务，并就任赈务督办一职，赈济灾区计有甘肃、陕西、河南、察哈尔、山西等数省，贝克不惮其烦，往返奔走各地达半年之久。在经办渭北工赈期间，贝克冒着盛暑，往来于关中灾区调查灾情，"饥时以西瓜果腹，渴时以锅炉之水润口，屡在土匪枪弹中出入"②，并在当地开筑泾惠渠。地方人士因此将泾惠渠附近大桥命名为"贝克桥"，并在桥旁勒石刊载贝克在陕办赈情形，以为纪念。1931 年长江泛滥成灾，国民政府救济水灾委员会特聘请贝克担任运输处长，贝克不辞劳瘁，前后经放粉麦共计 45 万吨。此外，贝克还参与了 1935 年对湖南水灾的救济。

为褒扬贝克对中国慈善事业做出的贡献，1936 年 5 月 17 日，在贝克返美休假前夕，华洋义赈会特于静安寺路 1400 号开会欢送，会长王正廷在赠词中高度赞扬了贝克的慈善义举。赠词谓："中美亲善久笃邦交，士民友爱谊等醇醪。华北苦旱地坼土焦，哀鸿遍野待哺嗷嗷。君主赈务代我呼号，巨金募赠拯我灾胞。西兰筑路蓝筚功高，不避艰险不辞辛劳。泾惠纪绩贝克名桥，长江泛滥人畜流漂。输放麦粉深虑危操，国府信任褒奖荣邀。历参要政识见高超，塑赞会务热血如潮。旅华廿载国界泯消，假旋修养折柳今朝。乘风破浪此行何豪，君其早返共施仁膏。"③

1935 年 11 月 6 日，华洋义赈会总干事章元善任职事业部合作司司长，因章无暇兼顾会务，遂向该会执委会请辞总干事。1936 年 5 月 31 日，章元善致函该会副会长艾德敷，请辞总干事职务。7 月 10 日，该会执委会举行第 152 次会议，讨论通过了章元善的辞职请求。8 月 15 日，该会执委会举行第 153 次会议，议决敦请贝克继任该会总干事④。1937 年初，华洋义赈会执委会公推执行委员贝克继任总干事⑤。2 月 19 日，该会执行委员会在北京举行第 158 届会议，决议于 3 月间开始迁沪，由

① 《华洋义赈总会总办事处定期迁沪》，《申报》1937 年 2 月 26 日。
② 《特载——第七届常会概况》，《救灾会刊》第 12 卷第 9 期 (1935 年 6 月)，第 43 页。
③ 《贝克君及骆传华君》，《救灾会刊》第 13 卷第 8 期 (1936 年 5 月)，第 55 页。
④ 《章元善君辞总干事职，贝克君继任》，《合作讯》1936 年第 134 期，第 5 页。
⑤ 《会务——贝克总干事通告就职》，《救灾会刊》第 14 卷第 6 期 (1937 年 3 月)，第 49 页。

新任总干事贝克主持办理①。

二、参与上海国际红十字会举办的难民救济事业

贝克"以救济管理者最著声名"②，在长期参与近代中国的慈善救济事业期间，贝克积累了丰富的办赈经验。自抗战爆发以来，贝克积极从事救灾工作，"各处奔忙，劳绩卓著"。淞沪会战期间，为推动战时救护事业的顺利进行，中国红十字会联合中外人士发起筹组中国红十字会上海国际委员会，华洋义赈会亦积极与之协作，并推举贝克兼任该会总干事。1937 年 10 月 12 日，该会正式成立，并于 10 月 16 日正式定名为中国红十字会上海国际委员会（简称上海国际红十字会）。当时，上海"善团工作之由国际团体所主持者，此盖允称规模之最大者也"③。上海国际红十字会设有六个委员会，分别是宣传征募委员会、财务委员会、伤兵救护委员会、医务委员会、难民救济委员会、支配赈款顾问委员会。

同年 10 月，美红会驻沪顾问委员会成立，名誉委员有美国驻华大使詹森、美驻沪总领事高思、贝克、圣约翰大学医药顾问麦克拉根医师，主席为巴塞特少校、司库富勒，另有委员若干人。该委员会通过在美国各地筹集资金，用以救济中国的难民。

贝克就任上海国际红十字会总干事以来，积极筹募捐款，亲赴实地考察灾况，加强与其他善团的合作，对于这一时期中国红十字会的人道救助事业贡献良多。为推动救济工作的顺利开展，上海国际红十字会特定于 12 月 1 日起至 8 日止，在上海举行为期一周的募捐运动。12 月 1 日上午 9 时，该会特派 500 名护士在公共租界及法租界举行街头募捐；下午 5 时至 7 时，在静安寺路 387 号美国妇女会举行开幕典礼，由颜惠庆主持，贝克报告救灾经过，饶神父报告难民区情形。据《申报》1937 年 12 月 2 日记载，上海国际红十字会原拟募捐 1000 万元，至当日止已募集 100 余万元④，虽然募捐结果与计划尚有很大差距，但是募捐成效也是显而易见的。

上海国际红十字会成立之初，贝克还致函《申报》，为救治难民而

---

① 《华洋义赈总会总办事处定期迁沪》，《申报》1937 年 2 月 26 日。
② 《贝克昨日返美》，《申报》1939 年 11 月 22 日。
③ 中国红十字会上海国际委员会编：《上海国际红十字会报告·引言》，1939 年印行。
④ 《国际红会征求赞助员，昨红十字募捐周开幕》，《申报》1937 年 12 月 2 日。

呼吁：“近来收容所患病难民，为数甚夥，虽均派遣医生前往诊治，第以车辆无多，难民稽延时日，此于难民健康影响甚巨。窃查上海各大公司商行高级人员及住家，当有自备汽车者……往往闲置道旁，不作别用。倘在不用时间，假与本会医生乘坐，每星期内午前一次或二次，则于难民之治疗，裨益匪浅……”① 上海国际红十字会设立了南市难民区，在救助难民方面卓有成效，由此推动了南京安全区国际委员会的建立。11 月 22 日，滞留南京的西方人士组成了南京安全区国际委员会，开始从事难民的收容与救济。

贝克对南京安全区国际委员会的工作极为关心和支持，贝克曾向在南京从事难民营诊所工作的柏睿德建议：“必须多关注给予人们适当的饮食，否则，不久就会有更多的疾病问题。”② 为此，柏睿德向委员会汇报了贝克的建议，并进一步指出：“在制定预算时，我们必须考察到我们对居民的粮食储备还要增加几个月。”1938 年 2 月 18 日，南京安全区国际委员会改名为南京国际救济委员会。同年 5 月，贝克向汤姆生询问南京国际救济委员会的工作情况，并提出了 12 个关心的问题，包括机构名称、办公地点、受照顾难民人数、每月经济开支、急需物资、剩余物资、剩余款项、管理费用、给养计划、就业计划、善后对策、总体建议等。5 月 28 日，斯迈思特致函贝克，并就南京国际救济委员会的工作现状一一做了介绍③。

为便于战时赈济善款的统一调拨，以利救济，5 月 26 日，上海国际红十字会成立赈款顾问委员会，颜惠庆为主席，贝克为副主席，施思明为秘书④。同年 10 月，贝克因受美华灾救济会委托调查中国西南各省灾况，遂请辞上海国际红十字会总干事职务。10 月 6 日，上海国际红十字会执行委员会议决，总干事职务改由史摩尔继任。同日，上海各善团特假座四马路杏花楼为贝克饯行⑤。10 月 7 日，贝克乘太古公司四川号轮船由沪赴港。10 月 11 日，贝克抵达香港，并向中国赈委会委员长许世英请示一切。贝克视察西南灾情系代表美国咨询委员会，以便于拨用美

---

① 《红会国际委员会征借自备汽车》，《申报》1937 年 12 月 9 日。

② 《南京救济问题备忘录》，张生编：《耶鲁文献》（下），张宪文主编：《南京大屠杀史料集》（70），凤凰出版传媒集团、江苏人民出版社 2010 年版，第 517 页。

③ 斯迈思：《致贝克函》，张宪文、吕晶编：《西方史料》（上），张宪文主编：《南京大屠杀史料集·特辑》（77），凤凰出版传媒集团、江苏人民出版社 2010 年版，第 214—219 页。

④ 《国际红十字会成立赈款顾问委员会》，《新闻报》1938 年 6 月 4 日。

⑤ 《国际红会欢送贝克》，《新闻报》1938 年 10 月 7 日。

国赈款。贝克为此还拜访了中国红十字会总干事伍长耀，会商具体救济事宜①。贝克赴各地考察历经六省，行程3700里。在考察途中，贝克甚至一度搭舢板而行，从香港搭轮至海口，"首次得见今猖獗于中国西南之疟疾"②，从而更深刻地了解了难民的受灾状况。1938年12月，贝克考察完各省灾情后返沪，据其报告，湘、桂、赣、粤四省疟疾传染病特别严重，但四地的平民救护救济工作却不敷应对。贝克指出，之所以出现这种情况，一是因为缺少运输工具导致物资缺乏，二是因为中国医师与护士意志消沉。

此外，苏北经历战灾后，又于是年8月间遭受水灾，灾区不下10万方里，灾民不下100万人。在这种情况下，除中央赈委会、世界红卍字会对苏北进行救灾以外，在上海的国际救济会通过筹办急赈，在苏北办理工赈用以救济难民。该会推饶家驹、贝克、颜惠庆及韩国钧等4人为名誉会长，并推成静生为会长。该会赈款由上海华洋义赈会允诺承担35万元③。

这一时期，贝克与中国红十字会的关系最为密切，作为"两会"总干事，贝克虽然职务繁忙，却均能亲力亲为，率先垂范。在贝克的带动下，华洋义赈会各职员亦勠力同心，尽职尽责，积极参与上海国际红十字会的人道救助工作，"致力于该会执行事务方面者特多"④。据1939贝克所作年度报告称："（中国华洋义赈救灾）总会自1937年襄助中国红十字会上海国际委员会办理上海两租界内难民救济工作后，二十七年仍由总干事率各职员分任工作，继续进行；而该会会计及募捐事宜，则由稽核、宣传二股专司其事。"⑤

三、为推动国际红十字组织顺利援华斡旋

尽管贝克自1938年10月即请辞上海国际红十字会总干事，但是，在为战时中国救济事业奔走的过程中，贝克与中国红十字会仍时有往来。1939年3月4日，贝克乘裕生轮船由天津转赴北平，接洽河北乡村

---

① 《华洋（义）赈会总干事贝克南下视察抵港》，《申报》1938年10月12日。
② 《贝克博士视察西南归来》，《申报》1939年1月10日。
③ 《徐扬通如等处灾赈一瞥》，《申报》1938年11月9日。
④ 中国红十字会上海国际委员会编：《上海国际红十字会报告·引言》，1939年印行。
⑤ 《本会二十七年度工作报告》，《救灾会刊》第15卷第2期（1939年4月），第1—2页。

合作事宜，并拟与华洋义赈会乡村改进股主任协商进行办法①。11 月 21 日，贝克由沪返美。在美休假期间，贝克仍以赈济灾民为念，四处奔走呼吁，以期"引起新大陆人民对中国灾民之同情与援助"，贝克还与友人共同发起捐募救济金运动，"以救济饥寒交迫之中国战区之无辜难民"②。贝克的呼吁卓有成效，成绩有目共睹。

自 1938 年年底以来，美红会加大了对华人道援助的力度，贝克则是推动美红会援华进程的关键性人物。1940 年以前，美红会对华援助主要通过驻沪顾问委员会来办理，贝克系委员会名誉委员之一。1940 年 4 月，该委员会一度停止在华活动。9 月，该委员会改称美国红十字会上海分会。为确保美红会援华物资能够顺利运华，美红会特任命贝克为美红会中国救济事业部主任，韦思礼为副主任，负责来华接洽相关事项。10 月 8 日，贝克自檀香山乘飞剪号赴马尼拉，经滇缅路转赴重庆。10 月 22 日，贝克抵达重庆，并与国民党当局商洽美国援华物资运输事宜。

其时，因日本对中国国际交通线的封锁，滇缅路成为中国接收外援的唯一国际通道，美红会援华物资大多是经由缅甸转运至中国的。在美红会援华物资运华期间，贝克多次往返中美，为之积极奔走，发挥了积极作用。而在援华物资抵达中国后，贝克又多次考察中国内地情形，以便顺利推进援华物资在中国内地的运输和分配。美红会首批援华医药物资重 200 多吨，约值 30 万美金，贝克与国民党政府会商运输手续，而费佛则由香港赴仰光照应，"药物分配停妥后，将继续进行其他救济事业"③。11 月底，美红会又募集 500 万美金，并购置大批医药用品，由贝克、韦思礼来华主持救济事宜。11 月 28 日，在中国红十字总会秘书长潘小萼陪同下，贝克等人由滇缅路乘车抵达昆明。12 月 3 日晨，潘小萼、贝克等人乘欧亚机飞赴重庆④。12 月 12 日，贝克由香港启程转赴西南各地，考察中国后方民众的生活情形。贝克在沪、港、西南各地之间多次奔波考察，目的就在于了解战时中国大后方的交通状况，"开辟救济之新路"，从而提高国际援华物资运输的效率。

1941 年 1 月 28 日晨，贝克由香港飞赴重庆，中国红十字会秘书朱向荣、美红会中国救济事业部副主任韦思礼均到机场欢迎。贝克在重庆勾留一周期间，就美红会捐助中国百万医药物资运输与分配事宜与国民

历史研究

227

---

① 《华洋义赈会贝克昨赴京》，《申报》1939 年 3 月 5 日。
② 《贝克博士即将来沪》，《申报》1940 年 12 月 11 日。
③ 《美红会医药将运来华西》，《新华日报》1940 年 10 月 24 日。
④ 《美红会又募集大批药品来华，贝克等来渝主持》，《新华日报》1940 年 12 月 4 日。

党当局进行了商讨。① 同年，美红会还捐助修建了望龙门平民住宅。3月27日上午9时，重庆市政府在望龙门码头新屋前举行竣工典礼。重庆市长吴国桢、美国驻华大使詹森均到会并作致辞。作为美红会代表的贝克亦发表演说，谓："美国红十字会本无政治立场，然对中国抗日之援助，向趋积极……中国如在感觉疲惫之余，加倍克服各方面之困难，努力迈进，则中国之抗战必胜，建国必成。苟能如此，中国所需要之援助，美国人士必能供给而超过其所需要。"②

美红会援华物资陆续运华，但滇缅路的运输情形堪忧。为改善交通状况，提高运输效率，贝克于1940年提出改进缅甸公路交通的意见书，贝克认为缅甸公路远较西伯利亚路线重要。为此，贝克就滇缅路运输车辆的增加、所需车辆数目、公路的管理（包括车辆、司机、货运、修理、通讯、检验、巡察）等方面提出若干意见。贝克建议改进西南公路运输状况，在不变动现有运输机构的情况下，将现有运输机构分为若干运输区，授职任事，集中管理③。在贝克的建议和推动下，1941年5月1日，滇缅公路运输工程监理委员会成立。该会隶属于军事委员会运输统制局，该会设主任委员1人，委员4人，委员会下设秘书室、督察室。后方勤务部长俞飞鹏为主任委员，交通部长张嘉璈、贝克、西南运输处主任宋子良，另外缅甸政府推派1人为委员。秘书长由西南运输处副主任陈体诚兼任，督察长由贝克兼任④。同时，贝克辞去美红会中国救济事业部主任职务，由韦思礼继任主任，贝克则专心致力于推动滇缅路的改善。6月19日，韦思礼特致函陈体诚，协商美红会援华物资运华事宜。6月24日，滇缅公路运输工程监理委员会致电西南运输处，电文谓："一、美红会药品每月规定装运量为150吨，由腊运保；二、轻松药品得加装于运载钢铜等笨重物资车辆之上；三、药品运抵保山之后，如该红会未有仓库，即请贵处代为储存；四、保山至贵阳一段由中国红十字会代该会运送。"⑤ 当时，美红会大量援华物资滞积缅甸，急需运往中国，但是，中国落后的运输现状并未得到改善，实际运输成效甚微。据俞飞鹏函称，是年七月份中国方面仅运输五吨（七吨），运量甚少，而美红会因药品运输迟缓，嗣后接济数量须视中国运输情形而定，由此

---

① 《国际友人贝克抵渝》，《新华日报》1941年1月29日。
② 《美红会在渝捐建平民住宅》，《新华日报》1941年3月28日。
③ 龚学遂：《中国战时交通史》，商务印书馆1947年版，第292—297页。
④ 龚学遂：《中国战时交通史》，商务印书馆1947年版，第42页。
⑤ 陈嘉庚纪念馆、云南省档案馆、厦门市华侨历史学会编：《南侨机工档案史料选编：云南省档案馆馆藏部分》，中国华侨出版社2009年版，第150页。

严重影响了国际红十字组织援华的进程。不无遗憾的是，贝克因"无法从根本上解决官僚体制造成的行政割据"，再加上"不明中国实情，与俞、张两部长未能彻底合作"，而"下级干部又是临时凑合"，贝克没有得力的助手，该委员会成立数月未见成效，遂于1942年2月结束①。此后，关于美红会援华活动的消息仍屡见报端，但是，较少看到与贝克相关的报道。抗战胜利前夕，贝克尚在联合国善后救济总署任职。

四、结语

　　贝克是战时诸多国际友人的代表之一，因旅华期间长期参与近代中国的慈善事业，贝克在慈善救济领域积累了相当的人脉，也具有广泛的影响。抗战以来，贝克身兼多重社会职务，不辞劳瘁，以身作则，在各善团之间互通声气，不仅为战时红十字人道主义事业的开展做出贡献，而且在整体上推动了战时中国的难民救济工作。贝克以上海为主要活动基地，除了深入中国西南各地进行多次考察，向美国红会报告灾民状况外，还数次赴美争取美红会对华人道援助，在推动美红会援华进度方面发挥了积极作用。贝克在抗战时期的援华行动和国际形势的发展密切相关，其援华轨迹反映出国际社会对战时中国态度的变化。必需指出的是，受中国国内和国际环境的制约，国际社会对华人道援助并未都能使灾民受到实惠，如美红会在重庆捐建望龙门平民住宅本属善举，但是引起了"红十字台阶事件"②。这说明，美红会援华捐款并未物尽其用。尽管有缺憾，但是，在贝克等众多国际友人的积极呼吁下，国际社会对中国的人道救助事业日益关注，从而推动了战时中国救济事业的持续发展。

（作者单位：无锡博物院）

历史研究

---

　　① 胡文义：《滇缅公路的运输》，中国人民政治协商会议云南省委员会文史资料委员会：《云南文史资料选辑》第37辑，云南人民出版社1989年版，第52页。
　　② ［美］格兰姆·贝克：《一个美国人看旧中国》（朱启明、赵叔翼译），生活·读书·新知三联书店1987年版，第102—104页。

中印战争与中国红十字外交

吴佩华

1962 年中印战争是"中国政府和中国人民所不愿意看到的，也是全世界爱好和平的国家和人民所不愿意看到的"[①]，"的确是一件令人感到遗憾和痛心的事情"[②]，它不仅影响了之后相当长一段时期中印之间的友好关系，而且也产生了深远的国际影响。有关中印关系、中印战争的研究较多，但是有关中国红十字会参与其中并发挥作用的研究阙如。本文拟对此做一梳理，抛砖引玉，以期推动对此问题研究的深入，受资料和个人能力的限制，不到之处请方家批评指正。

一

中印两国山水相连，彼此之间没有根本的利害冲突，有着 2000 多年的友好交往历史。近代以来，两国曾深受帝国主义的殖民统治，都具有反帝反殖的共同经历。新中国成立后，印度很快就同新中国建立了外交关系，尤其是 1954 年两国共同倡导和平共处五项原则，开创了新型国际关系的先河。建交后，两国关系发展势头良好，共同为亚太、印度洋地区及世界其他地区的和平与安宁做出了贡献。正如当时美国情报评估认为，中印"两国的友好关系是亚洲和平的关键"[③]。

50 年代后期，随着国际局势的逐步缓和，苏美两国也逐步朝着和平竞争的方向发展。在这一大的国际环境下，印度倡导不结盟，并使不结盟运动在国际上产生了较大的影响力。印度的国际影响力和地缘优势，

---

① 世界知识出版社编：《中华人民共和国对外关系文件集》第 9 集，世界知识出版社 1964 年版，第 109 页。

② 王宏纬：《中印关系研究》，中国藏学出版社 1998 年版，第 277 页。

③ 沈志华、杨奎松主编：《美国对华情报解密档案，1948—1976》第 8 册，东方出版中心 2009 年版，第 117 页。

使之成为苏美两大国极力争取的对象，在一定程度上提高了印度的国际地位，扩大了印度总理尼赫鲁的声望。而此时，中国却面临着咄咄逼人的安全形势。由于中苏关系破裂，苏联在中国北部沿中苏边境部署百万雄兵，时刻威胁着中国的安全；美国肯尼迪政府在新边疆政策的指引下，酝酿逐步扩大对越南的侵略，从南边进逼中国；在东南面，台湾欲在美国的支持下借大陆自然灾害影响之机反攻大陆；在东边，中国自1958年撤回在朝鲜的志愿军后留下的政治真空，因旅日朝侨的归属问题逐渐显现，日、韩、朝之间矛盾不断，如处理不当，又会使东北亚地区陷入动荡的境地。在中国国内，经历"大跃进"后又遇天灾，经济尚在逐步恢复之中，由国内经济问题进而引发了中国领导层内部的分歧，围绕中苏关系、国际形势等问题，领导层内部的争论进一步加剧。正是在中国内困外忧之际，印度充当了反华的急先锋。

中印边界问题本是一个历史遗留问题，两国应本着友好协商的原则加以合理解决。然而，印度尼赫鲁却继承了英国殖民主义的衣钵，"不断进行蚕食乃至武装侵占"西藏①。1959年西藏叛乱后，印度加大执行"前进政策"，擅自提出"边界线事实上已经划定的论点"，以"争取国际支持"②。至1962年，印度认定此时正是在中印边界全线进攻的"良好时机"③，遂挑起了中印战争。

1962年10月20日，印度军队向中印边境发动了大规模的进攻。经过几天的激烈战斗，中国军队多次击退印军的进攻并进行了反击，歼灭了部分来犯之敌，顺利收复了部分失地。10月24日，中国政府提出和平解决中印边界问题的声明，希望双方都要克制，"以中印十一亿人民的根本利益为重，以两国人民反对帝国主义斗争的共同利益为重，以亚洲和亚非团结的利益为重"④，既要尊重历史，也要正视现实，共同合理谈判解决两国间的边界问题。印度却拒绝谈判。

鉴于中印之间源远流长的友谊，鉴于中印在近代共同的历史遭遇和面临的现实任务，鉴于印度的国际地位和影响力，因而，通过民间外交

历史研究

---

① 张彤：《对印自卫反击战前后的回忆》，外交部外交史编辑室：《新中国外交风云》，世界知识出版社1990年版，第66页。

② ［澳］内维尔·马克斯韦尔，陆仁译：《印度对华战争》中文版，世界知识出版社1981年版，第135页。

③ 邓礼峰：《1962年中印边境自卫反击战》，转引自张树军：《中南海三代领导集体与共和国外交实录》上卷，中国经济出版社1988年版，第255—256页。

④ 世界知识出版社编：《中华人民共和国对外关系文件集》第9集，世界知识出版社1964年版，第156页。

231

途径寻求中印之间的和平、团结与友谊便成为一种策略选择。

二

中印战争爆发后，印度在国际上极力制造恐慌气氛以博取世界的同情，引起了世界各国的广泛关注。战争期间，印度先借战俘问题大做文章，企图利用国际红十字组织扩大中印边界冲突的影响。

印度在没有通过正常的外交途径同中国协商合理解决被中国边防部队俘虏的印军的情况下，擅自向红十字国际委员会"求助"，诬蔑中国方面"决心"把被俘人员当作"人质"①，要求红十字国际委员会插手印俘问题。随后，印度于1962年10月23日晚通知中国方面，"印度已要求红十字国际委员会提供关于在中国人手中的军事和非军事俘虏的情况"，还说"印度没有（中国的）俘虏"②，并要求"早日运送御寒的衣服、毛毯和药品"给印俘③。显然，其目的一方面是污蔑中国不遵守《日内瓦公约》，违反人道主义，借国际反华"大联唱"之机把事态扩大化，故意丑化中国的形象，即"企图把自己扮成是一个受害者和愿意谈判者，把中国说成是一个侵略者和顽固不化者"④，为国际社会插手干涉中印边境问题铺路；另一方面利用国际红十字组织为其在国内肆意迫害华侨张目。

与邻为善，与邻为伴，睦邻友好，是新中国对外交往原则，且中印友好关系源远流长，虽然因为边界问题两国发生了冲突，但广大的印度人民、印度官兵只是印度当局扩张政策的执行者，他们本身没什么过错。战败被俘，受到宽待，是两国人民友好交往的必然，符合新中国对外交往原则，更符合国际人道主义的精神。1950年中印已建交，虽然两国之间发生了战争，但外交关系并没有断绝，两国红十字会之间仍可以自由交往，战俘问题完全可以通过两国红十字会来解决。

为推动中印边界问题的和平解决，同时也考虑到被俘印军人员早日与家人团聚的愿望，中国红十字会受中国政府委托负责遣返印俘有关事宜。

首先，畅通联系。中国红十字会按照《日内瓦公约》的精神，在交

---

① 王宏纬：《中印关系研究》，中国藏学出版社1998年版，第246页。
② 《参考消息》，1962年11月26日。
③ 《参考消息》，1962年11月3日。
④ 王宏纬：《中印关系研究》，中国藏学出版社1998年版，第250页。

通受阻的情况下，分五批①将所有印俘名单、通讯处和健康状况通知印度政府和印度红十字会，并且协助他们同家人建立通讯联系，传递了印方送给他们的包裹②。

其次，按人道主义精神善待战俘。1963 年 4 月 28 日，中国红十字会小组访问了西藏一座俘虏收容所，了解到收容所食物种类很丰富，按印度传统习惯制作，印俘很爱吃；宗教生活完全与印俘过去一样，每天祈祷三次，收容所当局还供给他们敬神的灯油；医疗条件很好，被俘人员的健康有充分的保证。这些都证实了中国方面给予印军被俘人员的待遇在实际上远远超过了日内瓦战俘待遇公约的规定。难怪战俘们见到红十字小组时，都异口同声地高呼："中印人民友谊万岁！"并表示"这里充满了人道主义精神和兄弟般的情谊，我们非常感激"③。

第三，按照《日内瓦公约》的精神遣俘。1962 年年底，中国红十字会联系印度红十字会，并通知印度驻华使馆，中国将于 1962 年 12 月 5 日、12 日和 13 日分别于邦迪拉、梅楚卡、德让宗、瓦弄等地先后释放 200 余名印度俘虏，其中含 12 名伤病人员、3 名随军修路人员，另骨灰一盒，要求印度红十字会按时到指定地点进行交接④。在交接时，中国方面人员向印方人员介绍了这些被俘印军伤病人员的抢救、治疗和生活情况，并将每人的病历表一份和伤病人员总名册一份交给了他们。印度红十字会派来接运这些伤病人员的医生，对于中方给予被俘印军伤病人员的治疗情况表示满意⑤。1963 年 4 月、5 月间，中国红十字会受托分批将所有印俘分别遣送完毕⑥。这些被俘印军伤病人员对于中国边防部队给予他们的积极治疗和细心护理，表示十分感激。在达旺地区发动进攻而受伤被俘的几个印军士兵，对为他们精心治疗的中国边防部队医务人员说："永远不忘中国军医的人道主义。"一个被俘印军连长还说，

---

① 见《人民日报》1962 年 12 月 17 日、31 日、1963 年 1 月 24 日、2 月 1 日；中国红十字会总会编：《中国红十字会历史资料选编，1950—2004》，民族出版社 2005 年版，第 83 页；池子华、郝如一主编：《中国红十字历史编年（1904—2004）》，安徽人民出版社 2005 年版，第 176—178 页。

② 《外交部办公厅主任韩念龙致电红十字国际委员会重申我国在中印问题的立场》，中国红十字会总会编：《中国红十字会历史资料选编，1950—2004》，民族出版社 2005 年版，第 84 页。

③ 《中国红十字会小组访问西藏一座俘虏收容所》，《人民日报》1963 年 5 月 3 日。

④ 见《人民日报》1962 年 12 月 1 日、9 日和《光明日报》1962 年 12 月 1 日、8 日。

⑤ 《我边防部队释放第一批被俘印军伤病人员》，《人民日报》1962 年 12 月 6 日。

⑥ 见《人民日报》1963 年 4 月 3 日、11 日、14 日、4 月 30 日、5 月 3 日、5 日、6 日、12 日，《光明日报》1963 年 4 月 11 日、14 日、30 日、5 月 5 日、12 日、26 日。

他的"左手和左腿负伤，左臂骨折断了，得到了中国军医良好的治疗和照顾，表现出中国人的友好态度"。另一个被俘印军校级军官对西藏边防部队俘虏收容所管理人员说："你们对我们的友好态度，完全像对待朋友。我们的伤病人员被俘后走不动，你们的士兵还背着他，这种事从前我没有见过，也没有听说过。"①

特别值得一提的是，为满足部分印度军官要求到中国内地参观的愿望，同时也为了表达中国方面争取两国友好和解的诚意，中国红十字会接受政府委托，安排以达尔维准将为首的印军27名校级以上军官到武汉、南京、上海、杭州、无锡、北京参观②。为照顾他们的自尊心，中国陪同人员向他们保证不报道、不拍照、不派记者采访。这些军官过去对中国有一些了解，但也听到许多歪曲宣传。在参观中，他们发现中国各城市街上无乞丐、无妓女，交通秩序良好，并没有任何鼓动反对印度的宣传。对此，他们表示惊讶。后他们还提出想经香港回国，也得到中国方面的同意。但是，印度政府出于维护面子和担心他们到香港后会扩大此事的影响，反对他们继续旅行，经中方同意后，决定在昆明予以遣返③。中国不仅按照国际有关公约宽待善待俘虏，而且还给予他们如此高的礼遇，这在中外遣俘史上实属罕见④。

中国红十字会对待这些被俘官兵的宽容与关爱，深深地感动了他们；在朝夕相处的过程中，他们也逐步明白了是由于印度政府实行错误的"前进政策"，破坏了边界现状，才使中国方面不得不进行反击。在所有遣俘的过程中，印俘都热烈地和中国方工作人员握手、拥抱，并高呼："中印人民是兄弟！""我们两国人民的友谊，万古长青；我们之间兄弟般的关系，永世长存。""感谢中国政府！"⑤ 这无疑是对印度当局蓄意歪曲事实的有力回击。

中国红十字会按照《日内瓦公约》精神善待战俘，并"释放和遣返全部被俘印度人员，是中国政府为争取和平解决中印边界问题所作的又

---

① 《中国红十字会通知印度红十字会　我将陆续释放被俘印军伤病员》，《人民日报》1962年12月1日。

② 《我西藏新疆边防部队委托中国红十字会在昆明释放遣返二十七名被俘印军军官》，《人民日报》1963年5月5日。

③ 王宏纬：《中印关系研究》，中国藏学出版社1998年版，第245页。

④ 罗山爱在《外交档案揭秘三千印俘在中国的真实生活》（《档案春秋》2010年12期）一文中对中方善待印俘做了很好的描述。

⑤ 《中印红十字会昨日办理交接印俘手续》，《人民日报》1963年4月11日。

一次重大努力"①。

三

战俘问题之外，印度当局还在阵亡将士的尸骨问题上向中国发难。

在战争进行中和战后对冲突另一方军人的尸体进行掩埋处理，符合通常的国际惯例和《日内瓦公约》的精神。中国边防部队甚至在西段中印边境冲突还在进行的时候，就尽可能地掩埋了一部分印军尸体；在冲突停止以后，立即进行清查，并且掩埋了全部印军尸体。中国方面已经尽了自己应尽的责任。然而，印度却歪曲事实，试图利用阵亡将士的尸骨问题煽动两国人民之间的仇恨。对此，中国红十字会进行了有力的回应与反击。

1962 年中印战争爆发后不久，中国西藏地方边防部队进驻德让宗和打陇宗地区后，在普冬村附近清扫战场时，从被俘的印军士兵处了解到，印军尸体中有一具是印军步兵第六十二旅旅长霍希尔·辛格准将。随后，中国边防军找出了这具尸体，并在尸体身上发现了贴有照片的身份证、两个准将臂章、两个领章和帽徽，从而证实了死者的身份。中国西藏地方边防部队把这具印军准将的尸体用毛毯裹好以后，埋葬在坦加帕尼河上普冬桥北头约 20 米处，在墓前竖立了写明死者姓名和职位的标志。霍希尔·辛格准将是在战斗中死亡的。由于战场上双方部队都在迅速移动，因此很难断定他死亡的确切日期。然而，印度当局却以怨报德，其报业托拉斯却于 1962 年 12 月 14 日说，辛格准将是在向中国边防部队投降时被枪杀的，其实这是"无耻的造谣和诬蔑，其目的显然是为了制造仇恨，煽动反华"。中国红十字会经查实，将发现印军旅长辛格尸体经过如实告知印度有关方面，及时澄清印度的"恶意的诽谤"②，并指出，中国方面对辛格准将尸体的处理是仁至义尽的，符合人道主义精神，"任何了解和尊重事实的人都会看出，印度政府在这个问题上对中国所作的指责，完全是恶意污蔑"③。

在中国方面宣布主动停火和主动后撤 4 个半月之后，印度方面却提

① 转引自王宏纬：《中印关系研究》，中国藏学出版社 1998 年版，第 243 页。

② 《我红十字会电复印红十字会说明我方发现印军旅长辛格尸体经过》，《人民日报》1962 年 12 月 22 日。

③ 世界知识出版社编：《中华人民共和国对外关系文件集》第 10 集，世界知识出版社1965 年版，第 126 页。

历史研究

出要派人进入中印边界西段中国境内的非军事区来"收集"印军尸体。在遭到中国的断然拒绝后,印度又污蔑中国"不顾涉及宗教仪式的问题","故意不让"印度人对这些尸体进行火葬。此外,印度竟然无视中国主权,擅自决定印方人员进入中国境内的时间、地点和使用的交通工具等等,要中国方面在它指定的地点、时间接待印方人员,意欲在中国的土地上为"保卫"他们国家而牺牲的"卫国英雄"举行"宗教仪式",态度蛮横至极。众所周知,这些印军死亡人员是为执行印度政府武力侵华政策而殉难的,并非其所称的"卫国英雄"。这种颠倒黑白的做法,无非想乘机钻入中国境内,制造紧张,为重新挑起冲突做准备。

鉴于印方一再要求,中国红十字会接受中国政府的委托,不畏险阻,派遣工作人员进入有关地区清理和焚化印军人员尸体,然后把骨灰和一部分尸体交给印方,由印方领回并按照自己的风俗习惯处理。中国的这种做法,"是史无前例的友好作法,是对印方的破格照顾,表现了中国方面的高度人道主义精神,也表现了中国方面维护中印友谊的真诚愿望"①。

印度被俘人员中,有20余名因伤势过重,医治无效死亡,中国红十字会认真负责地将他们的死亡诊断书连同骨灰或尸体一起交给印方。对这些人留下来的钱财、手表等个人物件,也一一进行登记,交印度红十字会转给死者家属。对于中方的这些行动,印度俘虏颇为感动,他们说:"中国真是最人道的国家。"印度红十字会的代表也感慨万千,认为这在各国战争史上是从未有过的事情②。

中国红十字会通过主动送还这些印军的尸骨,有力地维护了国家的主权,也加深了中印两国人民之间的友谊。

四

近代以来,印度曾为英国殖民地。独立之后,作为新兴的民族国家,印度面临的主要任务是发展民族经济,共同反对帝国主义,促进与维护世界和平。印度与中国有相似的经历,并怀有共同的愿望。中印之间不应该发生冲突,而应该是好邻居、好伙伴。事实证明,中国红十字

---

① 世界知识出版社编:《中华人民共和国对外关系文件集》第10集,世界知识出版社1965年版,第126—128页。

② 王宏纬:《中印关系研究》,中国藏学出版社1998年版,第245页。

会这些外交努力，有理、有利、有节，向世界表明了中国政府对维护本国领土主权的坚定决心，充分表达了中国希望中印两国人民能秉承几千年来友好交往的传统共同维护双方建立起来的友谊，共同努力，和平解决存在于彼此之间的历史矛盾与纠纷。通过中国红十字会的努力，也确实教育和团结了许多印度人民。如有些印度俘虏被释放回国后，著书立说，向世人讲述中印边界冲突的真实情况，证明中国并没有侵略印度，边界问题是有历史渊源的，是殖民主义留下的后患，中国与印度应该携手合作，以和平与发展事业为重，就边界问题可以进行谈判、协商，友好解决。

中印战争爆发，引起一些亚非国家对此问题的强烈关注，希望中印双方能合理解决边界问题，勿使边界冲突扩大危及世界和平。中国红十字会积极妥善地解决与战争有关的诸如战俘、尸骨等问题，使这些国家对新中国的和平外交政策有了新的认识和理解，对中印战争的认识也更加全面，从而为中国拓展同这些亚非国家之间的友好关系奠定了基础。这从此后中国同许多亚非国家扩大交流与合作便可得到证明。曾参加过中印边界战争的印度陆军师第 4 师师长尼兰詹·普拉沙德坦言："中国人在战场上是胜利者，在舆论上也是胜利者。"[1]《剑桥中华人民共和国史，1949—1965》对此评论道：中国以这种"独特的方式结束了对抗，使任何'帝国主义''修正主义'都无法再帮尼赫鲁什么忙"[2]。

总之，新中国红十字会奉"人道·博爱·奉献"精神，持"人道获致和平"的理念，受中国政府委托，通过善待印军战俘并协助遣返、送还印度阵亡将士的骨灰等外交行动，避免其他国际势力插手、干涉中印战争，涵养中印两国人民之间的友谊，较好地发挥了政府的助手、桥梁和纽带的作用，为改善中印关系、宣传中国和平外交政策和促进世界和平做出了贡献。

(作者系苏州市职业大学副教授、历史学博士)

---

① 罗山爱：《外交档案揭秘三千印俘在中国的真实生活》，《档案春秋》2010 年 12 期，第 10 页。

② ［美］费正清、罗德里克·麦克法夸尔主编，王建朗等译：《剑桥中华人民共和国史，1949—1965》，上海人民出版社 1990 年版，第 575 页。

百家争鸣

人道需求与中国红十字会能力建设

池子华　侯如晋　赵　婕

主讲人：池子华

参与讨论者：侯如晋、贾二慧、李宁宁、朱佳丽、张文慧、龚超、伍广庆、赵婕、单珍娜、魏宪伟、张健、李金、高波、袁海洋、李睿

整理者：侯如晋、赵婕①

主讲人简介：

池子华，男，1961 年出生，安徽涡阳人。1985 年毕业于安徽师范大学历史系。1991 年考入南京大学，师从著名历史学家茅家琦、方之光教授治中国近现代史，1994 年毕业，获历史学博士学位。1995 年 12 月任安徽师范大学副教授。1996 年 7 月任河北大学教授，中国近现代史、人口学硕士研究生导师，河北省职称评审委员会委员，河北大学学位委员会委员。2001 年至今任苏州大学教授、博士研究生导师，江苏省重点学科苏州大学中国史一级学科博士学位点负责人、红十字运动研究中心主任、江苏红十字运动研究基地负责人。独著有《中国近代流民》《张乐行评传》《晚清枭雄苗沛霖》《旷世明相曾国藩》《咸丰十一年》《中国流民史：近代卷》《流民问题与社会控制》《农民工与近代社会变迁》《近代中国"打工妹"群体研究》《红十字与近代中国》《中国红十字运动史散论》《红十字运动：历史与发展研究》《红十字运动：历史回顾与现实关怀》《红十字运动：历史审视与现实思考》等，主编"红十字书系""红十字文化丛书""近代国家与社会""东吴史学文丛"等系列丛书，在海内外发表学术论文 400 余篇。

池子华：当今世界，战火依然在燃烧，灾害频繁发生，所有这些都意味着人道需求的日益增长。灾祸不仅有传统的，也有非传统的，而且

241

---

① 按：此文系根据课堂讨论整理而成。

呈现出多元化的趋势。如何应对日益增长的人道需求，这就要求包括红十字会在内的公益组织加强能力建设。关于能力建设，我曾提及有八大能力，究竟从哪些方面进行能力建设，人道需求有哪些方面，红十字会如何去应对？这是我们要进行课堂讨论的主题。请大家各抒己见，有任何想法或不同意见均可提出。

侯如晋：为了更好地满足困难群体的人道需求，我认为以下几方面是红十字会加强能力建设不可不做的。

第一，要格外重视基层工作。红十字会基层组织建设的好坏，决定其沟通群众质量的好坏，也就决定其服务群众水平的高低，所以基层组织建设是红十字会能力提升的重要一环。要形成多个基层红会组织，红十字团体会员单位、学校红十字组织，扩大红会组织覆盖率；要形成基层红十字工作有领导班子、专职干部、会员单位、会员家庭及基层会员的网络构架；要积极组织开展红会工作者的知识和业务学习，为有效的执行工作提供有力保障。

第二，要完善信托管理机制。据我所知，中国红十字会作为花冈基金受托人，曾遭受过不小的质疑。花冈事件著作《尊严》的作者旻子对《法治周末》记者表示花冈基金肯定是被托管单位中国红十字会乱花了，并且她"曾多次要求采访中国红十字会，要求公开接受赔偿受害者的人数，但始终没有得到"。这一"控诉"从一个侧面反映出红十字会在信托管理上的不成熟与不受信任。中国红十字会当时虽然出面做出了相关回应，但终究不是治本之策。关键要完善信托管理体制和运行机制，使其公开化、透明化、规范化，从社会公众那里获得信任，否则就会不断陷入"塔西佗陷阱"。唯有如此，贫困人群的人道需求才能得到满足，红十字会自身也才能更好地实现可持续发展，所以完善信托管理机制对红十字会满足人道需求和实现自身可持续发展两方面能力提升具有重要意义。

第三，要在尊重民意的前提下做好供给侧改革，即坚持以人为本，从"需求端"出发，深化服务理念，不能仅凭一腔热情，要用专业水准和优质服务对待需要帮助的人。其一，要创新红十字会服务群众的方式，如开展儿科医生培训、老年介护培训等常规服务。其二，各地可根据实际需要，把红十字备灾救灾中心或物资库建设列入当地防灾减灾规划统筹考虑。重点对贫困人口集中的地区加大救助力度，推动实施"红十字博爱送万家""红十字博爱家园""红十字天使计划"等品牌项目和活动。当然，由于资源有限等因素，红十字会工作上无法面面俱到，所以要抓重点。

池子华：三个方面，第一是要加强基层组织建设，基层组织这方面的工作红十字会重视得还很不够，最近几年甚至有所忽略。这里面有一个怪论，就是取消红十字会的基层组织，这当然不可取。没有基层组织的建设，红十字会的生存和发展都是问题，通俗地说："基础不牢，地动山摇。"红十字会的基础是民众，而基层组织生存在民众之中，最接地气，最贴近民众，最能感知民众的需求。所以，基层组织不仅不应该削弱，而且应该加强。尤其应大力加强农村红十字基层组织的建设，在很多地方，农村是红十字的真空地带，很多农村见不到红十字会，甚至没有听说过红十字会，这是普遍的现象。总之，加强基层组织建设是提升能力的一个重要方面。

第二是要完善信托管理。怎么完善信托管理机制？别人出于信任，把钱、财、物交给红十字会，怎么管好，怎么用好，就是一个问题。在花冈事件中，红十字会在基金方面被曝出不公开、不透明，它也做了辩解，这实际涉及一个问题，就是公开透明是所有公益组织、慈善组织都应做到的，红十字会也不例外，但是不是所有东西都要公开？有的部分公开比较合适，全部公开肯定不合适，这里面就有一个度的问题。不管怎么说，完善信托管理机制肯定是必要的，红会及其他公益慈善组织，都会在信托方面扮演越来越重要的角色，因为目前人们的慈善热情很高，慈善意识也在不断提升。除了钱物方面的捐赠，还有一些不动产的捐赠，如房产，红十字会对这些捐赠怎么管理、怎么使用？这就考验红十字会的能力。

第三是供给侧改革，这一块也非常重要。关于这一点，红会首先要弄清楚自己可以提供什么服务，是否能够满足日益复杂多样的人道需求。所以，在进行供给侧改革的时候，只有从需求端出发，才能有的放矢，要思考如何实现供给端与需求端的无缝对接。老年介护的问题，随着老龄化的全面到来，老人的需求日感紧迫，怎么照顾他们的生活，特别是对重症老人，这就需要医疗方面的介护。这方面工作，红十字会和其他公益性的组织肯定会进一步增强，因为这是时代的要求。针对不同的患者群体，介护方式、方法也不一样。可是还应注意到，老年介护也存在城乡不平衡的问题，城市的老年介护不断发展，农村却荒草一片。在城市甚至可以私人订制，它是以经济基础作保障的。可是在农村，由于医疗保障体系的不够完善，"大病致贫""大病返贫"的现象十分突出，一旦老年人患大病可能倾家荡产。因此，从需求端而言，老年介护事业的需求非常旺盛，城市农村都是如此，尤其在农村。但在供给一端，又显出能力不足，根本无法满足这些方面的需求。红十字会虽然有志愿者参与，但远远不能满足需要。那么，怎么提升能力就是一个问题：有没有更好的办法？老年介护中心能不能多办一些？是不是可以大力发展志愿者、大力弘扬志愿服务精神？但是仅有志愿者仍然是不够的，老年介护更讲求医疗介护，所以它非常渴望专业人才的大量涌现。而恰恰在这方面我们缺口太大。不说老年介护中心的人才，就是正规医院，医疗卫生方面的专门人才都短缺，缺口很大。专门从事老年介护方面的人才还未提到日程，所以人才培养也是目前红会老年介护工作能力建设方面的一大障碍。老年介护事业是一个细腻的工程，不那么简单。这是针对侯如晋刚才讲的内容需要跟大家交流的，大家有没有需要补充的意见？

贾二慧：我觉得关于加强基层组织方面可以补充一些。红会要不断创新活动载体，引导红十字基层组织开展内容丰富、形式多样、针对性强、群众参与度高的活动，提升红十字会的社会影响力；比如南京市鼓楼区红十字会在社区建立了红十字生命安全体验馆，体验馆分为 7 个区域，集体验、自主学习、教学培训为一体，并向市民免费开放。市民通过体验馆掌握急救知识和技能，争取救命的"黄金 4 分钟"，从而达到"挽救生命，减轻伤残"的目的。这种寓教于乐的模式，吸引了很多市民前往参观和体验；再如 2015 年以来常州市红十字会为市民免费开设了救护知识大课堂和生命健康讲座；杭州市余杭区"亲历者现身说法"——造血干细胞捐献是否有损健康，捐献者陆雪贤，赴高校和大学生分享自己的捐髓经历和感受，当场吸引 50 余位大学生报名。这些有特色的宣传动员活动，使红十字会的知名度和影响力得到提高，也在一定程度上提高了红十字会的公信力。其实，目前农村和城市的差距很大，城市中的动员方式比较多样，农村有些地区是不是有条件达到市区的效果？市区的一些活动能否搬到农村，而不仅仅局限于市区呢？

池子华：南京市的红十字体验馆我没去过，现在很多红十字会建设生命体验馆，主要是防灾避险方面的知识。在农村推广是不大现实的，但是如你所说，可以组织农村的中小学生去生命体验馆体验，通过学生这一媒介再去普及相关知识。有关生命知识的讲座应大大加强，依托基层组织尤其是学校去推广比较合适。现在有很多红会把学校红会工作作为它的重点去建设。湖州市红十字会有一个非常好的做法，如大学生都要进行军训，军训中有一个很重要的环节，就是生命救护知识的强制性学习，这样达标率就有百分之百，可以达到一定的目的。所以，我们讲红十字会也有进工厂、进学校、进街道、进乡镇、进军队的"五进"目标追求，通过"五进"来普及救护知识、救护技能。据统计，目前全国掌握救护知识的人只有百分之三，比例非常低，与国外不能比。在中国这种人口大国背景下，如果达到百分之二十，就非常了不起了。且平心而论，国外比我们更重视。所以，从主观方面来说，我们重视程度不够；从客观方面来说，经费不足等多种原因也限制了我们能力的提高。如安徽省某市红十字会全年经费只有 3 万块，甚至还不够买个模拟人。所以很多红会显得有心无力。经济条件比较好的比方说上海，浦东新区红十字会一次性就投放了 100 多台自动除颤仪。在人员密集的场所，遇到猝死的情况，就可以拿来使用了。但是在内地，在边远地区，很多人都没听说过自动除颤仪，这就是差距。所以针对内地、欠发达地区，国家如何在能力建设方面助他们一臂之力，也是可以探索的。救护知识、救护技能的普及非常必要，但在我国还有很长的路要走，那么在能力建设方面怎样才能做得更好，除了应把注意目光放在在校学生身上，高危行业也是亟须关注的，像建筑业、公共交通行业要懂得一些自救、互救常识。南通市红十字会救护培训做得非常好，在全国都是典型，我把其概括为"救护培训的南通模式"。只有通过救护培训，才能拿到驾照，可是现在叫停了，非常遗憾。有些地方出现不规范的现象，要进行救护不是无偿的，需要交费，交费的标准也不一样。有些地方甚至交钱就可以给凭证，那是一种极不负责任的做法，是一种管理上的漏洞。所以，高危行业救护培训应该加强，特别是驾驶员这一群体。对其实施强制性的要求是很有必要的。一方面，社会对这方面的需求旺盛，另一方面我们能力提升空间很大，但是救护师资是一个限制性的因素，还有场地也跟不上，红会工作又必须开展，不得已之举就是放视频、放录像，但是效果肯定不一样，所以能力提升不是一句空话，也不是那么简单的事。

李宁宁：针对老师刚才提到的信托管理体制，我认为红十字会以及其他慈善组织，要想提高公信力的话，必须强化慈善组织与慈善行为的透明度，这是慈善事业赢得公信力的主要途径。但是，不能将透明度理解为"裸体"呈现，不能突破其底线。首先，要把握信息公开的原则，法律规定必须公开的一定要公开。比如，登记事项、备案事项、是否具有公募资格、募捐方案、慈善服务或项目信息，以及年度报告等内容。其次，法律规定不能公开的一定不能公开。比如，捐赠人要求隐去身份、受益人提出保护隐私等，都应当尊重当事人的意愿。如果慈善组织将不宜公开的信息公开了，就要承担相应的法律责任。第三，关于善款使用情况的公开申请，捐赠人只能申请公开自己捐赠部分善款的使用情况，这是一种有限权利。另外可以设立专门的捐赠账户供捐赠者查询，以保证每位捐赠者都能对自己所捐善款的流向、使用情况等细节问题有较详尽的了解，保证捐款者对红十字会服务质量放心。在组织运行过程中，需强调信息公开的强制性和自愿性，打破捐赠者、民众与慈善组织不完全信息博弈的态势，以实现红十字会信息流通的流畅和高效。

池子华：就你所说年度报告一定要公开，这是对的，因为红十字会每年都有年度报告，但是不透明，我觉得这个可以公开。"郭美美事件"使红十字会的公信力受到了很大的冲击，直到现在还没有完全复原，所以红十字会要重拾公信力，就应该加强信息公开透明，这也是提升能力所必需的。各位对讨论的主题还有哪些看法？

朱佳丽：我讲的是关于加强农村的基层红十字建设。首先，以农村留守儿童为例，红十字会可以组织志愿者队伍定期对进城的农民工兄弟进行亲子教育培训。很多务工人员片面地认为只要给孩子创造了好的经济环境，孩子就可以接受到好的教育，就算对孩子负责了，而疏忽了孩子心理上的需求。志愿者们应当对他们的错误观念及时予以纠正，让他们了解孩子的心理需求，明白心理健康对孩子未来的重要性，纠正他们以往在教育子女的认识和观念上的偏差，让他们尽可能拿出时间与孩子加强联系，创造更多的机会与孩子对话沟通，更多地关注孩子的心理需求。

其次，红十字会可以加强与当地学校合作，组织心理干预专业人士，搭建心理救助的平台。以学校为桥梁，了解孩子们的心理状况和需求，并协助学校针对其出现的问题提出专业性的建议和方案。专业人士可以运用专业知识和技巧，帮助留守儿童在生活、学习上进行自我调适、疏导，培养他们独立生活和自觉学习的习惯，增强他们适应家庭及社会环境变化的能力，提高他们的心理适应能力，帮助其树立正确的人生目标，发挥自身的潜能。同时，基层红十字会也可以充分合理地利用其身边的各种支持性资源，帮助留守儿童创造一个和谐的生活学习环境，让他们也能与其他非留守儿童一样平等、健康地成长。

除此之外，基层红十字会还可以搭建一个旨在完善留守儿童监护体系的爱心平台，让社会上的爱心人士如退休教师等作为志愿者一同参与构建农村留守儿童心理救援体系中来，让他们可以在解决农村留守儿童心理问题方面发挥各自的专业特长，为孩子提供多方位的帮助和支持，为留守儿童的健康成长提供全面的保障。比如，可以组织"红十字青少年夏令营"活动，把留守在家的孩子组织在一起，再召集一些具有亲和力的志愿者担任"代理母亲""代理父亲"的角色以替代留守儿童的父母，通过夏令营的生活让他们之间能相互沟通、相互帮助，让留守儿童找到心理的支持，快乐健康地成长。基层红十字会也可以定期举办各种培训及讲座，组织为农村留守儿童提供帮助的志愿者们来一起学习有关心理救援方面的专业知识。

池子华：我觉得朱佳丽说的内容与我们讨论的主题非常契合。留守儿童的心理问题也是引起社会各界普遍关注的问题，怎么使他们健康地成长，需要各方面的支持，不仅是物质支持，更重要的是精神支持，如何建立健全社会支持系统，是一个值得探讨的大问题。那么，在社会支持系统里，基层红会组织扮演了怎样的角色？刚才你提到的几个路径都非常好，比如和当地学校合作，成立比较专业的心理救援队，对这些留守儿童进行心理疏导。还有就是利用那些退休老教师，对留守儿童进行帮扶，利用身边的资源对他们进行有效的帮助等等，都是非常重要的。还可以招募一些志愿者，让他们成为"代理父母"，给予他们父母般的关爱，这是一个方面。我觉得另外一个不能忽视的问题就是，父母在儿童心理健康方面的作用同样不能忽略。那么，怎么通过红十字会加强亲子之间的联系呢？现在有微信，都可以面对面地交流，微信需要流量，需要钱，红十字会可以给他们提供免费服务，这就比较好。关于课堂讨论主题，请同学们继续发表自己的意见。

张文慧：我想通过一则新闻，导入我对"人道需求与红十字会能力建设"的认识。2016 年 6 月 1 日，微博上的一条新闻引起了网友的关注和讨论。一个母亲为了生病的女儿，去超市偷了鸡腿，经过一些明星和媒体的转发之后，这位母亲收获了 30 多万元的捐款。当然，也有人提出质疑，认为这是助长不良之风。但从此次事件可以看出，需要救助的人通过微博这个平台，得到了大家的捐助。

微博成为很多人日常浏览的平台，许多高校、政府部门都有自己的官方微博，中国红十字总会也有官方微博，截至 2016 年 6 月 5 日，中国红十字总会微博关注人数是 27 万，粉丝数量并不算少，但微博互动很少。在一些社会热点问题上，中国红十字会似乎没有发出自己的声音，并没有走亲民路线。

中国红十字会如何管理自己的微博账号，是一个值得思考的问题。一些政府部门的微博，如"平安北京""江宁公安在线"等，还有一些高校微博，如"上海交通大学""上海交通大学研究生会"等，都有一定的受众群体，且反响也不错。因此，中国红十字会可以通过微博这个平台，对微博上存在的人道需求，发出自己的声音，表达自己的关怀，同时展现出自己的努力，走亲民路线。

池子华：走亲民路线，有很多路径。国外红会有种博爱超市，衣食住行等生活用品都有。只要人们需要，就可以到博爱超市里面去取，不要钱。家里如果有不需要的日用品、旧衣服，也可以随时送到博爱超市，他们有专人进行洗涤、熨烫等等。设想一下，如果在中国各城市都有这样的博爱超市，那么你所提到的这位母亲就不需要到超市里去偷，她可能只需去博爱超市"取"就可以了。这就意味着对于红十字会而言，这方面工作可以做，也应该做。很多需要帮助的人可能碍于情面不愿意张口，如果有这样的博爱超市，这些人就可以没有什么顾忌了。有些地方在这方面已有所作为，像苏州，它有不少慈善超市。这些慈善超市，都是慈善组织或宗教团体开办的。寒山寺就开办了这样的慈善超市，它跟社区互动，对需要帮助者进行调查核实，然后每个月发给取用券。不是人人都可以去取，要达到一定的贫困程度，是真正的贫困人口，才可以得到救济。在中国的国情下，这也是无奈之举，如果人人都可以去取的话，可能这个超市一开门就空了，不需要的人可能也会去占点小便宜。不可否认，这与中国的国情及国民素质是有关系的。所以，进行必要的管制是不得已而为之的下下策。

龚超：我要说的是红十字会的网络建设对能力提升的影响。由于网民数量增多，到2016年我国已经有7亿多网民，网络传播速度十分迅速，及时性和互动性很强。重视网络平台建设已经势在必行，其主要内容包括网络宣传和网络公关。网络宣传方面，网络平台发布的内容要有实用性，比如一些急救知识，吸引网友关注；定期公布每段时间内的相关救助成果以及每次天灾人祸之后红十字会的救援报告，这样有助于大众了解红十字会的众多工作成果和捐款去向，也会消减对红十字的误解。网站要及时更新，据我了解，红十字官网很多最新信息都是2012年、2013年的，这些不利于大众及时了解最新动态；而且在用户超过3亿的微博平台上，红十字的官方微博"中国红十字总会"并未显示出专业性。网络公关方面，众所周知，对中国红十字会形象造成巨大打击和信誉危机的"天价餐事件""郭美美事件"等都是网友在网上曝出的，引发了公众对红十字会的强烈质疑与不满。在媒体的不断追踪和报道之下，红十字会的官方解释却没有及时跟进，即使后来调查出事件的真相，但是周期较长，大众已经形成了对红十字会的不信任感，所以危机公关的及时性和专业性非常重要。及时性，就是在危机产生的第一时间做出澄清。平时可以在一些比较重要的门户网站上开辟专区，一旦出现危机，就可以全网联动澄清真相，引导网友，使其成为危机公关的先锋队，减少时间差带来的巨大损失。专业性，一定要由专业人士负责，公关是为了缓解事态、消除危机，如果采取不恰当的措施或者不恰当的言行，只会让事态变得更糟糕，因此，要培养专业的公关团队。

池子华：红十字会的网络建设是饱受诟病的，红会的门户网站不仅更新不及时，而且板块非常死板，很多功能都很不健全。上海市红十字会网站有英文版，做得相当不错。但是，国家红会的门户网站却连英文版都没有。

红十字会应该真诚地跟广大民众去沟通，消除误解，从而达成谅解，然后才能赢得公众的信任。之前张文慧提到的走亲民路线，我觉得特别重要，因为红十字会本来就是民间团体，应该面向公众。只有亲民，才能被民所亲。所以，在公关能力这一块红十字会要做的事情不少。现在大家用得最多的是微信，作为新媒体这一块，红十字会在做，而且有些地方红会微信做得相当不错。但是红会宣传传播，包括利用新媒体，最大的局限就是无法走出自我，仍然封闭在自己的圈子之内，这就存在很大局限性。怎样才能走出去，这是一个大问题，是提升能力建设很关键的一步。这里面涉及传播的载体、传播的媒介、传播的内容、传播的形式，还有传播的效果。我觉得传播效果是检验能力建设成效的一个标尺。所以，有没有可能建立一个检验能力建设效果的评估机制，通过这个评估机制看出红会在能力建设方面取得了多大的成效，还存在哪些问题与不足，如何改进呢？这个我们不妨去尝试，去思考。相关方面还有没有需要补充的？

伍广庆：人道需求与能力建设是紧密相关的一体两面，只有把能力建设搞上去，才能满足不断增长的人道需求，而人道需求得到较多满足后，就会反过来对红会的能力建设起到一定的推动作用。我认为，红会目前需要加强宣传，任何工作都离不开宣传，红十字会虽然是百年老店，但其性质、宗旨、任务还没有被多数人了解，尤其近年一些事件极大地损害了红会的公信力；在红会的许多工作领域，尤其是艾滋病预防与关爱，遗体（器官）捐献等方面没有被绝大多数人接受，究其根源，与宣传工作不到位有很大关系；普通民众对红会公信力的疑虑还在很大范围内存在，这些认识的提高、观念的转变、疑虑的消除，都需要各级红十字会的身体力行和广泛宣传，争取激发每个民众身上的博爱和公益之心。加强公众交流与沟通，可以通过各类媒体平台，传播红十字人道精神、国际人道法知识，充分展现红十字会在人道服务领域做出的贡献和成就，弘扬人道、博爱、奉献精神。

此外，为切实增强能力建设，红十字会还要提高组织协调能力。红十字会工作的社会性决定了红十字会的许多工作不是由红十字会的专职人员完成的，而是由红十字会员、红十字志愿者以及社会各界共同完成的，因而加强红十字会的组织协调能力建设，提高工作效率极为重要。组织协调能力的提高主要通过组织活动来实现，在活动的组织中要制定好方案，做好分工，按流程，分步实施。组织协调能力是自身素质的试金石，要通过活动的开展，及时的总结来检验组织协调能力。

赵婕：在宣传方面，我想做进一步补充。目前，社会公众对红十字会的认识还不够全面与深入。一些公众人物竟声称"全世界只有中国没有加入国际红十字组织"，让人啼笑皆非，同时也让人们意识到我国红十字会的宣传传播力度还是远远不够的，要不断增强红会的宣传与传播能力。

首先，中国红十字会必须提升自身对宣传工作的重视程度，吸纳各个领域的人才，组建一支专门的、长期的、稳定的宣传队伍，尤其是网络宣传队伍，还要加大宣传资金的投入，积极开展宣传工作。政府也要适当地投入资金，以支持红会开展宣传工作。

其次，宣传内容与宣传形式也要适时进行调整。

在宣传内容上，要不断提高红十字会宣传工作的针对性、时效性及吸引力、感召力。重点宣传红十字会核心业务与品牌项目等精品工程，加强重大主题活动的宣传，比如每年的"5·8"世界红十字日纪念活动。

在宣传形式上，第一，丰富适应性强、感染力大的宣传形式，开展创新性宣传，增强宣传效果。比如，可以制作以红十字会为主题的电视纪录片。中国红十字会还可以与央视合作举办大型颁奖晚会，评选热爱并且积极从事慈善公益事业的杰出人物，在晚会中传播红会的精神与宗旨，扩大红会的影响力与感召力。此外，红十字会还可以拍摄一些公益宣传片，将红十字会组织救护、救灾，进行人道救助的场景展示于公众面前，让公众深入了解红十字会的日常工作与精神，重塑红十字会的形象。第二，充分发挥网络、报纸等新老媒体的传播作用，强化媒体资源建设。尤其是充分发挥网络的传播功效，比如建立互动平台，加强与网友的沟通与交流；增添全国各省市红会运行板块、社会救助项目库以及救助款项查询等内容，形成内容丰富、形式活泼、注重时效、符合红十字会特点的网站风格。同时，注重红十字会论坛、贴吧、微博与微信的宣传作用，在这些网络交流平台中加强与网友的互动，可以根据网友反馈的信息，对红会的工作进行调整与完善。此外，中国红十字会还可以与微博、微信、腾讯等社交网络平台以及乐视、腾讯等视频播放网站合作，在这些平台上开设专栏，利用新的传播媒介开展宣传工作。总而言之，我们要充分利用网络平台，扩大红十字会的影响力。第三，积极组织广大会员、志愿者在社区、学校、城乡之间开展宣传、义诊及各种救助等社会实践活动，发放法律法规及各种业务宣传资料、活动简报，开展各种讲座，举办宣传专刊。学校红十字会还可以举行红十字知识竞赛等宣传活动。

在宣传过程中，要以活动促宣传，切实维护好红十字会的公益形象，把提高社会公信力作为最高目标，积极探索更加科学、高效的宣传工作理论、方法和措施，最终构建一个以特色活动、品牌宣传、红十字运动基本知识传播、重大自然灾害和突发公共事件救助等宣传活动为重点的宣传格局，不断推动红十字事业的发展。

池子华：宣传能力，也就是传播能力建设。原苏州市红会副会长郝如一认为宣传是红十字会工作的"半壁江山"，说明宣传传播在红十字事业发展中的重要地位、重要价值、重要作用。跟电视台合作举办先进人物的颁奖典礼的确应该好好做。浙江省红十字会有一个品牌叫"感动浙江的红十字人物"，每年都有这项评选。我就曾经提议，为什么不可以在全国范围内评选"感动中国的红十字人"这样的活动。我觉得浙江省红十字会的做法可以在全国范围内推广，这对宣传传播红十字精神、红十字文化显然是非常好的载体。一般来说，现在红十字系统还是非常重视宣传传播的，所以各个地方红会都有宣传传播的志愿者服务组织，有的叫协会，有的叫宣讲团，如上海嘉定区红十字会，他们有这种宣讲团进工厂、进学校、进企业、进农村、进机关，去宣传传播红十字文化。这个形式非常好，他们已经举行很多场。有的红十字会也组织起网络志愿者，来传播红十字精神。比如舆论方面的问题，他们通过网络进行危机公关。宣传传播有很多形式和方式，我曾在《中国红十字报》发表一篇题为《构建红十字文化传播的"多媒体"》的文章，大家可以参考。

单珍娜：下面我想结合自身，讲一些关于红十字会公信力、宣传筹资等方面能力建设的问题。对此问题，我对身边的同龄人做了一个简单的调查。大多数人表示，他们很少捐款，有时候是学校社团组织捐款。而对于红十字会谈不上信任不信任，因为日常生活里很难直接接触到。一方面，红十字会已经成为一个高度科层化的机构，层层分工之下，像工厂流水线一样，情怀、热爱等等非理性因素已经变得次要，只要能按照规则做好自己的本职工作就行。另一方面，一些传统社会关系有所遗留，并且他们在共同世界的意义上，还算信任红十字会，然而，却也觉得机构色彩、工具色彩重于情怀、人道。而另一些人则对红十字会表示不太信任，也不太了解。他们更加愿意在支付宝里的"爱心捐赠"中捐款，因为他们更加信任支付宝。这不得不说是一个社会现状。支付宝方便快捷，而且可信度高，存在于人们生活的方方面面。打开"爱心捐赠"的链接，人们会清晰直观地看到公益项目、数据、进度条等资料，更加方便且更有选择性。通过这些调查，我发现大家对红十字会都不熟悉，都没有渠道去了解红十字会。鉴于此，我提出两点建议。首先，结合我自身的经历，从小学到高中，我们学校到了放寒暑假的时候，都会发盖有居委会会章的活动记录表。所以，我们在居委会参加了不少的实践活动，其中包括救护常识的讲座（讲解人工呼吸、心肺复苏、包扎伤口等等）、去敬老院看望老人、打扫街道等等。我们从中学习了很多的知识。我建议创造一条学校到居委会再到红十字会的渠道，让学生们了解红十字会，并通过学生让家长也对红十字会加深了解。除了增加与学校和居委会的联系，红十字会还应该与公信力高的企业和医疗卫生部门合作，如支付宝、移动公司、医院等等，可以学习其管理、经营经验，并提升自身形象。

池子华：跟移动公司的合作，红十字会已经在做了，其实这种跟企业合作、购买企业的产品，相应的这个企业就从它的利润中提取一部分捐给红会的方式，不少红会在做，有的比较成功，有的不太成功。在网络时代，网络筹款这种形式很新颖，也很方便。现在比较流行的做法是通过微信平台筹资。这方面浙江省红十字会做得比较好。宣传与筹资实际上联系在一起，通过筹资可以达到宣传的目的，江苏省红十字会有一个部门叫宣传筹资部，因为他们认为宣传和筹资是分不开的。现在对宣传筹资方式也在探索中，有的地方以发文的形式要求机关干部向红十字会捐款，暗含了强制的做法。强捐，这种现象过去一直存在，是慈善市场发育不成熟的表现。借助行政手段来筹款募捐，说明公权还很有市场，这恰恰与慈善精神背道而驰。所以，强捐现象在《慈善法》实行以后不能说绝对没有，但一定会越来越少。强捐、诈捐等现象都无助于中国慈善事业的发展，这一点是明确的。红十字会的信任度不高，单珍娜做了一些调查，这是难能可贵的，从调查中发现有一部分人支持红十字会，有一部分还不太相信红十字会，这就涉及公信力问题。公信力不高，与红十字会宣传工作不到位，甚至缺位有很大关系。比方说日本，在救护知识的培训方面分为三个阶段——小学、初中、高中，学的内容是递进式的，所以高中毕业时学生都掌握了急救知识、急救技能，大学就没必要普及了。我们现在还没有做到这一步，所以现在有些地方红会就在大学阶段，结合新生军训，传授一些救护培训的技能，可以达到一定的目的。但这是补课性质的，我们应该从小抓起，从小学到初中再到高中，贯彻下来，到大学就不需要了。通过这种培训，红会很自然地传播了红十字文化，大众也会了解红十字会，继而相信红十字会，支持红十字会。如果对红十字会都不了解，所谓支持只能带有一定的盲目性，纯粹是一种奉献爱心的举动。如果连组织者都不知道，就把爱心献出去，万一碰到诈捐，怎么办呢？因此，献爱心也要明辨是非。诈捐行为很多，去年天津大爆炸案中，有人就利用这种悲惨的事情在网上诈捐。所以，宣传传播的确有很多方式，与有公信力的企业、医疗卫生机构合作，都可以扩大红十字会的影响力。与公立医院的合作是没问题的，像苏大附一院、附二院都是红十字会的团体会员单位，有利于宣传传播红十字会，但是对私立医院的确要十分谨慎，因为红十字会的标志也是一种无形资产，有些私立医院会借用红十字会的标志来达到自己的目的，功利性很强，这个目的从本质上说是为了医院本身的利益，或是扩大知名度。总之，绝大部分是出于私心，而不是公心。所以，跟医疗机构合作也要擦亮眼睛，合作不好会带来很大的麻烦。有的私立医院很好，跟红十字会合作得比较融洽，而且它们也做公益，这类医疗卫生机构值得信赖。有的的确是自私自利的。大家看还有什么要补充的。

魏宪伟：我想谈谈红十字建设之"第一响应人"。"第一响应人"是指地震、火灾等突发事件发生后，就在事发现场或能在第一时间赶到现场，具有快速组织、指挥协调、专业处置能力，能够指挥现场民众徒手或利用简单工具开展抢险救灾的人员，如事件现场的居民、警察、官员、消防人员、医护人员、志愿者等。

生活中随时随地都可能发生意外事故，大灾大难尚且不说，仅仅是在日常生活中发生交通事故、溺水事故等意外时，周围是否有懂得简单医疗救护、现场指挥等的"第一人"就显得至关重要，关系到少则一人、多则数人的生命健康安全。青岛市红十字会提出的"第一响应人"活动就是针对这些实用性较强的安全问题展开的卓有成效的培训活动。

青岛市红十字会"第一响应人"活动的开展算是比较成功的，这项活动的开展体现了"从群众中来，到群众中去"的群众路线，贴近群众，贴近生活，具有很高的实用性和操作性。在人民群众对红十字认知缺失、信任度降低的情况下，多做一些实事，让群众切实感受到红十字的存在才是关键所在。

红十字能力建设应该从点滴小事做起，以"第一响应人"这种模式，将救助的重点放在普通民众身上，努力让每个人都有临危救济的能力，使每个人都成为红十字宗旨的宣传者和践行者。这样既提高了红十字会在普通群众中的影响力和知名度，又切实履行了红十字的义务和责任。同时，红十字应加强与救助团队的合作，鼓励类似"蓝天救援队"等形式的救助组织的发展，可以设立专项资金，与救援队合作，在灾难面前依靠救援队的力量救济灾民，宣传红十字理念。

池子华：你提到的"第一响应人"，是指首先到达灾难现场，拥有救护证书且能够在应急救援中提供基本生命救助的人员。从整体上来说，红十字会的应急反应能力应该是不断提高的，现在基本上可以做到"立体"——陆地、海上、空中。比如，北京市红十字会就有救援直升机，其他地区还比较少见，这跟整个地区发展水平有很大关系。现在专业的应急救援队各省都有，其中最活跃的是蓝天救援队。蓝天救援队现已成为一个全国性的救援组织，也是一个民间组织，跟红十字会的合作比较多。但它又不是红十字会的专门组织，而是相对独立的民间救援组织，跟其他公益组织、慈善组织，以及政府机关都有合作。这一组织都是志愿服务人员，不拿薪水，但是必要的设备总归要有，所以在这种情况下，红十字会、政府部门、其他公益组织会给予他们必要的资助。这的确不容易，我去青岛参观过蓝天救援队应急救援的一次活动，他们用自己的特长、专业的设施，很利索地把一个被困山顶的驴友救下来了。像这种专业的救援队对提升红十字会的应急反应能力、救援能力都非常有帮助。目前，红会在救援能力建设方面朝着专业化的方向推进，因为很多救援如果没有专业人士是无法开展的，很有可能帮倒忙。所以，我们非常需要蓝天救援队这样专业的应急救援组织。类似的组织还有水上救生队，它需要一些必备条件，比如能力很强的救生人员，还有专业设备等等。对魏宪伟这个问题，大家还有什么需要补充的吗？

张健：有关人道主义与红十字会能力建设问题，我觉得有一个问题是始终绕不过去的，就是红十字会内部人员人道主义精神的培养。红会内部人员毕竟是整个红会能力建设的主体，怎么选拔红会工作人员，采取哪些途径培养人道主义情怀，红十字会内部人员相关的优胜劣汰机制，以及怎样通过红会内部的人道主义氛围带动整个社会绝大多数人群所共有的人道主义精神，并将其内化为从事公益活动的本能，这些问题至关重要。红会内部人员首先不能有官本位的思想，要放下官架子，走进人民群众的生活。总的来说，红会能力建设归根到底是思想观念的建设，一切都应当围绕人道主义这个核心来进行，而非仅仅停留在能力这些看得见的层面。我相信只要人道主义观念在现实世界能深入每个红会人员的内心，红十字会的能力建设问题就只是具体技巧问题，而非红十字会面临的实质性问题。

具体而言，红十字会应该对农民工群体给予更多的关怀和帮助。新时期，公平问题越发突出，有尊严地生活或为每个个体的诉求，我们所做的一切无非都是为了使人民生活过得更加幸福。农民工群体是广大劳动人民的重要部分。正是基于此，红十字会不仅应该给予农民工物质层面的帮助，更要对其精神方面给予更多的关怀。具体而言，红十字会应该成立专门的农民工帮扶小组，进行专项帮扶。比如针对农民工作问题，红会可以和企业合作，成立一些免费的职业介绍所，提供有效的工作渠道，对特别困难的农民工有必要进行车费补助。此外，对于农民工日常生活的关注也很重要，毕竟农民工不只是赚钱的工具，也是具有思想人格的人，需要享有一定的精神文化生活，比如定期组织他们看电影、爬山、户外休闲；对农民工的关注也应分年龄群体而进行，年龄小的可以定期举办些免费的婚姻介绍活动，年龄大的可以定期举办体检活动、心理辅导等。总之，红十字会的任务任重道远。

池子华：红十字人人道精神的培养确实很重要。只有对红十字精神认同的人，才能从事红十字工作，这一点应该强调。今年4月份召开的十届二次理事会上，陈竺会长带头补交会费，这对红会工作来说是很好的教育。而且在很多方面，红会的工作人员的确应该坚决抛弃"官本位"的思想。这种思想要不得的，衙门作风更要不得。红十字会本身是一种志愿服务组织，服务的理念应该在工作人员的心中根深蒂固。比如，倡导无偿献血，红会人自己都没献过；倡导遗体器官捐献，红会人自己都不带头，这类工作人员不能说不合格，但起码做得不够好。我很佩服前几任会长，他们都签署了遗体捐献协议，我觉得这是应该做的。红会其他专职工作人员也应做到这一点。

至于农民工群体，红十字会在可能的范围内也应该对其提供服务。但是按你刚才所说，很多工作都要红十字会去做，显然又超出了其能力范围。有些它可以做，有些做不了，需要其他职能部门给予配合。能做的，比方说对生病的农民工群体的关注，苏州红十字会每年遇到受工伤的农民工就会做出援助。帮不上忙的，比方说婚姻家庭问题。最近有一则消息，就是 8 个农民工家庭同居一室，仅仅用布帘隔开，令人心酸。针对这种情况，雇用单位应该为他们提供物质上的帮助。郝如一会长曾写过一篇文章，是针对农民工群体的，叫《安全帽与安全套同样重要》。苏州市红会曾专门到工地上派发安全套，这也是符合人性的一种做法。所以，针对这种情况，红会应根据自己的能力尽力提供帮助、帮扶。

　　李金：我检索浏览过后，归纳出中国红十字会总会官网的品牌项目有"博爱家园""红十字博爱送万家""艾滋病预防与关爱""心灵阳光工程""扶贫救心""爱心工程""灾后重建""国际人道法传播"。但是，受近年各种负面报道影响，红十字会公信力受到较大冲击。

　　品牌代表组织的信用和形象，是组织最重要的无形资产。谁拥有诚信可靠、透明度高的品牌，谁就掌握公益市场竞争的主动权，就能处于市场的领导地位。诚信能让公众满意，透明度高能让公众乐于做品牌的忠诚粉丝，组织就能提升自身的品牌价值。

　　红十字会救助社会上遭受各种苦难需要救助的人群。如遭受各种自然灾害的人群，社区生活困难的人群，生活在经济文化落后的老、少、边、山、穷地区的困苦人群，以及其他有特殊困难的人群。改善最易受损害群体生活境况，包括物质生活和精神生活两个方面，如衣食住行及医疗卫生保健条件，受尊重、受教育、享受文化生活等内容。首都医科大学红十字会多年来坚持将失独、残疾、空巢等老年人群体作为工作对象，发挥医科学生的专业优势，针对老年人生理、心理、生活、娱乐等方面的需求开展志愿服务，让学生在敬老爱老活动中充分感受和大力宣传中国传统的孝文化。南京师范大学红十字会定期在专门网站上公布经费收支情况，每一名学生会员都能检索到自己的会费缴纳情况，此外还邀请学校审计部门对经费使用及管理进行审计并公开审计结果，在公开透明的环境中凝聚和增强大学生对公益慈善事业的信心。我国慈善组织能力建设的优化方案：（一）确立慈善组织的法律地位；（二）理顺慈善组织与政府的关系；（三）积极探寻慈善组织的筹资路径；（四）设计特色项目，建立长效品牌；（五）加强慈善组织的公信力建设。

　　因此，我对于红十字会未来建设的建议有：加大中国红十字会的自我监督力度，确保各下属机构的合法有序运行；打造红十字会与政府之间的合作伙伴关系，实现社会救助与政府救济互补；做好红十字会品牌宣传和信任危机的防范和处理工作。

池子华：你通过品牌建设这个方面对红十字会更好发展提出了自己的一些设想。你提到的"博爱家园"项目，是红十字会未来 5 年重点打造的一项品牌。2016 年 6 月 15 日，红十字会专门在贵州省召开了"博爱家园"的现场会，这个项目主要是针对贫困人群开展的一项服务，目的是通过输血的办法使贫困地区具备造血功能，不是简单的救济。从输血到造血，这种转变是理念上的飞跃。救济贫困只能纾解一时之急，不是长久之策。所以，红十字会未来 5 年要实现"博爱家园"项目在全国贫困地区的全覆盖。这将造福一方，与国家的扶贫战略也是结合在一起的。扶贫攻坚，精准扶贫。这其中也包括了针对留守儿童和留守老人生理、心理方面的志愿服务，不仅是物质方面的脱贫，也是精神方面的脱贫，双管齐下，才能达到预期的目标。所以，国家的脱贫战略也应该双管齐下。还有监督问题，不光是自我监督，还要有社会监督、法律监督、政府监督，要构建一个完整的监督体系，保障各类品牌项目有序地实施，这当中要做的工作还有很多。现在全国还有很多贫困地区，主要集中在中西部地区，而恰恰是在这些地区，红十字会可以大有作为，而且当地的红十字会组织建设也是落后的，所以要提升这些地区红十字会的能力建设水平，关键一点就是要加强红十字组织的建设。国家红会的支持毕竟有限，地方红会理所应当加强组织建设。很多问题是连带的，不少工作需要加强。

高波：中国红十字会 1904 年成立，建会以后从事救助难民、救护伤兵和赈济灾民活动，为减轻遭受战乱和自然灾害侵袭的民众的痛苦积极工作，并参加国际人道主义救援活动。112 年间，中国红十字会活跃在每一个战场，活跃在每一次灾难的现场，为人道主义救助做出了杰出的贡献。

然而，在取得巨大成就的同时，我们也看到了目前红十字会存在的诸多问题，"郭美美事件""天价帐篷事件""审计虚假开支事件"等一系列事件严重损害了中国红十字会的公信力，也极大地打击了红十字品牌的公众认可度。重新树立红十字会的形象，扩大人道主义援助，是当前红十字会能力建设的核心主题。

第一，正本清源，提高公信力，推进红十字事业发展。2011 年的"郭美美事件"引发了人们对红十字会公信力的质疑。国务院于 2012 年

7月发布的《关于促进红十字事业发展的意见》进一步明确了中国红十字会的性质、地位、作用和职能职责。正本清源，明确红十字会人道主义救助组织的性质，是红十字会开展工作的基础；规范红十字会经营的范围和程序，是红十字会发挥作用的关键；建立必要的红十字会资金筹集和管理制度，是红十字会得以开展工作的前提；贯彻公开透明的原则，则是红十字会不断发展壮大的力量源泉。提高公信力，坚持公开透明原则，是重树红十字会公信力的保障。

第二，建立健全工作网络及运行机制。为了更好地推进红十字会建设，必须加强基层组织建设，提高人员专业素养，建立健全独立自主的红十字会工作网络，实现开放式、社会化的运行机制。（一）努力提高工作人员的素质，建立一支有素质的人道主义援助队伍，才可以为人道需求提供更有力的支撑。（二）优化组织结构，建立科学的工作体制。建立健全红十字会组织，将组织更加细化，建立有效的人道主义援助网络，一方有难，最快支援。（三）始终坚持以人道主义援助为宗旨，保障人民大众的基本需求，完善长效机制，不因人而废、因事而废，在制度上确立长效的、科学的人道需求援助体系。（四）加强法制建设，建立科学的法律体系，法律保障才可以真正地确立红十字会在人道主义援助中的地位。建立健全红十字会相关法律体系，是红十字会发展的必然需求。

第三，提升社会影响力。中国红十字会要更好地服务于社会，提升红十字会的社会影响力，必须加大宣传工作力度，大力宣传"人道、博爱、奉献"的红十字精神，提高红十字会的社会知晓率和影响力。做好专业报刊在宣传红十字精神、传播交流信息、总结经验、行业指导等方面的工作，完善网络功能，加强网络宣传力度。注重舆论宣传，发挥新闻媒体的宣传引导作用。

池子华：我们曾经出了一本书，书名是《红十字：文化传播、危机管理与能力建设》，针对高波的很多问题，这本书都做了探讨，有些方面探讨得比较深入。能力建设是一个长期性的过程，就像高波提到的，要建立一个长效机制，它不是一朝一夕能够完成的，当然还要有公益组织之间的相互合作。这一点长期以来被忽视，大家都是单打独斗，甚至恶性竞争，损人不利己。相互拆台的现象是存在的，但是谈到合作，却做得很不够，所以公益组织有时候需要通过合作来提升自己的能力，错位发展。现在同一个领域如扶贫，很多公益组织同时在做。经常影响了别人的生活，也没有考虑被帮扶者的需要。这就提出一个很值得思考的问题，就是公益组织、志愿服务组织能不能错位发展、分工合作？你来了，他就不来了；你到敬老院，他就到福利院，错开。如果大家能够有一种合作精神，有分工有合作，皆大欢喜。在"郭美美事件"中，我到南京大学出席了公益事业论坛，当时大家都有一个普遍的感觉，就是公益组织应该"抱团取暖"，为什么用这个词呢？因为"郭美美事件"冲击的不仅是红十字会，也是整个公益慈善事业。所有公益慈善组织无一幸免，都遭受了池鱼之殃。红十字会也做了力所能及的努力，比方说在芦山地震中，就以红十字会为中心，联合其他的公益慈善组织建立了公益合作平台。我觉得这就是一个进步。但那是在非常时期，可是在平时呢？难道就不需要合作吗？我觉得合作对公益组织提升能力、进行能力建设是非常关键的，所以再次强调合作精神对公益组织能力建设的价值。

袁海洋：前几日，"母亲偷鸡腿为女儿过六一"的新闻铺天盖地，从而引发如潮捐款。短短几日，生病孩童住进了医院，有了专门的治疗方案，网络捐款也超过了 30 万元。从这个事件中，本人看到了网络媒体在社会救助中起到的作用，从而进一步确认了我的想法。

第一，2015 年，全国人大常委会副委员长、中国红十字会会长陈竺在北京会见了来访的红十字会与红新月会国际联合会主席近卫忠辉一行。近卫忠辉提出"红十字运动要发挥新媒体力量"的想法。实际上，中国红十字会十分低调，不被社会大众熟知，而红十字如果要提升在民众中的信任度，其工作就必须要为人们所了解。在当今社会，网络媒体发展迅速，大多数民众通过浏览网页获知新闻。因此，我认为，红十字会应与网络媒体建立合作关系，借助网络媒体宣传其工作。

第二，具体的合作形式：（一）选择一家或几家社会形象好的主流网络媒体与红十字会合作；（二）当有人求助媒体或媒体自身发现有需要救助的人或事情，在网络上公开报道，引发社会关注；（三）对于所要救助之人之事，媒体先做基础调查，若情况属实，红十字会将做进一步调查，在确定救助者符合条件后，根据红十字会制定的救助标准划分救助等级，向个人或相关机构拨款，媒体则需全程跟进，向公众报道最新动态。

关于双方合作的好处，我总结了两点：（一）加大被救助之事的真实性，真正有困难的能得到有效帮助。（二）红十字会得到媒体与社会的双重监督；除此，原来的红十字会与媒体的合作，囿于写文章，开座谈会之类，属于"静态合作"，难以引起社会大范围的关注；而红十字会与网络媒体的"动态合作"，由于网络媒体的报道，民众可以看到红十字会在其中的种种动作以及所起的作用，于无形中提升红十字会的公信力。

不过，借助媒体提升公信力只是暂时的手段，能得到救助的人还是占少数的，最重要的是让红十字会成为中国的常规救济机构，比如美国政府实行的"医疗照顾计划"和"医疗救济计划"，都是免费的医疗保险，毕竟"常规救济才是穷人的希望"。

池子华：媒体的力量的确非常强大，其实你刚才说的"常规救济"，说到底就是完善社会保障体系。这方面政府有义不容辞的责任，所以在社会保障建设方面，国家也出台了有关社会救助的指导意见和几个相关政策，包括大病救助这一块，它应该是常规的，可是现在国家还做不到，所以包括红十字会在内的慈善公益组织，还有发挥作用的空间。如大病救助这一块，国家划分了比例，一部分由国家承担，另一部分需要自己解决，红十字会可以向贫困人口伸出援手，帮他们把其余部分，就是国家不能报销的部分，由红十字会来救助，使他们能够照常生活下去。在中国，因病致贫、因病返贫的现象是客观存在的。所以，针对这种情况，我认为红十字会及其他公益组织应该能够"兜底"，使贫困人群在生活上得到帮助。通过救助，然后跟新媒体合作，来扩大红十字会的影响力，我觉得就更好。近卫忠辉的那句话是耐人寻味的。

李睿：我想谈谈中国红十字会在国际人道主义方面应尽的职责。通过一组数字，我们可以了解全球人道主义救助与需求的现状。

6000万：冲突和暴力造成的无家可归者。武装冲突和暴力事件对全球人道主义形势的破坏极为严重。联合国最新数字显示，过去10年间，由战争和冲突导致的流离失所人数显著增加。目前，全球有超过6000万人无家可归，其中2000万人逃到其他国家成为跨境难民，其余为留在自己国家境内的流离失所者。

1.25亿：2015年，全球有1.25亿人需要立即得到人道主义援助，包括难民、流离失所者、由环境导致的饥荒造成的"饥饿人口"。

200亿：人道主义救援资金缺口。全球人道主义援助需求不断攀升，但由于各种因素掣肘，相关救援行动所需的资金和国际支持却没有出现显著增加，而经费持续严重短缺使相关行动"捉襟见肘"。目前，全球人道主义救援资金缺口高达200亿美元。

3000万：世界各地现有超过3000万儿童因为战争、自然灾害以及其他各类危机流离失所，创下自1945年以来流离失所儿童人数的最高纪录。在全球流离失所的儿童难民中，只有一半接受了小学教育。全球青少年难民中，就读中学者仅为四分之一。难民中的女童接受教育情况更为糟糕。

3000 亿：每年自然灾害造成的经济损失。全球每年受到干旱、风暴、地震等自然灾害影响的人数以百万计，目前每年因自然灾害所造成的经济损失高达 3000 亿美元。未来在气候变化等因素影响下，这一数字还有可能继续增加。预计到 2050 年，全球将有 40% 的人口居住在严重缺水地区。

约 300 万人：救援行动每年拯救的生命。联合国每年向全球 9000 万人提供食品，为全世界 58% 的儿童接种疫苗，拯救约 300 万人的生命。同时，各国政府和非政府机构也在向数以百万计的人们提供帮助。

这些数字令人感到震惊与悲伤，中国红十字会在不断提高自身应对人道危机能力的同时，应积极参与国际人道事务，为最易受损害群体提供服务。比如，之前参与了菲律宾海燕台风、尼泊尔地震等重大灾害的国际救援行动，与埃塞俄比亚、乌干达等非洲国家，缅甸、朝鲜、哈萨克斯坦等亚洲国家合作开展社区发展项目，收到很好的效果。

池子华：中国红十字会在国际救援中应该发挥更大的作用。国际红十字会，包括红十字国际委员会的主要任务是战争救护，红十字会与红新月会国际联合会的主要任务是灾害救济，所以两大组织分工明确，并且它们也有合作。因为无论是战争还是灾害，它们的影响是复杂的，战争导致大量难民，所以每年用于战争难民的救助资金都在飙升，而且缺口很大。这笔资金来自各国红十字会交纳的年费，实际上不管红十字会是否直接参与国际救援，它都在尽国际救援的义务，因为它每年都要交年费。根据国情的不同，发达国家和发展中国家年费缴纳标准不同。中国红十字会直到现在一直被定位为发展中国家的红会，所以年费交纳方面比发达国家少得多。发达国家由于年费交得高，又被称为"富豪俱乐部"，所以他们有更多的发言权，更多的话语权。中国目前还没有进入这一"富人俱乐部"，但是中国红十字会承担的国际义务确实越来越多，包括国际救援方面。国际红十字组织的经费也来源于一些大企业的赞助，但最主要的还是国家红会的年费。如果今年有 200 亿的缺口，那么明年的经费预算会大大提高，然后按不同国情分摊到各个会员国。所以，经费是共同承担的，中国红十字会在国际历史舞台上扮演重要角色，发挥越来越重要的作用，这也是国际红十字会所期待的。

（作者单位：苏州大学社会学院）

百家争鸣

观 察 思 考

2016 年水灾灾区的红十字会救援

单珍娜

一、全国水灾灾情概况

2016 年 6 月 30 日以来，长江中下游沿江地区及江淮、西南东部等地出现入汛以来最强降雨过程，给部分地区造成严重洪涝灾害。其特点：一是雨区覆盖范围广。降雨区域覆盖云南、贵州、四川、重庆、湖南、湖北、陕西、河南、安徽、江苏、山东、上海、浙江、广东、广西等 15 个省（区、市），大于 100 毫米、50 毫米的雨区面积分别达 29 和 69 万平方公里。二是过程累计雨量大。安徽中南部、湖北东部、江苏南部超过 200 毫米；最大累计点雨量安徽六安前畈 480 毫米、湖北黄冈张家畈 460 毫米，最大日雨量湖北黄冈岐亭 325 毫米，安徽金寨泗洲河 24 小时降雨量突破历史极值。三是中小河流洪水涨势猛。受强降雨影响，湖北、安徽、河南、江苏、浙江等省有 91 条河流发生超警戒水位洪水，28 条河流发生超保证水位洪水，安徽西河、永安河、丰乐河、二郎河，湖北举水 5 条河流发生超过历史最高水位的洪水。受前期高水位叠加影响，长江、淮河和太湖水位快速上涨，7 月 1 日，长江出现今年第 1 号洪水，三峡入库洪峰流量超过 50000 立方米/秒；3 日 3 时，长江下游干流大通站水位超警，长江第 2 号洪水形成。7 月 3 日 8 时，太湖水位涨至 4.61 米，高于警戒水位 0.81 米；江苏无锡、坊前等 11 站超历史，其中大运河苏州站 2 日 10 时最高水位超保 0.60 米，列 1977 以来第一位。四是部分地区洪灾重。此次强降雨共造成浙江、安徽、湖北、湖南、重庆、贵州 7 省（市）163 个县 687 万人受灾，因灾死亡 14 人、失踪 8 人，倒塌房屋 0.9 万间，农作物受灾面积 710 千公顷，直接经济损失约 91 亿元。湖北武汉新洲黄陂多处民圩溃口，安徽省中小河流堤防、病险和小型水库、一般圩堤发生各类险情 374 处。截至 7 月 3 日，统计全国已有 26 省（区、市）1192 县遭受洪涝灾害，农作物受灾面积 2942 千公顷，受灾人口 3282 万人，紧急转移 148 万人，因灾死亡 186 人、失踪 45 人，倒塌房屋 5.6 万间，直接经济损失约 506 亿元。与 2000 年以来同期均值相比，受灾面积、受灾人口、死亡人口、倒塌房屋分别偏少 6%、33%、47%、76%，直接经济损失偏多 51%①。

二、中国红十字会的救援行动

灾情发生后，中国红十字会作为政府在人道领域的助手，积极响应党和政府的号召，全力展开救援行动。

（一）统筹规划，红十字总会组织救援

7 月 7 日，中国红十字会总会收到湖北、安徽、江西、江苏、贵州、四川六省上报的灾情及需求，持续向灾区提供援助。

针对湖北洪涝灾情，总会在前期救助的基础上，追加调拨单帐篷 400 顶、棉被 2000 床。针对安徽洪涝灾害，总会提升至二级应急响应，追加调拨单帐篷 150 顶、棉被 2000 床、夹克衫 2000 件、家庭包 1000 个，并下拨紧急备用金 10 万元。针对江西洪涝灾情，总会启动了四级应急响应，根据灾区需求，调拨家庭包 1056 个（香港红十字会捐赠）、夹克衫 2000 件。针对江苏洪涝灾情，总会启动了四级应急响应，调拨家庭包 500 个，用于支持当地红十字会开展灾害救助工作。针对贵州洪涝灾害，总会启动四级应急响应，调拨夹克衫 1000 件、家庭包 800 个、单帐篷 50 顶。针对四川洪涝灾害，总会调拨了棉被 1300 床、家庭包 300 个。总会共启动 32 次应急响应，其中 1 次一级响应、1 次二级响应、3 次三级响应、11 次四级响应、16 次特殊响应，向全国 15 个省（市、区）提供救助，累计调拨款物共计价值 1434 万元②。

7 月 18 日至 21 日，河北省大部地区出现强降雨过程，引发多起滑坡和泥石流灾害。河北省红十字会迅速向灾区调拨救灾物资，中国红十字会总会、中国红十字基金会向灾区提供了总价值 295 万元的紧急援助。河北省各市、县（区）红十字会也纷纷开展救援行动。同时，省红

---

① 中国网：《全国 26 省份遭洪灾 死亡失踪 231 人损失 506 亿》，2016 年 7 月 3 日，http://news.xinhuanet.com/politics/2016-07/04/c_129113530.htm。
② 《总会持续援助暴雨洪涝灾区》，《中国红十字报》2016 年 7 月 8 日。

十字会取消干部职工休假和双休日，保证全员在岗，加强应急值守，及时了解和上报灾情，做好募捐款物的接收和发放工作，以临战状态应对新一轮降雨过程。

22日、24日，中国红十字会总会分两批向灾区紧急调拨救灾物资，共计棉被12000条、单帐篷600顶，下拨救灾紧急备用金30万元，协调香港特别行政区红十字会支持40万元救灾资金用于采购米、面、油等物资。中国红十字基金会捐赠2000个赈济家庭箱，并派出救灾工作组赶赴灾区。来自中国红十字会总会、中国红十字基金会的救灾款物共计价值295万元。

20日上午，石家庄市红十字会启动应急预案，实施24小时值班制度，设立灾情收集上报组、救援物资筹备组、救援物资运输发放组、新闻宣传组，开展应急救灾程序预演，对物资运送力量、行车路线、物资发放程序等进行细致安排，有序应对救灾工作需要。

20日凌晨，强降雨形成洪峰导致河流决堤，邢台经济开发区12个村庄被淹。邢台市红十字会第一时间紧急拨款2万元，用于灾区受灾家庭购买食品和药品，并调拨200床棉被送至另一重灾区南和县。中国红十字会总会、河北省红十字会向邢台市紧急调拨200顶帐篷、2000条棉被和价值20万元的药品，发往邢台县、内丘县、临城县和南和县等重灾区。

邯郸市武安市、磁县、峰峰、涉县、成安县遭遇强降雨袭击，邯郸市红十字会向5个受灾县各调拨200条棉被，共计1000条。

社会各界也纷纷伸出援助之手，奉献爱心。石家庄以岭药业先后两次通过河北省红十字会向石家庄、邢台、邯郸地区捐赠了价值总计70万元的灾区急需药品。药品紧急调拨到灾区群众手中，用于灾后疾病防治[①]。

（二）迅速反应，地方红会积极参与

受强降雨影响，安徽省皖南地区多个市县发生洪涝灾害。安徽省红十字会紧急召开执委会办公会议，部署抗洪救灾，向受灾地区下拨睡袋、夹克衫、蚊帐、棉被等价值30万元的救灾物资。截至7月2日，根据各地红十字会上报的灾情和需求情况，安徽省红十字会已分三批向宿

<aside>观察思考</aside>

---

① 《洪灾来袭，红十字闻灾而动　中国红十字会系统紧急援助河北洪涝灾区》，《中国红十字报》2016年7月26日。

松、郎溪、休宁、东至、广德、宣城、池州、金寨、桐城、怀宁、含山等11个县（市）下拨救灾款物累计81万元①。

7月28日上午，安徽省红十字会在省政务大厦新闻发布厅举行2016年防汛救灾物资捐赠仪式。爱心企业旺旺集团和哈药集团分别通过省红十字会向洪涝灾区捐赠价值453万元的乳制品和价值477万元的药品②。

针对湖北省严重暴雨洪涝灾情，红十字会系统快速反应，上下联动，派遣专业救援队，调拨家庭包、夹克衫等救灾物资，帮助受灾群众渡过难关。

7月2日，湖北省红十字会召开执委会，向社会发出募捐救灾呼吁，向武汉市红十字会下拨中国红十字会总会调拨的500件夹克衫和省红十字会库存的200个家庭包，从结余救灾资金中拨付武汉市红十字会5万元，用于购买灾区急需的毛巾被，支援受灾严重的新洲区。武汉市、新洲区两级红十字会亦迅速启动救灾应急预案，核查灾情，并根据受灾群众需求迅速下拨价值18万元的救助物资，包括矿泉水10000瓶、方便面10000盒、饼干400箱、面包400箱。

3日下午，湖北省红十字会再次召开执委会，研究第四批救灾物资发放情况，向黄冈、荆州、孝感、随州、武汉、恩施、荆州、潜江、黄石、鄂州、咸宁、十堰、襄阳、仙桃、天门等受灾地区下拨价值214万元的救灾物资。

救灾物资运抵灾区后，中心随行工作人员马不停蹄，深入灾区，当天就将所有物资发放到受灾群众手中，帮助他们树立信心，重建家园③。汛期以来，中国红十字会总会、中国红十字基金会已向湖北灾区调拨救灾款物四批次，累计价值496.56万元④。

其他地区的红十字会也根据自身条件和行动力，纷纷行动起来，聚集力量，救济灾民。

三、红十字会救灾工作中的亮点

网络、微信、电视直播等平台，在筹款募捐中作用显著，成为一大亮点。

---

① 《安徽红会向受灾地区下拨81万元救灾款物》，《中国红十字报》2016年7月5日。
② 《逾900万元物资捐给皖洪涝灾区》，《中国红十字报》2016年8月2日。
③ 《河北鸡泽洪涝灾区获捐20万元物资》，《中国红十字报》2016年8月5日。
④ 《陈竺深入武汉灾区慰问受灾群众》，《中国红十字报》2016年7月8日。

7月6日，安徽省红十字会机关微信群里，好消息不断传来。6日上午10时，安徽省枞阳县红十字会通过轻松筹平台发起"为枞阳县受灾群众筹集饮用水"项目，不到8个小时就完成50000元的既定筹款目标，实际筹款50010.49元，支持次数1699次。安徽省红十字会已紧急调运四批次、价值200余万元的救灾物资，启用救灾备用金100万元，为遭遇特大暴雨洪涝灾害的受灾群众提供饮用水、食品等救灾物资。

　　6月中旬以来，安徽省局部地区遭受严重洪涝灾害，造成重大财产损失和部分人员伤亡。安徽省红十字会发出募捐呼吁，为受灾地区筹募救灾款物。北京轻松筹网络科技有限公司表示，愿与安徽省红十字会成为合作伙伴，项目收取的手续费全部捐赠给受灾地区红十字会。活动结束后，一些捐赠者仍难以抑制内心的感动。捐赠者"LISA"留言："每一个人都爱自己的家乡，我们这些不在家乡的人更对家乡有着难以表达的牵挂，谢谢红十字会给我们一次为家乡表达爱的机会！"[1]

　　随着网络越来越发达，传播的速度越来越快，红十字会还利用网络来进行一系列的募捐和宣传活动。7月18日，历时3个多小时的《万众一心　风雨同行——2016湖北省抗洪赈灾新闻大直播》在湖北广播电视台2000平方米演播大厅举行。活动累计收到捐赠款物价值2.53亿元，将全部用于湖北抗洪救灾和灾后重建工作。

　　现场通过视频短片、讲述、诗朗诵等多种形式，向观众展示了湖北上下一心防汛抗洪的全景图。82个爱心企业、社团组织和社会人士登台表达爱心，近10万人通过长江云网络募捐通道和热线电话捐款捐物。截至直播结束，省红十字会、省慈善总会、省民政厅、省青少年基金会4个爱心平台和现场捐款、网络在线募捐通道，累计收到捐款捐物价值2.53亿元[2]。

　　总体而言，红十字会系统应对此次灾情的行动积极而迅速，利用了红十字会自身的优势展开救援行动。而网络、微信、直播等平台，成为汇聚人道力量的纽带，广大民众热心参与，也提升了红会的公信力。

（作者单位：苏州大学社会学院）

---

　　①　《"试水"轻松筹　募捐辟蹊径——安徽省枞阳县红十字会网络募捐侧记》，《中国红十字报》2016年7月8日。

　　②　《湖北抗洪赈灾新闻直播筹募款物2.53亿元　近10万人通过网络募捐通道和热线电话捐款》，《中国红十字报》2016年7月22日。

2016 年湖北洪灾中的红十字人道救援

龚　超

　　2016 年 6 月 18 日起，湖北省入梅后连续遭受 6 场暴雨袭击，局地暴雨强度大，部分地区遭受严重洪水灾害。湖北省减灾委于 6 月 19 日启动了自然灾害救助应急Ⅲ级响应，7 月 2 日根据灾情变化将响应等级提升至Ⅱ级，7 月 28 日 12 时终止省级自然灾害救助应急Ⅱ级响应①。至 7 月 19 日，前五轮中洪涝、风雹等自然灾害已造成湖北省 17 个市（州、直管市、林区）94 个县（市、区）1962.03 万人次受灾，死亡 77 人、失踪 16 人；因灾倒塌房屋 4.3 万间，不同程度损坏 9.2 万间；农作物受灾面积 1759.1 千公顷，其中绝收 419.2 千公顷；直接经济损失 454.7 亿元②。7 月 20 日后，随之而来的第六轮强降雨又造成湖北省 13 个市（州、直管市）52 个县（市、区）323.28 万人受灾，死亡 16 人、失踪 3 人，紧急转移安置 34.22 万人，需紧急生活救助 14.77 万人；因灾倒塌房屋 6956 间，严重损坏房屋 1.74 万间；农作物受灾面积 296.6 千公顷，其中绝收 42.99 千公顷；直接经济损失 95.06 亿元③。

　　水灾发生后，中国红十字会总会与湖北省红十字会立即做出反应，向湖北受灾地区积极展开人道主义救援。

一、中国红十字总会救援工作

　　针对湖北省严重暴雨洪涝灾情，中国红十字会快速反应，于 6 月 20 日启动四级灾情应急响应，向灾区调拨 628 个家庭包、4500 件夹克衫，

---

　　① 《湖北省减灾委省民政厅终止自然灾害救助应急Ⅱ级响应》，人民网 2016 年 7 月 29 日，http://hb.people.com.cn/n2/2016/0729/c194063-28746778.html。

　　② 《截至 19 日 8 时湖北 1962 万人受灾》，湖北人民政府门户网站 2016 年 7 月 19 日，http://www.hubei.gov.cn/zhuanti/2016zt/2016fxkh/201607/t20160719_868328.shtml。

　　③ 《第六轮强降雨全省转移 34.22 万人》，《湖北日报》2016 年 7 月 23 日。

下拨紧急备用金 10 万元，用于为受灾群众采购大米①。7 月 2 日，湖北暴雨洪涝灾害持续发展，中国红十字会总会在先期救助 47.5 万元救灾物资的基础上，追加调拨家庭包 1000 个、夹克衫 3000 件，另下拨 10 万元紧急备用金，用于为灾区群众采购急需用品。中国红十字基金会也紧急启动湖北暴雨洪涝灾害应急响应，发起"天使之旅——湖北行动"，派出第一批救灾工作组驱车奔赴灾区一线，并紧急安排 60 万元救灾资金用于购置"赈济家庭箱"，为受灾家庭提供灾后一周生活所需。同时，中国红基会积极联合腾讯微公益、新浪微公益、支付宝、轻松筹开通网络众筹平台，为救灾行动定向募集"赈济家庭箱"②。根据灾区需求，总会向湖北追加救助棉被 8000 床，单帐篷 650 顶，划拨紧急救灾备用金 10 万元用于在当地采购急需物资，总会会同澳门特别行政区红十字会向灾区提供 3000 个家庭救助箱，追加救助款物总价值 246.38 万元。根据灾情和各地需求，救灾物资主要发往武汉、黄冈、荆州、咸宁、孝感、潜江、天门、鄂州、荆门等重灾区③。

总会领导也高度重视灾情。7 月 5 日，全国人大常委会副委员长、中国红十字会会长陈竺深入武汉市新洲区、黄陂区受灾群众安置点，冒雨看望慰问受灾群众，以及奋战在一线的红十字会工作人员和红十字志愿者，中国红十字会副会长王海京，湖北省人大常委会副主任周洪宇，省政府副省长、省红十字会会长甘荣坤，省红十字会党组书记、常务副会长宋悦明，省红十字会副会长张钦等领导一起陪同慰问。根据湖北省红十字会上报的灾情，7 月 6 日，总会将湖北灾区应急响应级别提升至一级，总会救灾工作组继续在湖北开展工作。王海京在一线指挥救灾，与省红十字会共同研究救灾方案。7 月 7 日，王海京带领总会及湖北省红十字会救灾工作组前往武汉市蔡甸区、江夏区两地灾区，详细了解受灾群众安置情况，督导红十字会物资发放，慰问现场参与物资发放的红十字志愿者④。

针对湖北的洪涝灾情，总会在前期救助的基础上，追加调拨单帐篷 400 顶、棉被 2000 床。至 7 月 7 日，中国红十字会总会、中国红十字基金会已向湖北灾区调拨救灾款物四批次，累计价值 496.56 万元。

观察思考

---

① 《汪洋泽国中，红十字在行动》，《中国红十字报》2016 年 6 月 24 日。
② 《495 万元物资助灾民抗洪灾》，《中国红十字报》2016 年 7 月 5 日。
③ 《陈竺深入武汉灾区慰问受灾群众》，《中国红十字报》2016 年 7 月 8 日。
④ 《陈竺深入武汉灾区慰问受灾群众》，《中国红十字报》2016 年 7 月 8 日。

二、湖北省红十字会的救援工作

除了中国红十字总会的统筹指挥部署之外，湖北省红十字会也立即开展救灾行动。洪灾发生之后，湖北省各级红十字会紧急调拨抗洪救灾款物，及时深入受灾严重地区开展救灾活动。面对洪水灾情不断加重的情况，6月21日，湖北省红十字会启动救灾应急四级响应，立即向受灾严重的黄冈市下拨价值11.1万元的家庭救助包300个（每个含毛毯、蚊帐、防水席、T恤、袜子、毛巾、碗筷、医疗盒等生活用品）、多功能地席300个，价值22万余元的500件夹克衫和由香港红十字会捐赠的628箱高温家庭包（每个含短裤、短袖衫、毛巾被、毛巾、卫生巾、香皂、餐具、有盖水桶、手摇电筒、雨衣等生活用品），全力应对灾情①。7月2日下午，根据灾情的变化，湖北省红十字会紧急启动二级救灾应急响应，并呼吁社会各界积极捐款捐物，为灾区群众奉献爱心②。为了确保物资及时有序规范发放，湖北省红十字会还组织了5支赈济救援分队前往灾区开展核灾救灾工作。武汉市、新洲区两级红十字会迅速启动救灾应急预案，核查灾情，并根据受灾群众需求迅速下拨价值18万元的救助物资，包括矿泉水10000瓶、方便面10000盒、饼干400箱、面包400箱。7月3日下午，湖北省红十字会再次召开执委会，研究第四批救灾物资发放情况，向黄冈、荆州、孝感、随州、武汉、恩施、荆州、潜江、黄石、鄂州、咸宁、十堰、襄阳、仙桃、天门等受灾地区下拨价值214万元的救灾物资。当日下午，湖北省、武汉市红十字会联合工作组赴黄陂区前川街指导救灾，发放物资。湖北省红十字会副会长张钦、武汉市红十字会常务副会长陈耘赴灾民安置点油冈小学看望受灾群众。至7月8日，湖北省红十字会已累计下拨495万元的救灾物资用于全省灾情救助，包含大米、方便面、矿泉水、夹克衫、毛巾被、毛毯、蚊帐、防水席、T恤衫、内裤、拖鞋、牙膏牙刷、洗衣皂、碗筷、卫生纸、医疗盒、手电筒和防水手提包等救灾物资③。

为了把中国红十字基金会捐赠的赈济家庭箱及时发放到灾民手中，以及解决受困百姓的卫生安全问题，襄阳市红十字会、慈善总会等机

① 《省红十字会向灾区下拨救助包》，《湖北日报》2016年6月23日。
② 《湖北省红十字会救助入梅以来暴雨洪涝灾害呼吁书》，湖北省红十字会网站2016年7月2日，http：//www.hbredcross.org/templet/default/ShowArticle.jsp? id=125195。
③ 《495万元物资助灾民抗洪灾》，《中国红十字报》2016年7月5日。

构,组成小分队,其中包括 2 名医护人员、6 名志愿者,携带近 4 万元药品、大米、方便面、纯净水等救灾物资,于 6 月 21 日中午抵达受灾最为严重的蕲春张榜镇,参与应急救援①;鄂州市红十字会还专门组织了一批红十字志愿者,把装有 20 种生活用品的赈济家庭箱搬上小船,挨个送入被洪水包围的灾民安置点,保障受灾群众基本生活②;荆州市红十字会和洪湖市卫计局工作人员先后深入万全黄丝村、螺山渔业新村、滨湖茶坛渔场、船头嘴渔场、太马湖渔场等受灾群众安置点,将爱心物资发放到受灾群众手中,此次捐赠物资分别是澳门特别行政区红十字会捐赠的家庭包 550 个,家庭包里配备有蚊帐、水桶、毛巾被、雨衣、餐具等生活必备品,另外一部分是荆州市爱心人士、爱心企业捐赠的大米、食用油和防暑药品,价值 5 万多元③。

7 月 18 日,省红十字会联合湖北广播电视台等多方平台,共同举办《万众一心 风雨同行——2016 湖北省抗洪赈灾新闻大直播》,直播结束后通过各方渠道累计收到捐款捐物价值 2.53 亿元,募捐款项和物资计划全部于抗洪救灾和灾后重建工作④。此外,全国各地的湖北企业家高度关注灾情,并积极通过省红会向家乡伸出援手救助灾情。从湖北洪灾开始至 8 月中旬,省红十字会接收到各地湖北籍企业家的款物已突破 3000 万元⑤。对于这些款物,湖北省红十字会党组书记宋悦明代表省红十字会做出承诺:"作为受托人,省红十字会将引入第三方监督核查机制,严格按照规范程序,将款物发放到受灾群众和参与抗洪抢险救灾的官兵手中。"⑥ 截至 2016 年 8 月 22 日,省红十字会总会共接收 2016 年暴雨洪涝灾害救灾捐赠款物 2513.71 万元。其中,实际到账捐款 1387.40 万元,直接接收捐赠物资折价 1126.31 万元。面对这次严重的洪灾,省红会采取的行动及时有力,筹集了大量物资,为灾民渡过难关发挥了重要作用⑦。

① 《襄阳救援队赴蕲春搜寻失踪人员》,《湖北日报》2016 年 6 月 23 日。
② 《划船送"箱"》,《中国红十字报》2016 年 7 月 19 日。
③ 《荆州红会首批爱心物资送到洪湖 受灾群众倍感温暖》,中国人道网 2016 年 7 月 13 日,http://www.humanity.org.cn/2016-07/13/content_ 20943679.htm。
④ 《我省抗洪赈灾新闻大直播举行》,《湖北日报》2016 年 7 月 19 日。
⑤ 《省红十字会接受捐赠 3000 余万元》,《湖北日报》2016 年 8 月 17 日。
⑥ 《爱心企业为湖北灾区捐 300 万元药品》,《中国红十字报》2016 年 8 月 12 日。
⑦ 《全省累计接收 2016 年暴雨洪涝灾害救灾捐赠款物 41540 万元》,湖北省人民政府门户网站 2016 年 8 月 24 日,http://www.hubei.gov.cn/zhuanti/2016zt/mzkzjz/jidxw/201608/t20160824_ 888387.shtml。

三、经验总结

在这次湖北洪灾的救援行动中，中国红十字会作为人道主义组织充分发挥了政府人道救助领域的助手作用，在第一时间发起一系列紧急救援行动，各级红会积极募集钱物，调拨物资，支援灾民，尽到了人道主义组织的责任。回顾此次救助行动，有三点经验值得我们关注：

（一）行动迅速，配合得当

面对灾情，中国红十字会立即做出反应，统筹全局，总会与分会之间协调有力，配合得当。洪灾发生后不久，中国红十字会立即启动了灾难应急响应，从备灾救灾中心调拨物资进行支援，积极为灾区募集救灾款物。湖北省红十字会也迅速启动救灾应急响应，呼吁并动员社会各界积极行动起来，并全面展开救援工作。这些对湖北的抗灾与灾后重建工作的进行，都发挥着重要的作用。

（二）红会的领导和工作人员及志愿者的努力工作与奉献

中国红十字总会领导和湖北省红会领导都曾亲自到灾区看望受灾群众，进行慰问并发放救济金。因为有了广大红会工作人员和红十字会志愿者的努力与无私奉献，救援资金的募捐和物资才能迅速及时地发放到受灾群众的手里。

（三）红会的筹款方式多样化，筹资能力提高

灾害发生后，中国红十字会呼吁社会各界向受灾地区奉献爱心，捐献款物，联合其他爱心慈善组织与电视台合作筹集善款，并通过银行转账、邮局转账、现场捐赠、支付宝付款、网络微公益等多种方式进行募捐。此外，全国各地企业也慷慨解囊，捐款捐物。这些都为湖北的洪灾救助与灾后重建提供了物质帮助。多种捐款方式为社会各界奉献爱心救助湖北灾情提供了多种渠道，大力增强了红十字会的筹款能力。

中国红十字会在此次救援行动中表现出来的积极性和责任感充分诠释了红十字的人道、博爱和奉献精神，说明红十字会已日渐恢复其公信力与社会影响。但是，要想达到"郭美美事件"之前的影响力与地位仍需继续努力。

（作者单位：苏州大学社会学院）

天灾无情人有情

——盐城"6·23"风雹灾害中的红十字救援

刘思瀚　池子华

2016 年 6 日 23 日，盐城地区遭遇龙卷风、冰雹天气，造成大量人员伤亡，当地房屋损毁严重。中国红十字会系统在灾害发生后积极行动，展开了一系列救援行动，保障了灾区人民的生命与财产安全。本文拟简单梳理红会此次救援行动，并以此次救援行动为例，简要分析红十字系统与互联网公益平台合作的前景。

一、龙卷风成因及其破坏情况

2016 年 6 月 23 日下午 2 时 30 分左右，江苏省盐城市阜宁县、射阳县部分地区突然出现强对流天气，局部地区更是遭受龙卷风、冰雹袭击。为何盐城地区会突然出现如此猛烈的极端天气？江苏省气象台首席预报员韩桂荣认为，由于盐城地处黄淮区域，"温度高，湿度大，对流潜势好。……存在强的风切变，在地面有强的风向风速辐合触发下，就产生了龙卷风"[1]。事实上，盐城地区曾遭受过多次龙卷风灾害的侵袭。早在 2005 年，盐城市就曾遭遇过龙卷风的袭击，龙卷风"倒毁房屋共 4000 多间，被夷为平地的有 500 多户，直接经济损失达 1.5 亿元"[2]。2007 年，盐城再次遭遇龙卷风灾情，损失惨重[3]。不过，与往次遭遇的龙卷风相比，"6·23"龙卷风威力更为巨大。在局部地区，如阜宁县新沟镇等地的瞬时风速曾一度达到 34.6m/s（12 级）[4]，而根据事后勘测，

---

① 《盐城 50 年罕见强龙卷风致 78 人死亡》，《北京青年报》2016 年 6 月 24 日。
② 《盐城龙卷风"卷走"1.5 亿》，《江南时报》2005 年 4 月 22 日。
③ 《三分钟，"龙卷风"盐城逞威》，《人民日报》2007 年 7 月 5 日。
④ 《罕见龙卷风袭江苏盐城，伤亡重大》，《新民晚报》2016 年 6 月 24 日。

专家认定，此次袭击盐城的龙卷风强度"超过 EF–3 级，或可达 EF–4 级"①，最大风速达到 17 级以上。而盐城地区"遭受同等强度的龙卷风，还在 50 年前的 1966 年 3 月 3 日"②。

如此威力巨大的龙卷风对当地造成了严重的破坏。据媒体统计，截至当晚 9 时 30 分，当地居民便已"因灾死亡 78 人，因灾受伤近 500 人"③。房屋的损毁状况更加不容乐观，仅阜宁县地区就有 8004 户 28104 间房屋被损毁，2 所小学房屋、8 幢厂房也遭受了不同程度的破坏。阜宁县农业用地的损坏情况更为严重，近 4.8 万亩大棚在此次风雹灾害中受损④。除了人员伤亡与房屋损毁，此次龙卷风还对当地的基建设施造成了严重的破坏。电力系统方面，据江苏省电力系统统计，共有 74 条输电线路受到此次风雹灾害的影响，造成 1911 个台区停电，13.5 万户客户停电⑤。由于电力系统受损，盐城市阜宁、射阳部分的通讯基站受到影响，直至灾后 10 个小时过去，当地才得以恢复通信。交通方面，阜宁县境内的省道 231 陈良段、省道 348 新沟到东沟段、省道 328 陈集段、省道 329 金沙湖段都被龙卷风破坏，一度处于中断状态⑥。此外，阜宁县地区的供水系统也在风雹中遭到严重破坏，日供水能力 10 万吨的阜宁城东水厂和日供水 5 万吨的阜宁地面水厂中的部分设备受损，无法照常为阜宁县城及陈良镇等 9 个镇区供应自来水⑦。

据当地政府统计，此次风雹灾害共造成 99 人死亡、846 人受伤⑧，对当地居民的人身安全与正常生活造成了毁灭性的打击。至于此次风雹灾害造成的经济损失，仅公路交通方面，便"给江苏省公路带来直接经济损失约 2600 万元"⑨。而此次风雹灾害所导致的总体经济损失，更是难以计算。

---

① 《气象部门确认　阜宁发生龙卷风　最大风速 17 级以上》，《扬子晚报》2016 年 6 月 26 日。

② 《专家分析龙卷风成因》，《姑苏晚报》2016 年 6 月 24 日。

③ 《众志成城的生命大救援　我市遭受龙卷风冰雹特别重大灾害》，《盐阜大众报》2016 年 6 月 24 日。

④ 《盐城风雹灾害致 98 死　损毁房屋 8619 户》，《南方都市报》2016 年 6 月 25 日。

⑤ 《受灾停电居民用户　全部恢复供电》，《扬子晚报》2016 年 6 月 29 日。

⑥ 以上内容参见《一级响应！重型地震救援队已出动》，《扬子晚报》2016 年 6 月 24 日。

⑦ 《全力保障灾区群众生产生活》，《盐阜大众报》2016 年 6 月 28 日。

⑧ 《中央向江苏紧急拨付救灾资金 1.6 亿》，《扬子晚报》2016 年 6 月 26 日。

⑨ 《给江苏省公路带来直接经济损失约 2600 万元》，《法制晚报》2016 年 6 月 25 日。

二、红十字系统的救援工作

面对突如其来的重大灾情，党和政府高度重视，冷静应对。时在乌兹别克斯坦访问的国家主席习近平在灾情发生后，立即就救灾活动做出重要指示："要求国务院派工作组前往指导抢险救灾，代表党中央、国务院慰问受灾群众。要求全力组织抢救受伤人员，最大限度减少人员伤亡，并做好遇难人员善后和受灾群众安置工作。"国务院总理李克强批示："要求全力做好人员搜寻和伤员救治，抓紧核实受灾情况，尽快帮助受灾群众恢复正常生产生活。民政部要牵头成立国务院工作组，立即赶赴现场指导救灾。"[1] 根据习近平总书记与李克强总理的指示，国家减灾委和民政部启动了国家三级救灾应急响应，中央财政于6月25日向江苏省紧急拨付救灾资金1.6亿元，用于支持遭受龙卷风、冰雹等严重自然灾害的地区做好抗灾救灾及保生产等相关工作[2]。江苏省委书记罗志军则迅速做出指示，启动省级一级救灾应急响应，要求各单位全力抢救伤员，妥善处置好死亡人员善后，最大限度减少人员伤亡，并与省长石泰峰赶赴受灾现场，察看灾情，看望伤员，组织指挥抢险救灾[3]。

在重大灾情面前，红十字会系统积极响应党和政府的号召。陈竺会长指出，"红十字会要按照习近平总书记、李克强总理的重要指示精神，全力以赴做好人道救援，将抢救生命放在首位，要积极配合政府有关部门做好受灾群众的安置工作，根据实际需求努力提供帮助"[4]。以下从"筹款集物"与"现场救援"两方面就红十字会系统对此次盐城风雹灾害的救援行动进行简要梳理。

（一）筹集款项

此次盐城风雹灾害发生后，红十字会系统快速响应，从总会到地方分会，都全力投入救援灾区的行动中。而救援行动的第一步，便是为救灾行动募助相应的救援经费与物资。灾情发生当日，中国红十字总会便

---

① 《习近平对江苏盐城龙卷风冰雹特别重大灾害作出重要指示》，《人民日报》2016年6月24日。

② 《中央向江苏紧急拨付救灾资金1.6亿》，《人民日报》2016年6月24日。

③ 以上参见《习近平对盐城龙卷风冰雹特别重大灾害作出重要指示》，《扬子晚报》2016年6月24日。

④ 《陈竺率救灾工作组慰问盐城受灾群众》，《中国红十字报》2016年6月28日。

连夜调拨帐篷、家庭包、夹克衫等救灾物资。其中，"从上海援外物资站调拨 500 顶单帐篷，从杭州被灾救援中心调拨 1000 个衣恋家庭包、3000 件夹克衫"①。这批物资于 24 日清晨便已运达灾区，逐步向受灾群众发放。此次救灾所需的紧急救助金的筹备工作也同时展开，灾情发生后的次日，总会便已下拨首批 30 万元紧急备用金，用于阜宁灾区救灾工作。

中国红十字基金会也于此次风雹灾害发生后第一时间启动紧急响应机制，通过江苏省红十字会向阜宁灾区提供了 50 万元人道援助资金，"其中 40 万元由赈灾工作组在灾区组织购置赈济家庭箱发放给受灾家庭"②。这批赈济家庭箱中主要包含夏凉被、大米、大豆油、厨卫用品、照明设备等 20 余种物品，基本能够满足一户家庭灾后应急阶段对于卫生、食品、生活等方面的需求。50 万元人道援助资金中的剩余 10 万元则委托江苏省红十字会代为采购灾区最急需物资进行发放。"天使之旅——盐城行动"也于灾害发生当晚立项，红基会"还同时开通互联网全平台赈济家庭箱募款渠道，联合腾讯微公益、新浪微公益、支付宝、轻松筹定向募集'赈济家庭箱'社会资源，积极动员和吸纳社会资源力量援爱盐城"③。截至 24 日下午 5 时，通过上述众筹平台收纳的捐款共计 130.75 万元，"天使之旅——盐城行动"所获捐赠款物总计价值 180.99 万。贝因美公司作为中国红十字会博爱基金、中国红十字基金会幸福天使基金联合爱心企业，也及时通过江苏省红十字会向盐城市阜宁县、射阳县受灾地区捐赠 300 万款物。其中，由博爱基金捐赠 100 万元现金，用于灾后房屋重建；由幸福天使基金捐赠价值 200 万元的婴童食品，用于灾区群众生活。

江苏省红十字会也及时展开了针对此次风雹灾害的救援行动，于灾害发生后当晚，从盐城市红十字会备灾救灾仓库紧急调拨了 59 顶帐篷发往灾区阜宁、射阳灾区④，并从上海、浙江调拨帐篷、家庭包（含基本生活用品）、夹克衫发往灾区，同时于官方网站、各大报刊公布各类捐款方式。南京医科大学附属眼科医院、江苏奥赛康药业股份有限公司、南京海辰药业股份有限公司等爱心企业也通过江苏省红十字会向灾

---

① 《红十字系统支援江苏盐城灾区》，《中国红十字报》2016 年 6 月 28 日。
② 《红十字系统支援江苏盐城灾区》，《中国红十字报》2016 年 6 月 28 日。
③ 《益讯》，《红》2016 年第 3 期。
④ 《一级响应！重型地震救援队已出动》，《扬子晚报》2016 年 6 月 24 日。

区捐赠款物①。

作为灾害发生地的红十字会，盐城市红十字会在得知灾情后，紧急调运40顶救灾帐篷，送到金沙湖旅游度假区等灾区②。阜宁县红十字会也调来面包、饮用水、急救包、帐篷等应急物资，为救援行动提供保障。24日，阜宁县红会还组织志愿者给县人民医院的伤员及家属免费送去500份早餐，组织志愿者到阜宁献血点献血表达爱心。此外，盐城市其他区县红十字会也全力援助受灾地区，开展了各类活动，为此次救援行动募集款物。如盐都区红十字会于6月25日举行"祈福·阜宁射阳"露天慈善义演，为灾区群众筹集了34310.2元善款③；建湖县红十字会也于同日组织了"点亮希望，祈福阜宁"街头募捐活动，活动当天共募集爱心捐款20047.1元④；大丰区汽摩运动协会红十字会则于23日晚，在其会员中开展募集物资活动，"现场募集价值3.5万元的蚊香、花露水、扇子、T恤、拖鞋、电饭煲、电风扇、插线板、手电筒等生活物资"⑤。截止到6月27日12时，盐城市红十字会便已收到捐款228.77万元。

江苏省内其他城市的红十字会在得知盐城地区的灾情后，纷纷伸出援手。南京市红十字会第一时间向盐城灾区提供了20万元人道救助款，无锡市红十字会也向灾区提供20万元人道救助款，同样提供20万元人道救助款的还有扬州市红十字会。徐州市、常州市、苏州市、南通市、宿迁市等地红十字会也及时向受灾地区红十字会提供紧急人道救助款⑥。截至6月28日17时，这一数额已上升至463.85万元⑦。据江苏省审计局的统计，在此次"6·23"风灾中，江苏省红十字会系统总计向盐城拨付了3401.5万元的款物⑧。

江苏省外的各省市红十字会也纷纷行动起来，为盐城灾区捐款献物。24日上午10时，新疆红十字会召开执委会，决定通过江苏省红十

观察思考

---

① 《红十字系统支援江苏盐城灾区》，《中国红十字报》2016年6月28日。

② 《众志成城的生命大救援》，《盐阜大众报》2016年6月24日。

③ 盐都区红十字会网站：《盐城："祈福·阜宁射阳"露天慈善义演 现场募集赈灾善款逾3万》，2016年6月26日。

④ 盐城市红十字会网站：《建湖县红十字会、建湖县同城爱心接力网联合开展"点亮希望，祈福阜宁"街头募捐活动》，2016年7月13日。

⑤ 盐城市红十字会网站：《大丰区红十字会蓝天应急救援队驰援射阳灾区》，2016年6月30日。

⑥ 《红十字系统支援江苏盐城灾区》，《中国红十字报》2016年6月28日。

⑦ 《盐城6·23特大灾害 已接受捐赠2.5亿元》，《扬子晚报》2016年6月29日。

⑧ 《江苏红会系统3401.5万元款物拨付盐城》，《中国红十字报》2016年9月9日。

字会向受灾地区提供紧急人道救助款人民币 10 万元。重庆市红十字会向江苏省红十字会捐赠人民币 10 万元，用于资助受灾地区红十字会抗灾救灾。贵州省红十字会则向江苏省红十字会发出慰问电，并向盐城灾区汇出 10 万元人道救助款。湖北省红十字会则为受灾地区准备了 1000 个家庭包，于 25 日晚送抵灾区。

（二）现场救援

由上文的论述可见，红十字系统上下一心，为此次风雹灾害的救援提供了有力的资金与物资支持。当然，这并非意味着红十字会的救援行动仅止于此。事实上，红十字各级单位派出的救援队伍，在此次盐城风雹灾害的现场救援中发挥了重要的作用。

灾害发生当晚，中国红十字总会与中国红十字基金会便派出救灾工作组连夜赶往盐城灾区。总会领导人也于次日赶往灾区，慰问受灾群众，指挥救援行动。6 月 24 日下午，全国人大常委会副委员长、中国红十字会会长陈竺抵达江苏盐城灾区，看望慰问受灾群众。随同陈竺会长一同抵达灾区的还有由全国首家红十字会医院复旦大学附属华山医院选派的中国红十字会医疗专家组，其成员包括普外科、骨科、神经外科及感染科的专家。各位专家先后前往分盐城市三院、盐城市中医院、城南医院、盐城市一院，挨个查看阜宁、射阳灾区受伤住院灾民，为重症病人集体会诊，分析伤情，提出治疗方案，并提供医疗技术支持[1]。

在此之前，江苏省红十字已在灾害发生当天调遣江苏省红十字会赈济救援队、盐城市红十字会应急救援队前往灾区协助救灾，救援队抵达灾区后连夜搭建临时帐篷，以供受灾群众应急使用[2]。阜宁县红十字会还组织当地红十字志愿者为受灾群众发放面包、饮用水、急救包、帐篷等物资，同时赶往当地县医院对伤员开展心理安抚等，并组织志愿者前往阜宁献血中心协助开展献血工作。同属盐城市的大丰区也于 25 日清晨派出大丰红十字会蓝天应急救援队、小水滴志愿服务队 42 名志愿者，带着此前募集的物资驱车赶赴射阳县陈洋镇灾区[3]；东台市也组织了人道关爱和心理咨询志愿者，前往当地医院看望受灾群众，并对病人及其

---

① 盐城市红十字会网站：《中国红十字（华山）医疗救援队专家组来盐指导救治危重伤员》，2016 年 7 月 1 日。

② 《红十字系统支援江苏盐城灾区》，《中国红十字报》2016 年 6 月 28 日。

③ 盐城市红十字会网站：《大丰区红十字会蓝天应急救援队驰援射阳灾区》，2016 年 6 月 30 日。

《红十字运动研究》2017 年卷

280

家属进行了心理疏导①。同省的其他兄弟城市也纷纷派出救援队，赶赴灾区参与救援行动。无锡市接到江苏省红十字会的指示后，于6月24日派出无锡市红十字应急救援队紧急赶赴灾区开展现场救援，参与搭建帐篷、安置灾民等救灾工作，无锡市心理救援队随后也赶赴灾区，开展灾后的心理干预工作②。常州市红十字会派出蓝天救援队，前往"龙卷风核心区域北陈村、陈运村，进行排查房屋倒塌情况，查看是否有村民被掩埋在废墟下"③，部分队员还帮助村民搬运掩埋在废墟里的粮食。

上海市红十字会也抽调救援力量，赶赴盐城灾区，帮助江苏省红十字会的赈济救援队开展救援工作。6月24日下午，上海市红十字应急救援队动身赶赴盐城灾区，次日到达"受灾最严重的阜宁板湖镇戚桥村"④，协助已经展开救援工作的各支救援队搭建帐篷，发放家庭应急救助包。26日，上海应急救援队又赶赴大楼村、南谢庄及戚桥村，对当地的灾情进行评估，预估了灾民的物资需求，为下一阶段应急生活箱的统筹分配做好了基础工作。值得一提的是，这是"上海市红十字应急救援队第一次参与外省市的灾害救援"⑤。

总体而言，在此次盐城"6·23"风雹灾害的救援过程中，红十字系统的各支救援队，及时赶赴灾区一线，第一时间采取措施，确保受灾群众的生命安全，为灾后的重建工作奠定了基础。

三、互联网公益与红十字

此次红十字会系统对盐城"6·23"风雹灾害的救援工作，在筹集款物与现场救援方面效果十分显著。可以说，红十字会系统在经历多次重大灾害救援之后，已经形成了一套行之有效、较为完善的应急救援工作体系。而通过此次红十字系统的救援工作，笔者发现这套体系中出现了一位新"参与者"——互联网公益平台。事实上，红十字会与互联网

---

① 盐城市红十字会网站：《东台市红十字志愿者慰问"6·23"风雹灾害受伤群众》，2016年6月30日。

② 无锡市红十字会网站：《无锡红会启动异地灾害救援响应机制》，2016年6月27日。

③ 常州市红十字会网站：《常州蓝天救援队把"蓝天精神"进行到底》，2016年6月28日。

④ 上海市红十字会网站：《上海市红十字应急救援队赶赴江苏盐城灾区参与救援》，2016年6月25日。

⑤ 上海市红十字会网站：《上海市红十字应急救援队赴盐城阜宁龙卷风灾区参与救援纪实》，2016年7月4日。

公益平台的合作频率在今年明显提高，《中国红十字报》也曾多次报道总会、地方分会参与的互联网公益项目。从这些报道来看，互联网公益平台的加入的确提高了红十字会公益项目的参与度，成果颇丰。下面以此次救援工作为例进行分析。灾害发生后，红基会在腾讯微公益、新浪微公益、支付宝、轻松筹等平台开通了定向募集"赈济家庭箱"的项目，短短一昼夜，就筹得 130.75 万元①，效率十分惊人，足见互联网公益与红十字会合作的"威力"。笔者认为，互联网公益的便捷性与直观性，的确对传统慈善有强烈的冲击力，而互联网公益能够成功的一个重要原因，在于人们支付习惯发生了转变。我们仅仅只需要在手机上进行简单的操作，通过互联网支付方式，就可以很快完成捐款。这种付款方式，摆脱了传统支付方式所受的时间与空间的限制，使爱心人士献爱心不必再大费周折。此外，互联网支付方式在保护捐款人隐私方面也有一定的优势。总而言之，与互联网公益合作，的确能扩大红十字会各项活动的参与度。

不过，与互联网公益组织的合作，对红十字会而言既是机遇，无疑也是挑战。如何使红十字会各项慈善项目从互联网公益平台上的众多项目中脱颖而出，成为受人信赖的公益品牌，这是新形势下红十字人不得不思考的问题。针对这一问题，笔者有两条建议，以供参考。其一，红会在设立互联网项目时，需要强化用户的线上体验。具体而言，应当力求在互联网公益平台上尽可能多的展现该项目的相关信息，包括项目承办方、项目负责人、项目目标、项目计划等，并及时在互联网公益平台上更新项目的进展情况，以展现红十字会在人道救援方面的专业素养。在这一方面，红十字基金会做得较为到位，其发起的"天使之旅"系列项目，基本都做到了在其官方网站及时更新项目进展。但是，在与其合作的互联网公益平台上，情况就有所不同。首先要承认的是，受限于互联网公益平台自身的限制，有些项目的具体信息的确不能得到充分的展示。但更多情况下，相关工作人员没有及时跟进可能是导致项目信息没有得到充分展示的主要原因。此次红基会在新浪微公益平台成立的"赈济家庭箱驰援阜宁风灾"项目，项目的进展信息只更新到了 6 月 26 日，而且没有经费的使用明细，也没有明确的信息表明此项目完成与否。而根据该项目页面显示，其总筹款金额仅有 8057 元，这一现象值得我们深思。其二，应当大力拓宽互联网公益项目的传播途径。从此次红十字

① 《红十字系统支援江苏盐城灾区》，《中国红十字报》2016 年 6 月 28 日。

基金会设立的"天使之旅——盐城行动"来看，在红十字基金会官网上，该项目的链接直接指向了新浪微公益平台，而并没有提供腾讯微公益、支付宝、轻松筹等平台的筹款页面。中国红十字基金会的官方微博、微信公众号也没有提供其他平台的进入方式，让人感觉十分不便。如果不尽最大可能为大众提供便捷的捐款途径，我们又怎么能期待筹款人数与筹款数额有所突破呢？以上仅为笔者的两条建议，意在能为红十字会走向互联网时代提供一点小小的帮助。希望有朝一日，红十字会系统能在与互联网公益平台合作的过程中，摸索出一套与灾害救援行动同样行之有效的工作体系，提高红十字会募捐的效率，展现红十字会在人道救援方面的专业素质，从而进一步提升红十字会的公信力。

（作者单位：苏州大学社会学院）

红十字会救援斯里兰卡
"5·17" 洪灾述略

赵 婕

斯里兰卡民主社会主义共和国于北京时间 2016 年 5 月 17 日爆发洪灾，造成重大人员伤亡与财产损失。洪灾暴发后，斯里兰卡政府迅速开展自救，国际社会纷纷伸出援手，为斯里兰卡提供人道主义援助。中国政府对此深表同情与关切，中国红十字会也积极开展救援工作。本文拟就红十字会的灾区救援工作略作考察。

一

斯里兰卡民主社会主义共和国，简称斯里兰卡，位于亚洲南部，是南亚次大陆南端印度洋上的一个岛国，风景秀丽，被誉为"太平洋上的珍珠"与"宝石之国"，面积约 6.58 万平方公里，人口约 2064 万。斯里兰卡地处热带，终年如夏，属热带海洋性气候，无四季之分，只有雨季和旱季的差别，雨季为每年 5 月至 8 月和 11 月至次年 2 月，即西南季风和东北季风经过斯里兰卡的时期。斯里兰卡以种植园经济为主，工业基础薄弱，以农产品和服装加工业为主。

受孟加拉湾低压气流影响，强风和暴雨等极端天气从 5 月 14 日开始波及整个斯里兰卡，导致多地发生洪灾和山体滑坡。17 日，斯里兰卡距首都科伦坡 70 公里的凯加拉地区山体滑坡，造成 8 人死亡，8 人失踪，数千人被迫撤离。斯里兰卡暴雨还引发大规模泥石流，导致数百人被埋。18 日，斯里兰卡灾难管理中心公布的最新统计数据显示，洪灾及山体滑坡已造成 37 人死亡、14 万人无家可归，受灾人数逾 35 万[1]。斯里

---

[1] 中化新网:《斯里兰卡洪灾已致 37 人死亡　受灾人数逾 35 万》，2016 年 5 月 19 日，http://www.ccin.com.cn/ccin/news/2016/05/19/335792.shtml。

兰卡全国学校停课，大量工厂停工，多地公共交通陷入瘫痪。25 日，斯里兰卡财政部长拉维·卡鲁纳纳亚克发言称，洪灾及山体滑坡已导致至少 101 人死亡，10 多万所房屋受损，20 多万人无家可归，约 62 万人受灾。大量房屋、农田被淹，众多产业被迫停滞，据初步估算，灾害将造成 15 亿至 20 亿美元的经济损失①。针对灾情的蔓延，斯里兰卡迅速开展灾民安置工作，政府也为灾区拨款 100 亿卢比，用于安置房屋被毁的灾民。

二

斯里兰卡洪灾在国际社会引起广泛的关注，包括中国在内的许多国家向斯里兰卡伸出援手。斯里兰卡红十字会、红十字会与红新月会国际联合会及多个国家红十字会赶赴灾区，开展紧急救援工作。

（一）斯里兰卡红十字会开展紧急救援

在洪灾发生后，斯里兰卡红十字会迅速开展紧急救援。

1. 组织救援队，实施搜救行动

灾害发生后，斯里兰卡红十字会立即组织救援队伍开展搜索与援救工作。他们紧急部署，协助军方一同搜索在洪灾和山体滑坡中失踪的人员，同时协助受灾群众撤离。除了将被困群众营救出来，斯里兰卡红十字会亦十分注重他们的健康问题。由于洪灾的发生会导致登革热、腹泻和发烧等疾病的传播，斯红会提醒广大灾民若有不适的症状，比如突然高烧、头痛、关节和肌肉疼痛、恶心想吐或严重的腹部或直肠疼痛，须立即求医。此外，红十字会的志愿者们也奔走在各大灾区，救助被困灾民，护送其至安全地带。斯里兰卡红十字会各分会亦派遣救援人员，积极开展援救工作，疏散灾民，并协助相关部门疏通因灾难被阻塞的道路。

2. 搭建临时营地，提供医疗及各种救援物资

将受灾群众撤离险地后，斯里兰卡红十字会便挑选安全适宜的地址为灾民搭建临时营地，并提供急救、食品与非食品救援物资以及心理治疗服务，同时负责营地的管理。据报道，在 5 月 18 日至 23 日期间，斯

观察思考

---

① 新华网：《斯里兰卡洪灾及山体滑坡造成 100 多人死亡》，2016 年 5 月 26 日，http://news. xinhuanet. com/2016-05/26/c_ 1118934751. htm。

红会建立了 80 多个急救与医疗诊所，为灾民提供必要的医疗服务①。除了管理自身为灾民搭建的临时营地外，斯红会也负责管理政府搭建的临时营地，努力满足灾民的需求。红十字会的志愿者也都积极协助红会工作人员在临时营地开展食品援助（如大米、木豆、糖、奶粉、婴儿配方奶粉）和非食品援助（如服装、毛毯、水壶、卫生用品），以及其他服务（急救、搜救、医疗）。此外，斯红会也积极开办募捐活动，并将募集的物资运往受灾严重的地区，为灾民提供基本的生活保障，同时开展卫生宣传活动，以提高灾民的卫生意识。

3. 进行灾害评估，确定受灾群众的迫切需求

灾害发生后，斯里兰卡红十字会的工作人员及志愿者在疏散灾民后，对受灾严重的地区进行了灾害评估，评估因洪灾导致的损失以及确定受灾群众的迫切需求。为了得到准确的评估结果，斯红会的志愿者们深入受灾最严重的 5 个地区，察看安置受灾群众的福利营地和居住的房屋，并和灾民进行沟通与交流，了解他们的迫切需求以及长期需求，这有助于红会制定最适宜的救助行动。

（二）各国红十字会积极行动施以援手

斯里兰卡洪灾发生后，各国红十字会纷纷伸出援手，帮助其渡过困境。

国际红十字会与红新月会联合会发起募捐活动，想要筹集 300 多万瑞士法郎，帮助斯里兰卡的受灾群众走出灾难的阴影，重建家园②。它还与斯里兰卡红十字会合作推出了价值 36 万美元的建屋项目，打算为受灾群众建设 200 所房屋③。中国红十字会捐赠 5 万美元给斯里兰卡红十字会。新加坡红十字会捐助 15 万美元支援斯里兰卡救灾工作。土耳其红新月会运送一批帐篷、毯子和太阳能灯等救援物资给斯里兰卡红十字会，之后斯红会又将其捐赠给灾害管理部门。酋长国红新月会派遣了一些代表至斯里兰卡，协助当地洪灾救援行动④。

---

① 斯里兰卡红十字会官网：《红十字会为受洪水与山体滑坡影响的灾民提供急救与援助》，2016 年 5 月 18 日，http://www.redcross.lk/main-news。

② 斯里兰卡红十字会官网：《红十字会将继续支援灾区，同时国际社会也给与支援》，2016 年 5 月 25 日，http://www.redcross.lk/main-news。

③ 斯里兰卡红十字会官网：《被遗忘的灾难——凯格勒山体滑坡，1000 多人受到影响》，2016 年 5 月 26 日，http://www.redcross.lk/main-news。

④ 斯里兰卡红十字会官网：《红十字会将继续支援灾区，同时国际社会也给与支援》，2016 年 5 月 25 日，http://www.redcross.lk/main-news。

三

斯里兰卡洪灾的暴发，牵动各国人民的心。5 月 26 日，习近平主席就斯里兰卡洪灾和山体滑坡向斯总统西里塞纳致慰问电，对洪灾和山体滑坡中的遇难者表示哀悼，向受灾民众表示深切慰问。习近平表示，中国政府愿全力支持斯里兰卡政府开展救灾工作，中方有关部门将同斯方密切配合，在现有工作基础上，根据斯方需求，继续为斯里兰卡救灾和灾后恢复及重建提供力所能及的帮助①。李克强总理也在第一时间致电斯里兰卡维克拉马辛哈总理，表示慰问。在此阶段，我国南方地区也遭受洪灾侵袭，对于斯里兰卡的洪灾，我国人民感同身受，记挂于心。洪灾爆发后，中国红十字会亦积极响应号召，派遣国际救援队，运送救灾物资，迅速而有序地开展赈灾救援行动，弘扬人道主义精神。

（一）捐赠救灾物资

灾害发生后，中国政府、红十字会及在斯中国企业、华人华侨第一时间通过不同渠道对斯里兰卡进行善款和物资捐赠。为帮助斯里兰卡抗洪救灾，中国政府向斯里兰卡提供 150 万美元的现汇援助，用于支持斯救灾和灾后重建。之后又向斯提供第二批洪灾紧急人道主义援助，提供价值 1500 万元人民币的帐篷、折叠床等救灾物资，并包机运至斯里兰卡，以应灾区急需。中国红十字会向斯里兰卡红十字会提供了 5 万美元紧急人道援助。同时，在斯的中资企业、华侨华人也通过捐款等方式积极帮助灾区民众②。斯洪灾发生后，中国政府及时启动对外人道主义紧急援助部际工作机制，商务部、外交部、财政部、民政部以及民航局等部门通力协作，组织筹措救灾物资、安排物资运输相关事宜。在物资运抵后，中方将协助斯里兰卡政府做好接收工作。

（二）派遣国际救援队，积极投身救援工作

中国政府在向斯里兰卡提供 150 万美元现汇援助以及价值 1500 万元人民币救灾物资的基础上，委派中国红十字国际救援队赴斯参与抗洪救

观察思考

---

① 中华人民共和国外交部官网：《习近平就斯里兰卡洪灾和山体滑坡向斯里兰卡总统西里塞纳致慰问电》，2016 年 5 月 26 日，http：//www.fmprc.gov.cn/web/zyxw/t1366911.shtml。

② 中国政府网：《中国政府援助斯里兰卡洪灾救援物资运抵科伦坡》，2016 年 5 月 31 日，http：//www.gov.cn/xinwen/2016-05-31/content_5078465.htm。

灾，协助当地对救灾物资进行分发、安装和培训。这是今年 5 月以来，中国红十字国际救援队第二次受政府委派前往境外执行救援任务。中国红十字国际救援队 8 名队员于 5 月 30 日晚从北京启程，赴斯里兰卡洪灾和山体滑坡灾区开展人道救援①。赴斯期间，中国红十字国际救援队主要开展安置点规划建设、帐篷分发与搭建、培训等工作。

1. 协助救援物资的运送与安置

中国红十字国际救援队经过夜间 7 个多小时行程，于斯里兰卡当地时间 5 月 31 日 7 时抵达斯首都科伦坡，他们将协助斯里兰卡政府及军方运送和安置救灾物资。中国驻斯里兰卡大使馆、斯里兰卡政府于 14 时在科伦坡班达奈克机场停机坪举行了中国政府援助斯里兰卡救灾物资交接仪式，中国驻斯大使与斯灾难管理部长共同签署了救援物资交接证书，救灾物资正式由斯方接管。在救援期间，救援队积极协助斯空军及相关部门运送救灾物资至 4 个洪涝及山体滑坡重灾区，并帮助当地对救灾物资进行分发与安置，让灾民早日从灾难中恢复，重建家园。

2. 选取适宜的灾民安置点，搭建帐篷

中国红十字国际救援队队员深入斯里兰卡洪水及山体滑坡重灾区，在生活不便、山路湿滑、蚊虫叮咬的艰苦条件下开展紧张的救援工作。抵达灾区后，中国红十字国际救援队与斯里兰卡政府、军方以及我国驻斯大使召开救援工作协调会议，商榷援助斯方临时安置点的选址以及物资分配的方案。在选取适宜的灾民安置点后，救援队指导、培训军方及当地人员共同规划建设安置点，并协助完成帐篷的搭建工作。据斯军方的反馈消息，斯灾民对我国政府提供及搭建的帐篷表示非常满意，认为帐篷高大好看，轻便易移动，适合受灾家庭使用②。随着斯方安置点区域的逐步扩大，救援队员也根据灾区实际情况，协助做好安置点规划和指导工作，并及时调整救援队分组安排，提高搭建效率。

3. 培训军方人员、灾民及志愿者

中国红十字国际救援队在救灾期间对斯里兰卡军方人员、灾民及志愿者进行了培训。在建设安置点时，救援队让灾区民众也参与安置点的搭建，以提高灾民的自救和恢复能力。他们向斯官兵、预备役人员、灾

---

① 《中国红十字国际救援队赴斯里兰卡开展人道救援》，《中国红十字报》2016 年 5 月 31 日。

② 《热带岛国搭帐篷——中国红十字救援队斯里兰卡洪灾救援行动纪实》，《中国红十字报》2016 年 6 月 7 日。

民示范帐篷的搭建方法，介绍我国援助的帐篷的构造和功能，以及搭建注意事项①。经过几天的培训指导，斯官兵和灾民能够较为熟练地搭建帐篷，大部分人员掌握了帐篷搭建的步骤和方法，并对挖掘排水沟等功能区规划有了初步的认识。一些青少年也参与了帐篷搭建工作，并能够按照培训时教授的绳索打扣技术对帐篷进行固定。斯军方和当地灾民熟练掌握帐篷搭建技术后，大大推进了救援进度。同时，救援队还招募、培训了一批红十字志愿者，让他们充当翻译，负责队员们与当地灾民沟通时的翻译工作，同时向他们传授安置点搭建知识以及灾害来临时的自救常识，使其更好地协助救援工作。

4. 回访灾民安置点，满足灾民需求

救援队还对安置点进行了回访，查看了安置点折叠床的配发和受灾民众的入住情况，对个别安置点帐篷搭建及使用方面存在的问题进行了纠正。救援队与斯方就安置点排水、用电、用水、大众卫生、防火等事宜也进行了沟通，提出意见与建议。回访灾民安置点，可以让救援队根据当时灾民的实际情况及时对救援工作进行调整和改进，以便更好地满足灾民的需求。

四

斯里兰卡洪灾发生后，中国红十字会在政府的号召与协助下积极开展救援行动，募集物资，派遣国际救援队，帮助灾区人民度过艰难时刻，充分发挥了政府人道领域助手的作用。纵观此次救援活动，以下几点值得关注：

（一）办事高效，按期完成任务

受中国政府委派，中国红十字国际救援队于5月31日至6月8日在斯里兰卡洪灾地区执行救援任务。在为期9天的紧张工作中，救援队共协助完成安置点建设16个，搭建帐篷446顶，发放折叠床1338张，培训斯军方官兵292人，受灾民众279人，圆满地完成了救援任务②。虽然国际救援队只有8名队员，但他们在短短的9天内达成了预定目标，可见队员们办事效率高，严格按计划行事，在指定时间内出色地完成了任务。

---

① 《"狮子国"遇灾 "兄弟连"上阵——中国红十字国际救援队与斯里兰卡军方携手抗洪救灾掠影》，《中国红十字报》2016年6月10日。

② 《中国红十字国际救援队回国》，《中国红十字报》2016年6月14日。

（二）不畏艰难，积极参与救援

斯里兰卡天气恶劣，常常是暴雨与酷暑交替，还有很多蚂蟥、蚊子等雨林昆虫和野生动物。受洪灾与山体滑坡的影响，交通也严重受阻。加之斯里兰卡同时使用英语、僧伽罗语、泰米尔语等3种语言，导致救援队与斯灾民进行语言沟通存在很大障碍。暴雨的侵袭、烈日的暴晒、蚊虫的叮咬、交通的不便、语言的不通……尽管遇到种种困难，救援队依然奋力开展救援行动，在9天内圆满完成斯里兰卡洪灾救援任务。

（三）注重沟通，制订符合实情的有效计划

在参与救援的过程中，国际救援队积极与当地政府、军方、红十字会以及中国驻斯大使馆进行沟通和交流，共同协商安置点选址、物资分配方案、人员培训等事宜。经过沟通，双方对一些问题达成了共识，比如临时安置点选址要与灾后重建结合起来；人员培训要多层面、多方面考虑；规划要点面结合；时间安排要以受灾民众需求为本。这些共识有助于我国救援队以及斯政府制定符合当时实际情况的高效的救援方案，同时兼顾灾民的需求。

（四）多方合作，共同致力于救援

国际救援队在救灾期间与中方驻斯大使馆、在斯的中国媒体与企业以及斯政府、军方、红十字会合作，共同致力于灾区救援。救援队在斯开展救援行动时，我国驻斯大使馆积极配合，提供便利。新华社、中国国际广播电台等驻斯里兰卡的媒体也和救援队建立了联系，共同商讨救援情况的相关报道。此外，救援队也致力于培训斯军方人员、灾民以及志愿者，与他们合作建设安置点，开展救援行动。多方共同合作，使得救援工作的开展更加顺利。

总的来说，在这次救援斯里兰卡洪灾的过程中，中国红十字会的救助工作在捐助救灾资金、派遣救援队、运送及发放救灾物资等方面都完成得很出色，充分发扬了人道主义精神。在此次的援救行动中，中国红十字国际救援队表现十分出色，得到了多方的赞誉。在承担厄瓜多尔地震救援以及斯里兰卡洪灾救援行动后，中国红十字国际救援队的救灾经验日益丰富，将有能力承担更多的国际救援行动，不断地发挥自己的力量，在实践中成长与完善。

（作者单位：苏州大学社会学院）

中国红十字会参与
厄瓜多尔地震救援述略

侯如晋

当地时间 4 月 16 日 18 时 58 分，厄瓜多尔发生 7.8 级地震，包括首都基多在内的厄瓜多尔大部分地区震感明显。此次地震是该国自 1979 年以来震级最高的一次地震①。按照美国地质勘探局说法，厄瓜多尔位于太平洋底的纳斯卡板块与南美大陆板块交界处，属地震易发地区。1900 年以来，在 16 日发生地震的区域及其附近，先前共发生 7 次 7.0 级或更高级别地震②。据厄瓜多尔方面称，自地震发生以来，死伤人数持续飙升，截至 4 月 25 日，655 人死亡，16601 人受伤，2 万多人失去家园。紧张的救援过后，震区开始进入灾后重建的漫长征程③。

厄瓜多尔自身的救援工作困难重重：一些地区塌方严重，交通中断，导致救援行动受阻；一些灾民因为缺乏器材，只能徒手挖救仍然受困的人④。因此，来自国际社会的援助对这个遭受重创的国家起了很大作用：墨西哥、玻利维亚、瑞士、西班牙、委内瑞拉、哥伦比亚、秘鲁和古巴等国均派出搜救人员到该国救灾；欧盟表示将向厄瓜多尔灾区派出人道主义救援团队，并拨款 100 万欧元用于帮助地震遇难者家属及伤员；美国国务卿克里称，愿向厄方提供必要援助；联合国派遣一支灾害评估和协调小组前往灾区；世界卫生组织也派遣了一支紧急医疗队前往灾区；联合国儿童基金会向佩德纳莱斯运送了 2 万片水净化药片，并派

---

① 《厄瓜多尔地震致 77 人死 588 人伤　全国进入紧急状态》，新华网 2016 年 4 月 17 日，http://news.163.com/16/0417/18/BKSI8SRM000156PO.html。

② 《厄瓜多尔遭受 7.8 级强震袭击　超过 70 人死亡》，新华社 2016 年 4 月 18 日，http://news.xinhuanet.com/world/2016-04-18/c_128903412.htm。

③ 《通讯：地震后，厄瓜多尔在悲痛中重拾希望与坚强》，新华社 2016 年 4 月 26 日，http://news.xinhuanet.com/world/2016-04-26/c_1118743858.htm。

④ 《厄瓜多尔强震已致 246 人遇难　房屋垮塌通讯中断》，中国新闻网 2016 年 4 月 18 日，http://news.xinhuanet.com/world/2016-04-18/c_128905550.htm。

出实地工作人员对地震对儿童造成的影响进行评估。该机构工作重点是防止疾病的传播、确保儿童不会与家人失散①。中国红十字会作为国际救援力量的一支，同样发挥了突出作用。

一、中国政府人道工作领域得力助手
——中国红十字会援厄行动

4月16日厄瓜多尔地震发生后，中国红十字会一方面受中国政府委派，抽调全国红十字系统骨干力量组成赈济救援队赴厄开展救灾工作，主要协助当地对救援物资设备进行安装、分发和培训。另一方面，其自身向厄瓜多尔红十字会提供了10万美元紧急现汇援助②。对中国红十字会而言，灾情就是命令。

中国红十字国际救援队8名队员在赴厄后至圆满完成任务回国的16天里，在湿热高温、余震不断、停电停水的艰苦条件下开展高强度的救援工作。他们与厄军方和政府相关部门密切配合，工作面覆盖埃斯梅拉达斯、马纳维两省的绝大部分重灾区，累计行驶里程超过6000公里，将中国政府的援助传递到灾区的各个角落③。据了解，灾害发生两周多，即到五一期间，这支红十字国际救援队仍在灾区坚守，他们马不停蹄往返于厄瓜多尔各个重灾区之间，不断开展救援。

根据厄方分工，此次救援行动，中国红十字国际救援队主要负责所分配安置点规划设计和志愿者、军人的培训，协调安置点帐篷搭建和卫生防疫宣传等。经过一番努力，中国红十字救援队共建设安置点12个，执行发放并搭建帐篷1447顶、折叠床2894张，培训312名军方士兵和地方志愿工作者。厄部队官兵参与安置点建设全过程，他们从中掌握了各项要点和技能，具备了指导其他安置点建设的能力④。

大众卫生宣传是此次救援的核心内容之一。救援方认为，只有让灾区群众了解怎样使用临时厕所、怎样保持个人卫生、怎样处理生活垃

---

① 《厄瓜多尔地震已致413人丧生　国际社会加紧援助》，中国新闻网2016年4月19日，http://news.163.com/16/0419/10/BL0PHTF700014JB6.html.

② 《中国红会救援队赴厄震区救灾》，《人民日报》（海外版）2016年4月28日。

③ 《中国红十字国际救援队回国》，《中国红十字报》2016年5月17日。

④ 《320名厄灾民搬入中国帐篷　夜以继日奋战6天，141顶帐篷"5·8"前夕搭建完毕》，《中国红十字报》2016年5月13日。

坂，才能让临时安置点拥有良好的卫生环境①。这对防止疫情暴发是必要的，对灾后重建工作的顺利开展也是有利的。

二、多方力量联合行动
——中国红十字会"盟友"在厄

与中国政府及中国红十字会同时向灾区伸出援手的还有中国企业、厄瓜多尔当地华人华侨、中国民间救援组织等。

中国企业方面，由于地震发生后，厄灾区所有的报警、救援、应急处置、全国救援力量的调拨和协调，都通过ECU911（国家安全指挥控制系统）平台系统处置。而中工国际是7座ECU911应急指挥中心的承建者，中国电子进出口总公司是ECU911指挥系统的设计打造者，两者无疑发挥了十分重要的作用②。

当地华人华侨则从物质与精神两方面协助救援，他们一方面踊跃捐款捐物；另一方面则给中国救援队增添精神力量。云南省红十字会备灾救灾中心志愿服务队队长杨海龙表示，尽管很多华人自身在震中损失惨重，急切地进行资产处理，但在得知中国红十字国际救援队到达时，都毫不犹豫放下手中工作，到机场迎接，让队员感觉不是离家而是"回家"③。

中国民间救援组织及个人也不断涌现，包括各种救援队和怀有一技之长的志愿者：

中国扶贫基金会人道救援队、浙江省公羊会公益救援促进会（公羊救援队）和中国明珠国际救援队（明珠救援队）等民间救援队均及时抵达厄瓜多尔进行救援④。

值得一提的是，公羊队此次的跨境救援十分专业及有担当。首先，对于救援行动，他们是专业的。他们从杭州富阳的海善堂大药房调集了七大箱多年来在抗震救灾中总结出的独门方剂——防疫护体中药包。这

---

① 《第一次在国外做大众卫生宣传——中国红十字国际救援队厄瓜多尔地震灾区救援日记（二）》，《中国红十字报》2016年5月10日。

② 《中国在厄瓜多尔震区成温暖"热词"：承建建筑坚强稳固，各方救援及时有力》，《中国红十字报》2016年4月29日。

③ 《不是离家而是"回家"——中国红十字国际救援队厄瓜多尔地震灾区救援日记（一）》，《中国红十字报》2016年5月6日。

④ 《通讯：地震后，厄瓜多尔在悲痛中重拾希望与坚强》，新华社2016年4月26日，http：//news. xinhuanet. com/world/2016-04/26/c_ 1118743858. htm。

里面有治疗皮肤病湿疹的"消风散"、预防流感的"玉屏风汤"和治泻痢的"泻黄散";调集了所有短时间内能调集到的药品和便携式医疗器械,如便携式 X 光检查仪、血糖仪、心电图仪、战时生存系统;在无数公羊会后方会员的协助、北京会员的帮助下,办妥了出境救援的所有手续,规划好了全部路线,买好了沿途的机票。其次,对于救援可能面临的风险,他们是有担当的。公羊队员在出发前都签下了"生死状":发生人身意外均由个人自己承担,同时本人及家属自愿放弃对浙江省公羊会公益救援促进会,包括此行动指挥官及同行人员的一切连带刑事、民事责任和财产赔偿①。

在对厄援助中,还有一个叫作卓明灾害信息服务中心的民间志愿组织。厄瓜多尔地震以来,中心的信息共享群短短几天内就新增 300 多位志愿者,他们源源不断地把厄瓜多尔政府、媒体的最新消息翻译成中文供中心汇总,以便相关机构和个人更有针对性地提供救援帮助②。

此外,地震中的许多个人也贡献了力量。今年 23 岁的重庆姑娘杨玉红,作为中国电建在厄北公路项目上唯一的西班牙语翻译,不知不觉成了厄瓜多尔地震灾区巴伊亚的名人。厄方与中国中建关于救援方式、范围、时间、物资支援、机械车辆保障等重要信息的确认工作都是由杨玉红来负责的③。

三、中国红十字会救援工作改进的两点方向

(一) 与众多民间组织进行大联合

即便中国红十字会、中国扶贫基金会人道救援队、公羊队等救援队联合开展震后对厄瓜多尔的救援行动,灾区仍然存在不满的声音。在厄瓜多尔马纳维省佩德纳莱斯,在一座完全倒塌的房屋旁,女主人对记者说了其对政府救援工作的不满,抱怨说家里没有人丧生,政府就不管他们了,只能在邻居的帮助下自己清理废墟;另一名灾民在得知记者的身

① 《公羊队厄瓜多尔地震实录　无国界救援彰显中国大爱》,中国新闻网 2016 年 5 月 12 日,http://news. youth. cn/jsxw/201605/t20160512_ 7989434. htm。

② 《通讯:地震后,厄瓜多尔在悲痛中重拾希望与坚强》,新华社 2016 年 4 月 26 日,http://news. xinhuanet. com/world/2016-04/26/c_ 1118743858. htm。

③ 《地震灾区的中国玫瑰——记厄瓜多尔地震灾区的中国女翻译》,新华社 2016 年 4 月 28 日,http://news. xinhuanet. com/world/2016-04/28/c_ 1118761184. htm。

份后，表达了他们知道中国应对灾难很有一套，希望中国多帮他们的愿望①。而且，厄瓜多尔国民代表大会 5 月 10 日召开大会，通过了将 4 月 16 日设为国家"声援日"的决议。今后，厄瓜多尔每年都要在 4 月 16 日这一天纪念地震遇难者，同时引导社会各界声援和关爱受灾人口，关注灾后重建②。可以看到，厄瓜多尔需要但尚未得到救援的人很多，被其政府"抛弃"的人就是其中一类。国际社会很多国家和地区有着同样的情况。面多众多的人道需求，中国红十字会单打独斗显然行不通，只能与众多公益慈善团体进行大联合，通过合作，扩大救援范围，节省救援时间，增强救援手段，减少救援阻力。

（二）增强专业性

无论是公羊队的一线救援，还是卓明灾害信息服务中心的后台服务，或是杨玉红的"连线"工作，都显示出"专业化"的重要作用。中国红十字会可以专门培训众多地震救援、水灾救援之类的专业人才，以供不时之需；也不妨尝试构建多个灾害信息平台，做救灾信息的相关理论研讨及网上课程开发工作，以便于更好应对突发灾害。此外，专业救援有时面临"远水解不了近渴"的困境，所以大众日常救护知识的普及也相当重要。观之于厄方居民在地震后的反应，如在佩德纳莱斯一体育馆外排队领取食物和水的居民说："我们可听到废墟中传出喊叫声。有一间药房里面有人受困，但我们什么都做不了。"③ 显见厄瓜多尔居民的日常救护训练十分匮乏。中国红十字会可以从中吸取教训，对本国居民进行更多直接的日常救护训练，向受灾地区派专家训练当地居民，再将救护知识普及到那些地区居民中。

总之，未来中国红十字会若要在国际国内救援中发挥越来越重要的作用，势必要做到上述两点，因为只有合作才能更好地整合人道力量，只有专业化才能"精准"应对人道需求。

（作者单位：苏州大学社会学院）

观察思考

---

① 《"我们需要更多帮助"——厄瓜多尔地震重灾区见闻》，新华社 2016 年 4 月 21 日，http：//news. xinhuanet. com/world/2016-04/21/c_ 1118697817. htm。

② 《厄瓜多尔将 4 月 16 日设为国家"声援日"》，新华社 2016 年 5 月 11 日，http：//article. cyol. com/m/content/2016-05/11/content_ 12548583. htm。

③ 《厄瓜多尔地震死亡数字攀升 消防员彻夜寻找生还者》，新华网 2016 年 4 月 19 日，http：//news. xinhuanet. com/world/2016-04/19/c_ 128909798. htm。

图书评论

在历史与现实的"交响曲"中
发现人道的力量

——《红十字运动：历史审视与现实思考》述评

李欣栩

红十字会作为三大国际组织之一，对世界发展具有深远影响。150多年来，红十字国际委员会、红十字会与红新月会国际联合会以及各国红十字会按照"人道、公正、独立、中立、志愿服务、统一、普遍"的七项基本原则开展工作，其历史与影响引起了各界红会人的关注。红十字运动研究中心自 2005 年成立以来，已成为全国红十字运动的重要研究基地，在历史研究、理论研究等方面取得了丰硕成果。而作为中心的负责人以及资深的红会人，池子华教授更是为红十字运动历史研究与当代发展做出了突出贡献。2016 年 3 月，池子华所著的《红十字运动：历史审视与现实思考》已由合肥工业大学出版社出版。该书从历史和现实两个角度窥探中国红十字运动的发展脉络，是作者继《中国红十字运动史散论》《红十字运动：历史与发展研究》《红十字运动：历史回顾与现实关怀》之后推出的又一部有关红十字运动研究的专题文集。

一

全书 34 万余字，收录了作者近年来关于红十字运动研究的部分成果，按照内容析分为《理论探索》《文化研究》《观察思考》《历史纵横》《学术评论》《附录》六个栏目，既是作者研究成果的集中展示，又是其笔耕不辍、勤勉治学的体现。

首先，突出红十字运动的理论探究。理论与实践是驱动红十字事业发展的"双轮"。在《理论探索》一栏中，作者记述了自己阅读中国红十字会第十次全国代表大会报告的心得体会，以及对"依法治会"的思考。作为中国红十字会理事会理事，作者对"十大"报告的解读颇为深

图书评论

299

刻，在认识到当前红十字事业迎来良好发展机遇期的基础上，作者提出要直面挑战，并对提升红十字会公信力、创建研究基地、文化建设、改革与创新等问题提出了自己独到的见解。

其次，重视红十字会文化建设。文化建设是红十字会未来5年建设的"核心业务"，更是一项长期性系统工程。与之相应，红十字文化建设必将成为认识红十字运动不可或缺的窗口。在该书中，作者亦另辟《文化研究》一栏，评述孙中山译著《红十字会救伤第一法》，回顾与展望红十字运动研究中心的过去与未来，提出"加强文化软实力建设应当完善文化传播平台""依托苏州大学打造理论研究新高地""以中国红十字理论研究会为纽带并以开放的心态整合人力资源"等观点。

再次，作者着力于对现实的观察与思考，组织学生开展讨论与调研活动，对中国红十字会的改革与发展、中国红十字会公信力建设的瓶颈及突破路径、2011年红十字会救援日本震灾及2014年的国际红十字运动进行多角度审视。例如，关于红十字会改革与发展问题，作者不仅陈述自己的观点，还引导学生围绕去行政化、建立第三方监督机构、改进募捐方式等问题各抒己见，对该问题进行深入分析并将其整理成文。

除了对当今红十字事业的观察与思考，作者还徜徉于历史长河中，注重对历史的追溯与探究。在《历史纵横》一栏中，作者概述了上海万国红十字会救济日俄战灾、江苏辛亥革命中的红十字救援实践、抗日战争时期红十字会救护行动、上海国际红十字会在"孤岛时期"的博爱之举、复员时期的红十字周及中国红十字少年运动等实践活动，探索长沙会战中中国红十字救护总队第九大队活动，剖析1911年红十字会的"舆论风波"等等。

另外，在第五专题《学术评论》中，作者从综合角度对红十字事业发展中的学术研究予以评论，包括"两论一动"理论研究、改革开放以来孙中山博爱思想研究、抗战时期中国红十字运动研究，及对《吕海寰》一书涉"红"问题的评介和指正等。在整体考察学界同仁研究成果基础上，肯定了理论研究对加快红十字事业创新发展的积极促进作用，阐释了孙中山的博爱情怀，从中可见作者对推动今后红十字运动学术研究活动发展的决心和信心。

最后《附录》部分仅收录一篇《中国红十字报》记者的文章——《"故纸堆"中的"淘金者"——中国首家红十字运动研究机构诞生记》，在红十字运动研究中心成立十周年之际，对红十字运动研究中心成立缘由、发展过程做一简明记述。记者用"中国首家红十字运动研究机构"" '两论一动'的重要实践者""从困境到顺境的跋涉"三个赫然醒目的标题概括研究中心的发展，揭示了研究中心秉持人道博爱精神，攻坚克难，最终以累累硕果赢得社会关注和认可的过程。

二

本书作为池子华教授关于红十字运动研究成果的集萃，将理论与实践结合，对中国红十字事业进行了纵向的历史维度和横向的现实维度的介绍，并对国内红十字事业未来的发展提出自己的看法。本书的出版，恰逢其时地反映了红十字事业发展要求。总体而言，本书特色鲜明，以下几方面尤为值得称道：

其一，研究角度多样。该书名为《红十字运动：历史审视与现实思考》，不言而喻，书内所载内容既有对历史史实的考察，又有对现实问题的思考。而纵览全书不难发现，在"历史"与"现实"的双向交叉审视中，作者还留心地区红十字运动的发展，例如对浦东红十字会组织90多年风雨历程进行探寻。作者还放眼世界，将研究视角从国内延伸到国际，对中国红十字会参与日本震灾救助活动以及当代国际红十字运动予以经验总结和客观评析，展现了以"博爱"为宗旨的红十字运动跨越民族界限而在当代国际社会引起的人道共鸣。

其二，观点新颖独特。该书是作者关于红十字运动的专著，其中不乏作者个人独特的见解。例如关于"文化建设"，作者认为要实现"三结合"，加强文化软实力建设；要记录历史，编纂红十字运动通史；要培育人才，创建红十字学院；要启迪未来，创设红十字历史博物馆；要弘扬人道，摄制大型纪录片；要拓展传播渠道，开展征文活动。这些想法是作者多年从事红十字运动研究的理论思考和经验总结，对当今红十字事业中的理论建设具有借鉴作用。

其三，资料丰富。该书分六部分，从各专题标题可见，其文章内容涉及面广，有学习国家和政府重要文件的心得体会，有对历史问题的学术探究，有对现实问题的调研、反思和个人见解，有关于红十字运动学术研究活动的总体述评，还有作者和学生针对红十字事业进行互动的讨论记录。而且，作者还在文本中适当地添加部分人物或事件图片。与文字相比，图片以更为直接的方式向读者展示所要陈述的内容。例如，"中国红十字会参与汉口空袭救护""加入中国红十字会的国际援华医疗队成员"等，图文并茂，增强了文章的可读性。

其四，叙述完整规范。作为一名学者，作者在写作过程中注重表述的完整性、规范性。例如在第一专题中，作者将学习习总书记讲话精神与"十大"报告体会逐次列出，共分5篇，层次清晰，多而不杂，将自身对红十字事业改革、创新与发展的所思所想完整地呈现出来，便于读者对其观点的深度解读。另外，在资料使用过程中，除了详细注明出处，更是精益求精，如对《吕海寰》一书在资料援引方面的错误，予以逐条纠正，展现了作者一丝不苟的学术素养和较高的专业素质。

其五，彰显人道情怀。在追述红十字运动具体事件、人物事迹的过程中，红十字的人道精神亦在作者的妙笔下徜徉，渗透于字里行间。例如，作者不仅追忆抗日战争中红十字会英烈们为国捐躯的光荣事迹，而且高度评价抗战中的红十字运动及其影响，认为红十字旗帜"代表一种崇高无比的理想，吸引无数正直、热爱和平的人们，渐渐地走向真善美的理想境界！这正是红十字的精神，彰显了跨越国界、种族、信仰的人道的力量"。而作者对中国红十字运动历史的关注、对当今红十字事业的关怀，亦可谓其自身人道情怀的体现。

三

阅读该书，可以感受到作者在学术研究之余，正以高度的社会责任感关注现实问题，对当今的红十字研究及中国红十字事业乃至社会发展具有积极意义。

其一，对红十字运动研究具有启发性。一是对红十字问题的研究要有理论探究，也要有实践考察。作为一部红十字运动研究著作，该书不仅收录了作者对当代红十字事业的思考及对红十字运动历史的探究，还以高校学生为调研对象，在分析调研结果基础上对红十字会公信力建设进行深层次的理论探索。作者立足于现状，通过调研了解红十字事业发展中存在的问题，对当今红十字理论建设启发颇多。二是对红十字人物的研究除了"精英"路线，还应关注普通大众。红十字运动传入中国后，在全国各地产生了广泛影响。作者在研究抗战时期的中国红十字运动时，除了沈敦和、林可胜等"大人物"，还提及许多"小人物"，如刘祁瑞、"罗店四烈士"等，记录他们的事迹，肯定他们对中国红十字运动做出的贡献，让红十字精神在他们身上越发凸显。

其二，对红十字会改革创新有借鉴价值。中国红十字事业要直面挑战，也要抓住机遇。诚如"十大"报告指出，中国红十字事业发展正面临重重挑战：公信力建设任重道远、正本清源任务艰巨、对待理论研究存在认识上的误区等等。对此，作者条分缕析，针对不同的问题陈述个人观点，提出可行性建议。例如，作者从理论研究、红十字文化传播、人才培养和继续教育角度切入，指出创建研究基地的必要性、可能性，并认为基地运行应依托高校及科研机构、须以课题为导向的经费支持且每年要举行经验交流研讨会。再如，作者对抗战时期国际友人参与中国红十字事业以及当今国际红十字运动动态的关注，对于引导中国红十字运动融入国际环境、走向世界舞台，具有重要意义。

其三，对促进慈善事业发展及社会和谐大有裨益。著名慈善家卢德之先生在谈及中国慈善事业与社会发展时，认为现代慈善事业的发展，对国内而言，一是有利于社会的稳定和谐，二是有利于社会道德的建设。由此可见，中国现代慈善事业发展与社会稳定息息相关，大力发展慈善事业是促进社会发展不可忽略的因素。就红十字会而言，红十字事业虽与传统意义上的慈善事业有所区别，但其大爱无疆的人道品质对于组织善行、唤醒良知有引导作用，利于社会矛盾的缓和、消解。该书所收录的文章，既有作者独著而成者，又有其与学生、友人合作而成者；既有其对红十字事业发展的独到见解，又有其研究团队尤其是学生的看法。且不说这些学生的看法是否合理，仅从参与写作、调研或讨论的角度说，这些学生在活动中难免受到人道精神的熏陶。这对于博爱精神、慈善观念在青少年中的传承具有重要的推动作用，是推动"慈善共享"的有效实践。

总之，该书作为池子华及其红十字运动研究中心集体智慧的结晶，是对中国红十字事业发展的又一理论贡献，对中国红十字事业多有裨益。

（作者系苏州大学社会学院博士生）

图书评论

《国际人道法在华传播与实践研究（1874—1949）》述评

郭进萍

　　袁灿兴博士所著《国际人道法在华传播与实践研究（1874—1949）》一书，作为"红十字文化"丛书之一种，2015 年由合肥工业大学出版社出版发行。本书是袁灿兴博士潜心研究的学术成果，也是苏州大学红十字运动研究中心的阶段性成果之一。本文就此书做简要述评，以飨读者。

一

　　国际人道法在中国，迄今已有 100 多年的发展历程。在 1949 年以前，国际人道法由关注战争中伤病者为中心的日内瓦法体系，及限制杀伤性武器、给予俘虏以人道待遇为中心的海牙法体系构成。至 1949 年，国际社会将这两种体系融合，形成了"日内瓦四公约"。至 1977 年 6 月 8 日形成了两个附加议定书，2005 年 12 月 8 日又订立了第三附加议定书，在此基础上形成了完整的国际人道法。

　　自国际人道法引入之后，在近代中国历史上，中国红十字会、各大媒体、军队等，均根据自身特点，对国际人道法进行了传播。如 1912 年 12 月 7 日，陆军总长段祺瑞发布陆军部部令，将红十字条约及解释通令全军，"凡我军人军属均应熟读而恪守此令"。1913 年，中国红十字会即大量印刷《人道指南》手册，分送本外埠会员、各巨绅宅第、大公司、大商号，以期传播人道主义，推广慈善事业。1914 年第二期的《中国红十字会杂志》，则以较长篇幅对"人道"进行了阐释，并全面介绍了海牙法体系的《海牙陆战规例》。自 1904 年日俄战争起，至第二次世界大战，在近代一系列国际武装冲突中，中国政府均较好地实践了国际人道法，予俘虏以优待，审判俘虏，彰显了人道主义，得到了国际社会的普遍认可。而中国红十字会也在各个时期出入于战火，从事于战争救护、赈济难民、医疗事业，实践了国际人道法。

新中国成立后，根据 1949 年《中国人民政治协商会议共同纲领》第 55 条规定："对于国民党政府与各国政府所订立的各项条约和协定，中华人民共和国中央政府加以审查，按其内容，分别予以承认，或废除，或修订，或重订。"1952 年，中国承认 1949 年日内瓦四公约。1956 年 11 月 5 日，中国批准日内瓦四公约。1983 年 9 月 5 日，中国又批准了两个附加议定书。

作为日内瓦四公约及其附加议定书的缔约国，新中国在传播和实施国际人道法方面享有良好的国际声誉，并一直重视国际人道法的研究、传播。《红十字国际评论》主编葛瑟尔博士曾著文强调："现行的规则必须由国家依照其各自制度规定的程序加以接受，这正是中国政府所做出的。中国是联合国安理会五大常任理事国中在 80 年代就承认所有现代国际人道法条约的国家。"

近年来，局部地区的武装冲突频繁发生，人道主义灾难加剧，难民潮时常出现，国际人道法一直受到国际社会的高度重视。随着中国综合国力的增强，中国越来越多地参与国际事务，与联合国及国际红十字会合作，参与联合国维和行动及国际人道救援事业。国际人道法的研究与传播也因此提上议事日程。2007 年 12 月初，中国国际人道法国家委员会获批成立。该委员会由中国红十字会总会牵头，外交部、司法部、教育部、国家文物局等部门参加。该委员会研究涉及国际人道法的各种问题，促进国际人道法国内传播和实践国际人道法的活动，协调我国参与国际人道法事务的国际交流与合作。中国国际人道法国家委员会的成立，进一步表明了中国对推动国际人道法传播和发展的积极态度。

国际人道法是当今世界比较通行和常用的法律，涉及面广，影响较大。当前对国际人道法的研究中，大多数研究者专注于国际人道法法理本身，而其何时、如何传播到中国，为社会各界所接受并实践，学界则多有忽视。令人欣喜的是，袁灿兴博士在此领域有所突破，对国际人道法在近代中国的实践与传播，进行了系统研究。该书的出版，开启了红十字运动研究的新领域，势必吸引学界与业界的关注。

二

《国际人道法在华传播与实践研究（1874—1949）》全书 30 余万字，

共分 5 章，对国际人道法在近代中国的实践与传播做了系统研究。

本书第一章，就国际人道法的历史溯源及构成体系，扼要加以介绍。本章第一节就中西方历史上的人道传统，加以回顾。早在古希腊的战争中，就有涉及人道的内容。至西方民族国家形成以后，更形成了一系列关涉战争的国际法规，而国际人道法也从中发展起来。在中国古代，战争中也有较多合于现代国际人道法的内容，可见人道不分古今，不分中外。本章第二节就国际人道法的两大体系，即日内瓦法体系和海牙法体系，加以介绍。日内瓦法体系源自 1864 年《改善战地武装部队伤者境遇之日内瓦公约》，海牙法体系源自 1899 年《海牙陆战规约》，二者在二战后得到融合，形成了 1949 年日内瓦四公约，并在此后得到三个附加议定书的补充，形成了完整的国际人道法体系。

本书第二章，就晚清国际人道法的传入，加以研究。近代以降，在内忧外患之中，日内瓦法体系传入中国。通过系列报刊文章的介绍，国际人道法在华渐为人所知晓，并引发了时人创办红十字会的呼吁。在 1904 年的日俄战争中，经沪上绅商努力，万国红十字会在上海成立，标志着中国红十字会的诞生。就海牙法体系而言，1899 年清政府派出代表团参加荷兰海牙举行的第一次保和会，会后清政府决定批准 1899 年海牙公约中的三个。但由于 1900 年的八国联军侵华之役，清政府未能完成批准条约的工作。1904 年，为了通过红十字会救助日俄战争中的东三省难民，清政府展开外交努力，完成了加入国际红十字会与批准第一次保和会三约的工作。1907 年第二次保和会召开，清政府再次参与，并批准了第二次保和会十四约中的八个。晚清时期，中国积极走出国门，参与国际会议，签署并批准了系列国际人道法公约，加入国际红十字会，奠定了国际人道法在华传行的基础。

本书第三章，就北京政府时期国际人道法的传播与实践，加以研究。民国成立后，中国红十字会告别"南会""北会"之争，实现合并，开展了国际人道法的传播工作。民国初创后，北京政府积极准备参加国际会议，签署国际公约，并推动相关国内立法，补签了系列国际公约。在第一次世界大战中，中国红会投身青岛战地进行救护工作，对被困于海外的华侨、华工予以救助。其时，德国、奥匈帝国、瑞典、荷兰等国，经华采购大批物资，援助在西伯利亚的德奥俘虏。中国依照国际人道法，对这些人道主义物资予以方便。一战中，中国也收容了一批德奥等国俘虏，并遵照国际人道法，予俘虏人道待遇，并在战后悉数加以遣返。北京政府时期，国际人道法得到了充分传播，而国际人道法的实践，也在一定程度上改善了中国的外交环境。

本书第四章，就南京国民政府时期国际人道法的传播与实践，加以研究。在长期抗战中，国际人道法在华得到了传播与实践。对战地俘获的日军，南京国民政府将其集中至陕西宝鸡第一俘虏收容所与贵州镇远第二俘虏收容所，分别加以收容。在收容过程中，中国根据国际人道法的规定，给予日俘人道待遇，获得红十字国际委员会的高度评价。中国在抗战中成立了中国红十字会总会救护总队部，在前线进行将士医护、防疫卫生等一系列人道主义工作，较好地贯彻了《日内瓦公约》。抗战胜利之后，中国遵循国际人道法，将在华的日本俘虏、侨民集中收容，并在较短的时间内将之遣返回国。对抗战中在华犯下战争罪行的日本乙、丙级战犯，中国也遵照国际人道法中的相关规定，制定系列战犯审判法规，对之加以审判。南京国民政府时期，国际人道法在华的传播与实践，补充了国际人道法的部分不足，为国际人道法的完善发展做出了贡献。

本书第五章为国际人道法在华传行的评析，从理论上对本书加以提升。本章认为，国际人道法在近代中国的传播、实践，对近代中国有诸多积极意义。如带动了近代中国法律体系的建设，在一定程度上改善了近代中国的外交环境，促进了近代中国的人道主义事业等。在国际人道法在华传行的过程中，也有一些值得思考的相关问题。本章从国家视阈下中国红会的地位问题、在处理战俘时内外有别的俘虏政策以及中国传统文化中"杀身成仁"等角度出发，加以探析。

三

作为第一部系统研究国际人道法在近代中国传播与实践的著作，本书填补了该领域的空白，且有颇多可称道之处，在此择要加以评述。

其一，本书引用资料，翔实可靠。本书大量运用台北"中央研究院"近代史研究所藏外交部档、贵阳市档案馆藏救护总队部档案、上海档案馆藏档、日本外务省外交史料馆档案等。这些档案极为珍贵，如所运用的上海档案馆藏档，系抗战后中国审判日本战犯的第一手卷宗。所运用的日本外务省外交史料馆档，系抗战之中，作为中立国的瑞士所提交的在华日本俘虏生活状况的第一手报告。诸多史料的运用，使得本书相对厚实，更有说服力，体现了作者严谨的治学态度。

其二，本书逻辑清晰，叙述流畅。本书依照时间顺序展开，分别对清末、北京政府、南京国民政府时期，国际人道法的引入、传播、实践，加以考察。在研究内容上，本书划分清晰，以海牙法体系、日内瓦法体系两大体系为主，进行研究。本书文笔流畅，虽是学术著作，读来却不觉枯燥。

其三，本书展示了较多鲜为人知的历史，如在一战中，中国红会救助海外华侨，使其得以安全归国，并于青岛德日战事中进行战地救护工作。又如一战中，中国收容了一批德奥俘虏，并遵照国际人道法给予这些俘虏人道待遇等。此外，本书澄清了一些以讹传讹的历史事件，如孙立人坑杀日本俘虏、抗战胜利后允许日本携带大量黄金归国等。

其四，本书运用跨学科方法，并在长时段历史中融入微观个案。本书借鉴政治学、法学、军事学、传播学等相关学科理论，开拓了历史研究的视角，同时运用社会学、心理学等方法，探讨在风云变幻的近代中国，国际人道法这一外来法律如何被接受、传播和实践。本书依据真实的历史资料，将宏观研究和微观考察有机结合，如既从宏观上介绍了抗战中在华日本俘虏状况，又以宝鸡俘虏收容所和镇远俘虏收容所作为个案，详细介绍了俘虏的生活情状。

不可否认，本书也存在一些不足。如在理论上，尚有进一步挖掘和提升的空间。在时段上，1949 年之后的国际人道法传播状况，仍有待进一步研究。在内容上，本书稍偏重于国际人道法实践内容方面的研究，略轻于国际人道法传播方面的考察。在资料上，国际人道法在华传播实践，涉及的资料浩瀚广博，仍有待进一步收集整理。

总体而言，本书瑕不掩瑜。作为第一部研究国际人道法传播与实践的学术著作，本书一定会吸引更多的"后来者"投身其中，并从多角度、全方位研究国际人道法在华传播与实践活动，促进国际人道法在当下的广泛传播。

（作者单位：苏州幼儿师范高等专科学校）

慈善救助团体"姊妹花"的比较与历史反思

——读高鹏程著《近代红十字会与红卍字会比较研究》有感

王　娟　毛雪卿

中国自古以来就是一个各类自然灾害频发的国家，进入近代后更是纷争不断、战事绵延。广大民众笼罩在天灾人祸的阴霾之下，挣扎于水深火热的绝境当中，苦情无可陈诉。自晚清至民国年间，政府即使被迫举措层出，然因内外交困、财力竭蹶，终究无力胜任救助社会弱困群体的重任，而慈善团体的救助作用在这一时期则格外凸显出来，它们谱写出众多扶弱济贫、拯难济危、救死扶伤的动人历史篇章。

中国红十字会与世界红卍字会中华总会（以下简称红十字会与红卍字会），是近代中国两大社会救助团体，前者诞生于 1904 年，后者于1922 年注册成立，两者都为近代中国的社会救助事业做出了不可磨灭的重要贡献，堪称慈善救助史上绚丽夺目的"姊妹花"。不过，相较对红十字会的知晓度，人们一般对红卍字会，尤其是两会（包括两会在各地的分会）之间的异同却了解无多。即使在学界，尽管对红十字会、红卍字会分别进行的学术研究已有相当的成果和探讨，但对两者进行比较性的研究却明显滞后，成果也极为鲜见。倘若能将它们之间的差异进行详细比较，并探究原因，那么对于当代中国各种类型的非政府组织，尤其是公益性非政府组织、慈善救助团体的自身发展以及相应的监管工作，无疑具有不容低估的指导意义与借鉴价值。

2015 年初，合肥工业大学出版社推出学者高鹏程的专著《近代红十字会与红卍字比较研究》。高鹏程长期致力于中国近代社会救助事业，此前已出版《红卍字会及其社会救助事业研究 1922—1949》（合肥工业大学出版社 2012 年版），这两部著作均系中国红十字运动研究中心池子华教授主编的"红十字文化丛书"的重要组成部分和代表性学术成果。

在《近代红十字会与红卍字会比较研究》里，在已有研究成果基础上，作者大量运用档案、民国时期出版刊物、文史资料等历史文献，对红十字会、红卍字会体系进行实证性研究。全书始终贯穿比较研究的方法，同时借鉴社会学、宗教社会学、组织社会学、社会心理学、社会工作学等学科的理论与方法，首次系统地对两大救助团体展开多元视角、多个层面的探析和比较，尤为侧重反思政府对社会救助团体的深刻影响，提出不少令人深思的观点，有力推进了相关研究的进展，并具有突出的现实价值，值得深度关注。

从内容安排上看，作者主要从红十字会与红卍字会的起源、运作机制、组织机构、成员组成、救助方式，以及与政府的关系、发展趋势等方面进行详细剖析，并力图揭示异同，全书新意迭出，观点不乏灼见，足见作者自觉的学术创新意识。该书建立在丰富史料基础之上的论证颇显功力，使我们很容易与作者得出的结论产生共鸣。作者在结论部分指明，同为社会救助团体，由于政府政策导向的差异，两大救助团体的发展亦呈现迥异的结果：作为基督教文明的产物，红十字会东渐入华之后，随着政府力量的逐渐强势介入，最终被官办而成为国家机构，虽获得某种意义上的新生，却由此失去了独立性。而红卍字会作为民国年间本土宗教道院的行慈机构，诞生于民族主义响彻云霄的年代里，虽直言效法红十字会，实则充满难以名状的对抗情绪。区别于红十字会独立性弱化的结局，红卍字会尽管大体上维持了独立性，但其宗教信仰却受到打压与限制，始终为自身存续而苦苦挣扎。究其原因在于，尽管以红十字会和红卍字会为典型代表的近代大型社会救助团体，尚具与政府博弈的资本而暂可容身，但是在近代中国社会，政府和各派政治力量实际主宰着社会救助团体的命运。这是因为，以学习西方为目标、以现代化为导向的民国政府，其实并未真正拥有现代化政府的某些基本核心理念，譬如结社自由、言论自由等。

因此，不难看出，该著从表层而言是立足两大救助团体的比较性研究，帮助我们从整体上认识两大救助团体的概貌、异同与联系；但它实则深刻剖析社会组织与政府、慈善事业与社会变迁等多方面关系。这令我们不由得叹服作者立意高深，独有高明之处。

两会尽管存在差异，但它们均为近代中西慈善文化交融的产物，它们事实上曾经开展的救助事业波澜壮阔，历史贡献有目共睹，给后世提供了极为丰富的宝贵经验。前车之鉴，后事之师。历史并不遥远，面对现实，它时刻闪耀着永恒的警示的光芒。该著作启迪我们，要时常审视教训，历史不可漠视，此处简言一二。

其一，近代以来，中国慈善救助事业的发展历程，鲜明地烙刻着政府意志的痕迹，充斥着控制与试图反控制的明暗博弈。而今天，政府完全包办的时代已成为"过去时"，政府与慈善救助团体双方皆有条件、有能力、有愿望达致良性的互动状态。双方应秉持相互尊重、各司其职的态度，多沟通、多商量，努力形成共赢、互利、互促的平等关系，政府部门积极、适度地监督管理，慈善救助团体热情、有序地服务社会，这是全社会都渴盼的美好愿景。具体而言，一方面，社会救助团体应接受来自不同方面的监督和敦促，不断修正失误与错误，切实提高自身的运作能力和管理水平；另一方面，政府应主动放手放权，积极创造条件，尤其要加强政策与法规方面的监管和指导工作，鼓励和扶持社会救助团体在宪法和法律法规允许范围内自由发展壮大，促使社会救助团体能够最大限度地发挥"润滑剂""清洁剂""助推剂"的作用。总之，红十字会与红卍字会的历史明确昭示，政府与社会救助团体的关系不应该是简单的、粗暴的主宰与被控制的关系，双方不可走向极端，合作才是硬道理，唯有如此方可充分发挥现代慈善文化与慈善事业在促进中华民族伟大复兴中应有的积极作用。

其二，红十字会与红卍字会的发展历程还充分显示，在与政府博弈的同时，其实两会之间也存在不容忽视的矛盾。双方在彷徨观望、艳羡模仿，乃至抵触敌视的多重情结旋涡中时有调适行为：红卍字会尽管是本土化社会救助团体，但积极学习红十字会的做法；而红十字会却最终走上了中国本土化的发展道路，双方根据实际情况不断调整服务的内容、方式、对象等。因此，尽管今天国际化交流的趋势无可阻挡，但我们不能一味模仿西方，应把慈善国际化视野与本土化实践紧密结合，必须走中国特色慈善事业发展的道路，尤其应当珍视本土社会救助因子的内生力量，对它们进行合理引导而非处处限制。唯有如此，源远流长的中国慈善传统方能在新时期、新环境里生生不息、绵延赓续，并创造出更为绚烂的光辉业绩。

（作者单位：北京理工大学马克思主义学院）

县域红十字会研究的"示范"之作

——《〈中国红十字会常熟分会民国廿一年纪念册〉整理与研究》简评

刘思瀚

  在中国红十字运动的历史上，县域红十字会始终扮演着重要的角色。不过，由于缺少系统、集中的史料，学术界始终无法展开具体研究，令人感到遗憾。不过，随着常熟市红十字会、红十字运动研究中心合作编写，顾丽华、池子华主编的《弥足珍贵的红十字文化遗产——〈中国红十字会常熟分会民国廿一年纪念册〉整理与研究》（下文简称《常熟》）一书出版，县域红十字会研究不足的情况或将得到改变。有鉴于此，本文拟对该书做一简评，以明晰其重要的史料价值及学术影响。

一、《常熟》一书的主要内容

  《常熟》一书27万余字，由合肥工业大学出版社2016年出版。该书由上篇"《中国红十字会常熟分会民国廿一年纪念册》整理"、中篇"一部史诗一段传奇——《中国红十字会常熟分会民国廿一年纪念册》研究"、下篇"'绵延光大'红十字事业——《纪念册》的理想与常熟红十字事业的现实"三部分组成。应当说，各篇的篇名直观地反映了其内容。上篇展示了《常熟》一书编写人员整理《中国红十字会常熟分会民国廿一年纪念册》（以下简称《纪念册》）的成果。其中不仅有经过点校后的文字部分，更有18幅国民党军政要员的题字以及97幅反映常熟红会职员工作的写真图片，可谓图文并茂，栩栩如生。

  如果说《常熟》一书的上篇展示了《纪念册》的原貌，那么其中篇则进一步挖掘了《纪念册》的史料价值，以其内容为基础对常熟红会展开了一系列研究。在中篇中，池子华教授首先介绍了《纪念册》的概况以及常熟红会修葺纪念册的原因。随后，他利用相关史料考证了常熟红十字会的成会时间，修正了以往广为流传的"常熟红十字会成立于民国十三年（1924年）9月26日"之说，确定了常熟红会成立的确切时间应当为1911年11月6日至12日之间。在此基础上，结合《纪念册》的内容以及相关史料，池子华先生还考察了淞沪抗战前后常熟红会在战争救护、难民救助、疫病防治、公信力建设以及文化传播等方面的工作。

下篇的内容则集中论述了常熟红会在淞沪抗战之后的发展历程，着重介绍了常熟红会在淞沪会战结束之后办理救护训练班以及抗战胜利之后常熟红会组织建制恢复与发展的情况，并介绍了常熟红会1984年恢复活动后的一系列工作，包括赈灾济困、救护培训、三献工作、志愿服务等方面。值得一提的是，下篇的附录中收录了《常熟红十字会1911—2015年大事记》《常熟红十字会部分在册基层组织成立时间一览表》《常熟红十字会工作剪影》等内容，较为直观地展示了常熟红会自成立以来的工作情况。

二、《常熟》的特点与价值

从前文的介绍可以看出，《常熟》一书的编排设置十分有特色，既有史料的呈现，又有相关的研究，更是历史与现实的结合，将常熟红十字会的发展历程完整地呈现给读者。而这一体例上的特点，也使得《常熟》一书具有多个方面的价值。

其一，史料价值。如前文所述，《常熟》一书上编的内容即为《纪念册》的内容。而值得一提的是，《常熟》一书不仅对《纪念册》的文字部分加以点校重排，还将《纪念册》中的众多图片加以处理，以直观的方式呈现给读者，力求再现《纪念册》的完整面貌。《常熟》一书的编写组之所以不遗余力地将《纪念册》中的图片尽数展现给读者，正是由于其有着极为重要的史料价值。在这些图片中，仅军政要员为常熟红会的题字就多达18幅，更为罕见的是，国民政府主席林森、军事委员会委员长蒋介石、行政院院长汪精卫等人的题字赫然在列，其价值不言而喻。数量如此之多的题词，也从一个侧面证明了常熟红十字会在淞沪抗战时期的救援工作得到了社会各界的广泛认同。此外，《纪念册》中还存有当时常熟红会的职员相片，从会长到救护队员无一缺漏，结合《纪念册》中所呈现的数十幅有关常熟红会实际工作的珍贵图像，诚如《常熟》一书所言，"地方红会的组织结构，一目了然"（第163页）。

而在图片之外，《纪念册》的文字部分同样有着重要的史料价值，不仅收录有《中国红十字会分会通则》这一此前未受到足够重视的关键史料，而且收录有常熟红十字分会会员、职员名单等地方红会的资料，更是地方红会研究中难得一见的具体史料。《纪念册》还收录了数篇由常熟红会撰写或转载的普及红十字会知识的文章，如《创始红十字会南丁女士传》《红十字会十大利益说》《红十字会白话浅说》等。尽管这些文章对红十字运动的认识有部分偏差，但它们依然是我们了解当时县域红十字会文化传播事业的直接材料，具有重要意义。至于《纪念册》中收录的常熟红会各年度的收支报告、诊治人员名单、收容难民名单、收痊兵民名单等文档，则更为直观地展示了地方基层红会在战火纷飞的年代是如何开展红十字会的各项工作的，"这是《纪念册》中最值得'纪念'的内容"（第154页）。而包含如此多重要史料的《常熟》一书，其史料价值只能用难以量化来形容。

其二，学术价值。《常熟》一书的价值并非仅限于史料价值。池子华教授在中篇中对《纪念册》及常熟红会展开了相关研究，并在某些问题上取得了新的突破。如，考证了《纪念册》编修的前因后果。1932年1月28日，日军向上海发动了大规模的军事进攻，史称"一·二八"事变。当时驻守上海的十九路军与日军展开了激烈的战斗。而在十九路军的背后，是无数红十字人冒着枪林弹雨援救伤兵难民的身影。常熟红会也在中国红十字会的组织下积极投入救援行动之中，据时任常熟红会会长的张鸿回忆，"理事会诸君及热心救济同志，奔走急难，俾红十字之旗帜不至闻军笳而消散。大兵之后继以大疫，又假孝友校舍设立医院，救济兵民，不辞劳瘁，可尽力与社会者矣"。由于要纪念常熟红会此次救援行动，因此才有了常熟红会"爱集成绩编葺纪念册"一事（第3页）。池子华教授就此指出，"显然，编印《纪念册》，不仅仅是为了'不能忘却的纪念'，更在于'继承'传承'尽力于社会'的红十字精神，并使之'绵延广大'。这是'纪念'的真正意蕴。"（第154页）随后，池子华教授还考证了常熟红会的建会时间，取得了新的突破。在《纪念册》的序言中，张鸿曾提及"吾邑之红十字分会始于甲子兵祸"。不少史志都以此为根据，认为中国红十字会常熟分会成立于1924年江浙战争爆发之时。池子华教授在分析了《红十字会第一届分后职员一览表》《辛亥革命时中国红十字会暨各分会活动成绩》《统一大会汇刊》等史料后发现，常熟红会史早在辛亥革命时期就得到了中国红十字总会的认可，并且长时间保持着正常运转，而常熟红会的代表也出席了中华民国建立后召开的"统一"大会。据此，池子华教授确认"常熟分会组建的时间在 11 月 6 日至 12 日之间"（第 170 页），而并非《常熟市志》等文献所称"民国十三年（1924 年）9 月 26 日"，将常熟红会可考的成立时间前推了 10 余年，意义重大。此外，池子华教授还对常熟红会在淞沪战争时期的战争救护、难民救助、疫病防治以及公信力建设、文化传播等方面的工作进行了考察。通过这一系列考察，他认为常熟红会不仅在战事救护、难民救助、疫病防治这三项"近代红十字运动的三大核心功能"上颇有建树，一度得到总会的嘉奖，还在公信力建设与文化传播工作中展现了其"细致入微"的工作态度，非常值得后世借鉴。池子华教授的这一系列研究，不仅是对史实的考证，更是一次研究县域红十字会的示范。从常熟红会成立时间的考证、常熟红会的演变与发展，到战争救护、难民救助、疫病防治、账目公开、文化传播的专项研究，无一不包，可谓"麻雀虽小，五脏俱全"。

其三，现实意义。在展示史料、解析历史之后，《常熟》一书还对常熟红会在当代的发展做了回顾与总结。三者的有机结合，使得《常熟》一书的现实价值，同样不可小觑。在新中国成立后的很长一段时间内，常熟的红十字事业都未能获得足够的发展空间，直到 1984 年常熟县政府批准恢复红十字会组织，常熟红会才迎来了发展的机遇。而随着 2007 年管理体制的理顺，常熟市红十字机关"由市卫生局代管改由市政府领导联系"，常熟红会也已经取得了长足的发展，拥有基层组织 161 家、团体会员单位 43 个，红十字会员 26000 余名。常熟市乡镇（区）级、经济板块和学校也于 2015 年实现了红十字会组织全覆盖。此外，常熟红会还在赈灾济困、救护培训、三献事业、志愿服务等工作上取得了显著的成效，如"1994—2015 年总计筹集各类善款 1835 万元，接受捐赠物资价值 9834 万元"（第 211 页）；"2001—2015 年末，市民累计报名登记捐献角膜 103 人……报名登记捐献遗体 283 人"（第 219 页）；打造红十字"救"在身边的救护培训品牌；与地方义工团共同合作，大力开展志愿者服务等。而在回顾常熟红会近 30 年的辉煌成果时，我们不禁想到了《常熟》上篇、中篇的内容，数十年前活跃在战地之中的常熟红会人的身影，他们的故事，是否在常熟代代相传？他们的工作，是否值得当代红十字会借鉴学习？这种历史与现实结合的体验感，无形中又加强了读者对于现实的思考，提升了《常熟》的现实意义。

三、《常熟》对于红十字运动研究的启示

如上所述，《常熟》一书在体例上的特点，使其拥有了多重价值。事实上，《常熟》一书也在某种程度上对当前的红十字运动研究有所启示。

首先，《常熟》再次提醒了我们挖掘新史料的重要性。如果没有《常熟》一书编写组的努力，或许《纪念册》只能深藏兰台，难有机会与大众见面。常熟红会在淞沪抗战时期救援行动的具体细节，也只能深埋在故纸堆而无人知晓了。要想补足以往研究的缺憾之处，引领新的研究方向，很大程度取决于能否发掘新史料。《常熟》一书的出版也从一个侧面反映出，在红十字运动研究领域，发掘新史料依然有很大的可能性。苏州大学红十字运动研究中心一直致力于史料的发现、整理工作，由其整理出版的《中国红十字运动史料选编》（现已出版至第六辑）、《红十字在上海资料长编（1904—1949）》等资料汇编，极大地丰富了该领域的研究资料。不过，随着研究的不断推进，相关的史实大都得到了廓清，现有资料被使用的频率不断提高。因此，进一步推进红十字运动研究发展，发掘新的史料势在必行。考虑到目前学界获取资料的难度不断提高，希望更多学者能加入发掘红十字运动史料的队伍。

其次，《常熟》一书证实了针对县域红会的研究可行且必要。从上文的论述可知，池子华教授已利用有限的史料，做出了县域红会研究的"示范"，证明在有资料支撑的情况下，开展县域红会研究是完全可行的。而县域红会研究，对于红十字运动研究的全局而言，有着重要意义。以《常熟》一书为例，常熟红会在淞沪抗战中的救援行动，补足了中国红十字会在淞沪抗战期间救援行动的相关细节。同时，针对常熟红会公信力与文化建设的研究，使我们得以了解基层红会是如何落实总会的相关政策，更是为中国红十字总会的相关工作研究提供了一个比较的对象，扩大了研究的取向与范围。

总而言之，《常熟》一书有着重要的史料价值、学术价值与现实意义。同时，它又是红十字运动研究中县域红会研究的"示范"之作。不无缺憾的是，《常熟》未能对常熟红会成立初期的情况做进一步的揭示。希望将来的研究，能够加以弥补，对常熟红十字会的历史展开更为全面、系统的研究。

（作者单位：苏州大学社会学院）

区域红十字事业的实践审视和理论思考

——《盐都红十字事业》简评

郭进萍

　　《盐都红十字事业》作为池子华教授总主编的"红十字文化丛书"之一种，2016 年由合肥工业大学出版社出版发行，为红十字运动区域史研究再添新葩，值得庆贺。诚如盐城市红十字会会长谷容先在该书序中所指出的，"该书是盐都红十字人对红十字精神的认知、人道理念的感悟和工作实践的总结。她的结集出版，是盐都红十字人理性思考与务实作为的结晶，是区域红十字事业发展的阶段性标志，可喜可贺，令人骄傲"。兹结合其内容，略作评述，以飨读者。

一

　　全书 25 万字，集结了盐都红十字人对红十字工作的实践审视和理论思考，分红十字事业与红十字文化、组织建设与红十字工作、红十字青少年与校园文化三大板块，彰显了盐都区红十字会在新时期博爱人群、服务社会的风采。

　　红十字文化方面，该书提出以价值认同为核心加强博爱文化建设。至于如何推动红十字博爱文化广泛传播，该书将个案考察和宏观研究有机结合，做了有益的探索。微观方面，以"武进甲博爱文化书法作品展"为个案，提出红十字宣传工作要按照"贴近生活、贴近实际、贴近群众"原则，不断提高红十字宣传工作的针对性、时效性和吸引力、感召力，形成充满生机与活力的红十字宣传新格局。宏观方面，该书指出红十字博爱文化的广泛传播可从以下方面入手：一是健全志愿组织网络，加强宣传载体建设；二是完善宣传策划机制，增强新闻传播效应；三是发挥宣传部门职能，强化红会活动协调；四是注重网络舆情引导，塑造红会良好形象。

组织建设是盐都区红十字工作的特色所在。在组织建设与红十字工作方面，该书不吝笔墨，或是建言献策，或是经验分享，多角度多层次地展现了盐都区红十字会的组织建设和工作风貌。该书指出，加强制度建设是促进红十字事业健康良性发展的重中之重，并以基层组织建设最具特色。盐都区红十字会从盐都城乡统筹一体化发展实际出发，逐步建立了覆盖城乡、遍布行业、充满生机与活力的基层红十字组织网络体系，并在全省首家开展基层组织标准化建设，提升了组织建设的质量和层次。募捐筹资方面，盐都区红十字会以建立常态长效筹资主渠道为目标，努力搭建平台，拓展多元化的筹资途径，探索在企业建立"存本用息"冠名基金。社区示范服务方面，以"一对一"帮扶为目标，有效推进示范服务。救灾救护方面，加强备灾救灾体系建设，大力发展红十字应急组织，健全应急网络，创新救护机制，加强全民应急救护培训。生命工程方面，积极组织和开展无偿献血和造血干细胞捐献工作。博爱工程方面，盐都区红十字会充分发挥志愿者的作用，以打造品牌、做优做强项目为目标，从事包括助医、助学、助困、助老、助孤、助残等在内的各项人道救助活动，涉足领域宽，覆盖范围广，获得了较广泛的社会反响。

红十字青少年方面，该书重点介绍了盐都区教育红十字会的工作经验。该区教育红十字会以博爱文化传承为目标，稳步推进红十字青少年工作，积极组织无偿献血工作，将之打造成教育红会的品牌，并整合各方资源创新贫困学生资助工作，开展红十字示范校创建活动，建成全市唯一的1所全国红十字模范小学、6所省红十字示范校。此外，该书对红十字青少年工作在教育优质均衡发展中的定位与作用做了有益的探讨。

二

纵览全书，可圈可点之处颇多，在此笔述一二。

其一，内容丰富，宏观考察和个案透视有机结合。

该书分三大板块，内容囊括红十字组织建设、筹资募捐、博爱救助、应急反应、救护培训、示范创建、生命工程、共享阳光、志愿服务、红十字青少年工作、人道传播等领域，备极丰赡，比较全面地彰显了盐都区红十字会在新时期开拓创新、务实勤勉的精神风貌。志愿服务是"文明盐都"建设的重头戏和观景台，就像毛细血管一样，渗透在红十字业务活动的各个角落。该书浓墨重彩地宣传了盐都区红十字会的志愿服务工作，除了宏观上对志愿服务理念、作用功能和运行机制进行叙述，更多的则是对彰显志愿服务精神的平常人物精彩事迹的微观呈现，这在附录中体现得尤为明显。《盐都：红十字志愿者用善行大写奉献》《看志愿者们如何化解捐衣难》《做志愿者成为流行时尚》等一篇篇文章里都涌动着志愿者的善心和热血。他们活跃在无偿献血、捐献造血干细胞、见义勇为、敬老助残等一线，践行着"奉献、友爱、互助、进步"等志愿者精神。除个人积极参与志愿活动外，联手合作的志愿者群体和团队也已出现，以母子档、夫妻档和团队档的形式最为常见，他们常态化开展服务，成为盐都区文明城市建设中一道亮丽的风景线。

其二，源于实践，具有较强的现实价值和推广示范效应。

该书素材来源于盐都区红十字会的工作实践，真实可信。在进行总结和审视时，红十字人不溢美、不隐恶，直面工作中出现的问题和不足，客观理性地将之公之于众，使读者对红十字会工作多了几分理解。文后附录，多采自媒体报道，与正文的理性思考相互映衬，避免了刻板空洞和平面化的说教，使之更为鲜活丰盈。以《温暖春天，我与生命有个约会》报道为例，它以日记体第一人称现身说法的形式，事无巨细地展露了盐都红十字造血干细胞志愿者宋青宁赴南京捐献的历程，极富感染力。新时期，面对新的形势，盐都红十字人与时俱进，迎难而上，积极拓展业务领域，针对社会需要进行服务，不断探索红十字事业发展的新模式和新路径，继而付诸实践，再从实践中总结和探索红十字事业发展的经验，并将其提升到理论层面，以期进一步指导红十字人的实践。在这个过程中，红十字实践与理论有机结合，相得益彰。新时期多彩纷呈的业务工作无不凝结着盐都区红十字人的心血和付出，是他们对不断增长的社会需求的回应和摸索，具有推广示范效应。

其三，蕴含了深沉的人道关怀理念。

新时期，盐都红十字人秉承"人道、博爱、奉献"的红十字精神，积极发挥红十字会在人道救助领域的重要作用，以改善弱势群体的生活境遇为己任，突出"孤、弱、残、老、困"服务主体，以博爱文化为灵魂，深入民众，扶危济困，在服务民生、推进文明进步中发挥了不可或缺的作用。以共享阳光工作站为例，盐都区红十字会针对精神病患者，艾滋病毒携带者，特殊残障人士，有缺陷的新生儿、孤儿、单亲儿童，以及80岁以上老人等特定群体需要多方面共同管制和帮扶的社会实际，本着人道关怀理念，聚集各方力量，建立起全国第一家共享阳光工作站，为这些人群提供心理干预、就业培训、家居帮扶、康复指导等专业志愿服务，使他们的生命尊严和身心发展得到进一步慰藉和保障，共享经济发展的阳光雨露。

红十字运动研究中心主任池子华曾在《中国红十字报》发文强调，"文化工程"应成为红十字会总体建设目标之一，与救援工程、生命工程、爱心工程齐头并进，形成"硬实力""软实力"双管齐下的新格局，推动中国红十字事业的持续发展①。值得一提的是，盐都区红十字会非常注重"文化工程"建设，重视以文化软实力来带动红十字事业发展。在博爱文化传播方面，盐都区红十字会以"有效整合、资源共享、价值认同"为目标，在客观审视传统传播途径、手段和模式滞后的基础上，对新时期博爱文化传播的有效途径做了积极探索，指出要整合资源，加强与政府、企业、公众等多方联系，积极架构核心价值一体化传播的格局，并创新宣传手段和方式，综合运用现代化传播手段。比如，盐都区红十字会积极适应网络发展和形势的变化，改版升级区红十字会网站，与立方科技传媒合作，开通并运行"博爱盐都"公益微信平台。难能可贵的是，盐都区红十字会强调社会人力资源的吸纳，既包括从事媒体传播的人才，也涵盖招募热心公益、熟悉红十字知识的网络传播志愿者。为加强文化传播的理论研究，盐都区红十字会还与红十字运动研究中心合作成立盐都研究基地，构筑理论与实践双轮驱动的传播新气象。这种前瞻意识无疑为盐都区红十字事业的良性可持续发展注入了一剂强心针，颇值得关注。

三

毋庸置疑，该书也有值得商榷的地方，比如实践工作总结有余而理论探索不够深入。在内容编排上，似无统筹规划，稍显杂乱，在"组织建设与红十字工作"部分表现得尤为明显。再者，盐都区红十字事业发展的特色有待于进一步挖掘和提炼，如何凸显品牌效应值得深思。诚如盐都区红十字会备灾救灾中心副主任陆昆山所言，红十字会的博爱工程包容性和覆盖面最广，"但红十字会与众多从事募捐和救济工作的部门、团体，基本上采用了相似的运作模式，没有真正发挥其自身特点和优

---

① 池子华：《"文化工程"应成为红十字会总体建设目标之一》，《中国红十字报》2009年12月11日。

势，由此造成红十字会在公益项目中虽然涉足领域宽、覆盖范围广，但深入程度低的现状。独特的、有影响力的重点项目少，项目的发展方向不明确。"（第105页）这些问题关涉红十字会在社会中的影响力和认可度，亟待红十字人在实践中进一步探索。

他山之石，可以攻玉。《盐都红十字事业》在区域红十字事业的研究方面做出了可贵的探索，是盐都红十字人对30余年工作实践的经验总结和理论思考，多有真知灼见，对其他区域红十字事业的发展是有"示范"意义的。该书的出版，为红十字运动研究添砖加瓦，对推进红十字事业的纵深发展也不无裨益。

（作者单位：苏州幼儿师范高等专科学校）

《红十字青少年理论与实践》简评

欧贺然

由上海市嘉定区红十字会、苏州大学红十字运动研究中心合编，王国忠、池子华主编的《红十字青少年理论与实践》，作为"红十字文化丛书"之一种，于2016年7月由合肥工业大学出版社出版发行。本书虽是一部论文集，但其把历时性与共时性研究有机结合，把宏观研究与区域研究、个案研究有机结合，具有一定的系统性，对推动红十字青少年运动的健康发展不无借鉴价值。

一

全书近30万言，是一部有关红十字青少年运动研究的专题论文集，按照论文的性质，本书分为历史演变、发展现状、理论思考、实践探索、专题研究、政策法规等六大板块，既有对红十字青少年运动的历史回顾，又有对发展现状的客观呈现；既有理论探索，又有实践经验的总结。

历史演变：该板块收录论文3篇，《红十字青少年运动的国际起源及发展概况》《中国红十字青少年运动的起源及发展简况》《新中国成立后红十字青少年运动的发展历程——以江苏为例》，阐明了青少年与红十字运动的历史渊源，介绍了红十字青少年运动发展历程，并详细介绍中国红十字青少年运动的起源及发展简况，指出中国红十字青少年运动具有国际性、时代性、公益性、地域性以及教育性等鲜明特点，认为红十字青少年运动的健康发展离不开政策的支持、政策法规的制定完善，逐步构成了有利于中国红十字青少年工作开展的良好局面。此外，该板块以江苏为例，叙述了新中国成立后红十字青少年运动的发展轨迹。历史是割不断的，历史是逝去的现实，现实是历史的自然延续。红十字青少年运动也因时代的不同，在内涵、侧重点方面有所变化。

发展现状：红十字青少年工作是中国红十字事业的重要组成部分，也是构建和谐学校、和谐社会的重要工作平台。该板块收录了对江苏红十字青少年运动调研的基本概况，对红十字青少年工作现状进行梳理，指出工作中的亮点与不足，并提出一些对策和措施，认为红十字青少年工作是一项长期事业，我们要更新观念，与时俱进，建立健全工作机构，确立完善工作保障机制。同时，要做好宣传工作，充分利用现代化技术，让信息化、数字化的红十字信息面向社会传输。各学校红十字青少年工作与时代齐进步，与祖国共奋进，与世界同发展，坚持以马克思主义中国化最新成果为多彩的青春导航，努力锻造综合素质，不断拓展成才途径，谱写新时期红十字青少年工作的新篇章。

理论思考：所谓红十字青年，实际就是在学校中的红十字会会员①；红十字少年，指未成年的红十字会会员②。在发展会员过程中，学校是重要的活动场所，而红十字青少年则是社会服务的重要力量。学校是青少年红十字会员的集中地，因而学校红十字会工作在推动红十字青少年运动的发展中尤为重要。该板块收录论文 9 篇，分别阐述了对小学、中学以及高校红十字会工作的认识和思考，在学校中传播红十字文化，让红十字精神在学校教育中发扬光大。这些论文的作者大部分都是学校教师或高校学生，结合亲身实践和认知，指出学校红十字工作的不足，提出思考和建议，并阐明在学校开展红十字工作的重要性。强调学校传播红十字文化的重要性，要有继承性、开拓性、创新性，只有不断拓宽传播渠道，才能发挥强大的传播能量，培养青少年"人道、博爱、奉献"的红十字精神。

实践探索：该板块是各地红十字青少年工作实践经验的汇总，是展示各地红十字青少年工作成效和特色的"平台"，为他人提供经验和借鉴。南通市红十字会从学校实际出发，将人道理念传播纳入学校德育体系，将红十字主题实践活动与学生的社会实践、红十字志愿服务相结合，走出了一条务实创新、注重效果、逐步规范的学校红十字工作发展路径；浙江省吴兴高级中学坚持"立德树人"理念，把体现红十字精神、促进青少年健康成长的各项活动融入青少年的学习和生活中，红十字工作坚持 10 余年，构建了"吴高博爱四季风"的德育体系；上海嘉

---

① 吴耀麟：《红十字青年运动》，《红十字月刊》第 7 期（1946 年 7 月），第 7 页。

② 《红十字少年的工作与活动》，参见中国红十字会总会编：《中国红十字会历史资料选编，1904—1949》，南京大学出版社 1993 年版，第 373 页。

定区城中路小学的"晨晓"红十字社团在一年四季中开展暖心活动，将红十字文化的理念和精髓融入课堂和校园环境中，让学生耳濡目染，感悟"人道、博爱、奉献"的红十字精神等等。这些基层特色实践工作，为开展红十字青少年工作提供了榜样力量，鼓励其他单位积极开展工作，创造更好的实践效果，促进红十字事业的发展。

专题研究：该板块收录论文4篇，介绍了"复员"时期中国红十字青少年运动的发展状况，揭示了这一时期红十字青少年运动的成就以及在中国红十字运动史上的地位。此外，该板块还对民国时期教材中的红十字课文进行了介绍，建议将红十字知识选入中小学课本，同时应集中人力物力，编写一套适合各个年龄段的学生阅读的红十字知识手册，其作用甚大。

政策法规：该板块收录了《国际红十字与红新月运动章程》《中华人民共和国红十字会法》《国务院关于促进红十字事业发展的意见》《中国红十字会章程》《关于加强学校红十字会工作的指导意见》《学校红十字会工作规则》《红十字模范表彰管理办法》《中国红十字会会员管理办法》《中国红十字会会费管理办法》《上海市高等院校开展红十字工作办法》《上海市中、小学校开展红十字工作办法》《关于印发〈上海市学校红十字工作创建活动实施细则（试行）〉及有关创建标准的通知》等有关红十字青少年运动的政策法规，便于参照，具有鲜明的时代特色和现实价值。

二

本书作为一本研究红十字青少年运动的专门性著作，是众多研究红十字青少年运动成果的结晶。纵览全书，可称道之处甚多。

（一）历史回顾和对发展现状的客观呈现的有机结合

《红十字青少年理论与实践》一书第一部分，即为"历史演变"，该板块以时间为序，内容涵盖了国际红十字青少年运动的起源、发展和壮大以及主要活动和发展前景，中国红十字青少年运动的起源、发展和新中国成立后的发展历程。"专题研究"板块对复员时期中国红十字青少年运动的发展进行了介绍。"发展现状"和"实践探索"板块对中国红十字青少年运动的现状进行了客观呈现，从文章的字里行间可见，当前中国红十字青少年运动的发展虽然有一些缺点和不足，但是组织建设不断加强，机构设置不断健全完备，规章制度不断完善，管理工作更加有序规范，宣传渠道不断拓宽，红会知识广泛传播，培训工作不断深化，会员队伍不断壮大，志愿服务常年开展，红十字青少年工作蓬勃发展。红十字青少年工作是一项长期的、系统的、大众的事业，在加强人与人之间的相互了解，促进精神文明建设，构筑和谐社会中占据重要地位。因而，要做好红十字青少年工作，就要与时俱进，把红十字工作的眼前效益和长远效益相结合，坚持科学发展观，保证可持续发展，进一步实现红十字会工作管理规范化、工作制度化、活动开展具体化。

该书将对红十字青少年运动的历史回顾和对其发展现状的客观呈现相结合，使内容更加丰满，条理更加清晰，将红十字青少年运动在中国扎根、破土、萌芽和成长的过程清晰地展现在读者面前，也体现了强烈的现实关怀意识。

（二）宏观研究与区域研究、个案研究有机结合

在研究视角上，该书既有宏观研究，如"历史演变"板块系统爬梳了国际红十字青少年运动和中国红十字青少年运动的发展轨迹、现状以及未来发展前景；也有区域研究，如对南通市学校红十字工作的特色和经验的研究与介绍，指出其主要特色是："一、理清工作思路，科学定位学校红十字工作；二、健全组织体系，扎实推进学校红十字实践活动；三、开展达标升级，带动学校红十字工作整体提升；四、推进管理创新，建立学校红十字工作长效机制"以及对嘉定区各学校红十字青少年活动的观察与思考和对江苏省溧阳市红十字青少年工作的认识；还有微观个案考察，如对浙江省吴兴高级中学红十字青少年工作的研究，对民国教材中红十字课文的考察等等。

本书中将宏观研究与区域研究、个案研究有机结合，既有大而广的宏观景象的呈现，又有具体而微的个案的呈现，点面结合，更有学理性。

（三）理论探索与实践经验总结相结合

本书既有红十字青少年理论探索，又有实践经验的总结。"理论思考"板块分别对高校红十字会工作、学校红十字青少年工作以及红十字精神和红十字文化在学校的传播和渗透等方面进行了理论思考。作者认为高校红十字会工作在大学生素质教育中具有重要意义，可以引导大学生树立正确的世界观、人生观、价值观，培养大学生的社会责任感，养

成无私奉献的精神。做好高校红十字会工作，要"加强组织建设，完善工作机制。坚持改革创新，形成特色品牌。整合各种资源，促进交流合作。壮大会员和志愿者队伍，提高学生的参与水平"，进一步促进高校红十字工作的健康发展；红十字青少年是红十字运动的重要力量，红十字青少年工作在学校教育中的地位和性质决定了红十字青少年工作的重要性。红十字运动弘扬"人道、博爱、奉献"的精神，学校传播红十字文化对于培养青少年红十字精神有重大意义。学校可以将人道主义精神融入学校德育教育，加强学科渗透，拓宽传播面；同时也可以举办各种主题活动，如自救互救活动、预防艾滋病宣传活动、观看公益影视作品、开展宣传控烟禁烟教育活动等；此外，还可以利用新媒体，如微信、QQ、微博等平台传播红十字文化。

实践经验的总结主要有：

江苏省溧阳市学校红十字工作的实践：（一）形式求活，强化常规教育。红十字青少年工作网络健全，队伍建设卓有成效，完善培训指导的工作制度。（二）活动求优，强化宣传力度。其主要利用课堂进行宣传教育，还利用各种节日、纪念日以及网络进行宣传教育。（三）科研求深，强化质量内涵。科研是红十字青少年工作获得深层次发展的基石，加强科研刻不容缓。

江苏省南通市通州区学校红十字工作的经验：围绕学校红十字会工作的方向定位、制度机制、长效管理等布局，立足长远，创新理念，突出5个"更"（更务实的定位、更有力的抓手、更拓展的活动、更暖心的服务、更长效的机制），扎实推进全区学校红十字会工作新发展。

浙江省吴兴高级中学的主要经验：三个"将"——将红十字精神融入德育教育实践，将红十字精神融入生命教育体系，将红十字精神融入文化校园建设。

上海市嘉定区金鹤中学践行红十字精神的实践探索：（一）以班队主题活动为载体，弘扬红十字精神。（二）以课堂教学为主阵地，浸润红十字精神。（三）构建和谐的校园人际关系，践行红十字精神。

此外，本书还对嘉定区城中路小学、杨柳初级中学、马陆小学、嫘城实验学校等中小学校开展红十字青少年活动的实践经验进行了总结。总之，红十字青少年工作应充分考虑当时、当地和学校的工作实际，突出地域特色，为本地区红十字青少年工作服务。

三

　　纵览全书，作为集体智慧的结晶，该书具有一定的系统性，板块划分明确。作为一本专题性论文集，关注的焦点在红十字青少年运动，特别是中国红十字青少年运动，涉及内容包括国际红十字青少年运动的起源及发展概况、中国红十字青少年运动的起源、民国时期的发展以及新中国成立以后的发展历程、红十字青少年工作的现状、学校红十字青少年工作的开展情况及经验、有关红十字青少年事业发展的政策法规等等。内容较为全面，研究视角多样，既有理论探索，又有实践经验的总结。

　　大部分论文作者来自各地学校或红十字会基层。他们直接参与红十字青少年工作，既有实践经验又有理论修养，因而其所著论文对红十字青少年运动具有重要的参考价值，值得大家学习和借鉴。因此，该书具有重要的现实价值。

　　本书作为一本论文集，某些地方还有值得商榷之处。如在体例的划分上，"专题研究"板块或可以划入"历史演变"板块之中，使文章排列更有时序性。

　　总体而言，瑕不掩瑜。推出《红十字青少年理论与实践》的价值和意义是值得肯定的，对中国红十字运动研究和红十字青少年运动研究都将起到极大的推动作用。

（作者单位：苏州大学社会学院）

图书评论

《人道的力量：中国红十字会救援江浙战争研究》简评

侯如晋

梁旻所写《人道的力量：中国红十字会救援江浙战争研究》（以下简称《人道的力量》）一书，以 1924—1925 年江浙战争为中心，考察了中国红十字会的战地救护情况，以此彰显红十字会的人道精神。该书近30 万字，由合肥工业大学出版社出版发行。

一、《人道的力量》基本内容及架构

由于此书是梁旻的博士论文，因此也包含其绪论部分，即选题缘起、研究综述等内容。全书对中国红十字会的救援行动实际上按原因、经过、结果（及评价）三部分展开论述。

第一部分是第一章，讲述江浙兵灾爆发的原因、经过、结果及影响，作为中国红十字会救援行动的背景；第二部分是第二至六章，讲述中国红十字会从战前筹备，到战地救护，到医院救治，到难民收容与救助，再到兵灾善后的全过程，作为中国红十字会救援行动的经过；第三部分是第七章，对中国红十字会的救援行动做出评价，包括其人道救援成效分析、人道救援特点、成功救援江浙之战的原因和人道救援影响。总体而言，该书架构完整，脉络清晰，基本史实交代清楚，是一本了解中国红十字会在江浙战争救护方面所做努力的作品，也再现了江浙战争的大致面貌及当时的社会状况。

不难发现，全书主体上基本按照"先总会后分会"的结构叙述，并且三至六章中均有个案分析（第六章第三节对昆山的介绍并未单列一节，但实际是"兵灾善后"的一个个案研究），且在大多章节最后以"小结"的形式对本章内容做总括。谋篇布局比较清晰，一目了然。

二、《人道的力量》特点概述

（一）运用了丰富的资料

书中运用的资料主要包括以下几类：一、报纸杂志。如《申报》《新无锡》《吴语》《兴华》等，这其中对《申报》的引用贯穿全书。二、地方志。市、县、镇级地方志资料均为作者所用。如《苏州史志资料选辑》《镇江市志》《江苏六十一县志》《青浦县志》《兵希镇志》等。三、资料汇编。其中包括中国红十字会总会编的《中国红十字会历史资料选编，1904—1949》等、各省市红十字会编的本地红十字会历史资料、池子华等人《〈申报〉上的红十字》系列资料汇编，以及与红十字会相关的其他资料如《天津商会档案汇编》《江苏通史》等等。一些档案资料规模比较庞大，因此作者在其中发现红十字会相关资料并加以运用就显得难能可贵。如《苏州商会档案丛编》（第3辑）下册，至少有1500页以上。此外，全书参考了多本专著和多篇论文，诸如费正清的《剑桥中华民国史》、来新夏等的《北洋军阀史》，增添了文章的厚重感。

（二）论述上有时间、轻重的不同，且带有褒扬的情感

首先，以战前、战时、战后的时间划分，展现中国红十字会救援行动的阶段性特征。战前，红十字会积极筹备救护物资及人员等，并奔走各方，极力阻止战争；战时，红十字会派遣救护队，设立临时医院及各种收容所，救治伤兵和难民，减轻战争带来的伤害；战后，红十字会进行损失估计，安排伤兵难民遣送事宜等。一系列井井有条的工作，使大量战争受害者得到救助，也使红十字会自身得到发展，还在社会上传播了红十字人道精神。

其次，用"值得注意的是""需要特别说明的是"等字样来重点论述一些内容，使得作者意图强调的部分能够受到关注。当然，对有些看似枝节的内容，作者也做了必要的说明，例如与昆山分会一道接运难民的"美国红十字会救济队"，作者以注释的方式将这里的上海"美国红十字会"与原来美国红十字会的南京分会做了区别性说明。

第三，全书处处反映出作者对中国红十字会在江浙战争中发挥的作用的肯定与颂扬——从地位上加以肯定，说红十字会在战争救援中发挥"主导"作用；从救援成效上加以肯定，说红十字会"发挥了很好的作

用""为伤兵难民带来生的希望""成绩显著""成效显著""成果显著"
"取得了令人瞩目的成绩""做出了巨大贡献"等等，还用"家"这个
字表现了对红十字会设置收容所的赞扬。

（三）展现出江浙战争期间某些社会状况

典型的是江浙（主要为江苏）"人"的状况。通过《人道的力量》
可以知道，战区及周边有些地方经济状况良好，富户不在少数。一方
面，存在个人捐助较多财产的情况，如无锡巨绅杨翰西捐助安亭红会的
事例（第222页）。另一方面，存在以个人住宅作为各地红十字会救援
安置处的现象。比如驻常州的第二救护总队，在城内的谈宅、庄宅设立
第二、第三急救所（第124页）；开展收容救助工作时，松江分会陆续
开办的妇孺收容所有两处选址私人住宅（第147页）；"昆山分会鉴于已
有的妇孺收容所不敷容纳，于是陆续增设收容所，又借东塘俞凤宝宅，
添设第五妇孺收容所；借柴王街毕庆侯宅，添设第六妇孺收容所"（第
160页）；江苏苏州更显经济富庶，近代以来出现了费仲深等著名的大善
士（第170页）。很多善士在战争期间对红十字会给予了力所能及的
帮助。

此外，特殊时期的特殊状况也是江浙战争期间社会状况的一个断
面，比如拉夫封船。其他像一些地区的交通概况、学校概况、宗祠善堂
存在情况，全书均有所涉及。

三、有待商榷之处

《人道的力量》通过大量材料介绍了中国红十字会江浙战争的救援
行动，论述较为清晰。但少许不足也不妨提出。

首先，从整体感观的角度而言，这篇作品"研究"的成分稍显不
足，并且缺乏一定的宏观视野。虽然各章与各章之间按照时间顺序交代
了中国红十字会战争救护的"功绩"，自始至终突出"人道救援"，但往
往戛然而止，对红十字会工作中出现的阻碍和不足仅在最后评价的时候
稍有提及，可谓详其一面，略其另一面。

其次，书中存在一些技术处理上的错误。（1）几处错别字虽无伤大
雅，但毕竟是小的硬伤，如本书176页处"也巩固和提升了中国红十字
会的社会现象"的"现象"二字，改为"形象"或许为作者本想运用
之词。（2）对于原材料的"错误"之处的引用，作者或可采取注释说明

或正文说明的方法，不一定要将原材料改动。例如，"第一次江浙战争期间红会沪埠 13 所医院收治伤兵人数统计表"中有一项"每日合计"，作者自己也在表后说明了原报道是"824"，应修改为"834"，但是直接把原表的数据改动以后加以引用的做法似乎稍欠妥当。（3）文中一些语句可不必重复说明，譬如江浙战争发生在江苏南部及沪埠周边地区，因而对江苏影响较大、对浙江影响较小的类似交代，仅说明一次便可。（4）对于一个新名词的解释，理应放在一本书中该词最早出现的地方，但是本书对"人道灾难"的注解却放到了第一章开始之处（"人道灾难"一词实际上在绪论部分就已出现）。此外，像"众所周知"这样的词汇，是否可以少用或不用？我认为可以商榷。红十字会是国际性的人道救助组织（第 215 页），这一说法没有问题，但是不是"众所周知"，这就不一定。这个"众所周知"却在书中出现了好几次。

总体而言，该书不失完整性，紧扣主题，讲述了中国红十字会救援江浙战争的大致情形，尤其尽力凸显"人道的力量"，彰显与弘扬了红十字精神，也为今日红十字事业的发展提供了一定的借鉴。

（作者单位：苏州大学社会学院）

《中国红十字历史编年，2010—2014》简评

赵　婕

　　为弘扬红十字人道主义精神，全面展现中国红十字会波澜壮阔的历史画卷，推动中国人道事业的发展，加强国际民间的交流与合作，苏州大学红十字运动研究中心组织编写了《中国红十字历史编年，1904—2004》（安徽人民出版社 2005 年版）和其续编《中国红十字历史编年，2004—2009》（合肥工业大学 2012 年版），作为专门检索红十字运动历史和重大事件的工具书。随着时代的发展，为了使这套工具书保持连贯性与统一性，《中国红十字历史编年，2010—2014》（以下简称《历史编年》）应运而生。本书由池子华、邓通主编，2016 年 3 月由合肥工业大学出版社出版。

一

　　《历史编年》近 30 万字，采用"编年"体例，以年月日为序，再现了中国红十字会 5 年发展演进的轨迹。本书特点主要表现在以下几方面：

（一）以时间为序，条目清晰

　　《历史编年》以时间为经，以事件为纬，辑录了 2010 年至 2014 年红十字会的相关史事。该书依照年份顺序将全文内容分为 5 个板块，即 2010 年、2011 年、2012 年、2013 年、2014 年，再以月、日为序，依次叙述这 5 个年份红十字会的发展历程，条目清晰，令读者一目了然。阅览该书后，我们可以清楚地知道某一年某一月某一日发生了何事，以及此事的前因及后果如何，亦可清晰地了解同一时段发生的不同事件之间的内在联系。这种编排方法，缕述了 5 年来国内外重大历史事件，遵循

了历史发展的内在逻辑，清晰地勾勒出中国红十字会发展状况。

（二）内容全面，客观公允

《历史编年》广泛收录散落于红十字会报刊、年鉴、书籍以及相关网站上关于 2010 年至 2014 年红十字运动发展情况的资料，并将这些资料进行整理概括，对于重要的内容更是全文收录，不吝篇幅，力求囊括无余。该书辑录了中国红十字会开展备灾救灾、应急救护、人道救助、国际救援、文化传播、筹资与财务管理、组织建设、志愿者服务、青少年活动以及国际交流与合作等各项工作的内容。上至中国红十字总会，下至红十字会基层组织均有涉及；无论是国家领导人、红会会长或理事，还是企业家、明星慈善家，甚至是平民百姓的相关事件皆有记载；重要会议、各项慈善活动等亦都收录其中，内容全面。《历史编年》作为一本工具书与资料书，不同于史学著作可对历史事件做出评析与价值判断，必须客观、真实与公正，不能掺杂编者个人的情感倾向。加之，该书所记录的这段中国红十字会历史距离当今时代近、社会关注度高、借鉴意义最为直接，因此编者在编撰过程中一直秉持客观公允的原则，始终以科学严谨的学术态度，实事求是地对相关历史事件进行梳理汇编，不做纵深阐述，不添加任何感情色彩，仅陈述一般事实。

（三）重点突出，详略得当

《历史编年》以系年的形式记录中国红十字会的年轮，每一年轮的主轴都是当年的重大事件，力求做到主线清晰，重点突出。该书重视选取重大的历史事件，不仅有事关红十字会发展全局的事件，如红会每年的工作会议、理事会会议、发展规划等，还包括重要领导人发言、国内与国际交流、灾害救助、国际人道援助、"三救三献"、组织建设、文化传播、青少年活动等红十字主要会务，与红会有关的社会热点事件亦辑录其中。由于 2010 年至 2014 年红会活动的信息容量密集、内容庞杂，该书在对资料的取舍与文字的表述方面，尽可能做到准确系统、精益求精，以期做到"大事突出，要事不漏"。对于每一具体条目的表述，力求规范，突显重点，以便于读者真切地了解各个阶段红十字会发生的重大事件。行文长短视内容轻重而定，对重点内容着墨较多，给予较大的篇幅；对一般性内容即简要概括，寥寥几笔带过，不做过多的铺陈。但也有例外，对于持续时间较长的事件，如"红十字博爱送万家""红十字天使计划""红十字老区行"等一系列红十字品牌项目，会进行适当的补充说明，概括事件的原委，介绍事件的相关背景以及具体内容。这种简要综合叙述的方式使读者清楚地了解事件的前因后果，避免同一事件前后割裂、首尾相稽的弊端，也使得全书轮廓清晰，风格相对统一又不失灵活。

（四）贴近现实，立足当下

《历史编年》以学术编年的方式来呈现中国红十字事业自 2010 年至 2014 年发展的历史脉动，其记载的事件距今时今日只隔了几年的光景，皆处于 21 世纪 20 年代的大背景之下，因此对当下具有重要的借鉴作用，贴近现实，立足当下。可以说回顾的这 5 年是中国红十字会快速发展的时期。在这 5 年中，中国红十字会成功地开展了海地地震、智利地震、青海玉树地震、日本海啸、利比亚战乱、菲律宾台风等重大灾害和冲突的救援救助工作，出色地完成服务广州亚运会、南京青奥会等运动盛事的工作任务，"红十字博爱送万家""中国造血干细胞捐献者资料库（中华骨髓库）""红十字天使计划""慈善万人行""北京 999 紧急救援中心""魔豆宝宝爱心工程""红十字老区行"等一大批具有较大影响力的红十字品牌不断做大做强。中国红十字会在大型企业中成立的第一个基层红十字组织——招商银行红十字会成立，"中国红十字世博温暖基金"、中国红十字会"世博爱基金"、"中国红十字·淘宝公益基金"、"冠军基金"等公益基金正式启动。中国红十字会总会公布以往捐赠款物接收、拨付、使用和结存情况，对善款的管理力求公开透明。总的来说，这 5 年来中国红十字会备灾救灾、应急救护、国际援助工作成效卓著，筹资方式更加灵活多样，文化传播能力显著提高，青少年活动广泛开展，国际交流与合作不断深化，基层组织建设工作稳步推进，志愿服务工作越来越规范化与专业化，心理救援工作逐步走向标准化与专业化道路，理论研究也更加深入。

（五）浅显易懂，图文并茂

《历史编年》的文字浅显易懂，对专有名词也会进行补充说明，例如在陈述"两公开两透明"时，编者在其后标注它的具体内容"捐赠款物公开，财务管理透明，招标采购公开，分配使用透明"，让读者便于理解，无须再翻阅其他相关资料。此外，该书在用文字叙述历史事件时，还配备了一些图片。图文并茂，增强了该书的趣味性与可读性。比如，在陈述中国红十字会 2010 年工作会议时，配了一幅"中国红十字会 2010 年工作会议在深圳召开"的图片，直观地展示了会议召开时的情形；在表述 2010 年捐款国红会论坛的召开时，配了一幅"近卫忠辉、比开利·格雷塔参与论坛现场讨论"的图片，生动地呈现了出席代表们热烈讨论的场景。文字与图片相辅相成，生动有趣。

二

该书内容丰富，特色鲜明，具有重要的价值，以下几点值得关注：

（一）丰富了红十字运动的研究资料，拓宽了研究视角

《历史编年》收录了 2010 年至 2014 年红十字会的重大活动以及与红十字会相关的历史事件，涉及红十字会工作的方方面面，包括备灾救灾、应急救护、社会救助与服务、国际人道主义救援、人员培训、红十字青少年活动、志愿服务等众多内容。该书所收录的每一条资料都与红会有关，如上所述，该书所辑内容较为广泛与全面，极大地丰富了红十字运动的研究资料。此外，由于该书是资料性载籍，为原始资料汇编，因此它在为研究者提供素材的同时，也开辟了不少研究路径，拓宽了研究视角。研究者可从书中搜罗材料，进行专题研究，例如对红十字外交、国际救援工作、青少年活动、培训工作、基层组织建设、筹资能力、财务管理等专题进行专门、深入地研究；也可进行比较研究，例如比较中国红十字会在相邻两年内开展的国际救援行动，分析两次救援行动的得与失、好与坏，通过比较找出红会开展国际救援工作所取得的进步以及仍需改进的地方；此外，还可进行计量研究，例如通过统计每年的捐款总额、救灾物资总量、受益人员总数等数据，分析红十字会救助工作的成效。

（二）彰显人道博爱精神，突显人文关怀

《历史编年》所辑内容时间跨度为 5 年，记载了众多有关红会的活动与事件，这些活动与事件彰显了人道博爱精神，突显了人文关怀。例如，中国红十字会积极开展阿尔巴尼亚水灾、海地地震、智利地震、青海玉树地震等重大灾害的紧急援助与灾后重建工作；"中国红十字世博温暖基金"援助困难群体，为其提供尽可能的帮助，改善其物质生活条件；"红十字博爱送万家"活动在全国各地开展，主要救助受灾严重的困难群众和部分贫困地区的特困群众，为他们送去救助慰问

金和生活用品；中国红十字基金会"以爱育爱·幸福天使行动"关爱婴幼儿健康问题，为孤、贫、残、病婴幼儿提供资助；中国红十字会心灵阳光工程举办"社会心理支持工具包培训班暨灾害心理援助项目（PSP）启动仪式"，旨在加快我国红会心理救援队伍的建设，更好地为灾区群众进行心理疏导；"兜兜传爱基金"关注西部女性健康，救助患病的人群；"魔豆宝宝爱心工程"资助身处困境但自强不息的贫困母亲……纵观全书，我们可以直观地感受到中国红十字会成为最具影响力、号召力、感染力的人道救援组织的发展历程，也能够深切地体会到红十字会在国家应急体系、改善民生、构建和谐社会中的重要作用。

（三）以史为鉴，服务现实，展望未来

《历史编年》辑录了一些有关红十字会的社会热点问题，比如"郭美美事件""红会购买别墅事件""成都募捐箱事件"等，这些都对红十字会产生了较大影响。尤其是"郭美美事件"严重降低了红会的公信力，给红会带来了致命的打击。虽然大部分事件已被澄清，但仍有少数事件被证实，这反映了红会自身存在问题，亟待改进与完善。我们要以史为鉴，不能重蹈覆辙，必须加快推进红十字会的改革，重塑红会的社会公信力，采取措施确保中国红十字事业健康发展。此外，该书还收录了红会开展各项工作的相关资料，培训工作、志愿者服务工作、筹资与财务管理等方面皆取得了较大的进步，这些都是当下红会开展工作时需要学习的经验。总之，我们要以史为鉴，致力于为现实服务，以谋求未来更好的发展。

三

上述可知，《历史编年》有其特点与价值，但并不代表该书无可挑剔：

其一，该书具有编年体著作的通病，难以面面俱到，遗漏之处在所难免。和任何编年体书籍一样，它不可能穷尽所有的资料，万事皆录。另外，囿于篇幅和资料所限，该书不可避免地存在一些缺漏。

其二，未对资料来源进行标注。翻遍全书没有发现参考文献目录以及脚注，使得读者难以了解资料的具体来源。检索手段和途径的缺乏会对读者查找与使用造成不小的困难。

当然，瑕不掩瑜。该书收录了 5 年来红十字会重大活动和与红会相关的历史事件，清晰地呈现了我国红十字运动演进的历史轨迹。它既丰富了红十字运动的研究资料，拓宽了研究视角，也彰显了人道博爱精神，突显了人文关怀，同时有助于服务现实，更好地展望未来。

（作者单位：苏州大学社会学院）

追根溯源：《中国红十字运动史料选编（第三辑）》简评

阎智海

　　红十字运动研究开展有年，取得了丰硕的研究成果，在理论研究深入开展的同时，红十字史料的挖掘与整理工作也卓有成效。迄今为止，关于红十字运动的史料集已先后出版 10 余种，每部史料集均有其特色和可称道之处，从而为进一步研究奠定了基础。2016 年 7 月，由池子华、欧贺然主编的《中国红十字运动史料选编（第三辑）》（下称《选编（第三辑）》）付梓刊行，红十字运动研究园地又有了新的收获，兹结合其内容略作评述。

一

　　《选编（第三辑）》全文 50 余万言，计分为综合、专题、纪事、杂俎 4 部分，主要记录了民国期间国际红十字组织波澜壮阔的人道活动，因其史料来源主要取自中国红十字会所办会刊，其中有较大篇幅记录了国际红十字组织与近代中国的渊源。全书厚重翔实，特色鲜明，主要表现在 3 个方面：

（一）编排有序，逻辑清楚

　　史料的编纂体现了编者对红十字运动的深刻了解和认识。是书以时间为序，分类汇纂，其编排框架本身反映了国际红十字组织诞生发展的历史过程。其中，"综合"部分主要记录了国际红十字组织的整体发展概况，如红十字国际委员会①的会议通告、组织架构、历史沿革、战时

---

　　① 红十字国际委员会，近代文献中亦译为万国红十字会、万国红十字总会、国际红十字会、国际红十字委员会、万国红十字联合会。

工作，红十字会协会①的组织工作、公共卫生及其作用，各国红十字会的募捐工作、护理事业、社会服务，红十字青少年运动等。"专题"部分主要记录了国际红十字组织在法律和制度建设方面的成果，如瑞士保护红十字会名目及标记之法律、荷兰所制定的关于红十字会的法律、美国红十字会救护章程、国际红十字会公约等。"纪事"部分主要记录了各国红十字会在世界各地开展的人道活动，如国际红十字大会的举行、部分国家红十字会的起源、各国红十字会的具体工作情形、各国红十字会对中国自然灾害的赈济，以及抗战时期对中国伤兵难民的救济等。"杂俎"部分主要记录了各国红十字会缔结《日内瓦公约》情况、各国红十字会员发展情况、红十字人物传略等。

（二）主题突出，收罗宏富

从史料记载的内容来看，本书既有对红十字运动兴起发展的宏观论述，也有对各国红十字会人道活动的具体记载；既有对红十字运动创始人的传记，也有对红十字普通救护人员的记述，举凡国际红十字运动的起源、红十字立法、红十字外交、红十字战时救护等资料均收罗其中。此外，对于抗战时期国际红十字组织对华人道援助的资料收录颇详，我们从中不难窥见国际红十字组织在战时救护中的独特作用。国际红十字组织的不同侧面折射出红十字运动从兴起到逐渐传播到世界各地的发展历程，既彰显出红十字运动的国际性特征，又体现了红十字人道主义活动的多样性。

（三）尊重史实，保存原貌

是书主要辑录自中国红十字会在民国期间所办会刊，本着尊重历史事实的原则，尽管编者在汇纂的时候做了新的调整安排，但是，仍然保留延续了史料的原始风貌。中国红十字会自办刊物始于 1913 年，为加强红十字人道传播工作，中国红十字会于是年先后创办了《人道指南》和《中国红十字会杂志》，借以推广慈善事业，阐扬红十字宗旨。中国红十字创始人认识到大众传媒的强大传播作用，这两种刊物均印行数万

①　红十字会协会，近代文献中亦译为红十字联盟会、红十字会联合会、万国红十字联合会、红十字会国际联合会，成立于 1919 年 5 月 5 日。协会由美国、法国、英国、意大利和日本的红十字会共同发起，连响应的国家红会组织计 26 国，协会总部原设于日内瓦，1922 年 9 月迁到巴黎，1939 年又迁回日内瓦。协会于 1983 年更名为红十字与红新月协会，1991 年又更名为红十字会与红新月会国际联合会。参见张玉法主编，周秋光、张建俅等著：《"中华民国"红十字会百年会史（1904—2003）》，（台北）致琦企业有限公司 2004 年版，第 9—10 页。

册，颇能体现中国红十字会成立初期在宣传工作方面的力度。从刊物的编辑情况来看，《人道指南》尚未对所刊载的内容进行分类编排。至《中国红十字会杂志》创刊后，其开始根据所刊载稿件内容进行了分类编排，如该刊第一期分为"图画""题赠""祝词""弁言""撰述""专件""纪事""函电""译述""小说""杂俎""文苑""补白"等栏目，说明刊物的编排形式已相对成熟，这反映出时人对红十字运动认识水平的不断深化。此后，中国红十字会又陆续出版了《中国红十字会月刊》《救护通讯》《会务通讯》《红十字月刊》等，无论是办刊宗旨、编排形式，还是刊物的内容上，续出的刊物与《中国红十字会杂志》的整体风格一脉相承。由上述可以看出，《选编（第三辑）》所辑录史料虽然进行了重新整合汇编，但是，其编排形式则主要借鉴了《中国红十字会杂志》栏目，忠实地保留了史料的原貌。

二

《选编（第三辑）》通过对国际红十字组织的相关史料进行专题梳理，客观再现了红十字运动从欧洲兴起到遍布世界各地的过程，这对于拓展红十字运动研究的新领域大有裨益。作为国际红十字组织的专题史料汇编，其史料价值不言而喻。

（一）有助于推动对国际红十字运动的关注和研究

红十字运动起源于欧洲，1863 年瑞士成立的伤兵救护国际委员会标志着红十字的诞生。国际红十字运动主要包括三大部分：红十字国际委员会，红十字会与红新月会国际联合会，国家红十字会或红新月会。作为与联合国、奥委会并称的三大国际性组织之一，红十字会自诞生以来，其人道活动范围便已超越国界。在红十字运动兴起的 100 多年间，红十字组织亦由欧洲一隅发展到遍布世界各地，各国红十字会秉承人道主义宗旨，在兵灾救护、灾难救济、推动世界和平与发展等方面均做出应有的贡献。红十字本身是人类社会发展的产物，也是文明进步的表现，"其以人道主义为核心的诉求得到了全世界所有国家和地区的认同"①，截至 2015 年年底，全世界共有 190 个国家和地区建立了红十字会，各国红十字会与红十字国际委员会、红十字会与红新月会国际联合

---

① 张生：《中国红十字运动史研究刍议》，《史学月刊》2009 年第 9 期，第 5 页。

会共同构成了国际红十字运动。但是，长期以来，"中国学界关注最多的是中国红十字运动的历史发展，而对国际红十字运动鲜有问及"①，史料的缺乏显然成为制约国际红十字运动研究开展的主要因素。就此而言，《选编（第三辑）》的出版无疑将红十字运动研究推向更广阔的空间，尤其是抗战期间，国际红十字组织和中国有着密切的联络，为战时中国的伤兵救护和难民救济工作做出较大贡献，史料集对此有较多篇幅的记录，这为进一步探究国际红十字运动的发展历史提供了条件。

（二）有助于深化对中国红十字运动的研究

中国红十字会作为国际红十字大家庭中的一员，其人道活动是国际红十字运动的有机组成部分。近 10 余年以来，对于中国红十字运动的研究逐年推进，无论是理论研究，还是史料的挖掘与整理，均取得显著的成果。中国红十字运动研究的深入和史料建设基础性工作的开展密切相关，从已出版的红十字史料汇编来看，所收录史料包括档案资料汇编、文史资料合集、民国报刊文献，等等，主要以辑录中国红十字运动的相关文献为主②。必须一提的是，学界业界合作的模式推动了研究的持续开展，并取得丰硕的研究成果。当然，现在所能达到的研究深度并

---

① 池子华：《关于深化红十字运动研究的几点构想》，《史学月刊》2009 年第 9 期，第 14 页。

② 以辑录中国红十字运动为主的相关文献如下：贵阳市政协文史资料研究委员会编：《红会救护总队》，《贵阳文史资料选辑》第 22 辑，1987 年内部印行；中共上海市委党史资料征集委员会主编：《皖南从军纪实——上海红十字会煤业救护队抗战史料选编》，1987 年内部印行；中国红十字会总会：《中国红十字会历史资料选编，1904—1949》，南京大学出版社1993 年版；中国红十字会总会编：《中国红十字会历史资料选编，1950—2004》，民族出版社2005 年版；贵阳市档案馆编：《战地红十字——中国红十字会救护总队抗战实录》，贵州人民出版社 2009 年版；《大清万国红十字会档案》，全国图书馆文献缩微复制中心 2009 年版；池子华、严晓凤、郝如一主编：《〈申报〉上的红十字（1897—1949）》四卷本，安徽人民出版社2011 年版；池子华、傅亮、张丽萍、汪丽萍主编：《〈大公报〉上的红十字》，合肥工业大学出版社 2012 年版；池子华、丁泽丽、傅亮主编：《〈新闻报〉上的红十字》，合肥工业大学出版社2014 年版；池子华、崔龙健主编：《中国红十字运动史料选编（第一辑）》，合肥工业大学出版社 2014 年版；池子华、丁泽丽主编：《中国红十字运动史料选编（第二辑）》，合肥工业大学出版社 2015 年版；〔日〕川俣馨一著，池子华、郭进萍校订：《日本红十字运动史（1877—1916）》，合肥工业大学出版社 2015 年版；马强、池子华主编：《红十字在上海资料长编（1904—1949）》三卷本，东方出版中心 2015 年版；池子华、欧贺然主编：《中国红十字运动史料选编（第三辑）》，合肥工业大学出版社2016 年版；池子华、阎智海主编：《中国红十字运动史料选编（第四辑）》，合肥工业大学出版社 2106 年版；池子华、丁泽丽主编：《中国红十字运动史料选编（第五辑）》，合肥工业大学出版社 2016 年版；池子华、李欣栩主编：《中国红十字运动史料选编（第六辑）》，合肥工业大学出版社 2016 年版。

不意味着研究的止步，相反，新史料的陆续挖掘整理必然将中国红十字运动研究推向新的高度，尤其是近代中国红十字运动的发展和国际红十字组织在在相关，无论是红十字在中国的诞生，还是近代中国历次灾害救济和兵灾救护，均能看到国际红十字组织的身影。而关于近代中国红十字会的国际交往、国际红十字组织与近代中国的关系，相关的专题研究仍有待开展。从这个角度而言，国际红十字组织史料的结集出版无疑也有助于深化对中国红十字运动的研究。

三

《选编（第三辑）》的问世意味深远，长期以来，对于国际红十字组织的研究步履因资料匮乏而行进蹒跚，虽然此前校订出版的《日本红十字运动史（1877—1916）》说明学界已对国际红十字运动有所关注，但是，这也仅仅是个别国家红十字会的史料专辑，尚无法构筑国际红十字运动研究的坚实地基，亦无法从中窥见国际红十字运动的广泛性。就此而言，《选编（第三辑）》将国际及各国红十字会活动的相关内容汇为一辑尚属首次，无疑也是国际红十字运动的首部专题史料汇编，这对于开辟红十字运动研究的新领域，和深入探究红十字运动的国际起源及其在世界各地的发展大有裨益。

（作者单位：无锡博物院）

《中国红十字运动
史料选编（第四辑）》评介

欧贺然

　　作为"红十字文化丛书"之一种，由池子华、阎智海主编的《中国红十字运动史料选编（第四辑）》，于 2016 年 8 月由合肥工业大学出版社出版发行。该书编纂者不辞辛劳，查阅晚清民国时期沪、苏、锡、渝四地报纸数种，辑录其中有关红十字会人道活动的资料，以期进一步丰富红十字运动研究的史料宝库，推动红十字运动研究的发展。

一、资料来源

　　近代以来，中国报业日益繁荣，涌现出一大批有着全国影响力的报纸。上海是中国红十字运动的发祥地，也是近代报刊业最发达之地，著名的《申报》《大公报》等报刊都创刊于上海。20 世纪初，在上海报业的影响下，周边城市如苏州、无锡等地，先后创办了具有地方特色的报纸——《吴语》《锡报》《新无锡》《无锡新报》等。这些报纸在报道全国性事件的同时，其关注的重点更倾向于本地新闻，特别是对本地红十字会成立后开展的人道活动，报道更为细致详尽。

　　《民立报》，1910 年 10 月 11 日创刊于上海，于右任为社长，宋教仁、范光启、景耀月、章士钊等先后任主编。该报是清末民初资产阶级革命派的报纸，以提倡国民独立精神，培植国民独立思想，建立独立之民族和保卫独立之国家为宗旨。以刊行新闻为主，针砭时弊，揭露君主立宪骗局，批判封建专制制度，谴责帝国主义侵略，鼓吹民族民主革命，号召推翻满清政府，积极报道各地资产阶级民主革命运动，反对南北议和，鼓吹北伐，介言政党政治和责任内阁制，并发起社会主义的讨论，刊登了宋教仁的《社会主义商榷》等文。1913 年，"宋案"发生后，其率先公布袁世凯刺宋真相。9 月 4 日，该报被袁世凯查封，被迫停刊。

《吴语》，1916 年 10 月在苏州创刊，总经理马飞黄，总编辑胡秀龙。1920 年以来，因戚饭牛、胡觉民等编辑协助，《吴语》的办刊风格有所改变，尤其是对本地新闻的报道迅速而翔实。1928 年，《吴语》更名为《吴县日报》，原报名《吴语》作为副刊，日出一张，由胡觉民任主编。《吴县日报》是 20 世纪 30 年代苏州销量最大的民办报纸。1937 年苏州沦陷后，报社被毁，报纸停止发行。

《锡报》，1912 年在无锡创刊，是民国时期无锡出版时间最久的一份地方性报纸。其前身为《锡金日报》，由秦毓鎏、孙保圻等集资创办。1911 年辛亥革命以后，《锡金日报》由蒋哲卿、钱湘伯接办，并于次年改组为《锡报》。该报在办刊中曾两次停刊，第一次停刊于 1913 年 8 月，于 1916 年 7 月复刊，并由吴观蠡接办；第二次停刊于 1937 年 11 月，抗战胜利后由徐赤子接办，1946 年 3 月再次复刊，1948 年 10 月《锡报》最终停刊。

《新无锡》，1913 年 9 月 11 日由杨寿枬在无锡创刊，李柏森为新闻部总主编，宋痴萍、吴观蠡为编辑。该报内容、形式均与《锡报》略同，注重刊载本地新闻，抗战爆发后，该报遂停刊。

《无锡新报》，1922 年 9 月 1 日创刊于无锡，由李柏森任社长兼主笔，冯云初为报社经理。其办刊宗旨为"贯彻社会教育、祛其旧染之污，而促之日新焉"，虽办刊时间较短，但是颇具地方特色。1925 年，该报因针砭时弊，得罪豪绅，被迫停刊。

1937 年，抗日战争全面爆发，上海、苏州、无锡相继沦陷，当地报纸也先后停刊。随着国民政府西迁，全国各地的报业、报人也相继西迁，由此推动了武汉、重庆两地报业的发展。1938 年，共产党在武汉创办了《新华日报》，后迁至重庆，该报系第二次国共合作期间中国共产党在国统区公开出版的机关刊物。该报宣传了中共坚持抗战、坚持抗日民族统一战线、坚持国共合作、坚持民主进步的主张，报道了大量抗战期间中国军民浴血奋战的伟大史实，而且刊载了很多抗战期间红十字会的人道活动。抗战胜利后，随着国共合作关系的破裂，1947 年 2 月 28 日，该报被国民党政府查封停刊。

二、内容概况

本书收录资料内容翔实，再现了近代中国红十字会发展过程中组织建设、战争救护、难民救济、募捐筹款、卫生防疫、国际红十字组织对华援助等方面的内容。

（一）组织建设方面

首先，详录地方分会的筹建过程，使红十字运动在中国的推广过程跃然纸上。1924年8月，陈尔同、刘士敏等人，"因鉴于江浙风云日趋险恶，特将昔年已与上海红十字会磋议设立无锡分会之案旧事重提，倡议组织中国红十字会无锡分会"，《新无锡》《锡报》《无锡新报》上均详细介绍了无锡分会成立过程的内容。其次，关注红会的组织管理，关于人事任免、建章立制的消息屡见报端。《新无锡》上连续刊载的"红会办事处记事"，对无锡红会的人员调动及主要职务详细介绍；"改选后之吴县红会""外跨塘之现状""中国红十字会吴县分会通告"等消息对吴县分会的建制过程多有记录。对任何团体而言，完善部门结构，健全组织运行的重要性都不言而喻，红十字会亦是如此。此外，还有对红会章程、细则的介绍，如《中国赤十字会临时章程》《中国赤十字会临时章程（续）》《中国红十字会无锡分简章》《中国红十字会分会通则》《中国红十字会修正章程》等。这些都反映出近代中国红十字会组织管理的民主化、规范化及公开化。

（二）战争救护和难民救济方面

众所周知，国际红十字运动的兴起源于战争，战地救护是红十字运动的重要任务。《民立报》《锡报》《吴语》等报纸通过对战争形势及红会活动的跟踪报道，记述了红会的救护过程，展现了红会人员的博爱精神。"武汉用兵，伤痍必惨"，张竹君组织中国赤十字会，出发战地，"尽女子看护救伤之职"。无锡分会会员蔡虎臣等人组织救护、治疗、救济、掩埋等队，"同尽救护义务，实践互助主义"。吴县还设立伤兵收容所，继续救助受伤兵士。江浙战争中，无锡分会救助嘉定、安亭、宜兴、太仓等地的难民，设立收容所，供给衣食、药品等，在战争结束后帮助他们重返家乡。抗战期间，武汉红十字会为救护伤兵、难民起见，组织救护、担架、掩埋等队伍。红十字会创立的宗旨，最初是为救护战争中的伤者病者，但其后逐渐推广到战时、平时的灾难救济，包括天灾、意外等种种不幸。红十字组织尽其最大的努力，帮助处于种种灾难中的人们，使他们摆脱困境，走向幸福。

（三）募捐筹款方面

为克服资金、物资不足的困难，红会不得不通过开展各种募捐活动，吁请绅商各界慷慨解囊。《民立报》有大量关于募捐的报道，辛亥之役，"战状至惨"，中国红十字会前往战地，进行救护，但是"经费未充""药料、械具多未筹给"，故"望海内外大君子、大善人本恻隐之怀，发慈悲之愿，慷慨输捐"。此外，也有热心人士自发捐助，如"有迎贵茶园诸艺员热心义举，定二十一日晚间演剧，即以所售券资，除开支外，悉数捐给"。《民立报》连续刊登了43份红十字会收捐清单，将收到的捐款列以清单，刊登在报纸上；《吴语》不仅登载了捐款清单，还将民众所捐助的物资，如衣服、被褥、袜子、鞋子以及稻米、柴火等都有详细记录。这一方面显示了捐款的公开透明，表示对捐款爱心人士的感谢；另一方面，也希望以此激励社会各界慷慨解囊。

（四）卫生防疫方面

红十字会以消减人类灾难、增加人类幸福为宗旨，在卫生防疫方面的工作主要有灌输卫生知识、提倡公共卫生、准备药品等。1924年9月22日，《吴语》刊载的《大可注意之劫后卫生》一文中写道："一、劝红十字会将战地伤亡未殓尸身，务速会同当境善堂，刻日埋葬义冢……三、劝战地下游各境居户，宜食井水，少食河水，或多备水缸接受天水，俾作食料，以卫劫后余生。其熟食店铺，用水尤宜格外注意，又鱼虾蟹蛤等，均宜戒食。"此外，吴县分会为预防疫病，设临时时疫医院，并设立分院六处，医药分文不取，不分昼夜，随到随诊。

（五）国际红十字组织对华援助方面

近代以来，中国战争迭起，伤兵载道，难民遍野，特别是抗战爆发以来，战争救护以及灾难救济刻不容缓。而对于战争救护，一方面，政府准备不足，中国军医制度落后，医务专门人才短缺；另一方面，医药材料极度缺乏，运输困难，致使难以应对救护伤兵之工作；虽然中国红十字会在战初，即全力以赴推动神圣的救护工作，但其时仅仅为普通赈济机关，组织小，人员少，救护情形之困难不难想见，故中国红十字会需要国际红十字组织的援助。国际红十字组织秉持人道宗旨，着力于国际交流协作，相互扶持，不分畛域，在财力、物力、人力等方面给予中国大量援助，《新华日报》中有大量记录，如《社论——展开世界援华运动》《各国同情我抗战，协助中国防疫事业》《德红十字会运药来华》《美红会募款援助我国》《英法医生来华参加红十字会工作》等。《新华日报》中关于红十字会的消息，几乎都是关于国际红十字组织对华援助的，特别是记录了英美等国对华的物资、资金、人力等方面的援助。这些援助既帮助了中国军民，提升了中国红会的救护能力，同时又加强了中国红会与其他国家红会的联系。

三、特点突出

作为集体劳动的结晶，该书内容翔实、特色明显，主要表现在以下几个方面：

（一）时代特征明显

该书在资料编排上以时间为序，这种以时间为经，以史事为纬的排列方法，历数 20 世纪初以来的与红会有关的历史事件，遵循了历史发展的内在逻辑，勾勒出了中国红会和地方分会兴起、发展、成熟的过程。此外，该书内容较多涉及战争中的红会救助活动，凸显近代中国社会战争迭起、灾害频仍、疫病流行的特征。

（二）各报的侧重点不同

《民立报》既有对红会历史的介绍，也有募捐广告，但是其主要关注点还是社会各界对红会的捐助，该书中所辑录的《民立报》中的红十字资料大半是关于收捐清单的内容；《新无锡》《无锡新报》《锡报》的大量内容涉及无锡分会的战争救护和对难民的救助，突显了无锡分会的人道救助精神；《吴语》则是关于吴县分会的活动，介绍了吴县分会在战争救护以及时疫防治工作方面的突出贡献；《新华日报》侧重介绍各国红十字会对中国的援助情况，还有中国红十字会的会员发展以及救护培训等内容。《民立报》和《新华日报》介绍的内容更加全面，涉及中国红会的全局，而《新无锡》《无锡新报》《锡报》《吴语》则是对地方红会的活动的刊载，所涉及的内容较为集中于某一方面，如战争救护、时疫防治。

（三）内容较为丰富

该书既有总会信息，也有分会信息；既介绍国内红会，也介绍国外红会；既关注战争救护、难民救济，又关注时疫救治；既有对内组织建设，也有对外交流等，从而较为全面地展示了中国红会的发展概况。《民立报》中还有关于女性的介绍，《大陆初秋——热血磅礴之女国民》歌颂女性的爱国情怀以及善于从事红十字看护事业，对红十字会中的女医生、女护士和捐助红十字会的女艺人也给予了高度赞扬。

（四）注重学术规范

作为一本资料集，该书辑录的每条资料之后均注明原载各报的年、月、日。资料的标题按照原标题照录，尽可能不做改动，仅对原标题过长者做必要的精简。资料内容按原意分段，并按现行规范加上标点，纠正错字，标明多字或少字及无法辨别的字。辑录过程中对重大史实的考证和对相关人名、地名的考订严谨而精确，难能可贵。这一精益求精、讲究学术规范的品质，既体现了编者严谨踏实的治学态度，又提高了该书资料的准确性，增强了其学术意义。

四、学术价值

该书所收录的每一条信息都与红会相关，如上所述，该书所辑资料内容较为广泛、全面，丰富了红十字运动研究资料。读者通过比较报刊中红十字信息数量的多少、时间段的分布、内容性质的差异、消息所涉及地区等因素，可以分析红会与大众媒体关系的亲疏远近、信息公开程度、不同地区红会发展水平的差异等。

当然，该书亦有不足之处，如有些地方标点漏加，"红会新消息"（第138页）这则消息中，"所有各界热心慈善家认定"后要加逗号。该书在章节体例上，是按照报纸分类的，如果按照内容划分可能会更清楚一些。虽不是尽善尽美，但瑕不掩瑜，该书既丰富了读者对沪、苏、锡、渝等地方报纸的认识，同时又为研究红十字运动提供了史料，有助于推动红十字运动研究的深入。

（作者单位：苏州大学社会学院）

一部城市红十字百年史研究的创新之作

——《青岛红十字运动史》简评

尹宝平

中国红十字会是一个有110多年历史专门从事人道主义工作的社会救助团体。近20年来，国内学术界对于中国红十字会历史进行了广泛而深入的研究，形成了相对独立的学术研究领域，取得了丰硕的研究成果。从目前的研究来看，对于一个城市红十字会的研究相对薄弱，成果较少。中国海洋大学蔡勤禹教授近年来带领研究团队专注于区域社会史研究，继近几年完成《山东红十字会百年史》《青岛建置以来重大突发事件与应对》《青岛慈善史》等著作成果后，日前又出版了《青岛红十字运动史》（人民出版社2016年版）。该书第一次全面再现了青岛红十字会的百年历史，填补了青岛红十字会历史研究的空白，同时也是一个城市红十字会史研究的创新之作，在一定程度上弥补了城市红十字史研究的不足。此书作为第一部以青岛红十字会为专门研究对象，意在全面研究100多年来青岛红十字运动的历史发展，总结经验，以翔实的史实再现青岛红十字运动百年历程的学术著作，具有极大的创新意义和学术价值，它的出版为红十字运动史研究增添了一抹亮色。通览该书，我认为其有这样几个特点和创新之处。

一、立意新颖，视野开阔

国际红十字运动起源于19世纪60年代，1914年中国红十字会青岛分会设立，使得国际人道主义救助运动在青岛落地开花。作者选取中国红十字运动发展史的一个地方样本，透过组织活动探讨100年发展史，全景式透视一个以人道主义精神为理念的慈善组织，了解了近代以来地方社会变迁的跌宕起伏，可以洞悉地方社会变迁中的官民互动、地方精英作用、民众参与慈善活动方式和民间外交的路径与影响。青岛的红十字运动发展历程，是中国红十字运动史的一个缩影。作者对青岛红十字运动贯通古今的研究具有一定的学术价值和难度，对于当今的学界研究具有指向性和示范性意义。作者研究时间跨度上迄1914年，下至2014年，只有长时段研究才能彰显青岛红十字会的内涵及侧重点在不同时期的发展与变化，才能对青岛红十字发展过程中政府、地方精英、普通民众在组织发展过程中的作用和发展空间有一个全面的把握。作者正是从此出发，对一个组织自成立、发展到今天的百年历史进行深刻论述和分析，尽管有很大难度，但是作者以比较成熟的分析框架较为顺利地解决了不同时期、不同社会环境下青岛红十字会的活动和发展特点，使全书内容充实而不拖沓，厚重而又主线清晰，显示了作者较强的分析和驾驭资料能力。青岛见证了近代以来中国红十字运动的兴盛、曲折与复兴，而红十字运动的发展又印证了青岛多元化的城市风格。从红十字运动与城市历史互动的角度而言，该书无疑提供了一个全新的研究视角，丰富了我们对青岛社会历史的了解。区域红十字运动史研究是学术领域的一个重要发展趋势。《青岛红十字运动史》作为一部区域红十字运动通史，依据丰富的档案资料，不仅梳理了青岛红十字运动的宏观发展脉络，而且细致考察了其微观特征。该书尤为注重考察青岛红十字事业兴起、兴盛、改组、停滞再到恢复与发展的时代背景和各种具体原因，从而全面展现出青岛红十字运动的历史面貌，为读者清晰还原出青岛红十字事业的百年画卷。可以说，该书填补了青岛红十字运动区域研究的空白，也为深化和推进中国近现代红十字运动区域研究做出了贡献。

二、内容全面，结构严整

本书以时间为经、以事件为纬，全面展示了青岛红十字运动的百年实况，内容十分丰富。全书在时间上结合每个阶段社会政治环境对青岛红十字会运动史进行了系统梳理；在结构上按时间先后顺序再现了青岛红十字会发展、兴盛、挫折、恢复、停滞、复兴的发展进程，厘清了青岛红十字会的发展脉络，便于读者从纵向上把握青岛红十字会的发展历程。按照青岛红十字会的演变，本书共分为上中下三编：上编主要研究1914—1949年的青岛红十字会历史，从组织成立、演变、结构和功能等方面对早期青岛红十字会历史进行了研究；中编时段是1950—1979年，主要研究青岛红十字会改组、整顿、萎缩到停滞过程及在20世纪50年代和60年代初的主要活动；下编研究1980—2013年的青岛红十字会从复会、理顺管理体制到走向自主发展的历史过程，论述了青岛红十字会在新时期功能的优化及表现，并分析了走向兴盛的原因。在各章的具体论述中，作者先叙述青岛红十字运动在此时期的大致情况，接着论述青岛红十字会的组织结构，再考察红十字运动的实况，最后进行总结，将前面具体的论述进行概括和升华，为读者从整体上了解本时期青岛红十字运动提供了极大的便利。该书章节逻辑严谨，环环相扣，脉络清晰完整，体现了结构的严整性，同时其研究方法以实证为主，通过大量的史料还原了历史的真相，与青岛红十字会有关的方方面面几乎没有遗漏，叙述与总结配合得当，故其虽是一本实证性的著作，但读起来轻松流畅，不忍释卷，毫无拖沓零碎之感。通过上中下三编，作者再现了青岛红十字会百年历史，既从纵向上梳理青岛红十字会曲折发展的历史过程，又从横向上探讨青岛红十字会组织特点和社会功能，从而使读者通过本书可以较为全面地认识青岛红十字会的社会作用和角色地位，也可以借此洞悉人道主义组织在近代以来中国政治变革和社会变化中的跌宕起伏，为今后社会公益组织的发展提供十分有益的借鉴。

三、史料翔实，论据充分

作为一本城市红十字运动通史之作，《青岛红十字运动史》展示了青岛红十字运动自 1914 年至 2014 年跨越百年的历史进程，因此，翔实可靠的史料是必不可少的。本书时间跨度较大，红十字运动史研究资料分散，查找不易，求全更难，故史料梳理工作异常繁重。作者不避繁就简，多方搜集档案、报刊、方志、年鉴和报告，精挑细选，去伪存真，尽可能全面地还原史实。本书除充分利用不同时期公开出版的资料外，更是将青岛市档案馆有关青岛红十字会方面的资料挖掘殆尽，为梳理青岛红十字运动的百年史提供了重要依据。作者收集了《青岛民报》《公言报》《青岛新民报》《青岛日报》《青联报》《山东红十字报》《青岛市红十字会年报》《青岛年鉴》《青岛市政府公报》等报刊资料以及青岛市档案馆馆藏青岛红十字会档案资料等，充分体现了其利用档案种类之丰富，征引之繁多。根据该书列举的参考文献统计，其使用了档案资料 80 多份、报刊 30 多份、方志和年鉴近 40 部、红十字报告和资料汇编 10 部、其他著述 30 多篇（部），有些资料（包括一些照片）为原始资料，系首次公开使用，史料价值极高。本书所引用的史料是作者从浩瀚如海的史料中筛选，并极力收集分散的地方性、城市性资料所成，这些资料弥足珍贵，蕴含丰富信息。这一方面体现出作者为此书的编著付出了大量的心血，其潜心研究的精神值得学习；另一方面也说明充分利用馆藏档案的重要性，特别是对于资料相对缺乏的城市史研究尤为重要。该书以坚实的史料基础为支撑，以实证研究方法还原了历史的真相，对青岛红十字运动进行细致入微的研究，结论真实可信，对于后续研究具有极大的参考价值。

四、评价有据，客观公允

由于目前没有关于青岛红十字会运动专门研究的著作，因此理清与重建史实十分重要，本书主要运用历史文献法，搜集多种史料，综合再现青岛红十字运动的百年史。该书在研究青岛红十字运动时，并不满足于简单的史料梳理，而是在弄清基本史实的基础上进行了客观分析和评价。如作者在论述1922年青岛收复后青岛红十字会重新建会时认为：由中国红十字会总办事处直接派人到青岛来发展会务，其原因有二。一是青岛被德占据20多年，总会希望直接派人到青岛发展会务，更好地推动红十字事业在青岛的发展；二是红十字会在中国扎根不久，尚没有被国人所熟悉，总会担心只靠地方力量难以开展工作。另外，作者在对青岛红十字会进行评价时认为："虽然红十字会在理论上是一个超越阶级、地域和党派的中立的人道主义组织，但又无法全然脱离复杂的社会现实，激烈的民族战争和国内战争，都会使其活动受到制约和影响，比如组织场地被破坏、经费募集困难、人员的逃离等，使青岛红十字会在动荡社会中艰难地从事博爱、恤兵、救灾、赈饥事业。"（第31页）这些评价和结论是结合青岛红十字会的实际情况做出的，有充足的史料支撑和史实铺垫，并非凭空而论，具有极大的说服力，同时不失其客观公允。本书的内容侧重于下编（1980—2014），改革开放后特别是新世纪以来的资料更为全面充实，因此立足现实、贴近实际，并展望未来是本书的特色之一。该书将青岛红十字运动的百年史以学术著作的形式展示给世人，近代青岛红十字会不仅在青岛进行人道主义活动，外埠发生天灾人祸时，也会伸出援手，给予救助，如1923年日本关东大地震和20世纪50年代的抗美援朝，充分肯定了青岛红十字会在近代的地位和作用。而从当代来看，青岛红十字事业已经融入青岛社会，在加强和创新社会管理、保障和改善民生、参与基本公共服务建设中发挥了积极作用。青岛红十字会在改革开放后，逐步理顺管理体制，逐渐走上自主发展道路。本书通过对青岛红十字运动百年史料的梳理，可以使人从中感受到人道的力量，推进青岛红十字事业的持续发展。近年来，青岛"微尘"及"博爱人间"公益品牌的成长和"感动青岛人物"的评选等，可以为其他地方红十字会的建设提供可借鉴的经验。

五、方法多样，关注区域

本书作为区域社会史的一部研究著作，体现了多学科研究方法的综合。作者到青岛市档案馆查阅了民国时期青岛红十字会大量档案，到青岛市图书馆查阅了青岛每年出版的《青岛年鉴》等文献，在此基础上吸收了社会学研究的方法，如社会调查与统计，即组织学生到青岛市红十字会进行实地调研，搜集了许多一手资料；结合管理学案例研究法对当代青岛红十字会进行了细致研究，如对青岛红十字会"微尘"以及红十字会系统中荣获"感动青岛人物（群体）"的梳理研究。本书从区域社会的角度，以青岛特定组织为研究的着眼点，体现了学术研究以微知著的研究目的，具有浓厚的地域特色。本书在《青岛慈善史》《青岛建制以来重大突发事件与应对》学术著作出版的基础上，进一步丰富了青岛地区的社会史研究成果，尤其是对于青岛特定社会组织的研究具有重要意义，为服务地方社会发展做出了突出贡献。

总之，《青岛红十字运动史》充满了人道主义色彩和浓郁的人文关怀及强烈的历史责任感，是一部历史感和现实性都很强的学术著作。它以宏大的学术视野和极具贯通性的学术追求，对青岛红十字会进行了全面系统、深入细致的研究，尤其是对区域社会或特定社会组织的研究。该书出版将推动全国城市红十字会研究，为红十字运动史研究增添了一抹亮色，具有极大的学术价值。同时，该书以史为鉴，关注现实，对当代红十字事业发展具有重要借鉴意义。

（作者系中国海洋大学硕士研究生）

图书评论

读蔡勤禹等著
《青岛红十字运动史》有感

左能雪　王　娟

时至今日，作为青岛历史上最早成立的民间组织之一的青岛红十字会已经走过了一个世纪。青岛也历经沧桑，从一个落后的小渔村发展成一个现代化城市，青岛红十字会见证了青岛这座城市的曲折发展，为这座城市的发展做出了不可忽视的贡献。由蔡勤禹、王付欣、刘云飞所著的《青岛红十字运动史》（人民出版社 2016 年版）一书，是继蔡勤禹教授出版的专著《青岛慈善史》之后又一部与青岛慈善历史相关的著作。该书系统梳理了第一次世界大战期间成立的一个应战争而生并在战争救护中发展壮大，以拯灾救难、救死扶伤为天职的国际人道组织——青岛红十字会的发展历程，拓宽了青岛社会史研究的领域。拜读《青岛红十字运动史》以后，笔者认为该著具有以下突出的学术贡献：

一、内容丰富，结构严谨

该著依据大量的档案、报刊、方志、年鉴、资料汇编、报告等第一手史料，描述了青岛红十字会百年来的曲折发展历程，展现了近代青岛跌宕起伏的社会变迁，并通过青岛红十字运动的发展分析了青岛社会变迁中的官民互动、地方精英的作用、民众参与公共事务的方式，以及民间外交的路径与影响，资料翔实，内容丰富，结构严谨，可谓青岛红十字运动史研究的标志性成果。

二、为青岛的历史研究提供了
一个新的视角，拓宽了研究领域

《青岛红十字运动史》一书用上、中、下三编将青岛红十字会的发展阶段分为特色分明的 3 个历史时期，详致地对青岛红十字会诞生、兴盛、波折、改组、调整、停滞、恢复与发展的曲折历程进行了系统的梳理，并介绍青岛红十字会在新时期的社会功能以及红十字文化在新世纪的弘扬与传播。不仅如此，作者还对青岛红十字会曲折发展历程的原因进行了深入探析，全面挖掘其背后的各种社会经济因素，以此反映青岛历史发展的社会面貌，为青岛慈善史、社会史乃至整个青岛区域历史的研究提供了一个新视角，拓宽了青岛历史研究的领域，具有重要的学术价值。

三、推进青岛红十字会以及慈善事业的发展，加快青岛社会的良性发展

改革开放以来，随着人民生活质量的日益提高，慈善意识也在逐渐加强，由此促进了包括红十字运动在内的慈善事业的迅速发展。对青岛地区红十字运动的历史进行研究，能够帮助青岛人民乃至全中国人民加深对青岛红十字会等慈善组织的认识，了解慈善组织在"救灾、救助、救护"等方面发挥的积极作用，由此推动青岛红十字会以及慈善事业的发展，并且对于全国其他地区红十字事业的发展也具有重要的推动作用。事实上，青岛红十字会一直致力于保障和改善民生，是青岛全面建设小康社会进程中一支突出的社会力量，为青岛的社会文明建设做出重要贡献。因此，《青岛红十字运动史》的出版，是总结历史和展现历史正能量的一个良好载体，为新时期宣传青岛红十字会大爱无疆的国际人道主义精神提供了支持，可以帮助提高全体市民的道德素质；是青岛精神文化的重要组成部分，可以推动青岛的精神文明建设，加快青岛社会的良性发展。

四、弘扬了红十字文化，传播了国际人道主义精神

青岛红十字会为救护在战争中受伤的人员和备受战火蹂躏的百姓而成立，由此国际人道主义精神旗帜开始在青岛上空飘扬。随着时代的发展，红十字会所秉承的"人道、公正、中立、独立、志愿、统一、普遍"七项原则也开始在这座城市广泛传播。《青岛红十字运动史》不仅概述了青岛红十字会这一民间组织的发展历程，而且也在一定程度上描绘了红十字文化在青岛的继续发展和传播的美好蓝图。该书强调了青岛

红十字会在发展进程中，注重通过"微尘"等公益品牌以及各种媒介、活动来宣传红十字文化，以此提高红十字会的社会认同度，在尽可能广泛的范围里传播国际人道主义精神，可为红十字文化的弘扬、国际人道主义精神的传播提供一个区域性的样本和镜鉴。

目前，学界不少学者致力于从不同方面进行地方史、区域史的研究，成果卓著。该著作也是一部兼具学术价值与现实价值的区域史研究著作。不过，笔者认同一个观念，即在进行地方史、区域史研究时，也应该注重分析整体与部分、系统与要素以及各要素之间的关系。所以，笔者愚见，如果该著作将青岛红十字会置于全国红十字运动发展的宏观联系之内，用一定的笔墨比较青岛红十字会与其他典型区域红十字会的异同与联系，将更利于揭示慈善史和社会史发展的某些规律性和本质性的东西。

简言之，《青岛红十字运动史》运用丰富的文献史料，对一个以人道主义为精神理念的慈善组织进行了全景式透析，体现出作者丰厚的研究功底和严谨的学术态度。该书的出版不仅极具现实借鉴价值，而且拓宽了青岛红十字运动史及青岛社会历史研究的领域，对中国红十字运动史和慈善史等社会史的研究也具有重要的意义。

（作者单位：北京理工大学马克思主义学院）

美 中 不 足

——对《在血与火中穿行》一书的商榷

汤章城

　　当我得知有贵阳作家在撰写纪实性的报告文学著作，以介绍抗日战争期间中国红十字会救护总队部的事迹时，我感到非常欣慰和高兴。作为救护总队职工的后人，特别是，在贵阳图云关中国红十字会救护总队部生活过的孩童，也非常希望了解这段已经封存了数十年的历史事实，知晓父辈们所经受的一段极其艰辛和残酷的历程。2015 年 8 月，在纪念中国人民抗日战争暨世界反法西斯战争胜利 70 周年之际，由女作家林吟撰写的《在血与火中穿行——中国红十字会救护总队抗战救护纪实（1939—1945）》出版了。我迫不及待地通过网络订购了此书，还介绍给了其他亲友。该书是我国首本以历史档案为基础，以纪实的形式较真实、全面地介绍抗日战争期间中国红十字会救护总队部活动的著作。

　　一拿到书，我首先粗略地翻阅了一遍，然后又细细地阅读起来，感到非常亲切。我非常赞同作者对这段史实的构思和对无数素材的剪裁，她把一个一个具体的人、一件一件具体的事、一条一条不同粗细的线索绘就成了一幅抗日救护总队较完整的历史画卷。救护总队自建立起历时 7 年左右，最多时有 3000 余人，包括 30 多位从西班牙战场转移来的外国医护人员，俗称"西班牙医生"，其中不乏共产党员。因而，救护总队是当时国内最大的医疗团体，集中了医学界的优秀人才。他们在抗日战争中的杰出贡献被此书以 27 万字的篇幅概括性地呈现了出来。

　　作者把枯燥的历史档案，经过精雕细刻，加工汇编成一部可读性非常强的报告文学作品，特别是描述了众多普通的中外医护人员、基层队长和队员可歌可泣的事迹，以及他们的牺牲精神、顽强作风和艰辛生活……他们是救护总队的主力军和基石。

　　救护总队存在的时间漫长，参与的人员众多，发生的事件繁杂，要核对起来非常费时和费事，因而作者在创作的过程中难免会有疏忽、遗漏和差错之处。就我所知，提出一些值得商榷的问题。

一、关于救护总队部的领导层

在救护总队的林可胜时期，除了林是总队长以外，没有看到有其他的副总队长的档案记录。在林提出辞职并办理交接时，才有副总队长一说，汤蠡舟当时就是以副总队长身份接手工作的。然后，胡兰生被正式任命为中国红十字会秘书长兼救护总队总队长，汤蠡舟、倪葆春和朱润深分别任副总队长。因而，救护总队部的正式领导层前后应包括林可胜、胡兰生、汤蠡舟、倪葆春和朱润深等。书中用相当多的篇幅描绘了林可胜的一生、他的作用和贡献，这是合理的，与他的地位是相称的；也叙述了汤蠡舟发挥的积极作用，这也是恰当的。但是，遗憾的是对胡兰生、倪葆春和朱润深等所起的实际作用，缺乏基本的、必要的、合理的叙述。

中国红十字会秘书长兼总队长胡兰生（1890—1961），虽然常驻重庆，需要处理总会的日常事务，但是从已有文史资料来看，他定期来到贵阳，参加总队部的会议或活动，总结工作，决定方针，预算经费等等。据介绍，新中国成立前夕，时任中国红十字会会长蒋梦麟带领一部分人去了台湾，从而全国各地组织纷纷解体。坚持留下来的秘书长胡兰生等7人，于1950年组成代表团前往北京，要求中央人民政府接管。中央政府决定，鉴于红十字会的特殊性质及历史状况，采取以改组而不是接管的方式，将旧中国红十字会改组为新中国红十字会，总会搬迁到北京。在随后的红会改组中，时任卫生部长李德全被推选为新会长，胡兰生等为副会长。

副总队长倪葆春（1899—1997），1925年于美国约翰·霍布金斯大学医学院获医学博士学位；1927年回国，定居上海。抗日战争期间，他参加了中国红十字会救护总队，1943年4月开始任救护总队部副总队长，并兼救护总队部驻昆明办事处主任，主管远征军和滇缅地区战地救护工作。他曾陪同联合国善后救济总署的专家赴滇缅战线云南保山一带视察，在滇缅前线战事紧张的怒江东岸督导救护队的救护工作。1944年6月下旬，美国副总统华莱士在昆明专门约谈倪葆春，详细听取了远征军救护工作情况的汇报。据介绍，抗战胜利后，倪葆春返回上海，任上海圣约翰大学医学院院长。新中国成立后，上海第二医学院成立时，他出任上海第二医学院副院长。

副总队长朱润深（1894—1957），湖南湘雅医学院毕业，在美国耶鲁大学获医学博士学位。抗战期间，他参加中国红十字会救护总队，曾任驻广西的第四大队大队长，1943 年 4 月开始任救护总队部副总队长，常驻桂林和柳州两地。1943 年 10 月下旬，一架盟军飞机因机械障碍迫降柳州，身在柳州的朱润深亲驱救护车，驰往迫降地救护伤员 5 人。1944 年 3 月，朱润深奉调赴美考察医院管理，担负红十字会远东战后救济工作重要设计事宜。1950 年，他移居香港。

作为全面介绍救护总队的报告文学，该书对于以上 3 位人物，特别是前两位人物，鉴于他们在救护总队部不同于一般职工的地位，进一步查阅历史档案，叙述他们的作用和贡献还是有必要的。倪葆春和朱润深都是从基层上来的，担任过救护队长，有长期在一线工作的经历，胡兰生和倪葆春在新中国成立后还是我国医学界的领军人物，书中至少应在"附章：之前之后的故事"中予以恰如其分的介绍。

二、救护总队职工的身份

书中写道："临时救护委员会又设立了中国红十字会总会救护总队部（简称救护总队），这是'专负军事救护之机构'，林可胜任中将军衔总队长。"（第 26 页）"用第九大队队长、少将军医林竟成的话说就是……"（第 38 页）从已有的档案资料和研究报告看，救护总队的成员，从领导到一般职工都是没有军衔的。在戴斌武所著《中国红十字会救护总队与抗战救护研究》一书中，有专门的篇幅讲述"身份争取"，救护总队曾多次请求将红十字会所属救护人员分级加委专科军医职衔，但是，他们最终也未取得公务员资格甚至名义上的军衔。因此，书中提及二林的军衔在很大程度上可能是与救护总队的职务无关的，而是与在军中担任的职务有关。如在"附章：之前之后的故事"中写道："1944年，林可胜被任命为中将衔国民革命军陆军军医署署长。"此时，林可胜已经辞去救护总队总队长一职。

三、救护总队的几任总队长

贵阳档案信息网有一篇概述"中国红十字会救护总队档案"的文章，其中提到"1946 年 5 月底，救护总队与训练总所奉红十字总会命令正式解散，完成其历史使命。其间，由林可胜、胡兰生、汤蠡舟先后担任总队长"。汤蠡舟在自己的履历表中填写有担任过救护总队部的"总队长"一职。但是，在一些研究报告或专著中一般只提及林可胜，至多还有胡兰生。《在血与火中穿行》一书，提及汤蠡舟在救护总队的最后职务是副总队长。最近，我在《红十字在上海资料长编》（马强、池子华主编）一书的第372页，看到了一份档案"中华民国红十字会总会主要人员名单"（上海市档案馆馆藏档案，档号：Q6-9-13-5），里面显示汤蠡舟曾担任红十字会总会副秘书长和救护总队部总队长。因此，确切地讲救护总队部前后有三任总队长，尽管汤蠡舟担任总队长一职的时间不长，估计在救护总队部解散前的7个月左右，而且主要是处理救护总队部解散前后的众多事宜。

以上3个值得商榷的问题多半涉及表述上的不确切或不完整，可以或需要做进一步的探究和确认。第四个问题是叙述上有误。

四、去云南镇远和平村视察的蒋会长是谁

书中第322页，"镇远和平村"一节中，专门叙述了1944年6月，中国红十字会总会会长蒋中正去战俘营察看日俘的卫生管理情况。在《战地红十字》一书中（贵阳市档案馆编），有两篇随行人员写的文章，具体介绍了这次察看的时间和详细过程，文章中只提及"蒋会长"，这蒋会长是蒋中正吗？在救护总队部《救护通讯》第十五期（1944年5月31日）和第十六期（1944年6月15日）中，我们看到的是"总会会长蒋梦麟"到贵阳，并去了镇远和平村。在"中华民国红十字会总会主要人员名单"（上海市档案馆馆藏档案，档号：Q6-9-13-5）中，看到的也是总会会长蒋梦麟。如果当时蒋中正到过救护总队部，那一定是件大事，会有记录的。况且，蒋中正从来没有担任过中国红十字会总会会长。

2015年8月，还有一本名为《抗战救护队》的书出版了，同样讲的是中国红十字会救护总队的事情，而且，主要人物基本上用了真名实姓。但是，该书毕竟是小说，没有跳出当下编写此类故事的套路，只能作为一本故事书去阅读，不能作为了解或研究真实历史的依据。比如在该书中，为了斗争情节的需要，作者虚构了一个接替林可胜的第二任总队长王石头，只是没有魄力，1943年某月灰溜溜地离开了救护总队。真实的情况是第二任总队长是时任中国红十字会总会秘书长的骨科专家胡兰生兼任的，抗战胜利以后，由于工作上的需要，于1945年10月左右，

才把总队长职务交给了汤蠡舟。前面对胡兰生已经有所介绍，在此不再繁述。

最后，我想表明的是，尽管有上述可以商榷的问题，但是，《在血与火中穿行》一书仍不失为一个良好的开端和尝试，只是美中有所不足。

（作者单位：中国科学院上海生命科学研究院）

图书评论

珍　稀　史　料

铭记为抗日而殉职的红十字人

汤章城

根据中国红十字会总会救护总队部出版的《救护通讯》第一期（1943 年 10 月 31 日）的报道，为纪念抗日战争以来殉职员工，中国红十字会在贵阳图云关总队部门首花圃内，树立了一座中国红十字会救护总队部殉职员工纪念碑。时任中国红十字会总会秘书长兼救护总队部总队长胡兰生撰写碑记，说明树碑的缘由和意图。该碑文写道：

丁丑之秋，倭寇荐侵神州，妄蓄开疆辟土之谋，阴使盗窃掠夺之事，狼烟所起，万姓成虚。中华民国红十字会，本博爱恤兵之怀，当救死扶伤之任，左袒一呼，裂裳千里。墨君树屏等，天与拳勇，闻义能涉，或沙场救护或挽车引辐，未睹功靖，身已先死，芳徽倬烈。爰有救护总队部汤副总队长蠡舟，糜卫生员雪亭，捐资建碑，永立兹丘，用崇彰德报功之盛，益利同仇敌忾之风。于戏，急病攘夷，为义之先，图国忘身，乃贞之大，愿研坚珉，假辞纪美，英风永在，望慕无穷！

该纪念碑距今已有 73 年历史，时过境迁，现碑已无影无踪。有关的书中只有文字记载，没有图片展示，人们无法知晓纪念碑的模样。非常值得庆幸的是，当我向生活在北京的表哥沈新路先生求证此事时，他向我提供了一张由他珍藏着的，上述殉职员工纪念碑的照片（见图 1）。沈新路先生现已 95 岁高龄，他大概是目前尚健在的救护总队在贵阳图云关工作和生活过的屈指可数的人员之一。在照片中，右上角的他意气风发，时年 22 岁。这张老照片向人们原原本本地展现了纪念碑的原来面目。由于照片年代久远，拍摄时光线较强，半认半猜地依稀可知碑正面的字样。在顶端大大的凸现的十字下面，中间镌刻着"中华民国红十字会总会救护总队殉职员工纪念碑"几个字，右上方还有树碑的日期，左下方有落款的人名。按照常规，碑记应该刻在碑的背面。每个殉职的义士都会有一段悲壮的故事。

汤蠡舟和糜雪亭，一位是救护总队部的领导——副总队长，一位是

珍稀史料

救护总队的普通员工——卫生员，共同捐出了自己的工作奖励金，建立了此碑。碑中唯一提及姓名的义士墨树屏是抗日战争期间救护总队殉职员工中职务最高的一位医生，是救护总队驻西安的第一大队副大队长。

图 1　殉职员工纪念碑正面

老红十字人赵兴让在他的回忆录《一段美好的回忆——记在太行山医护八路军伤病员》①一文中有对墨树屏医生战地救护踪迹的描述："一九三八年，日寇九路围攻晋东南八路军抗日根据地，太行山区伤病员增多，朱德总司令电告中国红十字会救护总队长林可胜博士，请求派医疗队前去为伤病员做医疗防疫工作。林可胜博士当即征求所属医务工作者意见，并希望自愿前去太行山从事医疗工作。医务人员纷纷报名，共批准三十六人，我是其中的一员。""当时组织了一个中队，中队长墨翰屏医师（应为墨树屏——笔者注）。墨氏系外科专家，河北人，北京协和医学院毕业。我们这个中队设两个医疗队：一个叫第三十五医疗手术队，一个叫六十一医疗防疫队。每队由十八人组成，我参加六十一医防队，队长黄淑筠医师，广东人，也是协和医学院毕业。""赴太行山医疗队组成后，总队部在启程前，由副总队长汤蠡舟教授召集全体成员讲话，他对这支医疗队的组成作了说明，勉励大家不辞劳苦去完成这一光荣使命。他指着一幅中国地图说：此次前往太行山八路军根据地，生活

---

① 赵兴让：《一段美好的回忆——记在太行山医护八路军伤病员》，载《新沂文史资料》第 1 辑，1985 年编印。

上艰苦，路途上还要闯过'三关'，那就是'夜闯潼关'、'偷渡黄河'、'翻越中条'，才能胜利地到达目的地——晋东南八路军总部，大家都是中华儿女、不甘做亡国奴的青年医务工作者，这正是报效祖国的大好机会，愿与诸位共勉之。大家都表示一定完成伟大的使命。副总队长接着说：诸位即将远行，要轻装上阵，有多余的行李，暂时用不到的书籍资料，可以装箱存在总部的库房内，每月多余的薪金可以存在总部会计处，等候你们服务期满一年回来后，再如数交给你们，如有什么风险，总队部负责，诸位可以安心前去工作。""一九三八年十月，救护总队部调大型轿车两辆送我们去西安。第一天跨过湘江，辞别了岳麓山，经过益阳县，渡沅江到达常德，次日渡长江经江陵到荆门，第三日到汉水之滨的襄樊市，在这里休息二日，继续前进，经商南越秦岭到达西安。""医疗队驻西安期间，总队部送来足够一年用的药品器材，为此又增加了一支运输物品的骡马队。一九三八年十二月一个寒气袭人的夜晚，我们全队人马，乘坐西安行营调拨的专车，离开古都西安。""我们到达八路军总部，受到热烈欢迎和热情接待，朱总司令亲自接见我们，并应我们的请求，给我们一一题字留念。给我的题字是：上款为兴让同志，下款为朱德，中间是'艰苦奋斗'四个大字"。"一九三九年九月，我们依依不舍地离开了生活和工作过将近一年的太行山游击根据地，八路军总部派得力干部护送我们回返西安。这次归程，除随身衣物行李外，医疗器材药品全部留给下一批人使用，中队长墨翰屏也奉命留在原来岗位不动，继续领导后来的医疗队。"后来，墨树屏升任设在西安的救护总队第一大队副大队长，除了曾经回图云关述职外，墨树屏副大队长一直坚持带领救护队员在我国西北抗日战线的太行山区，在河南、河北、山西等地从事战地救护工作多年。在林吟的纪实文学《在血与火中穿行》一书中记载："1942 年是日军在华扫荡最多也是最残酷的一年，造成了太行山区医防医疗工作的极大困难。几万人呆的地方，医防是大问题，墨树屏不辱使命，带着几个医务队在太行山区竭尽全力推行卫生工作，以减少伤病。"据档案记载，1942 年 10 月 18 日晚（也有档案记载为 1941 年 10 月 18 日），墨树屏带着 3 个队员，在河南林县前往抢救伤员的途中，经过悬崖峭壁时，因山路崎岖，坐骑不慎失足，连人带马坠入山崖，头部受重伤，经抢救无效，不幸殉职。遗有妻儿，身后实无担石之贮，让人倍感痛心。

从 1932 年 "一·二八" 事变，中日之间第一次淞沪会战开始，在抵抗日本军国主义侵略的过程中，汤蠡舟就带领战地救护队活跃在战斗的第一线，除了墨树屏外，还亲历了身边或下属多人的殉职。因而，在生活十分艰苦的情况下，他出资为献身的红十字人树碑的举动是完全可以理解的。

1932年1月28日，中日第一次淞沪会战打响，在随后的一个月中，中国红十字会在上海先后组织起20支救护支队，队员471人。根据1932年2月5日和17日《申报》报道，其中第七支队由上海医师公会、妇女协会、同德医学院、东南医学院、震旦医学院和中法药学院等团体和单位先后组成，各项救护事宜由牛惠生、庞京周等5人组成的特委会办理，经济等事务由妇女协会何香凝女士负责接洽，首推汤蠡舟医师担任第七支队队长。他此后又担任设在苏州的第七队后方伤兵医院院长。这些队员都是志愿者，他们活跃在各大战场上，救护伤员，出生入死。

1932年2月15日上午，第七救护支队在交战的闸北最前线抢救伤员，带有标志的队员刘祁瑞利用暂时交火的间隙，在前沿阵地奋不顾身抢运伤员时，不幸遭日军射伤，被击中要害部位，经抢救无效，于16日下午4时身亡。2月19日的《申报》报道，在上海万国公墓为刘祁瑞举行隆重葬礼。18日下午一时，总队长王培元率领全体救护队员400余人，及海格路红十字会总医院及伤病医院送葬人员300多人，乘车21辆，于二马路总会出发，先赴新闸路辛加花园迎刘之灵柩，后开往虹桥路万国公墓。二时一刻，车队抵墓地。总队长发表了极悲壮之演说，言随泪下，哀感动人。葬礼上，800余名救护队员个个义愤填膺，打出了"为国牺牲"的巨幅标语。

1937年7月7日，我国全面抗日战争随着"卢沟桥事件"的发生而爆发。在20世纪30年代末期和40年代初期，汤蠡舟曾任救护总队第三大队大队长，并兼第九中队中队长。大队下辖第四（桂林）、第五（衡阳）、第六（祁阳）和第九（吉安）等4个中队，29个（医疗、医护、救护）队，主要活动在江西吉安、南昌、九江、永丰、新淦、临川、虬津、万家埠；湖南长沙、益阳、衡阳、祁阳、常德、辰溪；浙江玉山、贵溪、金华；湖北汉口等地。除从事外伤治疗外，救护队还从事霍乱及其他肠胃病的预防和诊疗，并设有医防队专司士兵及民众（难民）的防疫工作。

由于遭到中国军民的奋力抵抗，日本军国主义在中国的侵略阴谋屡屡受挫。日军不顾国际公约的禁止，开始在多地施行惨无人道的细菌战。1940年10月至11月间，日军飞机先后在浙江衢县、金华，湖南常德等地散布鼠疫杆菌，引发附近多地流行鼠疫，疫情相当严重。这些地方正处于第三大队所负责救护的广大区域内，据救护总队的档案记载，此时医防队长刘宗歆在衢县疫区任防疫院主治医师，在赴浙江义乌一带进行防治调查时，不幸感染鼠疫，于 12 月 12 日死于衢县防疫医院。直到 10 多年以后的 20 世纪 50 年代初，汤蠡舟还念念不忘，曾对记者提及他在 1940 年、1941 年曾率领医疗队到日寇散布过细菌的金华、宁波、常德等地进行抢救工作，目睹被害者的惨状。

自抗战以来，有众多外国医护人员陆续通过不同渠道来到我国，投身抗日前线的战地救护工作。1941 年，两位女医护人员，罗马尼亚的柯兰芝（原名 Gisela Kransdorf）和英国的高田宜（Guy Courtney）分别来到地处贵阳图云关的中国红十字会总会救护总队部报到。不久，高田宜就被分配到设在江西吉安的救护总队第三大队部。

林吟的纪实文学《在血与火中穿行》一书也描述了高田宜殉职的经过。高田宜在得知第三大队刘宗歆医生因在防治鼠疫第一线被感染，而不幸殉职的事迹后，提出要前往疫区，继续完成刘宗歆医生没有做完的事情。1942 年 3 月，第三大队组织一支包括高田宜在内的医务队，准备前往疫区。临行前一天，医务队员都要注射疫苗，为了不放弃这次机会，高田宜在患感冒的情况下，明知有危险，仍冒险接受了预防鼠疫的疫苗。不幸的是，高田宜为此付出了年轻的生命。她的遗体随后被送回图云关，其墓至今仍保留在图云关山上。

汤蠡舟在 1946 年第 1 期《红十字月刊》发表的《日军危害中国红十字会的罪行》一文中写道，根据《日内瓦公约》所规定的救护原则："1. 各交战国，应对伤者病者不分国籍，负责收集护养；2. 凡在作战时，伤者病者及救护车辆与医院暨从事伤病救护各级人员，不论任何时期与环境，皆应视为中立者。旋陆战法规亦有明文规定：1. 不能妨碍红十字会的救护工作；2. 敌方伤病亦应负看护之责；3. 不能轰击救护伤兵的车辆；4. 不能囚锢敌方的医师和护士。"因而，在抗日战争中，对于遭到敌方枪击、轰炸、感染等原因而牺牲的红十字人，汤蠡舟义愤填膺，有切肤之痛。他严厉谴责了侵华日军公然违背《日内瓦公约》。文中特别提出中国红十会要把经调查日军侵害红十字会的罪行制成一笔血账。我们为了保护国家和自己的权益，为了维持国际法的尊严，为了惩儆战争罪犯和永葆未来的和平，这笔"血账"我们该记也该清算，我们必须完成这个工作，尤其是在红十字会的立场上格外要记上这笔"血账"，意义是十分重大的。

前面提及的墨树屏等人仅仅是殉职的红十字人中的一小部分，在整个抗日战争期间，仅救护总队殉职的中外医护人员以及司机、工人等就有40多人，如王孝义、古少真、薛士汉、李树藩、刘宗歆、胡瀛学、刘万春、韩正义、刘传玉、王文英、王裕华（英国）、高田宜（英国）、柯兰芝（罗马尼亚）等等。其实，从整个抗日战场来看，无论是正面战场，还是敌后战场，以白求恩医生为代表，牺牲在战地救护岗位上的医护人员可能是40多人的数倍、数十倍。我们应该永远铭记他们为中国抗战胜利、为救死扶伤事业而献身的精神和功绩。

（作者单位：中国科学院上海生命科学研究院）

他 山 之 石

昭和初期日本红十字会的救护事业

——以 1928 年济南事变和 1931 年九一八事变为例

赵明敏

  1877 年，日本爆发西南战争，战况激烈残酷以至死伤者无数。大给恒、佐野常民等人设立了具有红十字精神的博爱社，并向战场派遣救护班。当时的统治者无法理解博爱社这种不分敌我一体救助的精神，未予批准，但拥有"率土之滨莫非王臣"胸怀的皇室亲王非常欣赏组织者的精神，未经中央政府审议就批准了组织的成立①。1886 年，该组织根据政府的方针加入《日内瓦条约》，第二年改名为"日本赤十字社"，新设特别社员和名誉社员制度。1894 年甲午中日战争时期，日本红十字会第一次往国际纠纷战地输送医疗救护班。1952 年，日本正式制定了《日本红十字会法》，规定其为准公共机关，职责是"实施基于有关红十字的各国际条约的业务、在发生非常灾害和传染病流行时，救护遭受灾难的人"，同时"国家可以将依据于红十字有关的各条约的国家业务，以及非常灾害时国家进行的救护有关业务委托给日本红十字会"②。其基本精神是人道、公平、中立、独立、奉献、单一、世界性。日本红十字会在全国 47 个都道府县设有支部，组织形式采用"社员制"。到 2010 年 3 月末，日本红十字会共有个人社员 1065 万人，法人社员 15 万，在全国拥有 92 家红十字医院和 79 家血液中心。本文拟以 20 世纪 30 年代前后发生的济南事变以及九一八事变为例，阐述昭和初期日本红十字会展开的救护事业。

  1. 济南事变时期

  1928 年春，蒋介石打着统一的旗号出兵北伐奉系军阀张作霖。日本帝国主义者为防止英美势力进入华北，不让蒋介石国民党"统一"东三

他山之石

---

① 高宇：《作为皇室企业的日本红十字会》，《世界博览》2011 年第 16 期。
② 高宇：《作为皇室企业的日本红十字会》，《世界博览》2011 年第 16 期。

省，企图乘中国军阀混战之机占领山东，恢复华盛顿会议以前日本在山东的全部特权①。4月，日军派第六师团以保护侨民的名义对中国进行武装干涉。5月1日，北伐军占领济南；3日，日军增派第三师团大举进攻中国驻地，中日双方陷入激烈的战斗中。

日本红十字会根据陆军大臣白川正则的命令，于6月5日编成救护班。从日军第三师团（名古屋）和第六师团（熊本）管辖范围内的爱知、静冈、岐阜、大分、熊本、宫崎、鹿儿岛支部各召集4名救护护士，从本部召集2名救护医员、1名救护调剂员、1名救护书记、2名救护护士长、2名救护护士和2名勤杂工，任务就是帮助陆军运输部把青岛、大连、塘沽的患者送回日本。6月7日，救护班的38名成员到达广岛市宇品的陆军运输部，紧接着迅速被任命为患者输送船——长城丸的卫生员。长城丸是大阪商船所有的船舶，为陆军所征用，共2596吨，船上配备有病室、手术室、药室、屎尿处理室、被服消毒室等。青岛、大连和塘沽的患者共同乘船，到了九州岛门司市让第六师团的患者下船，其他的患者直接运送至宇品。船上的主任医师是陆军三等军医，以及配备了一名陆军上等护士长，其他所有卫生员均是日本红十字会的救护员。船内工作最不能避免的就是眩晕，许多工作人员在第一次输送过程中被船体摇得恶心呕吐，恰巧这时从青岛往塘沽的海面时常有暴风雨，有护士直接因为晕船被强制勒令休息。到救护工作完成时，有两名护士得了急性喉头炎，一名护士得了急性胃炎。从6月7日由宇品出航的第一次输送开始到10月5日归港的第八次输送为止，长城丸共在中国大陆和宇品之间往返8次，输送了680名患者，他们中最多的是呼吸器官疾病（胸膜炎、肺尖炎等），共188名，外伤和意外负伤患者有149名，传染病和全身病（结核、脚气等）有121名，花柳病76名，营养器官病74名，神经病也有19名，其中有一名在船内死亡②。卫生员的任务在10月6日第八次输送完毕后结束，救护班收到了解散的命令。陆军大臣对这次红十字会的表现非常满意，并向日本红十字会总部赠送感谢状。

2. 九一八事变时期

1931年9月18日，日本关东军欲挑起事端，蓄意炸毁沈阳柳条湖

---

① 华夏经纬：《1928年5月3日济南惨案》，纪念抗日战争60周年专题，2005年7月21日，http://www.huaxia.com/zt/js/05-058/2005/00344711.html。

② ［日］黑泽文贵、河合利修：《日本赤十字社と人道援助》，东京大学出版会2009年版，第276页。

附近的南满铁路并嫁祸于中国军队，趁机炮轰沈阳北大营；随后开始逐步吞噬东北地区，次年2月便占领除热河外的东北全境，建立了溥仪执政的伪满洲傀儡政权。事发当时，隶属关东军的卫生机关虽然正常对负伤者进行收容治疗，但10月以后的东北逐渐进入冬季，极度低温的环境让这场战争变得无比艰难。负伤者和冻伤患者也在此期间激增，"满洲"各地卫戍病院都处于爆满状态。卫生人员的极度不足让伤员救治陷入棘手的局面，对此，日本陆军大臣南次郎于11月21日命令日本红十字会向"满洲"派遣救护班。日本红十字会听闻此讯迅速着手组建救护人员，11月27日在旅顺的"满洲"委员会本部编成第一个临时的救护班，派往辽阳卫戍病院。这个救护班由1名救护医员、1名救护书记、1名护士长、20名护士和1名勤杂工组成。紧接着，日本红十字会又陆陆续续地组建了5支临时救护班，分别派往不同的卫戍病院。

尽管如此，救护状况依然不容乐观。源源不断的战争导致了更多的伤患，而恶劣的环境因素也使得救护的困难程度加剧。据铁岭卫戍病院的护士说道，12月的气温已经降到了−30℃，患者的枪伤和烧伤由于设备的不完全大多又新添冻伤，患部出现坏疽状态时就要往后方输送，但是治疗药物只有利凡诺（リバノール，一种杀菌消毒药）湿布和软膏。患者每到夜里伤口就疼痛难忍，由于纱布不足，护士们只能每隔两个小时用利凡诺液来为伤者减轻痛感①。繁重的救护工作以及寒冷的天气对临时救护班的工作人员来说是极大的挑战，但他们依然靠着坚韧的毅力度过了最困难的时期。1932年6月到10月，随着战争的逐渐平息，临时第一救护班到临时第六救护班依次解除了任务。医护人员的奉献精神受到了患者和军事病院的高度赞扬。

这一时期日本红十字会还在东北对中国住民进行巡回诊查和治疗。九一八事变发生后，"满洲委员本部"在奉天病院实施奉天城内外的巡回救助，对卷入战争的中国人进行院内治疗，并收容一些负伤的中国军人。到1932年7月救护事业结束为止，实际入院患者有68名（中国伤病者27名），总人数达到5711名（中国伤病者3649名），外来和巡回治疗患者实际人数为601名（包括390名日军患者），总人数达到了1700名②。

他山之石

---

① ［日］黒沢文貴、河合利修：《日本赤十字社と人道援助》，東京大学出版会2009年版，第280页。

② ［日］黒沢文貴、河合利修：《日本赤十字社と人道援助》，東京大学出版会2009年版，第283页。

此外，奉天病院还基于关东军的施疗计划编成两个救护班，1931年11月6日开始约一个月的时间内，在奉天城内和安奉线沿线共救助了997名人员。从1932年4月11日到5月9日，奉天病院再次往奉天城内派遣局部地区救疗班，往姚南、哈尔滨、郑家屯方向派遣移动救疗班，约一个月的时间内共救助28303名人员。没有安全保障的区域也有救护班的身影，根据关东军的命令，从1932年5月20日到6月26日，从奉天病院往"北满"派遣了两个移动治疗班，由一名救护医员、两名救护护士、事务员、翻译等共6名人员组成。哈尔滨特务机关的参谋以危险为由命令救护中止，但是救护护士们纷纷宣布自己有必死的觉悟，这才得以展开救援。"满洲"委员本部在这段时间，通过向东北各地派遣护士这一行为博得了一致好评。对关东军来说，红十字会对一般住民的救助承担了一部分安抚住民的工作；对日本红十字会来说，这也是具有大力普及人道精神的活动。

这两次救援活动只是日本红十字会平时事业的一小部分，但却是积极响应国际红十字会号召的体现，履行了为战争和武装暴力受害者提供人道保护和援助的宗旨，遵循了人道、公正、中立、独立、志愿服务、统一和普遍七项原则。因为这两次活动都在中国展开，其间也救助了一些中国伤患，依从了博爱社建立的初衷。但在后来发生的太平洋战争中，日本红十字会没有对东亚和东南亚的欧美战俘积极施以人道主义救助，遭受了国际社会的谴责，希望以后日本红十字会能将无国界的人道主义贯彻到底。

（作者单位：苏州大学社会学院）

上海人力车夫互助会研究
（1934—1935）

李 睿

1934 年，上海公共租界工部局以改革人力车、救济车夫为目的进行人力车改革，遭到了车商以及部分车夫的反对，遂成纠纷，纷纷扰扰历时半年才告一段落。而作为改革重要成果之一的上海人力车夫互助会，在一定程度上改善了车夫的生活、工作环境，部分地达到了救济车夫的目的。了解人力车夫互助会，既有助于我们了解当时上海普通人力车夫救济的困境，也有助于我们对工部局的此次改革做出中肯的评价。

一、人力车改革缘起

"人力车夫，是东方的一种特有工人。"① 1934 年，上海全市人力车业共有从业者 91943 人，占交通类总人数的 31.18%，其中车夫约有 8 万人②。"上海的车夫，大都是苏北各县的农民。因为天灾人祸，农村经济的破产，于是乡间不能谋生，投入到都市中来做这牛马的工作。"③ 人力车夫生活艰辛，社会地位低下，不仅受到各种苛捐杂税的剥削，还时常被地痞流氓欺侮、勒索，以及当地人的歧视。正如时人所言："有人焉，蓬首垢面，胼手胝足，食不厌粗，衣仅蔽体，时时匍匐于骄阳烈日、疾风暴雨之下，载重曳远，而作牛马，人世艰辛至此已极，乃记其所得，且不足事父母，蓄妻子，此非一人力车夫之写照乎。凡关怀于人道者，鉴于人力车夫处境之惨酷，盖无有不恻然心动者。"④ 但在当时农

① 骆传华：《今日中国劳工问题》，张研、孙燕京主编：《民国史料丛刊》，大象出版社 2009 年版，第 768 册第 16 页。

② 上海市社会局：《上海市工人人数统计》，张研、孙燕京主编：《民国史料丛刊》，大象出版社 2009 年版，第 700 册第 310 页。

③ 上海市人力车业同业公会：《上海工部局改革人力车纠纷案真相》，张研、孙燕京主编：《民国史料丛刊》，大象出版社 2009 年版，第 778 册第 409 页。

④ 《人力车纠纷案评议》，《申报》1937 年 8 月 20 日。

村破产的社会经济背景下，人力车"作为一种代步工具，风行各城市，为农民工提供了一条谋生的出路，同时带动了各地人力车制造业的发展"。可以说，人力车的存在有其社会经济基础及现实意义，"但人力车毕竟是以人力代替牲畜或机械的一种交通工具，从社会进步意义上说，是应该淘汰的"①。

在此背景下，上海工部局决定进行人力车改革，救济车夫。1933年7月，鉴于公共租界内通行人力车状况不能令人满意，工部局董事会决定成立人力车委员会，以便研究改革人力车的具体方案。9月26日，人力车委员会正式成立，推荐麦西担任主席，并规定了该委员会的职责范围："将公共租界内通行之人力车所有一切方面情形，调查报告，并提出改良新现时通行人力车制度之各项建议。"随后，该会向日本、北平、天津、青岛、汉口、香港以及新加坡各地征求关于人力车改革的建议，还通过口头或书面的方式进行调查研究。另外，该会还"派遣特别人员实地调查人力车夫之生活状况，而尤注意一个月间若辈之收入及支出"②。经过这些前期的调查准备，该会于1934年2月7日将关于人力车改革的报告书提交至工部局董事会。该报告书中的改革事项共有16条建议，主要包括了逐渐收回执照、减低车租、改良车样以及进行车主登记等内容。

二、互助会机构设置

为了更好地管理人力车，工部局于1934年5月2日成立了人力车务委员会（又称人力车管理处），以麦西、朱懋澄、王安生为管理员。该会主要职责就是促进人力车改革，以及救济人力车夫。为直接救济人力车夫，改善其生活环境，人力车务委员会发起创办人力车夫互助会，互助会总会所设于东嘉兴路230号小菜场原址，另有西区、南区、南市以及闸北4个分会。互助会最高机关为理事会，第一届理事会由工部局人力车务委员会主席麦西担任互助会主席，另有委员若干人。其中，王志仁、朱懋澄同时也是工部局人力车务委员会委员。而另有两位委员顾松茂和殷芝龄是车商代表，同时也是上海人力车业同业公会委员。此外，还有车夫代表2人（因车夫选举，并未参加此次会议），以及中外热心公益人士7人。理事为名誉职衔，凡担任理事者，皆无酬劳。另设有干事部，具体执行理事

---

① 池子华：《近代中国城市"底边"社会研究——以人力车夫为中心》，《城市史研究》2006年第1期，第178页。

② 《上海公共租界工部局年报》（1934年），第45—47页。

会各项工作决议。互助会还设有各种委员会，如保管委员会，即保管互助会各项资金及财产安全；而互济委员会，顾名思义，既主要负责对车夫的救济事项。此外，还设有房屋及装置委员会、保险及合作委员会、人事委员会、警务委员会、预算及程序委员会、未登记车夫特别互济委员会以及智育委员会等专项委员会，负责互助会具体事务。

人力车夫互助会有两处主要经费来源：一方面，车主每月每车需向互助会缴纳银圆一元七角；另一方面，车夫每人每日需缴纳大洋七分。此项会费遭到车商们的反对，人力车同业公会不仅发表声明，认为车夫互助救济会会费是"羊毛出在羊身上"，会费之征收"不独违背洋泾浜章程之规定，且既已救济车夫为标榜者，竟何以转而剥削车夫，以增车夫之负担？"① 另有爱心人士的捐款以及银行利息作为会费来源。

三、互助会具体职能

（一）施行救济

人力车夫互助会最重要的事项当然是对车夫施行救济。互助会的救济事业分为普通救济和临时救济。普通互济是经常性救济，凡需要救济之会员只要进行申请，待互助会进行核查后，情况属实者即可获得救济。除会员本人之外，会员之妻子、儿女以及父母均可申请救助。

普通互济项目主要包括：（1）给米。若会员本人生病不能拉车、妻子生产无力调养，抑或是意外灾变短期内无力生产者，凡具有这三种情形之一的，都会获得米票。所给米粮多寡视其家庭人口及时间长短而定。（2）重病送医院。凡会员本人或其妻儿、父母患有重病者，互助会将协助解决其住院费用之一部甚至全部。（3）协助丧事费用。互助会将协助解决会员本人或其妻儿、父母丧事之费用，但此费用有额度之限制。会员本人死亡，最多给予 30 元补助；会员妻儿、父母死亡，最多给予 20 元补助。（4）小额贷款。凡会员家中人口众多，且会员收入为家中主要收入者，或会员本人重病短期不能痊愈者，只要有贷款担保人，皆可以向救助会申请小额贷款。贷款从 2 元至 8 元不等，不收利息②。若是家中情形实在困难，不能如数还清贷款，此种情况亦可与救

---

① 《上海市人力车业公会宣言》，《申报》1934 年 7 月 30 日。
② 《上海人力车夫互助会概况报告》，张研、孙燕京主编：《民国史料丛刊》，大象出版社 2009 年版，第 778 册第 359 页。

助会协商解决。此外，还有给衣等其他救助服务。

临时互济主要针对的是在人力车夫登记中，因达不到工部局的要求而被淘汰的车夫。这些车夫主要是一些年老者或是患有疾病之人。为了不使这些车夫因失去工作而"流落异乡"，工部局决定对其展开临时救助。凡是这些不合格的车夫决定返回家乡的，救助会将提供返乡所有车船路费。除车费外，救助会还会为每位返乡车夫提供 5 元大洋，为其直系家属提供 2 元大洋。此外，救助会还为这些车夫提供米粮以及小额借款，助其还乡。该项临时互济在 1 年的时间内，共救助车夫 203 人，车夫家属 608 人①。

此外，对于生活困难又不能拉车的年老车夫，互助会特地拨款 1 万元作为他们的养老金使用。

（二）医疗卫生事业

医疗卫生事业也是救助会对车夫施行救济的重中之重。车夫原本就已经济拮据、生活困难，一旦遭遇疾病，无力求医问诊。这往往会导致病情加重，需要治疗的花费更多，如此反复，造成恶性循环。为帮助车夫求医治病，互助会成立了诊疗所。仅从数字上来看，1 年之内，既有107104 人次前往互助会总会及其分会所开设的 5 家诊疗所问诊就医。其中，看中医者 98568 人次，看西医者 8539 人次。另外，还有 4972 人次参加了救助会举办的健康辅导②。车夫平日可随时前往诊疗所就诊，若遇节假日或夜间就诊，诊疗所设有值班护士通知医生前来救治。对于病情危急、诊疗所无力医疗之会员，互助会会及时将其转送至中国红十字会第二医院、仁济医院等大型医院。治疗所需费用，由互助会支付。而车夫因为生病无力拉车，家庭生计必然也会受到影响。互助会同样考虑到了这一点，对此类家庭给予米粮资助。互助会还对会员进行防疫注射，以预防伤寒、天花等疾病。

（三）生活改进事业

"会员以生活所迫，终日奔劳，对温饱二字，尚不遑顾及，安有余

---

① 《上海人力车夫互助会概况报告》，张研、孙燕京主编：《民国史料丛刊》，大象出版社 2009 年版，第 778 册第 356 页。

② 《上海人力车夫互助会概况报告》，张研、孙燕京主编：《民国史料丛刊》，大象出版社 2009 年版，第 778 册第 360 页。

力以言改进乎?"① 于是，在会员车夫温饱之余，互助会设立了多项服务设施来改进车夫的生活环境，主要包括车夫浴室、车夫宿舍、车夫食堂以及车夫茶室等。其所含项目众多，惠及车夫多达 110540 人次。浴室、食堂、宿舍都是车夫们真正急需的服务设施，互助会不仅是办了好事，更是办了实事。

（四）智育事业

互助会考虑到会员经济水平有限，无法承担其子弟的教育费用，特地为会员子弟创立多所子弟学校，提供入学读书的机会。凡是会员车夫之子女，年满 6 岁者，皆有资格进入子弟学校学习。一切书本文具费用，都由学校发放，不另外收取费用。学校秉持以学生为本位，以生活为主体，开设国语、算术、常识和劳作 4 门课程。仅 1934—1935 年的 1年之内，互助会即开办了 6 所子弟学校，入学车夫子弟达到 1244 人次②。对于有心学习进步的会员本人，互助会为其开办成人学校，并配有图书馆、阅览室等相关设施，以提高会员的文化素质。

除正规学校教育之外，互助会还通过举办识字运动、开展讲演会以及播放教育电影等方式来提高车夫的文化水平。

总之，虽然工部局人力车互助会一定程度上帮助了车夫改善生活环境，但是其改革的最终目标乃是彻底取缔人力车行业。这不仅与其救济车夫之目的背道而驰，而且从根本上是不符合车夫的利益的，因此车夫在支持工部局其他改革时显得犹豫而矛盾。对于车夫们来说，"当他们的利益与工部局的政策一致时，他们是改革的支持者。而当工部局的政策，威胁到他们的生存时，他们又与车商连成一线"③，反对改革。所以，对于车夫本身来说，其生活环境可能因参加互助会而得以改善，但他们依然无法掌握自己的命运。

（作者单位：苏州大学社会学院）

① 《上海人力车夫互助会概况报告》，张研、孙燕京主编：《民国史料丛刊》，大象出版社2009 年版，第 778 册第 370 页。

② 《上海人力车夫互助会概况报告》，张研、孙燕京主编：《民国史料丛刊》，大象出版社2009 年版，第 778 册第 366 页。

③ 张小阑：《上海公共租界人力车业改革研究（1934—1936）》，华东师范大学 2011 年硕士学位论文，第 62 页。